21世纪经济管理新形态教材·营销学系列

网络营销学

（第2版）

王永东 ◎ 主 编

荆 浩 安玉新 陈 静 ◎ 副主编

清华大学出版社

北 京

内 容 简 介

本书是关于网络营销的教材,详细、系统地介绍了网络营销的理论、工具和方法,以及营销管理。其内容包括:网络营销产生的背景和理论基础;在互联网背景下,如何进行战略规划、商业模式的提炼和目标营销战略的执行;如何正确地使用互联网的工具和方法进行营销,如搜索引擎、社交网络、短视频和网络直播,以及多种方法的综合运用;网络营销背景下如何进行产品和品牌、定价、渠道和传播等营销管理。本书力求博采众长,将案例分析和理论相结合,将最新的科研成果和实践中行之有效的做法相互印证。

本书适合高等院校学生学习网络营销学课程使用,同时也对从事网络营销工作的相关人员具有参考价值。

本书封面贴有清华大学出版社防伪标签,无标签者不得销售。

版权所有,侵权必究。举报:010-62782989,beiqinquan@tup.tsinghua.edu.cn。

图书在版编目(CIP)数据

网络营销学 / 王永东主编. -- 2 版. -- 北京:清华大学出版社,2024. 7. -- (21 世纪经济管理新形态教材). -- ISBN 978-7-302-66839-8

Ⅰ. F713.365.2

中国国家版本馆 CIP 数据核字第 2024WD3781 号

责任编辑:张 伟
封面设计:李伯骥
责任校对:王荣静
责任印制:沈 露

出版发行:清华大学出版社
   网   址:https://www.tup.com.cn,https://www.wqxuetang.com
   地   址:北京清华大学学研大厦 A 座   邮   编:100084
   社 总 机:010-83470000   邮   购:010-62786544
   投稿与读者服务:010-62776969,c-service@tup.tsinghua.edu.cn
   质量反馈:010-62772015,zhiliang@tup.tsinghua.edu.cn
   课件下载:https://www.tup.com.cn,010-83470332
印 装 者:涿州汇美亿浓印刷有限公司
经 销:全国新华书店
开 本:185mm×260mm 印 张:21.25 字 数:499 千字
版 次:2018 年 7 月第 1 版 2024 年 7 月第 2 版 印 次:2024 年 7 月第 1 次印刷
定 价:59.80 元

产品编号:093813-01

前　言

时光荏苒，距离本书第 1 版的出版已经五年多了。在这五年多的时间中，互联网(Internet)领域发生很大的变化，5G(第五代移动通信技术)通信的普及，VR(虚拟现实)和AR(增强现实)的应用，短视频和网络直播的爆发式增长，人工智能(artificial intelligence)大模型 ChatGPT、Gemini 的兴起等，都将深刻影响我们的社会，变革商业领域的营销活动，进而改变我们的思维方式。为了反映这种变化，笔者决定推出本书的第2 版。

记得在本书第 1 版的"网络营销理论"一章的引言中写道："目前存在的困境是：传统营销理论不再完全有效，但仍在使用；新的网络营销理论还没有完全形成，正在不断完善中。新旧理论交织使网络营销理论既有全新的内容，又有传统理论基础重新演绎的部分。"有幸的是，在这几年中，笔者看到了一些来自电商行业前沿的管理者或学者的一些理论阐释试图解决这一困境。其中给笔者启发最大的有曾鸣的《智能商业》和《智能战略》，以及杰奥夫雷·G.帕克(Geoffrey G. Parker)等的《平台革命》。笔者认为以这些理论为起点，可以为未来的网络营销理论奠定基础，最终将构建属于网络时代的营销理论。因此，第 2 版中笔者重写了网络营销理论部分，重点介绍了"智能商业"和"平台模式"。

此外，第 2 版修改的内容遍布全书。改动比较大的方面是更新了大量的数据，尤其是体现在诸章节中的各种图表。数据的变化也意味着相关领域内容的变化，因此，对相应内容也进行了调整。其中，第 1 章"网络营销概论"修改的幅度比较大。另外依据大家的建议，删除了第 1 版中第 3 章"网络营销的发展趋势"，部分内容写入其他相关章节。"工具与方法篇"中删除了"电子邮件和联署计划"，增加了"短视频和网络直播"，介绍了"短视频和网络直播"的营销策略。"综合应用"一章也进行了部分内容的删减和增加。同时对各章的案例进行了更新，部分思考题和实践活动也进行了修改。每章都增加了拓展阅读和即测即练，以二维码形式呈现供大家使用。

全书分四篇，共 13 章，内容基本上涵盖了网络营销学的主要领域。第一篇为概论篇，涵盖第 1 章和第 2 章，论述了网络营销(e-marketing)产生的背景和网络营销的功能，以及网络营销的理论基础。这一篇主要是通过对历史和现实的梳理，以及网络营销理论的新阐释，增强对网络营销的整体认识。第二篇为战略篇，涵盖第 3~5 章，主要论述网络营销战略的制定和商业模式，以及目标营销战略。这些战略的制定和执行需要在网络营销调研和网络市场与消费者行为分析的基础上来完成，因此，把以上两个章节也纳入战略篇。第三篇为工具与方法篇，涵盖第 6~9 章，互联网对营销最直接、有效的影响就是它独有的工具和方法。这一篇我们主要介绍了搜索引擎(search engine)、社交网络(social network service, SNS)、短视频和网络直播，以及方法工具的综合运用。第四篇为管理篇，涵盖第

10~13章，主要介绍了网络产品与品牌、网络定价、网络渠道，以及网络营销传播。这几章都是网络营销管理必备的内容。

本书第1章、第3章和第5章由荆浩和陈静撰写，第11章、第12章和第13章由安玉新和陈静撰写，其余部分均由王永东撰写，并由王永东最后通读定稿。

在本书第1版出版后，全国广大师生提出许多宝贵的意见和建议。网络时代，"高手在网间"，网络上许多不知姓名的"达人"的只言片语或通俗演绎都给本书的编写带来很多的启发。在此，谨向以上人士的关心、支持和帮助表示衷心感谢！

网络营销的前沿往往被复杂的新问题包围，需要吸收人类积累的各种知识，才能对未来有所洞悉。作为一名从事网络营销教学和科研的教师，问题和困惑也是如影随形，唯有不断地、广泛地学习和思考，才能解疑释惑。由于水平有限，书中疏漏和不当之处在所难免，恳请读者批评指正，以便今后修改、完善。

王永东

2024年1月于沈阳航空航天大学

目录

第三篇　工具与方法篇

第 一 篇

概 论 篇

第 1 章

网络营销概论

本章学习目标

1. 了解什么是互联网,对网络营销产生的背景有一个全面、清晰的认知。
2. 了解网络营销的含义、网络营销与电子商务的区别。
3. 熟悉和掌握网络营销的特点、网络营销与传统营销的关系。
4. 熟悉网络营销的基本职能。

星巴克如何向数字企业转型

星巴克咖啡公司[以下简称星巴克(Starbucks)]成立于 1971 年,是全球最大的连锁咖啡店,在全球 80 多个市场拥有超过 35 000 家门店(2022 财年第四季度财报数据),是世界上首屈一指的专业咖啡烘焙商和零售商。很多人认为星巴克是一家传统的商店,顾客走进来、买咖啡或其他产品、付现金或刷信用卡,然后在店里消费,或是在店里办公。人们并不认为星巴克业务中有互联网技术的运用。而事实并非如此,星巴克正在向数字化、社会化企业转型。

一直以来,星巴克都以吸引年轻顾客而知名,因为在美国和加拿大的门店都能获取免费 Wi-Fi。但它近来开始启动数字化行动方案,以期成为一家真正的技术型企业。

存在的问题

自 2007 年起,星巴克的运营收入锐减,2007 年运营收入 10 亿多美元,2008 年和 2009 年分别降至 5.04 亿美元和 5.6 亿美元。业绩下降的原因有 2008 年经济衰退的影响,也有绿山咖啡等竞争对手的增加导致竞争加剧的影响。但是星巴克自身也有问题,优质的咖啡和服务只能带来短时间的优势,客户的黏性不够,它需要一个更好的解决方案。星巴克意识到有必要与顾客建立更好的互动,并通过数字化解决这一问题。

解决方案:走向数字化、社交化

在用传统的措施来改进运营、提高盈利的基础上,星巴克还发展电子商务(ecommerce),用计算机系统、互联网来执行、支撑其业务。公司任命了一位头衔为首席数字官的高管人员,负责数字化战略管理。另外,公司还成立了数字创新团队落实技术成果。

启动电子商务行动

星巴克开展了电子商务项目,主要有以下几项。

(1) 在线商店。星巴克在 store.starbucks.com 网站上在线出售少数商品,品种包含咖啡、茶和其他周边商品。这个网店已运作几年,采用典型的购物车(叫"我的购物袋")。公司重新全面设计了网站(web site),使购物更加简易、便利。此外,顾客(个人或企业)可以对配送日程安排和特殊项目做个性化规划。顾客还可以订购市场罕有、制作精致的咖啡,这些咖啡原本仅在美国个别实体门店才有售,现在全美乃至全世界的顾客都可以享用。最后,在线顾客还能享受专属优惠。

(2)电子礼品卡项目。顾客可以从星巴克购买电子的礼品定制卡(例如,为朋友买一张将在指定日期自动送达的生日礼品卡),可以用信用卡支付,也可以用贝宝(PayPal)在线支付,礼品卡会通过电子邮件或邮寄的方式送到接收者手中。接收者可以把礼品卡打印出来,到星巴克实体店消费,并把消费金额计入他们的星巴克支付卡或电子卡。

(3)客户忠诚度项目。与航空公司等其他企业一样,星巴克也有客户忠诚维系方案(我的星享卡)。达到金卡级别的会员能享受到额外的福利。这个项目实行电子化管理。

(4)移动支付。客户在星巴克门店消费可以用预付费的卡(即储值卡)支付。这类似于交通领域或智能手机领域的预充值。

社交媒体计划

星巴克意识到了社交媒体的重要性。社交媒体基于互联网系统,提供社交互动、用户参与、约会的平台(platform)。因此,星巴克采取了若干行动,培养基于需要和兴趣爱好的客户关系,发展潜在客户。以下就是一些具有代表性的措施。

(1)开发大众智慧。mystarbucksidea.com是一个平台,超过30万客户和雇员在这里结成一个社区,提出改进建议,投票选择建议,提出疑问,合作完成项目,同时也表达自己的不满和受挫感。这个社区在第一年就形成了7万条建议,范围涉及极广,小到公司的会员卡、取消纸杯等小点子,大到客户服务改进的方法,皆有涉及。该平台也对这些想法按照种类和状态(审查中、已审查、计划中、开展中)进行统计分析。公司将采取激励措施,鼓励某些想法。例如,对用过的咖啡杯重复利用的最佳方案,星巴克奖励了2万美元。这项行动主要依赖员工撰写的博客来共同讨论公司如何处理大众智慧平台中获得的创意和点子。

(2)充分利用社交媒体组织商业活动。例如脸谱(Facebook)上的星巴克活动。星巴克完全融入脸谱网,举行了一些社交商业活动。这个网站的输入数据全部来自星巴克的客户。公司上传视频、博客帖子、照片,宣传推广、产品特点和特价商品信息。数百万喜爱星巴克的用户证明,这是脸谱上最受欢迎的公司之一。星巴克提供一流的在线营销沟通体验,以及移动商务协议,它把内容、问题和更新都发在脸谱墙上,同时也在自己的脸谱首页上做广告。值得注意的是,星巴克一直都对这些广告措施的投入收益状况进行评估。

(3)在领英(Linkedin)、推特(X)、YouTube、Instagram上都有星巴克相应的商业活动。为了支持其虚拟活动,公司利用星巴克数字网络,在主要媒体合作伙伴上发布在线内容,这些内容专门设计适配平板电脑、智能手机等移动设备,主要有新闻、娱乐、商务、健康,以及当地地区信息等频道。

取得的成就

星巴克销售好转,是由于有效地整合了虚拟网络和实体经营。2010年,星巴克运营收入增长将近两倍,当年收入14.37亿美元,而2009年为5.6亿美元,股价也随之上涨。2011年,运营收入达到了17亿美元,并从此开始快速增长。星巴克的社交媒体活动受到广泛认可,2012 年,上榜《财富》(Fortune)杂志社交媒体明星排行榜。星巴克脸谱网站拥有数百万粉丝,极受欢迎,有时甚至超过流行偶像 Lady Gaga。

资料来源:特班,金,李在奎,等.电子商务[M].占丽,徐雪峰,时启亮,等译.8 版.北京:中国人民大学出版社,2018:3-5.

互联网,或音译因特网,始于 1969 年的美国,是网络与网络之间串联成的庞大网络,这些网络以一组通用的协议相连,形成逻辑上的单一巨大国际网络。20 世纪 90 年代以来,网络技术的迅速发展,使传统商业活动遭到了很大的冲击,而以现代电子和通信技术为基础的网络营销,则在许多方面凸显明显的优势,逐渐流行起来。

1.1 网络营销产生的背景

1.1.1 技术背景:互联网的发展和普及

每一次技术革命都必然会推动大的社会变革。网络通信技术的发展改变了企业的商业生态环境,也改变了企业的营销方式,其中蓬勃发展的互联网所起的作用最为突出。

1. 互联网的蓬勃发展和普及

互联网的发展史既是网络通信新技术的演进史,也是技术普及和应用改变社会的历史。从早期的阿帕网到今天的移动互联网,互联网已经深深融入社会生活的每一个领域。

截至 2022 年 6 月,全球网民数量为 54.7 亿,互联网的普及率为 69%。从地区来看,网民数量占全球网民总数的比例较高的四个地区分别是亚洲 53.6%、欧洲 13.7%、非洲 11.9%、拉丁美洲/加勒比 9.9%。这四个地区并非都是互联网发达的地区,实际上,网民的数量与该地区的人口总量高度相关,这四个地区的人口总量占世界人口的比重也排在前四位(表 1-1)。

拓展阅读 1-1 互联网发展简史

表 1-1 世界互联网使用量与人口统计(2022 年)

地 区	人口 (2022 年估计)	人口占 世界的 比重/%	互联网用户数 (2022 年 6 月 30 日)	渗透率, 占人口 比重/%	增长率/% (2000— 2022 年)	占世界 网民总数 比重/%
非洲	1 394 588 547	17.6	652 865 628	46.8	14 362	11.9
亚洲	4 352 169 960	54.9	2 934 186 678	67.4	2 467	53.6
欧洲	837 472 045	10.6	750 045 495	89.6	614	13.7
拉丁美洲/加勒比	664 099 841	8.4	543 396 621	81.8	2 907	9.9
北美	374 226 482	4.7	349 572 583	93.4	223	6.4
中东	268 302 801	3.4	211 796 760	78.9	6 378	3.9
大洋洲/澳大利亚	43 602 955	0.5	31 191 971	71.5	309	0.6
世界总体	7 934 462 631	100.0	5 473 055 736	69.0	1 416	100.0

资料来源:互联网世界统计(IWS),http://www.internetworldstats.com/。

各地区网民的渗透率和增长率则更能体现该地区互联网的普及与发展情况。根据互联网世界统计 2022 年的数据,北美地区渗透率为 93.4%,增长率为 223%;欧洲渗透率为 89.6%,增长率为 614%;拉丁美洲的渗透率为 81.8%,增长率为 2 907%;中东地区的渗透率为 78.9%,增长率为 6 378%。拉丁美洲和中东地区属于渗透率与增长率"双高"的地区,该地区人口相对少,近些年互联网普及速度快,网民数量增长迅猛。亚洲地区的渗透率为 67.4%,增长率为 2 467%;非洲地区的渗透率为 46.8%,增长率为 14 362%。亚洲地区和非洲地区虽然增长率非常高(尤其是非洲),但是互联网发展晚于美国和欧洲,而且人口众多,渗透率不高,两个地区都低于世界的平均水平 69%。当然,由于亚洲总人口占世界的 54.9%,内部发展很不平衡,东亚地区的互联网发展水平很高。

从国家来看,在世界互联网用户数量排名前 20 的国家中(表 1-2),超过 1 亿的有 8 个国家,其中中国最多,为 8.54 亿[①];印度第二,为 5.60 亿;美国第三,为 3.13 亿。美国总人口 3.31 亿,渗透率高达 94.66%,互联网普及程度很高。中国和印度的普及率都未达到前 20 个国家的平均水平 61.93%,印度的渗透率是 20 个国家中最低的。中国和印度是这 20 个国家中发展中国家的典型代表,这些国家的互联网基础设施得到了很大的改善,导致网络用户数量爆发式地增长。同时发展中国家人口众多,与发达国家相比,基础设施覆盖范围小,还有大量国民无法上网,渗透率不高。印度尼西亚、巴西、尼日利亚等网民规模超过 1 亿,也将形成大型互联网市场,这些国家网民增长率仍然很高,可见未来发展依旧会很迅速。一些发达国家,如英国、法国、意大利等由于本国人口较少,即便是渗透率很高,总体网民数量也并未排在前面。总体来说,前 20 国家渗透率的平均水平略微高于当年的世界平均水平。

表 1-2　网民数量前 20 的国家排行榜(2021 年第一季度)

排　序	国　家	人口数 (2021 年估计)	互联网用户数 (2021 年第一季度)	互联网 渗透率/%	增长率/% (2000—2021 年)
1	中国	1 439 062 022	854 000 000	59.34	3 796
2	印度	1 368 737 513	560 000 000	40.91	11 200
3	美国	331 002 651	313 322 868	94.66	328
4	印度尼西亚	273 523 615	171 260 000	62.61	8 560
5	巴西	212 392 717	149 057 635	70.18	2 980
6	尼日利亚	206 139 589	126 078 999	61.16	63 000
7	日本	126 854 745	118 626 672	93.51	252
8	俄罗斯	145 934 462	116 353 942	79.73	3 751
9	孟加拉国	164 689 383	94 199 000	57.20	94 199
10	墨西哥	132 328 035	88 000 000	66.50	3 144
11	德国	83 783 942	79 127 551	94.44	329
12	菲律宾	109 581 078	79 000 000	72.09	3 950
13	土耳其	84 339 067	69 107 183	81.94	3 455
14	越南	68 541 344	68 541 344	100.00	34 250
15	英国	67 886 011	63 544 106	93.60	413
16	伊朗	83 992 949	67 602 731	80.49	27 040
17	法国	65 273 511	60 421 689	92.57	710
18	泰国	69 799 978	57 000 000	81.66	2 478

---

① 互联网世界的统计关于中国的各类指标与中国互联网络信息中心的统计之间有较大差距(图 1-1)。

续表

排　序	国　　家	人口数 （2021 年估计）	互联网用户数 （2021 年第一季度）	互联网 渗透率/%	增长率/% （2000—2021 年）
19	意大利	60 461 826	54 798 299	90.63	415
20	埃及	102 334 404	49 231 493	48.11	10 940
前 20 个国家		5 233 377 837	3 241 273 512	61.93	1 289

资料来源：互联网世界统计（IWS），http://www.internetworldstats.com/。

随着智能手机的普及，移动互联网迅速发展起来。来自 Statista 的数据显示，全球人口中有超过一半的人拥有智能手机，富裕国家的智能手机拥有量中间值为 76%，而欠发达国家的中间值为 45%。2018 年移动流量的份额为 52.2%，从此开始超过台式机，随着 5G 网络和设备的普及，网民会比以往更依赖移动设备。

根据中国互联网络信息中心（CNNIC）的报告，截至 2023 年 12 月，中国网民规模达 10.92 亿，互联网普及率为 77.5%（图 1-1）。从发展趋势来看，整体网民规模增速已经趋于放缓。现在中国的移动上网设备的逐渐普及、网络环境的日趋完善、移动互联网应用场景日益丰富，在这三个因素共同作用，促使了手机网民规模的进一步增长。中国手机网民规模达 10.91 亿，网民中使用手机上网人群占比为 99.9%，手机已经成为绝对领先的上网第一终端。

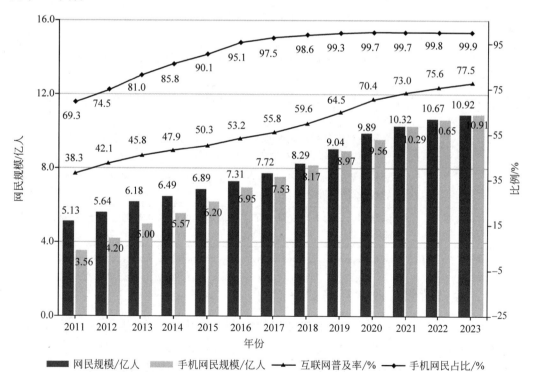

图 1-1　中国网民规模和互联网普及率

资料来源：中国互联网络信息中心（CNNIC）历年数据。

2. 互联网对营销活动的影响

互联网具有跨越时间和空间、信息对等、开放、共享等属性(表 1-3),这些属性不仅使营销战略得到更加有效的实施,而且帮助企业改变了营销活动的方式。例如,信息数字化彻底改变了信息和软件的传递方式,并且开发出了新的交易渠道,如手机应用程序商店;许多网站的服务功能借助互联网可以自动完成;由于人们能够平等地分享信息,所以对信息的控制从向厂商倾斜变成了向消费者倾斜。互联网为营销活动带来的优势,促使营销实践发生根本性的变革,这些变革绝大多数可以帮助传统的营销活动更有效地开展营销活动。

表 1-3　互联网对营销活动的影响

互联网技术的属性	对营销活动的意义
传递字节,而不是原子	数字形式的信息、产品、交际可以近乎实时地存储、传递和接收。文字、图像、照片、音频、视频都可以数字化,但是数字产品是无法触及的
充当沟通的媒介	不管身处何方,志同道合的人(如进行在线拍卖和音乐文档共享)可以聚集在一起,进行商业合作。技术方便了人们进行实时沟通、分享信息(如供应链中的多家企业)
全球化	互联网开辟了新的市场,人们可以在全球范围内合作,员工可以跨国协调,销售人员也能进行远程信息交换
网络延伸	利用自动化沟通的便利,企业可以扩展市场,消费者则可以在第一时间告知他人自己的品牌感受
跨时空	消费者对企业的沟通效率抱有更大的期望,希望企业的工作流程能够更快一些
信息对等	企业可以对信息进行规模定制,使消费者对产品和价格等信息有更多的了解
标准公开	为实行流畅的供应链管理和顾客关系管理,企业可以相互获取对方的数据库信息。在这方面,大小企业是平等的
市场结构	非传统企业(如网络服务中介)承担了许多分销渠道的工作,新的行业纷纷涌现(如网络服务提供商)
工作的自动化	网络的自动服务功能降低了经营成本。出现了自动交易、自动支付、自动实施等功能

资料来源: AFUAH A,TUCCI C. Internet business models and strategies[M]. New York: McGraw-Hill,2001.

1.1.2　经济背景:数字经济的兴起

数字经济(digital economy)是指以使用数字化的知识与信息作为关键要素,以现代信息网络为主要载体,以提高经济效率、优化经济结构为推动力的一系列经济活动。与数字经济相似的还有信息经济、网络经济、共享经济等用法。数字经济是继农业经济、工业经济之后的主要经济形态。数字经济发展速度快、辐射范围广、影响程度深,正推动生产方式、生活方式(life style)和治理方式深刻变革,成为重组全球要素资源、重塑全球经济结构、改变全球竞争格局的关键力量。数字经济具有以下六个特征。

1. 数据成为关键的生产要素

在农业经济时代,经济发展依靠的关键生产要素是土地和劳动;在工业经济时代,经济发展依靠的关键生产要素是资本和技术;在数字经济时代,经济发展依靠的关键生产要

拓展阅读 1-2　数字经济的构成

素是数据。人类社会利用实时获取的海量数据,包括主体数据、行为数据、交易数据、交往数据来组织社会生产、销售、流通、消费、融资、投资等活动,数据成为经济活动的关键生产要素。数据是未来企业和国家之间竞争的核心资产,是未来的"新石油"。

2. 互联网和云计算等成为数字经济的基础设施

数据成为推动经济发展的关键生产要素,也改变了经济基础设施的形态,互联网成为数字经济的基础载体。数字经济的基础设施是数据的采集、传输、处理、分析、利用、存储的设施与设备,包括互联网(移动互联网)、物联网、云计算(cloud computing)与云存储、计算机(尤其是移动智能终端),以及将其连接在一起的软件平台。另外是利用数字化技术,对传统的基础设施进行数字化改造,通过在传统基础设施上安装传感器,实现数字化转型。

3. 人工智能给数字经济提供动能

人工智能技术是实现智能化的主要途径,通过人工智能的驱动,实现各领域应用的数字仿真、知识模型和数据模型融合,以及跨界创新和智能服务。未来新一代人工智能将以大数据为基础、以大模型算法创新为核心、以强大的计算能力为支撑,极大地提高社会生产力、促进经济社会的发展。

4. 自我膨胀型的经济增长方式

数字经济的增长方式非常独特,人们认为网络价值等于网络节点数的平方,如网络上联网的计算机越多,每台计算机的价值就越大,这说明网络产生和带来的效益将随着网络用户的增加而呈指数形式增长。数字经济中存在马太效应,由于人们的心理反应和行为惯性,优势或劣势一旦出现并达到一定程度,就会导致不断加剧而自行强化,出现"强者更强,弱者更弱"的"赢家通吃"的垄断局面。数字经济这种自我膨胀型的增长,容易导致垄断现象的出现,给数字经济的治理带来新挑战。

5. 边际效益递增性和累积增值性

在工业社会物质产品生产过程中,边际效益递减是普遍规律,因为传统的生产要素:土地、资本、劳动力都具有边际成本递增和边际效益递减的特征。与此相反,数字经济却显现出明显的边际效益递增性。

(1)数字经济边际成本递减。信息网络成本主要由三部分构成:一是网络建设成本;二是信息传递成本;三是信息的收集、处理和制作成本。由于信息网络可以长期使用,并且其建设费用和信息传递成本与入网人数无关。所以前两部分的边际成本为零,平均成本有明显递减趋势。只有第三种成本与入网人数相关,即入网人数越多,所需信息收集、处理、制作的信息也就越多,这部分成本就会越多,不过这部分成本由庞大的网络人数分担。因此,信息网络的平均成本随着入网人数的增加而明显递减,其边际成本则随之缓慢递减,但网络的收益却随入网人数的增加而增加。网络规模越大,总收益和边际收益就越大。

（2）数字经济具有累积增值性。在网络经济中,对信息的投资不仅可以获得一般的投资报酬,还可以获得信息累积的增值报酬。这是由于,一方面信息网络能够发挥特殊功能,对零散而无序的大量资料、数据、信息按照使用者的要求进行加工、处理、分析、综合,从而形成有序的高质量的信息资源,为经济决策提供科学依据。另一方面,信息使用具有传递效应,会带来不断增加的报酬。举例来说,一条技术信息能以任意规模在生产中加以运用。这就是说,在信息成本几乎没有增加的情况下,信息使用规模的不断扩大可以带来不断增加的收益。这种传递效应也使数字经济呈现边际收益递增的趋势。

6. 发展的可持续性

数字经济可以实现信息和资源的共享,一般实物商品交易后,出售者就失去了实物,而信息、知识交易后,出售信息的人并没有失去信息,而是形成出售者和购买者共享信息与知识的局面。许多数字化产品领域,特别是在音频、视频产品,借助网络传播技术,信息的创造和传播能力增强,信息资源的共享的条件更加便利。一方面,数字经济在很大程度上能有效杜绝传统工业生产对有形资源、能源的过度消耗,造成环境污染、生态恶化等危害,实现了社会经济的可持续发展。另一方面,信息的共享会促进社会资源的共享,形成共享经济。共享经济的本质是整合线下的闲散物品或服务者,让他们以较低的价格提供产品或服务。对于供给方来说,通过在特定时间内让渡物品的使用权或提供服务,来获得一定的金钱回报;对需求方而言,不直接拥有物品的所有权,而是通过租、借等共享的方式使用物品。共享经济平台作为连接供需双方的纽带,促进了数字经济的可持续发展。

数字经济还处于快速发展的过程中,内涵和外延不断变化。在实际中,采用不同的统计方法,统计结果相差很大。按照中国信息通信研究院(以下简称"中国信通院")的相关报告,发达国家数字经济领先优势明显。2021 年,从规模看,发达国家数字经济规模达到 27.6 万亿美元,占总共统计的 47 个国家总量的 72.5％。从占 GDP(国内生产总值)比重看,发达国家数字经济占 GDP 比重为 55.7％,远超发展中国家 29.8％的水平。从增速看,发展中国家数字经济同比名义增长 22.3％,高于同期发达国家数字经济增速 9.1 个百分点。

中国信通院发布的《全球数字经济白皮书(2022 年)》显示,从具体国家来看,2021 年,美国数字经济规模达 15.3 万亿美元,蝉联世界第一。中国规模为 7.1 万亿美元,位居第 2。从占国民经济的比重看,德国、英国、美国数字经济占 GDP 比重均超过 65％,中国的比重仅为 40％左右,排名第 9,尚处于第二梯队。从增速看,全球主要国家数字经济高速增长,挪威数字经济同比增长 34.4％,位居全球第一。

中国数字经济的历史数据显示,2021 年规模总量达到 45.6 万亿元人民币。除了受疫情影响较为严重的 2020 年外,数字经济总量的增速保持在 15％以上。产业数字化的增速高于数字产业化的增速,产业数字化的规模是数字产业化规模的 3 倍以上(图 1-2)。

数字经济对商业活动的影响是全流程的,从生产制造、物流运输、销售到售后服务,贯穿于企业供应链的全部环节。数字经济的发展将促进企业和消费者的连接,真正实现个性化生产和消费。数字经济对商业活动的影响也是全方位的,无论是商业生态系统、商业模式,还是具体的营销工具,都发生了深刻的变化。数字经济正在颠覆传统的商业活动,成为重新塑造商业活动的经济基础。

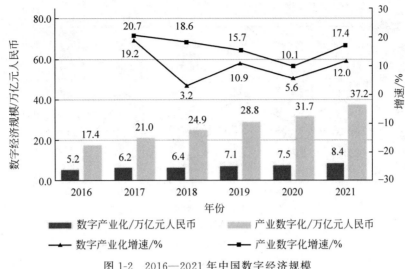

图 1-2　2016—2021 年中国数字经济规模

资料来源：艾瑞咨询，https://www.iresearch.com.cn/。

1.1.3 市场背景：电子商务的快速增长

电子商务是以信息网络技术为手段、以商品交换（exchange）为中心的商务活动。也可理解为在互联网、企业内部网和增值网上以电子交易方式进行交易与提供相关服务的活动，是传统商业活动各环节的电子化、网络化、信息化。

根据不同的交易对象，电子商务模式主要分为以下几类。

B2B（business to business）是指企业与企业之间通过互联网进行产品、服务及信息的交换。

B2C（business to consumer）是指企业通过网络销售产品或服务给个人消费者。

C2C（consumer to consumer）是指消费者与消费者之间的互动交易模式。

一般来说，消费者通常容易体验到的是 B2C 和 C2C 模式，二者统称电商零售业业务。电商零售的单笔交易额相对较小，交易次数多，频率高；与电商零售相比，B2B 模式可以称为电商批发，它的单笔交易额最大，交易次数少、频率低，但电商平台的交易总额巨大。

根据 EMARKETER 的报告，全球电子商务的总体规模中，亚太地区创造了大约 60% 以上的份额，北美地区占有不到 20% 的份额，西欧占有超过 10% 的份额，其他地区的份额都低于 5%。电子商务规模排名前五位的国家分别是中国、美国、英国、日本、韩国，占据全球电商规模 80% 以上，中国占比超过 50%。2022 年中国的电子商务交易总额达到 43.83 万亿人民币（图 1-3），增长率为 3.5%，这几年受疫情影响增长率起伏较大。中国电商的总体规模是美国（排名第二位）的 3 倍左右，而美国是英国（排名第三）的 4 倍左右，可见世界各国之间的电商规模分布差异很大。

全球电子商务的不同地域、不同商务模式差别明显，具体体现在以下方面。

在 B2B 模式中，美国的电子商务起步最早，发展最为迅速。美国 B2B 电子商务是以大企业为主导、以集成供应链管理为起点、以降低成本为主要目标。其主要表现形式为：

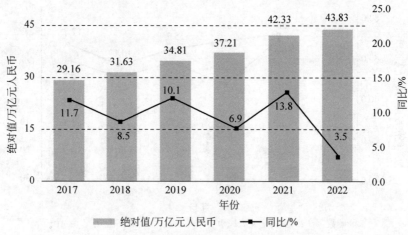

图 1-3　2017—2022 年中国电子商务交易额

资料来源：国家统计局。

大企业利用 ICT(information communications technology,信息通信技术)信息平台,在整合企业内部流程和信息资源的基础上,进一步向上游的供应商和下游的消费者拓展,打通与上下游信息流、资金流和物流,提高沟通效率和质量,大幅度降低交易成本、库存成本、生产成本和采购成本,通过全球资源配置优化提高竞争优势。

2022 年美国 B2B 销售额 1.676 万亿美元,占电子销售总额的比例为 19.7%。未来美国 B2B 的增长率可能不断下降,年增长可能低于 10%,但是销售额还会逐年增长,B2B 销售额占电子销售总额的比例会超过 20%,并且不断增加(图 1-4)。

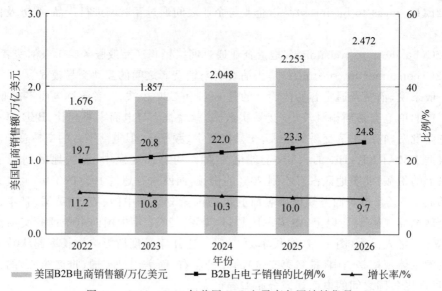

图 1-4　2022—2026 年美国 B2B 电子商务网站销售量

资料来源：EMARKETER,https://www.insiderintelligence.com/.

欧洲 B2B 电子商务在 2003 年以后快速增长,但总体落后于美国。欧洲特点是：企业电子商务基础设施投入增加、应用面扩大,ICT 成为企业改革的关键因素;电子商务呈现明显的部门性(采购、销售和生产)和行业性(汽车、制药和航空工业);大企业和小企业之间发展不平衡,不同国家之间发展不平衡。

亚太地区是发展 B2B 电子商务最有潜力的地区。韩国电子商务的基础设施在国际社会被公认为世界级水平,宽带的普及率也是世界上较高的国家之一,电子商务一直高速增长。日本过去 10 多年电子商务也是快速增长,其特点是:中小企业电子商务利用环境和采用率大幅提高,电子商务应用密度最高的行业是汽车制造业、电子信息业、金属材料业等。

在中国,中小企业 B2B 电子商务较为发达。阿里巴巴公司旗下拥有阿里巴巴国际站和 1688 网站,其中阿里巴巴国际站面向国际批发市场,1688 网站面向国内批发市场。近几年来,B2B 电商企业纷纷布局大数据战略,以提高交易效率,并将交易数据作为未来企业信用的参考标准,为企业与银行、担保等金融机构的交易提供融资信用凭证,创造良好的 B2B 电子商务的生态环境。

EMARKETER 预测,全球电子商务零售市场(包括 B2C 和 C2C)交易量在逐年增加(图 1-5),未来将超过 7 万亿美元的规模。在地域分布上,东亚地区的交易总额在 3 万亿美元左右、北美地区的交易总额超过 1 万亿美元和西欧地区 0.7 万亿美元左右,其他地区交易总额较少。电子商务在消费品零售总额中所占的比例将超过 20%,而且比例逐年上升,但是增长率在逐年下降。

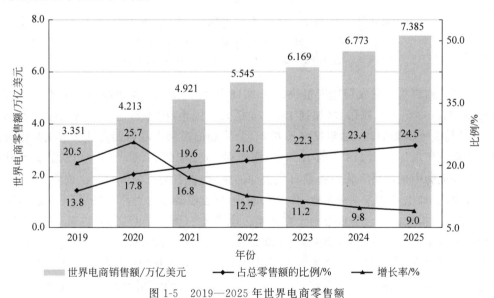

图 1-5 2019—2025 年世界电商零售额

资料来源:EMARKETER,https://www.insiderintelligence.com/.

美国的电商零售情况与世界趋势相似。2022 年电商零售总额突破 1 万亿美元大关,占消费品零售总额比重也超过 15%(图 1-6)。美国的增长率在不断下降,但年增长率还是高于全球的增长率的平均水平,可以保持在 10% 以上。EMARKETER 的数据表明,美国国内的电商零售业务的行业集中度较高,Amazon(亚马逊)占电商零售总额的接近

38％的份额，而第二名的 Walmart（沃尔玛）只有超过 6％的份额，排名第三和第四的 Apple 和 eBay 的份额则都不到 4％。美国移动互联网发展迅速，导致移动端的交易额也是逐年上涨，交易总额很快突破 5000 亿美元。增长率能保持 15％以上，但增长趋势在逐渐放缓。移动端的交易额占电商零售总额的比重超过 40％，并且不断小幅增加。

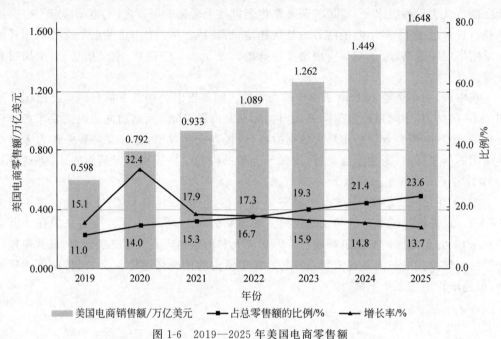

图 1-6　2019—2025 年美国电商零售额
资料来源：EMARKETER，https://www.insiderintelligence.com/.

中国电商零售业的发展速度很快。从 2018 年到 2023 年，实物商品网上零售额逐年增长，从 70 198 亿元人民币，增加到 130 174 亿元人民币（图 1-7）。但是增长率在不断下降，尤其是受疫情影响，2022 年仅增长 6.2％。实物商品网上零售额占社会消费品零售总额的比重逐年增加，从 2018 年的 18.4％，增加到 2023 年的 27.6％。阿里巴巴、京东和拼多多已经成为中国网络零售行业最具代表性的企业，占有的市场份额的比重较大。

目前，全球电子商务领军企业，如亚马逊、阿里巴巴等都以电商交易平台为核心，向相关产业延伸，构建以平台为核心的生态体系。电商生态体系不断完善，将吸引更多用户，积累更多数据，为平台企业跨界融合、不断扩张创造条件。电子商务生态系统的发展，要求网络营销理念、工具和方法能紧紧跟随，快速成长。同时新的网络信息技术的变革也会创造许多新颖、有效的营销工具和方法，这些工具和方法的应用与普及，也进一步促进了电子商务的快速发展。

1.1.4　社会背景：网络组织的蓬勃发展

组织是指由一定数量的社会成员按照一定的规范，围绕一定的目标聚合而成的社会群体。按照管理学家巴纳德的理解，组织的本质是一个协作系统，它包含三个基本要素：协作的意愿、共同的目标和信息联系。协作的意愿和共同的目标只有通过信息联系把它

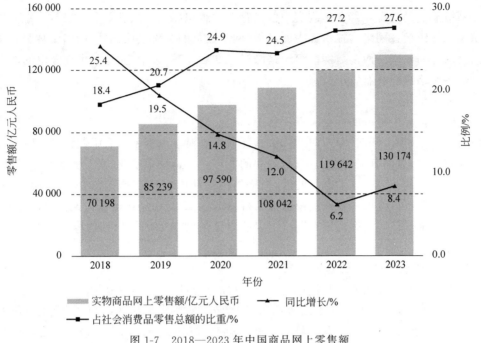

图 1-7　2018—2023 年中国商品网上零售额

资料来源：国家统计局。

们沟通起来，才能成为动态的过程。互联网对组织的最大影响在于促进该协作系统的有效运行，从而诞生大量的网络组织。

随着互联网尤其是移动互联网渗透率的不断提高，各种网络社交媒体不断涌现（表 1-4）。网络社交媒体兼具媒体属性和社交属性。媒体属性主要体现在用户生成内容（user generated content，UGC）上。社交媒体中的内容，如状态，日志、照片、视频等都是由社交媒体用户原创或者复制而来，并且能够通过社交媒体进行分享和传播。社交属性主要体现在用户连接关系上。社交媒体以用户为中心，依靠用户与用户之间建立的连接关系进行在线社会交往、分享和传播。社交媒体结合了两种属性，有利于网络组织的形成和运作，因此，网络组织蓬勃发展起来。

表 1-4　2022 年全球社交媒体 App 排行榜 TOP10

序号	平台/App 名称	所属公司	国家	主要功能	月活跃用户/亿
1	Facebook	Meta	美国	社交网络	29
2	YouTube	Alphabet	美国	视频应用	23
3	WhatsApp	Meta	美国	即时通信	20
4	Messenger	Meta	美国	即时通信	13
5	微信	腾讯	中国	即时通信	13
6	Instagram	Meta	美国	视频内容	12
7	TikTok	字节跳动	中国	视频应用	7.32
8	Telegram	Telegram Group	阿联酋	即时通信	7
9	抖音	字节跳动	中国	视频应用	6
10	QQ	腾讯	中国	即时通信	5.95

资料来源：We Are Social，Hootsuite. 2022 年全球数字概览报告［R］. 2023.

网络上的组织有一部分是现实中已经存在的组织(如政府、企业和学校等),这些网络组织是实体组织在网络虚拟世界中的镜像,网络成员的身份是明确的,网络镜像只是为了提高信息沟通效率。而多数网络组织是网民匿名产生的,不存在现实社会身份的对应关系。这些网络组织具有以下特点。

1. 去中心化

在网络世界中形成的社会关系形态中,每个节点都具有高度自治的特征。任何人都可以成为一个中心,任何中心都是暂时的,任何中心对节点都不具有强制性。不存在必然的上级和下属,也没有强制权力,只有独立的"节点"。这种扁平化、平等性的系统结构,是一种去中心化的社会关系形态。此外,网络组织活动的内容也具有去中心化的特征。社交媒体的内容不再是由专业网站或特定人群所产生,而是由平等的全体网民共同参与、共同创造的结果。任何人都可以在网络上表达自己的观点或创造原创的内容,网民也可以共同进行内容协同创作。

2. 组织规模弹性大、运作效率高

与传统社会组织相比,网络组织更具开放性、灵活性。网络世界中的虚拟组织可以克服时间和空间的障碍,最大限度地吸收来源广泛的潜在成员加入组织,组织几乎没有边界,规模上限很大。现实中,有的名人大V的社交群动辄几百万、上千万甚至上亿的粉丝就是很好的证明。同时依托于社交网络的低成本运营,组织的规模又可以小到只有两三个人。几乎每个人的微信群中都存在许多私密的微小群落。开放性又能保证成员进入和退出组织更加便捷。因此,组织的规模弹性很大,可根据组织自身的需要任意调整。

此外,网络组织网状扁平化的结构形态,可以使信息的传播更及时、更迅速、广泛,活动开展得更高效,成本更低,提高了组织运作的效率,也提高了组织的动员能力。某些慈善筹款的社交平台可以在短短几天内筹集大量资金,而且这些资金都是由小额资金汇集而成,这是传统慈善组织根本无法想象的。

3. 组织形态丰富、成员互动频繁

网络组织可以根据各种需要建立,方便快捷。组织形态也是多种多样,既可能是登记注册的网络社团、基金会和社会服务机构,也可能是无须登记注册的众多网络社区,包括BBS/论坛、贴吧、公告栏、群组讨论、在线聊天、交友、个人空间、无线增值服务等形式在内的网上交流空间。同一主题的网络社区集中了具有共同兴趣的访问者,运营良好的网络组织成员的互动频繁,可能由线上延伸到线下活动,成员的认同感也较强。

每个人都是社会关系的联结,在虚拟空间中,每个人都加入不同的网络组织,又通过该组织成员的介绍认识了其他的组织成员。借助社交网络的优势,个人在互联网的虚拟世界中加入比现实社会更多的网络组织。网络世界的社会关系要远比现实中社会关系丰富多彩,大量的网络组织的存在改变了现代社会的组织形态,这也必然会深刻影响整个社会的商业运作。现在依托社交媒体的社交电商的兴起就是为了适应这一趋势。企业的公共关系(public relation,PR)、营销方式甚至新产品的研发都可以借助网络组织来实现。

1.1.5　行为背景:网民生活方式的改变

生活方式是指人们的日常生活的活动方式,包括人们的衣、食、住、行、劳动工作、休闲娱乐、社会交往等物质生活和精神生活中稳定的行为表现形式。这些行为表现只是生活方式的显现部分，支配人们行为的价值观却隐含其中。人的活动具有能动性、创造性，在相同的社会条件下，不同的主体会形成全然不同的生活方式。但是当新的技术革命普遍影响到社会的每个角落时，整个社会将表现出与以往不同的生活方式的变化，比如电的发明和应用对我们衣、食、住、行生活方式的改变。从整体社会的角度看，新技术会形成一种新的生活方式。

互联网已经深刻影响了人们的日常活动各个领域。例如，世纪佳缘改变了人们求偶的方式，Tinder 改变了人们的约会方式，智联招聘改变了人们找工作的方式，Airbnb 改变了人们的居住方式，亚马逊、京东改变了人们的购物方式，Uber（优步）和哈罗单车改变了人们的出行方式，Zoom、腾讯会议改变了人们的开会方式等。

我们获取信息、打发时间的习惯也被深深影响。相关报告显示，2018 年至 2022 年，美国成年人媒体的使用时长从 12 小时 24 分增加到 13 小时 15 分。从时长占比来看，数字媒体（digital media）具有绝对优势，占比超过 50%；电视媒体的时长保持在 3 小 30 分左右（只是 2020 年疫情时增加到 3 小时 49 分），占比超过 25%；其他传统媒体的时长变化也不大，全部媒体时长的增加主要来自数字媒体（图 1-8）。

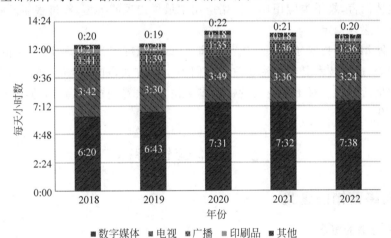

图 1-8　2018—2022 年美国成年用户平均每天花费在各类媒体上的时间

资料来源：EMARKETER，https://www.insiderintelligence.com/.

从数字媒体内部构成来看，2018 年至 2022 年，美国成年用户在数字媒体上花费的时间由 6 小时 20 分增长到 7 小时 38 分，主要贡献来自移动设备。2022 年，数字媒体的时间是 7 小时 38 分，其中在移动设备上花费的时间超过 4 小时 26 分，占整个数字媒体时长的 58%，而 5 年内桌面设备上花费的时间变化不大，其他数字媒体的时间也有增长（图 1-9）。

截至 2023 年底，中国互联网络信息中心数据显示，在中国，即时通信（IM）、搜索引擎、网络新闻作为互联网的基础应用，使用率均在 80% 以上，未来几年内，这类应用使用率提升的空间有限，但在使用深度和用户体验上会有较大突破。中国电信的数据显示，在手机网民经常使用的各类 App 中，即时通信类 App 的使用时间最长，占比为 14.5%；网络视频（不含短视频）占比为 13.4%、短视频占比为 11.5%、网络音乐占比为 10.7% 和网

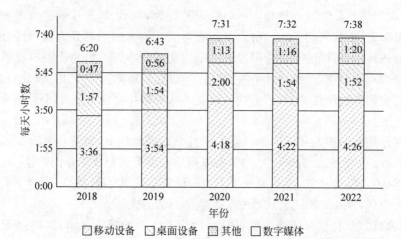

图 1-9　2018—2022 年美国成年用户平均每天花费在数字媒体上的时间
资料来源：EMARKETER，https://www.insiderintelligence.com/.

络文学类占比为 9.0%，分列第二到六位，与以前年份相比，短视频应用使用时长占比增长明显。整体而言，娱乐类应用作为网络应用中最早出现的类型，经过多年发展用户规模和使用率已经逐渐稳定。

与互联网相关的技术还在不断进步和演化中，增强现实、虚拟现实、元宇宙、人工智能和自动驾驶等，这些技术已经和将要改变我们的生活方式，进而形成新的价值观念，进一步指导新的生活方式。对于企业的营销工作来说，必须看到这种趋势，适应这种变化，把握住这种变化。

1.2　网络营销概述

1.2.1　网络营销的含义

1. 网络营销的概念

营销管理专家菲利普·科特勒(Philip Kotler)认为："营销是个人和集体通过创造并同别人交换产品和价值以获得其所需之物的一种社会过程。"它既不同于单纯的降低成本、扩大产量的生产过程，又不同于纯粹推销产品的销售过程。"市场营销是致力于通过交换过程满足需要和欲望的人类活动"。为了达到这个目的，企业必须不断地改进产品、服务和企业形象，提高产品价值，不断地降低生产与销售的成本，节约消费者耗费在购买商品上的时间和精力。因此，营销过程是一个涉及企业人、财、物、产、供、销、科研开发、设计等一切部门所有人员的系统工程。

拓展阅读 1-3　网络营销怎么翻译

在网络时代，网络营销是指利用信息技术(IT)去创造、宣传、传递顾客价值，并且对顾客关系进行管理，目的是为企业和各种利益相关者创造收益。简单地讲，网络营销就是利用先进的网络信息手段进行的营销活动。网络营销不等同于网上销售,销售是营销到一定阶段的产物,销售是结果,营销是过程。网络营销不仅限于网上,一个完整的网络营销方案,除了在网上做推广外,还有必要利用传统方法进行线下推广,线上和线下的融合才能实现营销活动。

2. 网络营销的特点

市场营销的本质是组织和个人之间进行信息和价值的传播和交换。随着互联网技术发展的成熟以及联网成本的下降,互联网将企业、团体、组织以及个人跨时空联结在一起。社会的信息和价值的传播和交换也发生了深刻的变化,这使得网络营销呈现出一些新特点。

1）跨越时空的障碍,全球营销

互联网能够超越时间约束和空间限制进行信息交换,这使得突破时空限制进行交易成为可能,企业有了更多时间和更大的空间进行网络营销,随时随地提供全球性营销服务。

2）进行交互式和个性化营销

互联网为产品联合设计、商品信息发布以及各项技术服务提供最佳工具。互联网上的沟通可以做到一对一的、消费者主导的、非强迫性的、循序渐进式的,而且是一种低成本与人性化的沟通。网络营销通过信息共享和交互式交谈,与消费者建立长期良好的关系。并以此为基础,有针对性地根据消费者的个人爱好、兴趣等提供相应的服务,实现个性化营销。

3）运用多种媒体,多维营销

网络能将文字、图像、声音和视频等内容有机地组合在一起,传递多种感官信息,让顾客如身临其境般感受商品或服务。网络营销的载体基本上是多媒体、超文本格式文件,广告受众可以对其感兴趣的产品信息进行更详细的了解,消费者还可以参考他人使用后的评论,或者与客服直接沟通。各种社交媒体的出现,如微信(weChat)、微博、短视频、视频直播等,使得企业可以全场景地随时接触到客户,从多个维度、采用图、文、声、像等多种手段影响客户,多维的营销刺激大大增强网络营销的实际效果。

4）营销效果的可跟踪和可衡量性

网络营销能进行完善的统计,可以跟踪和衡量营销效果。一种观点认为"无法衡量的东西就无法管理"。通过对客户多种场景行为数据的记录,并进行大数据分析能更精准为客户提供产品和服务。例如网络广告主能够直接对广告的发布进行在线监控。而传统的广告形式只能通过并不精确的收视率、发行量等来统计投放的受众数量。通过监视网络广告的浏览量、点击率、转化率等指标,网络广告主可以统计出多少人看到了广告,其中有多少人对广告感兴趣,多少人产生实际购买行为,多少人重复购买等等。如果能结合企业自己的数据库和顾客的网络浏览习惯,网络营销的效果的可预测性会更好。

3. 网络营销与电子商务的关系

电子商务更强调利用数字技术对企业各种经营活动的持续优化。这里所说的数字技术,就是计算机技术和网络技术,因为它们为数字信息的存储和传递创造了条件。电子商务已渗透到企业的各项工作流程中,如原材料的采购、产品的销售、维系顾客和商务伙伴等。它涉及的领域包括数字化沟通、数字化交易、在线市场调研等,企业的各个工作岗位上都会用到电子商务。

从技术上说,电子商务与网络营销有着密切的联系。互联网是电子商务和网络营销发展的共同基础。电子商务是伴随互联网的迅速发展而成为商业活动的新形式,网络营销则是随着电子商务的发展而兴起的。因此,人们往往简单地认为网络营销是电子商务的一个重要组成部分。

从实际应用的角度说,现在的网络营销,不局限于互联网上的营销活动,网上和网下之间的互动(O2O)也是其重要内容。网络营销最大限度地包容了传统产业中营销活动,有些内容就已经超出了电子商务的边界,不能简单地说网络营销是电子商务活动的一个组成部分。

我们可以从相关企业类型划分来看二者的区别。

(1) 纯电子商务企业。网络营销与财务、生产、人力资源和物流等一样就是企业的一种职能。这样的企业可以成立网络营销部门,或者将网络营销职能归入广告部等相关部门,但是以网络为基础的营销职能是相对独立的。即便是纯电子商务企业,也不能只进行网上营销,也需要做线下营销,只不过网上更重要,以网上为主。

(2) 纯传统企业。网络营销一般只是这些企业营销的一种手段和方法。它们一般会有传统的营销部门,网络营销只是该部门所使用的多种方法和手段之一,起到补充作用,偶尔也会发挥"四两拨千斤"的作用。

(3) 介于两者之间的企业。这样的企业通常是积极向互联网转变的企业,或者说是互联网改造过的企业。为了强调网络营销的作用,通常会设立相关部门,由于改造的程度不同,所以实际履行职能的程度也不同。从纯粹象征意义到切实履行主要网络营销职能都有。

因此,网络营销与电子商务的区别还是需要根据具体企业情况而定。随着互联网对传统产业渗透的加剧,网络的作用日趋重要。未来以互联网为基础的营销思维一定会占主导地位,那时将没有企业不进行网络营销,当然也就没有企业不进行电子商务了,刻意对二者加以区别就没有现实意义了。

1.2.2　网络营销的职能

网络营销的主要职能归纳为六个方面:网络产品和品牌、网络定价、网络传播、网络渠道、顾客服务、网络调研(web survey)。

1. 网络产品和品牌

网络的交互性便于企业和顾客共同创造有价值的产品和服务,也有助于建立并推广企业的品牌。知名企业的网下品牌可以在网上得以延伸,一般企业则可以通过互联网快速树立品牌形象,并提升企业整体形象。网络品牌建设可以通过一系列的推广措施,实现顾客和公众对企业的认知与认可。在一定程度上说,网络品牌的价值甚至高于通过网络获得的直接收益。

2. 网络定价

网络技术对买方和卖方的交易价值都产生了深刻影响。买方在节约时间、金钱等成本的同时,网络上信息的复杂性对顾客的判断能力也形成很大的挑战。卖方在享受了互联网降低库存和管理费用等成本的同时,也要应对价格透明、买方权力增加的压力。价格是营销组合中最灵活的因素,网络定价可以采用差异定价、谈判定价、免费定价等动态策略来应对。

3. 网络传播

无论哪种网络营销方式,结果都是将一定的信息传递给目标人群,包括顾客或潜在顾客、数字媒体、合作伙伴、竞争者等。网络传播的形式多种多样,从免费的自有媒体到付费的公共媒体,从搜索引擎到各类社交软件,都能成为有效的沟通方式。网络传播的基本目的是为改善企业形象、增加销售提供帮助,大部分网络营销方法都与直接或间接促进销售有关。

4. 网络渠道

一个具备网上交易功能的企业网站本身就是一个网上交易场所,网上销售是企业销售渠道在网上的延伸,网上销售渠道建设也不限于企业网站本身,还包括建立在综合电子商务平台上的网上商店及与其他电子商务网站,甚至可以通过社交媒体如直播或短视频来销售产品。

5. 顾客服务

互联网提供了更加方便的在线顾客服务手段,从形式最简单的 FAQ(常见问题解答),到微信公共号、人工智能服务等各种即时信息服务。这些在线顾客服务手段,提高了顾客服务质量,增强了网络营销的效果。企业应用各种网络媒体与顾客之间的多种互动方式,在开展顾客服务的同时,也增进了顾客关系,培养了顾客的忠诚度。

6. 网络调研

通过在线调查表或者电子邮件等方式,可以完成网上市场调研。相对传统市场调研,网上调研具有高效率、低成本的特点,因此,网上调研成为网络营销的主要职能之一。

开展网络营销的意义就在于充分发挥各种职能,让网上经营的整体效益最大化。网络营销的各个职能之间并非相互独立,同一个职能可能需要多种网络营销工具和方法的共同作用,而同一种网络营销方法也可能适用于多个网络营销职能。

1.2.3　网络营销与传统营销

1. 网络营销对传统营销策略的冲击

在网络时代,人员推销、市场调查、广告促销、经销代理等传统营销手法,将与网络相结合,并充分运用互联网上的各项资源,形成以最低成本投入,获得最大市场销售量的新型营销模式。网络营销将在以下几个方面给传统营销策略带来冲击。

(1)对标准化产品的冲击。通过互联网,企业可以直接接触消费者,与消费者互动。企业迅速获得关于产品概念和广告效果测试等反馈信息,甚至可以通过网络互动与客户共同创造产品,这些都更便于对消费者行为方式和偏好进行数据跟踪记录。因而,通过对互联网上累积的大数据的挖掘,可以针对不同的消费者提供不同的商品,最终围绕每一个用户的需求来组织生产和销售,标准化的产品将不受欢迎。

(2)对定价策略的冲击。相对传统媒体来说,互联网使产品价格成为透明、共享的信息,这导致产品国际的价格水平差异很容易遇到怀疑,如果商品是自由流动的,地区间的价格差别将缩小。对于执行差别化定价策略的公司来说,这将是一个严重的问题。

(3) 对营销渠道的冲击。在网络的环境下,生产商可以通过互联网与最终用户直接联系,因此,中间商的重要性将有所降低。制造商通过网络渠道直接与传统批发商和零售商形成直接竞争,线下渠道和线上渠道的价格与服务有差异,产生冲突不可避免。

(4) 对传统广告障碍的消除。互联网作为新媒体,可以消除传统广告的时间、空间和形式上的障碍,并且做到精准营销。尽管网络广告无法替代传统广告,但是网络广告对传统广告造成的冲击是巨大的。

(5) 重新塑造顾客关系。网络营销极大地方便了企业的客户关系管理,以网络为媒介(medium),借助社交媒体,企业在争取新的顾客、留住老顾客、扩大顾客群、建立亲密的顾客关系等方面都有许多创造性的方式和方法。真正以顾客为中心,企业与顾客的关系被重新塑造。

2. 网络营销和传统营销的融合

网络营销与传统营销模式相比优势明显,对传统营销产生了重大的影响和冲击,但这并不等于说网络营销将完全取代传统营销。对于大多数企业来说,单独的网络营销和传统营销都无法解决企业的营销问题。我们必须将传统营销与网络营销加以有效融合,原因如下。

(1) 网络营销需要消费者是网民或者能接触到互联网,现实中互联网的渗透率是有限的,不能覆盖绝大多数消费者。互联网作为新兴的虚拟市场,它覆盖的群体只是整个市场中某一部分群体,许多的群体由于各种原因还不能或者不愿意使用互联网,如一些老人、落后国家和地区的人群,而传统的营销策略和手段则可以覆盖这部分群体。

(2) 互联网作为一种有效的营销方式,有着购物便捷和直接双向沟通的特点与优势。但对于许多消费者来说,由于个人生活方式的原因,不愿意接受或者使用新的沟通方式和营销渠道,而愿意选择传统方式进行购物,习惯在商场里接触实物,身临其境地一边购物、一边休闲。

(3) 网络营销自身也存在一些问题没有解决。如网络营销中欺诈行为频频出现,网络直播销售中冲动性消费带来的大量退货问题,智能推荐系统给客户造成的"信息茧房"效应,网络营销物流配送范围有限、服务质量无法保证,网络营销的支付存在安全问题等。

(4) 互联网只是一种工具,营销面对的是有灵性的人,因此一些以人为主的传统营销策略所具有的独特的亲和力是网络营销无法替代的。

互联网的发展趋势不可阻挡,企业需要根据自身的情况,将网络营销和传统营销二者融合使用,发挥各自的优势,取长补短,统筹考虑,这样才能保证企业的整体营销策略获得成功。随着网络通信技术的发展,网络营销和传统营销的融合程度会进一步加深,二者你中有我、我中有你,刻意区别哪种手段是传统营销、哪种手段是网络营销就没有必要了。

本 章 小 结

本章介绍了网络营销产生的背景和网络营销概述。

在"网络营销产生的背景"一节,强调网络营销产生的技术背景是互联网发展和普及,以及其对营销方式的改变；经济背景是数字经济的兴起，与传统经济相比，数字经济具有许多显著的特征，成为一种网络时代的新经济形态；市场背景是电子商务的快速增长刺激了营销工具和方法的变革；社会背景是移动互联网尤其是社交媒体的广泛应用，促进非中心化的网络组织的蓬勃发展，改变了营销的社会组织基础；行为背景是网络改变了网民的生活方式，网民的生活和娱乐都严重地依赖互联网。在"网络营销概述"一节，首先定义了什么是网络营销，网络营销就是利用先进的电子信息手段进行的营销活动。然后阐述了网络营销的特点和主要职能，以及网络营销对传统营销的冲击和未来二者的相互融合的趋势。

思 考 题

1. 未来 5 年，东南亚和非洲网络用户的规模会有什么变化？
2. 网络通信技术对营销活动有哪些具体的影响？
3. 数字经济具有哪些特点？
4. 美国电商零售业发展的趋势是什么？
5. 网络营销对传统营销有哪些冲击？

实 践 活 动

1. 做一次访谈，对象包括在校大学生群体、40 岁左右的人群和 60 岁以上的人群，请他们讲述自己手机都下载了哪些 App、用这些 App 做什么，然后记录下来。分析移动互联网在他们生活中的地位如何，分析不同年龄的人有什么差别。

2. 到华润万家等大型零售企业调研，请营销部门介绍企业都运用了哪些网络营销和传统营销的方法，并了解二者配合使用的效果如何，以及使用过程中应该注意哪些问题。

3. 在网上收集最近 5 年来中东地区的网民数量、互联网普及率、移动互联网占比、电子商务交易额等方面的数据。在此基础上，分析未来中东地区在电子商务领域会有哪些发展机遇。

即 测 即 练

第2章

网络营销的理论基础

本章学习目标

1. 了解什么是智能商业，互联网如何改变商业社会。
2. 熟悉智能商业的本质，网络协同和数据智能双螺旋如何相互作用。
3. 熟悉和掌握智能商业独特的表现，辨析智能商业与传统商业的差异。
4. 了解什么是平台，网络效应如何发挥作用。
5. 熟悉和掌握平台的功能，平台如何吸引、促进和匹配用户。
6. 掌握平台能为参与者创造哪些价值，自身都有哪些盈利模式。

拼多多：多实惠、多乐趣的社交电商

2015年4月，黄峥创立一家社交电商平台——拼多多。猎豹发布的数据显示，到2017年11月，拼多多的年GMV(gross merchandise volume，商品交易总额)超过了千亿元人民币。历史上，年GMV超过千亿元的平台中，京东用了10年时间，唯品会用了8年，淘宝用了5年，拼多多只用了2年多，这是一个十分惊人的速度。在胡润研究院发布的《2023胡润世界500强》中，拼多多为新进百强，排名63，大幅跃升147位。拼多多利润的增长和市值的攀升显示了其在电商市场的巨大潜力和市场认可度。

专注于下沉市场

拼多多在创立时，中国电子商务经过10多年的高速发展，已经很成熟了。可以说，拼多多创业时已经处于一个较高的起点，不必像淘宝那样自己去构建第三方支付系统和物流系统。但同时中国的电子商务市场格局已经趋于稳定，淘宝、天猫、京东和唯品会是主要的市场参与者。而此时，淘宝和天猫平台上的老字号和一些独立设计师品牌已经崛起，淘宝和天猫也希望借此摆脱便宜、高仿的标签，树立独立审美意识和追求美好生活的消费观。其后，京东等电商平台也开展大规模"消费理念升级"宣传。创立之初的拼多多高度重视下沉市场，山寨货占多数，被别人笑称是"并夕夕"，并不被市场看好。

想象中互联网典型用户是：生活在一线城市的北、上、广、深，至少大学本科学历，年收入在20万元以上，买东西看重品质和品牌。其实这部分群体是互联网世界的小众群体。在中国移动互联网普及的后期，增长最快的地区是三、四线城市。这些地区的互联网用户也能够方便地购买到消费品，使用社交娱乐平台进行娱乐。这些地区庞大的用户群体逐渐成为互联网的主流。拼多多的崛起与这部分互联网用户的爆发有着紧密的联系。

来自极光调研 2017 年的数据显示,京东用户在一、二线城市的比例为 15.68% 和 34.22%,明显高于拼多多的 7.56% 和 27.71%;而三、四线城市拼多多为 23.13% 和 41.60%,高于京东的 20.05% 和 30.05%,尤其是四线城市最为突出。来自极光的数据可以将拼多多的客户画像为:很大一部分用户是女性(70%),年龄在 40 岁以上,并且生活在中国的三、四线城市(65% 左右)。这是一个重要但经常被忽视的市场。

平台与社交网络的协同

创业之初,拼多多推出了第一款社交电商应用"拼好货",主打水果生鲜拼单,用户通过微信群、朋友圈等社交平台邀请好友进行拼单,达到规定人数时,拼单就会生效,用户即可低价购买水果生鲜。这个看似简单的社交应用,对于电商平台来说却作用很大。电商平台可以被看作一个生态系统,包括支付与金融系统、物流系统、供应链和电商服务系统、营销和推广系统等。电商平台将复杂的商业活动分解,由制造商、物流公司、支付和金融公司、网站装修和数据分析服务企业、广告公司等来完成,再通过网络平台进行协作。但是当时的电商平台对消费者网络的协同一直较差。

拼多多的拼团模式与传统团购的区别在于,传统团购是陌生人之间达到一定规模后享受同一折扣价,消费者并不知道是否是低价,与打折促销类似。而拼团更能体现团购原本的意义,买家能够主动发起团购,当人数达到一定的数量优势,卖家价格有足够吸引力,买家和卖家双向吸引,最终成交。拼多多的拼团也不同于以网红为中心的流量引导。在拼多多模式中,流量是去中心化的,任何人都可以发起团购,所有人都是对等的。一个普通人,在拼多多平台上花了一小时的时间,终于淘到一件好商品,他可以通过朋友圈等社交软件推荐物美价廉的商品,让大家一起来购买,帮他砍价。由于这种模式是基于熟人社交网络,解决了信任的问题,用户的参与感很强。

拼多多的这种模式是真正地实现了平台与社交网络的协同。社交网络的作用从消费决策流程的购买前这个环节开始,通过信息的分享和讨论,整个购买过程可以看作一个网络集体决策的过程。这一过程是一种以人为中心的思维模式。而传统电商的商家只是利用外部的社交网络从平台外面吸引流量进入平台,流量进入后只是完成消费决策中购买这个环节。这还是以货为中心的思维模式。传统电商的用户是分散的,很难沉淀,所以商家需要不停地找新流量。社交电商的用户可以构成一张网,具有内在动力自我裂变,带来新流量。拼多多的拼团模式真正使社交网络嵌入电商平台内部,并且平台与消费者网络协同起来。

交易价值:多实惠,多乐趣

平台的交易价值体现在哪里呢?这集中体现在拼多多官网的那句话:"多实惠,多乐趣。"互联网解决的已经不只是效率问题,拼多多在提供超高性价比的同时,将乐趣融入每个购物环节。拼多多通过"社交电商+拼团让利"模式,旨在凝聚更多人的力量,让其用更低的价格买到更好的东西,为了达成交易必须参与到社交的游戏之中,体会更多的实惠和乐趣。正如创始人黄峥在接受采访时所说:"我们的核心不是便宜,而是满足用户心里觉得占便宜的感觉。"拼多多还提供社交区域功能,设有各种话题讨论、活动等,让用户在购物的同时体验社交的乐趣。

要实现"多实惠,多乐趣"兼得,既需要一群对价格敏感的消费群体,又需要物美价廉的商品。拼多多一直专注于下沉市场,找到了这一类消费群体,剩下的就是物美价廉的商品了。拼多多采取"少 SKU、高单量、短爆发"的模式,扎根产业带上商品源头工厂,将大量产能倾斜到 2～3 款核心产品方面,缩减产品线、压缩中间环节、扩大规模以降低成本;另外,拼多多也稳定了供应链,让工厂面对原料、人工成本波动风险时,有了更强的抵抗能力。这种模式节省了中间所有的渠道成本。同时消费者拼团模式自带流量,商家的广告费用也大大减少。拼多多以农产品零售平台起家,深耕农业,开创了以拼为特色的农产品零售新模式。2019 年,拼多多推出"百亿补贴"活动,各大农产区的农产品优质商家仍是平台扶持的重点。

智能运营系统提供引擎

拼多多将自己的新电商描述为:一个将网络虚拟空间和现实世界紧密融合在一起的多维空间,一个由分布式智能代理网络驱动的"Costco"和"迪士尼"的结合体。这样的新电商是由拼多多的电霸智能运营系统提供引擎的。智能运营系统赋能了拼多多的社交电商模式,通过社交互动和拼团购买,吸引了大量用户参与,形成了强大的用户社群和消费者网络。智能运营系统通过大数据分析和智能算法,深度挖掘用户行为和偏好,实现了个性化的营销推广,精准锁定目标用户群体,提升了营销效果和销售转化率。通过数据智能的预测分析,拼多多实现了供应链的智能化配置,降低了库存成本,提高了资金利用效率,实现了供应链的升级和优化。

由此可见,拼多多的社交电商模式突出整合了社交网络,完善了平台生态系统中的大规模网络之间的协同机制。同时电商平台功能正常发挥也需要由大数据和人工智能来保证,在数据智能的驱动下,社交网络的商业价值被发掘出来,各种网络之间的协同才能顺利进行。

网络时代,随着一些新技术如大数据、云计算、区块链、人工智能等不断出现,互联网对商业的影响逐渐深入,营销活动的价值创造模式发生了巨变。现在的商业活动已经被网络化,商业价值分布于网络之中,并且以网络协同的方式实现价值增值。企业和客户通过各种社交媒体充分互动,内容被记录为数据,人工智能算法帮助企业自动分析这些数据,发掘其中的价值。网络平台赋能企业与客户之间的交易更顺畅,各种交换和维护价值的活动可以自动进行。大型网络企业以平台为核心,不断完善各自的商业生态系统,赋能其他企业,一种崭新的商业形态已日渐成熟。因此,网络时代的营销活动必须适应这种崭新的商业形态的出现,采用更宽阔的视野,运用新理论更有预见性地指导网络营销活动。

2.1　智能商业

2.1.1　互联网改变商业社会

通常说的互联网指的是拥有一个公网地址,使用传输控制协议/网际协议(TCP/IP)将计算机等不同的设备互相连接在一起,彼此通信,覆盖全球的互联网络。今天互联网已经具有许多功能,如通信(即时通信、微信)、社交(Facebook、微博)、电子商务(网购、转账汇款)、云端化服务(网盘、资源、计算等)、资源的共享化(门户资源、媒体视频)等。无论互联网结构如何复杂,功能如何多样,究其根本还是用来收集、加工、存储和交换信息的媒介。

纵览互联网企业的发展史,优秀企业的创新主要体现在三个方面。

拓展阅读 2-1　互联网的基础设施

1. 数字化和在线化

数字化是指将信息载体(文字、图片、图像、信号等)以数字编码形式(通常是二进制)进行储存、传输、加工、处理和应用的技术途径。将物理世界转换映射到互联网的虚拟世界中,是互联网发挥各种功能影响现实世界的前提。对于互联网来说,物理世界必须数字化,才可以被计算机识别,连接上网。互联网中交换的信息需要将物理量转化为信号,以信号为载体表示现实物理世界中的任何信息,如文字、符号、图像等。物理世界转化为数字信号,在互联网上传播,就实现了在线化。

物理世界在线化后,将充分享有互联网在信息交换中所具备的不受空间和时间限制的优点。信息以视频、图片、文章等多种形式存在,具有储存量大、传输高效、快速等优点。人与人之间的互动交流也更加便捷,容易满足每个人的个性化需求。

拓展阅读 2-2　在线化的三个阶段

2. 网络化

互联网本身是以网络形式存在的,它将分布在不同地点的计算机等电子终端设备互联起来,按照一定的网络协议相互通信,以达到所有用户都可以共享资源的目的。但是互联网只为信息传播提供了物理载体,数字化和在线化并不必然能结成影响现实的网络,结网还需要另一个前提,那就是互动,连接和互动发展的必然路径就是结网。通过在线化,人、信息和服务不断交换,才会产生丰富的内容和体验,此时的互联网才是具有现实意义的网络。在线互动人群的规模、范围决定了缔结网络的规模,互动的内容和频率影响到网络的疏密程度。

目前,除了互联网之外,多数技术的互动是单向的,电话虽然能实现双向互动,但是能承载的信息量是有限的。互联网能够同时接纳海量人群多对多的互动,在结成大规模网络方面,发挥着独特的技术优势。

拓展阅读 2-3　网络互动的三个阶段

3. 智能化

随着互联网、传感器,以及各种数字化终端设备的普及,一个万物互联的世界正在成型,整个互联网行业在飞速膨胀。那么在互联网上的数据量有多大呢?相关的估计是2025 年全球每年产生的数据量将达到 175 ZB。

结网只是网络商业的起点,结网后,企业如何解决运营、发掘网上数据的价值,这些才是商业活动的关键。数据和算法(algorithm)是智能化的两个关键因素。网上海量数据和想要解决问题具有的复杂性决定了用普通算法根本无法处理,人工智能应运而生。人工智能是用计算机来模拟人的某些思维过程和智能行为,让机器能像人那样认知、思考和学习。简单点说,就是用计算机模拟人的智能。智能化就是使

拓展阅读 2-4　互联网的数据量与单位换算

对象具备灵敏准确的感知功能、正确的思维与判断功能、自适应的学习功能、行之有效的执行功能等。如淘宝根据客户的历史购物习惯(数据),自动推荐他可能感兴趣的商品。

　　以上三个创新方向,企业至少把握住两个,持续不断地努力,才能获取巨大的突破。通过上文对三个创新方向的介绍结合图2-1会发现:微软在PC(个人计算机)操作系统的优势使其在在线化方向上有些优势,搜索服务也让其在智能化上有所表现。但是微软与同时期的苹果公司相比,确实在这两个方面落后了。苹果公司掌握了移动互联网的硬件以及操作系统,形成自己的生态系统。谷歌(Google)公司在网络化和智能化方向上的优势是绝对领先的。智能商业第一款大规模应用的产品就是谷歌的搜索引擎,它的网络广告联盟,可以把千万级的广告主和网站组成网络,提供网络广告服务。亚马逊公司是智能推荐服务的开山鼻祖,并且把零售和物流全程在线化,使得零售行业的效率获得巨大的提升。Facebook的广告系统也是网络化创新的典型代表。

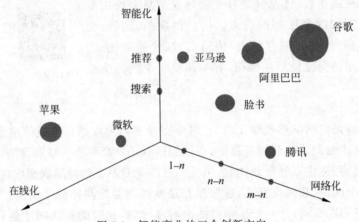

图2-1　智能商业的三个创新方向

资料来源:曾鸣.智能商业[M].北京:中信出版集团,2018:7.

注:1-n、n-n、m-n表示一对多、多对多的沟通。

　　中国的公司在这三个方面也有很优秀的表现。阿里巴巴将网络化和智能化相结合,已经形成了相互促进的生态系统。腾讯公司以社交网络为平台,构建了渗透百姓生活的生态网络。其他公司,如今日头条在资讯信息领域完成了从传统内容搜索走向内容推荐的智能化创新;美团公司把传统的生活服务在线化,将生活服务的内容之间形成网络化的协同。

2.1.2　智能商业的本质

　　按照传统的营销思维去理解今天的互联网企业,会面临许多问题。曾鸣在《智能商业》一书中提道,如阿里巴巴这样的互联网企业,拥有超过1 000万家商家、超过4亿的活跃买家,如此规模巨大的企业按照传统技术是无法运作的?在天猫"双11"购物狂欢节当天,后台数据流量会以洪峰形式急剧涌入平台,订单峰值达到60万笔/秒左右。如此海量的数据流洪峰对于传统企业来说,也是无法处理的。对于卖家来说,天猫和淘宝拥有运行在线店面的所有工具,还可以和制造商和物流企业协调生产和物流,相关在线支付可以在阿里巴巴自己的平台上完成。对于买家来说,天猫和淘宝可以给每位客户提供个性化推荐,做到千人千面,每个购物者都有一个个性化的购物中心。给买卖双方提供如此个性化的服务也是传统企业无法做到的。

在网络时代的商业形态中,有许多像阿里巴巴这样的公司,它们利用互联网技术来组织协调无限量的经营实体,实现大规模复杂的组织协同,并且保证公司的许多决策和行动能自动化完成,这种新兴的商业形态被描述为"智能商业"。

曾鸣在《智能商业》中提出,智能商业可以归纳为一个简单的等式:

网络协同＋数据智能＝智能商业

网络协同和数据智能也被比喻为智能商业 DNA(脱氧核糖核酸)的双螺旋。之所以用 DNA 的双螺旋来比喻,是因为 DNA 携带遗传信息,是生物体发育和正常运作必不可少的生物大分子。DNA 的双螺旋中两条链之间有着复杂的结构,形成相当稳定的组合。智能商业是网络时代商业的遗传密码,网络协同和数据智能之间也有着复杂的联系,二者共同作用才是智能商业的本质。

1. 智能商业双螺旋之一:网络协同

1) 网络协同的定义

网络协同指借助网络平台和数据技术对商业任务开展多方同步协作的自动化管理。网络协同将复杂的商业活动分解,由不同的企业和人群来完成,再通过网络进行协作,这样可以共同完成任何单一企业都无法完成的任务。工业时代的线性供应链形式无法同时实现规模、成本、速度和定制,必须在这四项商业核心要素中进行取舍,往往是有了规模,会降低成本,反应速度下降,也无法实现个性化定制;反过来,有了定制,规模就上不去,成本会增加很快。网络协同可以将商业活动从传统的线性供应链形式中解放出来,将销售商、买家、生产商、供应商和物流公司整合到一个平台上,极大地降低交易成本。通过网络协同,企业的多数业务活动可以转变成去中心化的、灵活的、可规模化生产、可全球化配置的过程,固化在线性流程中的创造力被释放出来。这种协作关系并非通过科层制的中心以强制命令的形式来完成,而是通过去中心化的网络自动完成,通过大规模、同步、多角色实时互动来实现,做到无数企业或群体的自主协调,其效率和效果远远超过传统线性结构。

淘宝网的重大贡献就是把传统行业的线性结构改造为网络结构。淘宝的历史就是将越来越复杂的业务能力添加到其网络中,支持日益复杂的业务增长。2003 年淘宝成立时还只是个出售商品的论坛,而后各种卖家店铺涌入,围绕着卖家出现了与客户沟通的旺旺、卖家之间连接互动的帮派论坛、解决交易的信任缺失问题的支付宝,以及为了让店铺更美观、独特、有吸引力的店铺装修,以淘女郎为代表的在线模特市场等。多元角色的产生,一方面使得网络不断扩张;另一个方面网络之间的协同也从买卖环节向广告、社交、金融、物流、供应链等众多环节延展,不断有新网络加入淘宝,网络协同的范围进一步扩展(图 2-2)。今天已经不能将淘宝仅仅理解为一个网络零售商,它早已演化为一个非常复杂的协同网络。

2) 网络协同的经营原则

商业网络的形成是由目标引导的,各类企业之所以聚在一起,是因为只有通过网络协作才能解决单个企业无法解决的复杂商业问题。仅有商业利益的吸引是不够的,新的商

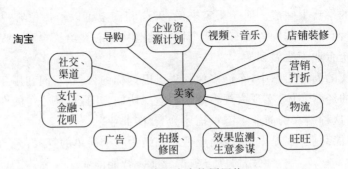

图 2-2　淘宝卖家协同网络

资料来源：曾鸣.智能商业[M].北京：中信出版集团,2018：13.

业形式会面临许多不确定性,技术进步的挑战时刻摆在面前,企业需要对共同愿景认同,才愿意将业务在线化,并密切配合,实现商业目标。

企业如何进行网络协同实现商业目标,可以借鉴淘宝的经验。通过以下四个经营原则来奠定网络协同的基石,即支持网络结构,鼓励直接连接和互动；允许角色演化而不要固化；投资基础架构,推动网络效应(network effects)；鼓励商业活动数字化、在线化(表 2-1)。

表 2-1　网络协同的基石

步　骤	淘宝示例
支持网络结构,鼓励直接连接和互动	淘宝创建了旺旺即时通信工具,让买卖双方直接沟通,并创建了淘宝联盟营销平台以连接卖家和小网站
允许角色演化而不要固化	经验丰富的卖家成为淘宝大学的讲师；淘宝合作伙伴加入网络并脱颖而出
投资基础架构,推动网络效应	支付宝降低了信任障碍；淘宝应用程序接口允许独立服务供应商与商家合作
鼓励商业活动数字化、在线化	淘宝的产品数据库允许购买或出售任何可以想象的产品；网络店铺对在线营销和线下生产的协同

资料来源：曾鸣.智能战略[M].周大新,崔传刚,译.北京：中信出版集团,2019：32.

2. 智能商业双螺旋之二：数据智能

1) 数据智能概述

数据智能是数据、算法和机器学习(machine learning)的统称,用来强调机器学习算法能通过使用用户交互过程中产生的持续数据流来使商业变得更加智能。数据智能在商业中已经有了很好的应用,我们熟悉的谷歌的关键词搜索、淘宝的推荐引擎、优步的打车匹配、抖音的智能推荐等都是数据智能的实例。这些公司都有着海量的用户群体,网络可以持续记录各种活动的数据,利用算法挖掘有价值的信息,实时向客户提供优化和高度相关的结果服务。有了数据智能,不管是企业运营过程,还是企业和客户互动过程,都是由算法在运行,不需要人为操作,自动完成。例如阿里巴巴为了确保网络市场的健康运营,其安全算法需要全天候不间断地工作,梳理垃圾短信和欺诈行为。该算法每天执行 300亿次保护性扫描,对网络入侵进行微级别检测,并对数万亿个数据点进行保护。数据智能已经成为像阿里巴巴和亚马逊这样网络零售公司竞争优势的最重要来源。

2) 数据智能的发展得益于机器学习、大数据、云计算的出现

（1）机器学习是人工智能的核心，其专门研究计算机怎样模拟或实现人类的学习行为，以获取新的知识或技能，重新组织已有的知识结构使之不断改善自身的性能。机器学习的优势在于使用描述优化参数或预期目标算法，但并不给出需要遵循的一系列规则。其他人工智能算法则使用预设规则，是自上而下的基于规则的指令，确切地告诉计算机做什么、怎么做。机器学习程序更像是自然选样，算法会从大型数据集中发现模式和相关性，然后根据数据分析结果作出最佳决策和预测。算法会随着新数据的产生不断进行自我训练、自我完善和自我演进。获得的新数据越多，决策的准确性会越高，算法也就会变得更加智能。机器学习算法也在不断更新变化，数据科学家总是探索问题建模的新方法，以及机器学习算法编程的新方法，让算法变得更加强大。

（2）大数据和云计算的贡献。机器学习模型的自我完善必须通过利用大数据来训练。目前对于大数据还是没有统一的定义。从数据获取方法来说，大数据指不用随机分析法（抽样调查）这种捷径，而采用所有数据进行分析处理；从数据自身特点来说，大数据指非常庞大、复杂的数据集，特别是来自新数据源的数据集，其规模之大令传统数据处理软件束手无策，却能帮助我们解决以往非常棘手的业务难题；从软件分析能力角度来说，大数据是一种规模大到在获取、存储、管理、分析方面大大超出传统数据库软件工具能力范围的数据集合。

IBM（国际商业机器公司）提出大数据的 5V 特点。

大量（volume），大数据的"大"首先体现在数据量上。这意味着需要处理海量、低密度的非结构化数据。例如微博上的数据流、网页或移动应用点击流等。在实际应用中，大数据的数据量通常高达数百 PB。

高速（velocity），大数据的"高速"指高速接收和处理数据。在实际应用中，某些联网的智能产品需要对数据实时评估和操作，大数据只有具备"高速"特性才能满足这些要求。

多样化（variety），多样化是指数据类型众多。传统数据属于结构化数据，能够整齐地纳入关系数据库。随着大数据的兴起，各种新的非结构化数据类型不断涌现，如文字、图片、视频、语音、地图定位信息、网络日志信息等。

价值（value），大数据最大的价值在于通过从大量不相关的各种类型的数据中，挖掘出对未来趋势与模式预测分析有价值的数据，并通过人工智能方法或数据挖掘方法深度分析，发现新规律和新知识。

真实性（veracity），真实性是指数据的准确度和可信赖度，代表数据的质量。与传统的抽样调查相比，大数据反映的内容更加全面、真实。

从技术上看，大数据与云计算的关系就像一枚硬币的两面，密不可分。单台的计算机的算力是无法处理大数据，必须采用分布式架构，对海量数据进行分布式数据挖掘。这就必须依托云计算来进行。云计算指通过计算机网络形成的计算能力极强的系统，可存储、集合相关资源并可按需配置，向用户提供个性化服务。仅从计算的角度来说，云计算是一种分布式计算，通过网络"云"将巨大的数据计算处理程序分解成无数个小程序，然后，通过多部服务器组成的系统进行处理和分析这些小程序得到结果并返回给用户。云计算使计算能力作为一种商品，可以在互联网上流通，就像水、电、煤气一样，可以方便地取用，且

价格较为低廉。大数据为数据智能提供了可供发掘的资源,云计算赋能企业拥有廉价的发掘能力,二者对数据智能的发展具有巨大贡献。

3) 实现数据智能的基本要素

实现数据智能需要三个基本要素:将特定的商业场景数据化,基于商业逻辑的算法及其迭代优化,将数据智能与商业场景无缝融合的产品。三者之间需要融会贯通、相互包含,形成反馈循环,共同演进。

(1) 数据化:数据智能的基础。数据化是将活动或现象编码为计算机可理解、可量化形式的过程。数据化不能被简单地理解为数字化,数字化更强调将文本或数字转换为二进制代码,为计算机所识别。数据化强调拓宽所记录的数据类型的广度,目的是将所记录的数据用于各种应用程序和创建知识。例如关于客户的数据化,不仅包括客户的交易数据,还会包括更多维度的数据被记录、分析和融入,构成了对客户的全方位的画像。即便是客户性别的这样的简单数据也包含了十几套标准,如登记客户的身份证识别出的性别、实际客户的性别、行为特征显示出的性别等。不同维度的数据有其自身的价值,什么时候用哪几个维度,需要通过机器学习算法根据调用后的效果来决定。

数据化是数据智能的起点和必要步骤。并非所有的数据化都很容易,有的数据化是需要发挥人类的聪明才智才能完成的艰巨任务。如淘宝店面经营的基础数据是淘宝10多年发展的积累;谷歌通过网络抓取工具将无尽的网页转换为数据,也是需要无数次的搜索训练才能保证系统运行顺畅;其他关于人类身体的运动和健康数据等都需要长期的记录和试错。随着移动互联网和物联网的普及,不仅文字、地理位置、情绪感受等都可以被数据化,人类相关的活动可以被低成本、全方位地记录下来。通过这些大数据,人类对周围环境、事物本源以及人类自身的认识会更加客观和深刻。

(2) 算法化:数据智能的引擎。各种商业场景的数据化并不自动创造商业价值,商业价值是蕴含在数据价值之中,算法则是从数据价值中提炼商业价值的关键。比如打车平台已经将乘客和车以及环境等都记录下来,并且通过历史积累完成数据化。当某位乘客需要打车时,只有通过算法对大数据处理后才能将最合适的车辆匹配给乘客。如果说数据是网络时代的资源,那么算法就是整个智能商业的引擎。算法挖掘数据化结果中的商业价值,并推动商业社会智能化。

算法作为一套指令,普通客户是无法触摸、不可见的,但是在生活中却无处不在。人们日常使用的手机、电脑和汽车中就存在大量算法;算法制定飞机航程,然后把飞机开到目的地;算法管理厂房、进行贸易、控制货物流通等;各种股票、期货、债券等金融市场中算法在进行买卖等各种交易。现在算法已经日趋复杂,工程师们研发了无数个相互关联、相互依赖的算法,形成一个编码的生态系统。其复杂程度早已超过人类的大脑所能处理的信息的能力。

机器学习算法通过没有预判和方向的数据探索,靠着算法的持续迭代优化,可以变得越来越智能。即便初始阶段是一个非常粗糙的模型,通过实时在线、全本记录的数据的训练,也能发现那些隐匿的关系结构,并持续优化,最后形成精巧的优化模型。如一种巧克力爱好者口味偏好算法模型,可以从千万个可能因素中排除干扰因素,寻找所隐藏的联系,猜对某种新口味巧克力的受欢迎程度。数据对算法的巨大作用体现在,算法模型需要通过分析海量数据来实现,必须在实时更新的数据中快速迭代优化才行。但是智能商业中算法的迭代方向、参数工程等都必须与商业逻辑、机制设计,甚至是价值观融合为一。决定算法迭代优化的方向的不仅是数据和机器本身的特性,更包含人们对商业本质的理解、对人性的洞察和对未来商业的期望。

（3）产品化:数据智能的载体。算法的迭代优化需要有实时更新的用户数据,用户接触不到产品,就无法记录用户体验数据,也就无法进行算法迭代。真正把用户、数据和算法创造性地连接起来的是产品,产品是互联网公司的生命线。在线产品的功能是否齐全、界面是否友好以及交易是否自然,这些都直接影响用户体验。谷歌搜索栏是在线产品设计的典范,用户在一个简单的搜索栏中输入关键词,立即就能看到搜索结果页面,这就是谷歌提供的产品。谷歌为了能让用户更快更好地搜索到他们想要的内容,投入大量的资源,进行过无数次算法的迭代。智能商业的成功一定需要一个极富想象力的创新产品,该产品针对某个用户问题,创造了全新的用户体验方式,以数据智能为引擎,持续提升用户体验。这样的产品能够通过数据智能自己适应用户和环境,演变成为一种自适应性产品。

数据化、算法化和产品化构成了智能商业的三个基本要素,仅有这三个要素是不够的,还需要产品与数据和算法之间形成数据智能的反馈闭环(图 2-3)。产品是数据智能反馈闭环的载体,起到上传和下达的作用。一方面,产品是将用户数据上传给算法优化的通道。用户的真实需求常常无法直接表达,发挥商业天赋猜测客户需求可能不准确,通过市场调查听取客户需求,可能成本太高。有了在线产品,用户可以通过全本实时的数据把他们的需求直接告诉商家。用户的每一次行为都成为一次数据反馈,算法在每一次的反馈中快速迭代,结果会更加接近用户的真实需求。另一方面,产品是将数据智能结果下达给用户、为用户带来价值的通道。用户产品体验的提升需要通过数据智能来实现,如用户在淘宝上的体验不仅是搜索是否好用、类目是否合理、导航是否有效等,更重要的是用户能否高效地从几十亿件商品、千万级买家中快速找到自己需要的商品,甚至还有惊喜,而这取决于数据智能运行的结果。

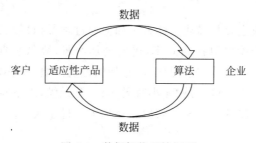

图 2-3　数据智能反馈闭环

资料来源:曾鸣.智能战略[M].周大新,崔传刚,译.北京:中信出版集团,2019:54.

总之,产品作为闭环反馈的载体,借助算法的优化,能够持续提升客户体验,促使数据反馈成本更低、效率更高;数据蕴含商业价值,通过算法的发掘,在反馈闭环中流动,不断增值;算法是推动反馈闭环运行的引擎,自身也在数据训练中迭代优化。数据、算法和产品三位一体才能形成数据智能的反馈闭环。这种智能商业才能颠覆传统商业,才能真正实现对传统商业的降维打击。

3．智能商业的双螺旋循环

近些年来,互联网企业成长的速度令人吃惊,超出了一般商业人士的认知。像谷歌、亚马逊、阿里巴巴、腾讯等成熟的企业仍然保持高速增长,一些新兴的互联网企业如优步、Facebook、抖音等更是具有强大的生命力,发展速度如火箭般蹿升。从智能商业的角度来理解,这些企业的突出表现是网络协同和数据智能双螺旋共同作用的结果(图2-4)。

图 2-4　智能商业的双螺旋

资料来源:曾鸣.智能商业[M].北京:中信出版集团,2018:11.

网络协同和数据智能双螺旋机制不同,却又相辅相成,具体可以从四个方面的优势来描述智能商业双螺旋结构如何发挥自身的效能。

1）网络效应

互联网企业天然具有网络效应优势。信息的交流和分享是人们的内在需要,但是满足这种需要往往受规模经济的限制。网络中用户数量少,需要承担高昂的运营成本,交流的信息和使用经验也十分有限,网络自身的价值自然也小。随着用户数量的增加,网络中分享信息的成本没有变化,而网络中用户相互之间交流和分享的信息量显著增加,互动的体验更加丰富,所有用户能从网络规模的扩大中获得更大的收益,网络自身的价值也会呈现几何级数的增长。网络效应驱动网络的用户数量的暴增,网络对于单个用户的价值也会迅速增加。

2）学习效应

以往关于学习效应主要是描述工作人员如何通过学习积累经验降低成本。工作人员在长期工作中积累的经验可以提高效率,进而增加产量、降低长期平均成本、提高利润。数据智能的学习效应并非人员的学习效应,它指的是机器通过数据训练实现算法迭代,变得越来越聪明。机器的学习可以是24小时无休息、全天候,永不停歇地运转,学习的内容也是无限延展。数据智能的这种学习效应已经远远超过了人类的学习能力。

3）数据压强

网络平台每天都涌入庞大的客户群,这些客户群会产生海量的数据。在网络的不断扩张中,网络之间的连接又会有新客户群加入,同样会有新数据被记录下来。随着时间的推移,网络积累的数据会越来越多,单靠人力根本无法完成如此繁重的数据处理工作。这种来自网络协同产生的数据量的冲击,被称为数据压强。解决数据压强的唯一选择就是数据智能。例如对于搜索引擎来说,处理1亿件商品与处理100亿件商品区别不大。数据压强会将逼迫企业走上数据智能的道路,只有数据智能才能保证企业运营的低成本、高效率和自动化。

4）网络张力

数据和信息是无形资源，复制和使用的边际成本近乎零。信息无论在网络上被传播多少次、传播得有多快，都不会增加数据信息的传播成本。数据传播和消费的过程，并不是资源的消耗，而是价值创造的过程。一则信息有多少人看，看的人是谁，看完后有什么反应，是点赞了还是转发了，这些信息本身就蕴藏着巨大价值。设计合理的在线互动产品可以让信息消费过程变成信息的再生产和信息价值的再创造过程。数据消费和传播的过程兼具价值创造和边际成本低的特点，客户有很强的动力去尽可能地将数据在全网中传播，获取更大收益，这会形成一种网络张力，不断地推动网络的扩张。

这种网络张力形成需要由数据智能来保证。没有强大的数据智能检索能力，网络中数据量的增加会导致人的搜索能力下降，网络会停止在某个规模上，不再扩张。数据智能也是数据传播中价值的创造者，不管是搜索引擎，还是智能推荐，都是通过将信息匹配给愿意付出溢价的人来实现数据的价值。在数据智能的驱动下，网络张力才得以显现，网络协同才能够顺利进行。

2.1.3　智能商业的独特表现

网络协同和数据智能双螺旋结构揭示了智能商业的内在运行机制，这一机制不断颠覆以往的思维方式，在商业实践中表现出与传统商业迥异的特点。

1. 自动化决策

在传统商业中，最终做决策的是人，即便有从数据中挖掘的信息，也是用来辅助管理者进行决策的。智能商业是由实时数据驱动，必须由机器直接进行决策，通过机器学习将几乎所有商业决策实现自动化，才能形成智能商业的竞争优势。万物互联的时代，实时记录消费者在线行为的成本越来越低，通过在线产品连接算法和实时数据，然后反馈到业务决策中，由此形成智能反馈循环，这是智能互联网公司的基础功能。

智能商业实现自动化决策需要五个步骤，即将物质世界数据化、将每项业务软件化、让数据流动起来、完整记录实时数据、应用机器学习算法（表 2-2）。

表 2-2　自动化决策的五个步骤

步　　骤	关　键　行　动
将物质世界数据化	为企业业务创造数字镜像，将功能和资产上线
将每项业务软件化	将决策链编码，每个决策步骤都配置到软件中实现在线操作
让数据流动起来	设计应用程序接口，允许数据连接
完整记录实时数据	将全部实时数据都记录下来
应用机器学习算法	算法体系持续在后台运转，不断协调和优化，给出越来越适合系统的结果

资料来源：曾鸣. 智能商业[M]. 北京：中信出版集团，2018：65.

2. 精确+准确的服务

智能商业和传统商业的区别可以用精准一词来概括，精准可以分解为精确和准确，分别对应智能商业的网络协同和数据智能。虽然传统大众化时代也强调精准，但只能实现群体层面的精准，无法针对个体。传统企业无法确切知道自己的客户在哪里，客户也无法直接与企业互动。为了降低成本，需要保证各种营销措施有针对性，企业往往通过市场调研锁定某一个或几个客户群体作为细分市场,努力在市场中占据头部位置,获取利润。从客户角度来说,自己能接触到企业的渠道狭窄,产品的数量有限,选择范围小,无法完全满足自己的个性化需要。

在互联网时代,平台上无数的商品和服务使得客户的选择范围不断扩大,同时平台处理信息的效率和匹配能力几乎无限提高,平台上的每个客户可以在无限个选项中做决策。对于广告、搜索、推荐、电商和社交等工具来说,客户几乎面对无穷选择,无所适从,必须向客户提供最精准的选项,才有可能被客户认可。例如,谷歌的精准广告投放模式,可以根据效果付费,没有点击不收费;广告价格是市场竞价、实时在线决定,出现谁的广告是由相关性、出价高低等很多因子根据算法来实现的;系统会持续地进行跟踪反馈,根据广告效果不断优化。因此,精准是网络中海量的产品和服务能与其客户连接的先决条件,也是网络企业成功的关键。

1) 精确:网络协同

工业时代供给不足,以标准化的生产方式获取大规模和低成本的产品,对商品的个性化需求让位于规模和成本。压抑的个性化需求在网络时代得到释放,如社交工具中每个人可以有自己的头像、专属号码、签名、自己定制的服务等。仅仅停留在根据不同的用户提供个性化产品或服务并不是网络时代精确的本意。精确是要做到具体细微场景的个性化服务,要掌握用户何时、何地、何种场景之下需要何种产品和服务,然后即时或及时提供该产品或服务。如此细微场景的个性化服务需要通过网络协同来实现。精确是通过协同网络的扩张,对一个人在不同场景下的理解逐步深化的过程。设想如果将客户在微博、微信、淘宝、滴滴、携程、支付宝、美团等软件上所记录的数据打通,那么对客户的理解将全面立体,对预判或辨别客户在某个细微场景下的需求会有极大的帮助。

对于传统商业来说,网络时代的精准是不可思议的事情。在传统商业中,规模化和个性化是冲突的,二者不可兼得,而网络协同是用规模化的方法完成个性化服务。一方面,网络协同的需要规模。获取信息时,网络之间的连接,扩大了客户群体的规模,同时也覆盖了更多的客户活动场景。以满足千万人需求的数据为基础,才能得到满足一人的结果。提供服务时,网络的规模化可以协同更多合作伙伴的资源,提供产品和服务。协同网络是合作关系,大家对自己网络中产生的成本负责,通过与其他网络协同创造更多价值,所以网络协同规模的扩大,并不必然导致成本的增加,但收益普遍会增加很快。另一方面,互联网数字化特点决定网络结构的弹性很大,可以根据某一需要自由组合协同网络的各个模块,灵活地增加减少应用程序接口。整个提供服务的过程是自动化决策,不是以人力规模的增加为条件,并不增加人力成本。网络协同以规模化和个性化兼得的方式,做到了低成本、柔性化、模块化,在与传统商业竞争时,表现出压倒性的优势。

2) 准确:数据智能

网络协同方便了解客户需求以及组织合作伙伴的资源,但是只实现了精确。如何挖掘潜在需求,并与产品匹配,也就是准确,则需要数据智能才能实现。前文说过,数据智能需要大数据和云计算等互联网系统的支撑才能运行。如何挖掘潜在需求,才能实现最高效率?传统商业依赖人与人之间的互动来了解需求,无法规模化,成本也很高。数据智能可以通过创造一个在线产品,将商家和潜在客户联结起来,再通过各种各样的方法去试探客户的反馈。通过持续的互动记录的数据,机器学习算法进行产品迭代和优化,最终双方动态地匹配形成某个时间节点的最优服务,而这种服务又会随着用户的需求变化而不断演化。机器取代人决策,可以在足够短的时间内快速学习、提升和逼近可能的潜在需求,这样得出的判断才是准确的。

3. C2B 的商业模式[①]

任何的商业模式的起点,都是对一种未被发现或满足的需求的回应。企业只要不是短期投机,想长期可持续发展,就一定需要商业模式。目前,电子商务领域常见的商业模式有 B2B、B2C 和 C2C 三种商业模式,而 C2B(customer to business)将是智能商业时代一个最重要的商业模式。当 C2B 大规模兴起的时候,传统商务的整个链条才会被互联网彻底重构,智能商业时代将真正到来。

1) C2B 模式的起点是客户驱动

智能商业时代"客户驱动,用户第一"是企业经营的起点和基础。C2B 模式最明显的特征是以用户为主导,用户从商品的被动接受者变成主动参与者,甚至决策者。品牌也不再是厂商主导进行单向价值传递的广告品牌,而是由客户主导、一次次互动体验积累的口碑品牌。C2B 模式让购买变成了一种"社区行为",客户受社区领袖(网红)的影响大于广告。当一家企业开始以用户需求为出发点时,它需要对从品牌到产品设计再到制造的所有方面进行变革,这种变革会波浪式地传导,最终将工业时代的 B2C 模式转变成客户驱动的 C2B 模式。

这种变革起得益于网络技术、数据算法等的飞速发展,主要表现在以下三个方面。

(1) 商家能与客户实时互动,通过实时互动,在企业和客户之间建立一个紧密的数字反馈闭环。

(2) 数据等于意见,实时互动的所有行为痕迹都将被记录下来,等于直接将他的需求和感受告诉了企业。

(3) 产品的快速迭代,互联网公司所强调的产品是提供企业与客户产生联结、持续互动的界面,通过这个界面,消费者才可以清楚地表达他们的需求,并且生成数据智能所必需的反馈循环,有的放矢地迭代优化企业的产品和服务。

2) 网络化供应链模式

智能商业前端的网络交互界面可以获取大量客户的需求,做到按需营销,同时这也要求后端的供应链与之相适应,按需供应。为满足这一要求,商业网络需要从传统的供应链转向网络协同模式,将供应链与价值网络的其他组成部分如营销和设计功能等整合起来,对持续变化的客户需求作出灵敏的反应。这种网络化供应链模式需要做到以下几点。

(1) 创建智能网络,一旦企业启动按需营销,就会联动到产品设计和生产制造等业务,各方面都需要进行改造,研发智能平台将成为必然选择。

(2) 网络化生产,大规模客户的个性化需求对于标准化生产制造来说是一个严峻的挑战。为解决需求的波动和复杂性给产能带来的挑战,建立一个合作工厂网络,采用网络化生产是一种比较现实的选择。

---

① 商业模式在本书第 3 章具体介绍。

（3）善于运用社交媒体营销平台、电子商务平台、生产协作网络三大平台,既可以做到轻资产,又可以保持灵活性。

4. 赋能型组织

互联网的普及和人工智能的进步使得计算机比人类更高效地完成日常工作。当机器越来越聪明,数据智能在各种场合能取代人的决策,需要组织来做什么?在工业时代,组织旨在提高资源利用效率;在知识时代,组织旨在优化知识的使用和管理;在智能商业时代,运营、算法和产品仍必须由人类来设计,这些都是具有创造力的工作。创造性是人类的本源价值,在摆脱初级脑力劳动之后,创造力就会被最大限度地释放出来。智能时代需要一种全新的组织结构,这种组织以人的创造力为核心动力的组织,即赋能型组织。赋能的意思是赋予能力,就是如何让他人有更大的能力完成他想要完成的事。赋能型组织旨在提高人类的创新效率。

1）管理和赋能的不同之处

管理和赋能的不同之处体现在以下几个方面。

（1）领导者的目的不是管理,而是支持。赋能型组织旨在通过提供平台,让一群创造者更好地连接和协同,从而发挥他们更大的价值。管理者的职责是提供基础设施、机制和适合情境的文化,保证员工轻松地实现他们的目标。管理层主要工作不是对企业进行微观管理,而是要为组织创建自我运行的架构。

（2）驱动力不是报酬,而是成就感和社会价值。传统组织典型采用股票期权等物质报酬手段来激励员工。赋能型组织中仅仅有物质激励并不能满足具有创造力的员工的需求,他们的动机主要来自创造带来的成就感和这种创造产生的社会影响。自我激励是这些员工的典型特征。他们希望自己的个体激情能够与公司的使命相互联系,发自内心的兴趣和激情,才能产生持续的创造力。

（3）目标不是提高管理效率而是提高创新效率。赋能型组织的主要功能不再是内化资源和利用资源,甚至也不是优化管理效率,而是通过促进内部和外部协同来提高创新效率。赋能型组织能将创造者所需的资源网络化,并通过协同机制激荡和倍增其创新能力,进而产生更高的效率和价值(表2-3)。

表 2-3　管理中心化的传统组织和赋能组织的对比

项　目	传统组织(专注于管理)	智能组织(专注于赋能)
结构	树形或层级	平台,网络化
信息活动(内部)	自下而上收集,自上而下扩散	完全实时化连接、同步和协同
信息活动(外部)	单一专用的沟通渠道	完全实时化连接、同步和协同
决策流程	中心化,自上而下执行	全球指标评估系统集中协同,局部自适应
资源占用	中心化,按层级分解分配	地方自给自足,具有弹性,基于外部环境,由公司基础设施提供
协同机制	特定岗位,跨部门协作困难,信息共享低效	基于一个平台的自组织协同网络,透明开放,协作竞争,全球跨网络优化,迭代优化
价值导向	利润驱动	创新驱动,关注增长

续表

项　目	传统组织(专注于管理)	智能组织(专注于赋能)
风险感知	专注风险最小化,避免错误,信息和数据受到严格控制,不开放	专注透明度、效率和创新自由度,善于试错,无法创新是最大的风险

资料来源:曾鸣.智能战略[M].周大新,崔传刚,译.北京:中信出版集团,2019:185.

2)组织如何赋能

赋能不是对员工情感化的鼓励,它是一种非常具体的组织方法,实践赋能需要有具体的价值观和技术基础设施。网络通信技术降低了组织赋能的成本,使新组织范式成为可能。企业可以从以下三个维度来阐释如何赋能。

(1)人才与文化的匹配。有创造力的人才需要一种具有召唤力的使命、一种授权的环境和一种与众不同的文化与其相匹配,这样才能发挥其最大的价值。如谷歌的"不作恶"、Facebook 的"打破常规"除了引发员工的强烈共鸣外,还有助于建立组织作为雇主的声誉,也增进网络合作伙伴的支持。创新型员工更看重企业文化,他们愿意为所信奉的使命、愿景和价值观作出奉献。

(2)构建有效的基础设施。多数赋能型组织都建立协同各部门运作的统一平台,有了这样的平台,学习和探索性实验就可以在整个系统中进行尝试、应用和调整。有了基础设施,还需要一个指标评估系统,许多科技公司发展出更符合个体实际的实时、在线、以用户为中心的客观评估体系。指标评估系统和技术基础设施相结合才能为赋能组织奠定基础。

(3)建设赋能网络创新的内部机制。要想变得智能,组织必须用开放网络基础设施来替换其 IT 结构,所有工具都必须让全公司保持开放和透明。允许广泛共享并产生持久的反馈,是增加协同的最佳方式。组织的透明度能够鼓励合作创新和继承性发展,最终累积的知识会形成组织的独特竞争优势,将成为竞争对手模仿或超越的障碍。

2.2　平台模式

在网络时代,商业领域发生了很多以前不可想象的事情,如阿里巴巴的淘宝网没有一件商品库存是自己的,却管理着超过 10 亿种不同的商品,被称为世界最大的集市。阿里巴巴并不是个例,这样的企业还有亚马逊、eBay、YouTube、苹果、Twitter 等。这些异军突起的公司可能在短短几年里将一个传统行业的领导者给颠覆了,而这些行业的原来的领导者几乎都经历了"看不见、看不起、看不懂、学不会、挡不住"等阶段,最终被新兴企业淘汰。这些新兴企业不曾拥有传统企业生存的必要资源,更不用说市场支配力量,但却推动了各个行业的变革。为什么这些公司发展如此迅猛,其根本原因是平台的力量使然。

2.2.1　平台与网络效应

现在全球发展最快的企业都是由平台模式主导的,即便是传统产业的巨头如沃尔玛、耐克、通用电气、迪士尼、海尔等也都采用平台模式开展它们的业务。平台模式的力量已经渗透到生活的方方面面,不管你属于哪个行业,平台都可能带来改变、创造新的机会。

到底什么是平台？平台模式为什么具有这么强的颠覆性力量？

1. 平台概述

平台是交易场所或交易空间。存在于现实世界中的平台往往有具体的交易场所，而存在于虚拟网络空间的平台则主要表现为由一系列交易关系构成的交易空间。平台能引导或促成双方或多方之间交易，并努力吸引交易各方使用该空间或场所。平台为参与者的互动赋予了开放的空间，并为它们设定了治理规则。平台的首要目标是：匹配用户，通过商品、服务或社会货币的交换为所有参与者创造价值。平台模式是一种以外部供应商和顾客之间的关系为基础，通过互动而创造价值的商业模式。

其实平台历史久远，人类早期商业中的集市就是平台。20 世纪 50 年代兴起的信用卡也是典型的平台。不过现在探讨的平台是以互联网为基础的平台，有人也称其为数字平台（digital platform）。如果不特殊说明，现在人们所说的平台就是指数字平台。数字平台突破了传统平台面临的地域、时间的阻碍，准确、迅速、便捷地连接供应商和客户，获得了全新的规模、效率和影响力，成为社会关注的焦点。

平台类型的划分没有统一的标准，依据不同的标准可以划分为不同的类型，比如上面说的是否是数字平台也是一种分类。人们依据平台的连接对象和主要功能，将平台分为以下六大类。

（1）网络销售类平台：综合商品交易类、垂直商品交易类、商超团购类。

（2）生活服务类平台：出行服务类、旅游服务类、配送服务类、家政服务类、房屋经纪类。

（3）社交娱乐类平台：即时通信类、游戏休闲类、视听服务类、直播视频类、短视频类、文学类。

（4）信息资讯类平台：新闻门户类、搜索引擎类、UGC 类、视听资讯类、新闻机构类。

（5）金融服务类平台：综合金融服务类、支付结算类、消费金融类、金融资讯类、证券投资类。

拓展阅读 2-5　平台与产品和服务的区别

（6）计算应用类平台：智能终端类、操作系统类、手机软件（App）应用商店类、信息管理类、云计算类、网络服务类、工业互联网类。

上述平台中，基于手机操作系统的平台（如苹果的 iOS、谷歌的 Android），是其他许多类型平台的技术基础，与其他类型平台相比能创造出更复杂的机会和挑战。这类平台最能体现平台与产品和服务的差异，这些差异使得那些根深蒂固的假设，以及在产品和服务中行之有效的思维模式都变得无效。

2. 平台颠覆管道的原因

传统企业的价值创造系统被描述成"管道"（pipeline），管道是一步步地创造和传递价值的过程。在平台世界里，供应商、顾客和平台本身形成一种复杂的关系网络。平台的参与者利用平台的资源与其他人进行连接和互动，在不同的地点，以不同的形式交换、消费，甚至共同创造某些价值。而平台主要角色是提供资源，辅助各方参与者完成交互，创造和传递价值。

从传统线性价值链转向平台价值网络的原因有以下几方面。

1）平台借助规模化消除守门人

一般管道是由低效率的守门人（gate keeper）管理从供应商到顾客的价值传递过程。比如出版业的产业链，编辑就扮演着从作者到读者的产业链的守门人的角色（图 2-5）。编辑是决定哪本书最终能与顾客见面的决策者，编辑依据什么从上千本书中选择某一本或几本书能成为畅销书呢？他们只能根据经验和直觉来做推测，这是一项浪费时间、准确性也难以保证的工作。网络出版平台的出现颠覆了这一模式，在虚拟平台上，任何网络作者都可以直接刊登各式各样的作品，任何读者能够选择自己感兴趣的内容来阅读。线上平台"弯曲"了传统价值链（图 2-6），让传统产业链两端的作者群与读者群直接互动起来。

图 2-5　传统出版社的线性产业价值链

资料来源：陈威如，余卓轩.平台战略［M］.北京：中信出版社，2013：4.

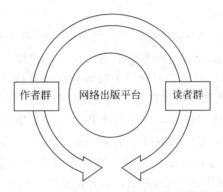

图 2-6　线上阅读平台"弯曲"出版业的价值链条

资料来源：陈威如，余卓轩.平台战略［M］.北京：中信出版社，2013：4.

在网络出版平台上，依靠实时的顾客反馈可以判断哪些书会成功、哪些书会失败，不需要编辑来做决策。平台消除了守门人后，直接的好处是给顾客更多的自由来选择作品，同时也会增加创作者发表作品的机会，作品的数量增加，类型也逐渐多样化，这些都有利于提高与多元化的需求成功匹配的概率。网络出版平台不需要对每一部作品都投入编辑与营销经费。作者会利用自己的网络资源进行自我推广，平台并不承担作品市场失败带来的损失。精简的运作环节、频繁的互动，让平台上作品的内容更新颖、价格低廉，会吸引更多的读者加入平台。良性循环提升了平台迅速扩大规模的能力。

2）平台开发了价值创造的新来源

在平台的市场里，供应方的特性已经发生了改变。供应方闲置的产能被解禁了，使得整个社会拥有闲置资源的人都可以成为供给方。平台通过开发新的供应产品投放市场，价值创造得到重构，颠覆了传统的市场竞争局面。

以爱彼迎的平台为例，传统的酒店行业的业绩增长是通过房间数量的增加以及相应的销售服务来实现的。因此酒店企业需要不断寻觅有前景的商业地块，建设新酒店，同时还要花很多的钱来维护、升级、扩大和提升已有的资产。爱彼迎的平台模式不拥有任何一间房间,却可以运营一个允许每个人直接向顾客提供房间的平台。作为回报,爱彼迎对平台上的每一次租房交易收取9%~15%的佣金。爱彼迎的增长不再受限于资金使用和固定资产管理,而传统企业要承担很多固定成本,自然无法与没有固定成本的平台进行竞争。社会上有许多物品在大多数时间是闲置的,如汽车、房间、球场等,以前只能租借给亲戚和朋友,租借给陌生人会面临许多诚信问题。平台通过提供默认的保险合同和信用系统鼓励诚信行为,显著降低了陌生人之间的交易成本,并为产品的新供应商创造了市场。

3) 平台借助数据工具创造了社群反馈回路

传统管道公司依赖编辑、经理、监管者来保证质量和市场互动的形成,这些机制成本高,而且会影响企业的发展规模。平台的参与者之间的互动会形成一个闭环反馈控制系统。抖音平台汇集了大量社群观众对内容质量的评价,这些反馈信息让每个用户能在平台上更加便利地寻找符合需求的视频。那些得到差评较多的视频通常会在平台上完全消失。社群互动起到了内容质量管控的作用,在社群反馈回路的作用下,市场交互将变得越来越高效。这种闭环反馈不断循环下去,平台会实现运营的自动控制。

4) 平台将工作中心转向外部

与传统公司以内部活动为中心不同,平台模式必须转向以外部活动为中心。这种向外聚焦的运作模式是对传统公司的根本性颠覆。在市场营销方面,从推动式(push)到拉动式(pull),由公司发布市场营销信号转变为靠客户群体进行口碑传播,客户由被动变为主动。在运营管理方面,从优化公司存货和供应链系统转变成管理公司非直接控制,由社群客户提供的资源;战略从掌握独有内部资源和构筑有竞争力的壁垒,转变为调动外部资源和激发社群内的活力;创新也不再是让专家闭门造车,而是通过众筹、参与者在平台上迸发的新点子产生的。这意味着外部事务的管理能力已经变成了一种关键的领导技能,企业的发展不仅仅依靠内部整合,更加依靠外部整合和网络协作。当然外部资源并没有完全取代内部资源,二者通常是互补关系。但是平台公司强调生态系统治理更甚于产品优化,强调外部合伙人的协作更甚于内部员工的控制。

3. 网络效应

1) 网络效应的定义

平台具有的颠覆力量来自网络效应。网络效应指的是一个平台的用户数量对用户所能创造的价值的影响。网络效应代表了一种新的、由科技创新驱动的经济现象。在工业时代,工业技术显著提高企业的生产效率,供给规模经济促使产品的单位成本降低、利润增加,大公司具有强大的竞争优势。在互联网时代,与供给规模经济相反,需求规模经济利用了技术的进步在需求侧取得了优势。社会网络的效率、需求聚集、应用程序开发和其他的现象促使规模越大的网络越有价值。供给规模经济对于生产型企业仍然十分重要,但对于平台企业需求规模经济更为重要。

下面通过对优步公司的分析很好地理解网络效应的作用。优步平台主要提供司机和乘客的匹配服务,它帮助乘客找到司机,同时帮助司机匹配乘客。从投资人大卫·萨克斯(David Sacks)的餐巾纸草图可以看到(图2-7),随着平台上司机的不断加入和城市覆盖率的提高,大量显著的增长动力开始显现。乘客对优步做了口碑营销,乘客数量增加了;在专职司机的基础上,乘客也兼职做优步的司机,司机的数量也增加了。乘客等候出租车的时间缩短了,司机的空载时间也缩短了。更少的空载时间意味着即使在车费降低的情况下,司机的收入也不会下降,因为在相同的工作时间内有更多的乘客。这样一来,更少的停工时间使优步降低了价格,也刺激了需求,而这一需求创造了一个良性循环,使它的市场覆盖率进一步提升。

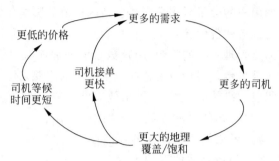

图 2-7　优步良性循环模式的餐巾纸草图

资料来源:帕克,等.平台革命:改变世界的商业模式[M].北京:机械工业出版社,2019:17.

(1) 梅特卡夫定律(Metcalfe's Law)。网络效应是如何为网络的参与者、拥有者和管理者创造价值的? 梅特卡夫定律有效地解释了这一过程。该定律揭示一个网络的价值等于该网络内的节点数的平方,而且该网络的价值与联网的用户数的平方成正比。

$$网络的价值 V = K \times N^2 (K 为价值系数, N 为用户数量)$$

一个网络的用户数目越多,那么整个网络和该网络内的每个节点的价值也就越大。社交产品如微信就是具有网络效应的产品。对单个用户来说,使用微信的朋友越多,微信对他的价值越大,也会吸引更多的人来使用微信。网络的这种增长方式很显然不是线性的,被称为凸形增长。网络效应导致新的购买者受到越来越多网络中的朋友的吸引而进入市场,通常价格也会随着技术成熟和生产数量的增加而降低。网络效应和低价格的相互作用将会进一步扩大市场。具有良性循环网络效应的产品,用户积累到一定规模之后,自己就会增长,不断向经济和社会各个领域进行广泛的渗透与扩张。

(2) 网络效应与品牌效应的区别。用来增加企业客户数量的工具不只有网络效应,如品牌效应都可以带来用户数量的增加。较高的品牌知名度和美誉度确实有利于吸引更多的新客户购买。品牌效应中用户与商品之间的连接依赖于顾客对品牌认知,而品牌认知需要长期持续性的投入才能产生效果,通常维持成本也很高。对于平台企业来说,可以利用较低价格和品牌来吸引客户,但是只有通过增加一个用户群的流量来吸引其他用户群的利润,短期内产生网络效应,才算可用的促进增长的工具。实际上,只有通过网络效应才可能创造良性循环,这一良性循环会建立一个长久的用户网络,使客户产生归属感,被牢牢锁定。

2) 网络效应的类型

典型的平台连接了两个不同的群体被称为双边市场,如淘宝网的买家和卖家;有的平台涉及三方不同群体,如百度(Baidu)为网民提供信息搜索服务,从无数网站中发现网民想要的内容,借以吸引第三方广告商的投入;还有的平台更为复杂,如谷歌平台不但拥有搜索引擎,且汇聚了软件开发商、手机制造商、手机用户等多方群体。但是无论平台拥有多少边群体,最基本的构成元素都是双边模式,双边市场是其基本构成单位。双边市场的网络效应是分析复杂的网络效应的一把钥匙。

双边市场的网络效应可以按照两个维度来划分。

一个维度是按照网络效应的结果的性质来划分,分为积极网络效应和消极网络效应。网络效应是一个平台的用户的数量对用户所能创造的价值的影响。积极网络效应强调的是用户数量的增加对所创造的价值起到正向作用,也就是增加了为每一个用户创造的价值。消极网络效应指的是管理不善的平台,用户数量的增加能减少为每一个用户所创造的价值。积极网络效应是平台公司价值创造和竞争优势的主要来源,不特殊说明,人们所说的网络效应都是指积极网络效应。然而,网络效应可以是消极的,这些消极的效应可能赶跑参与者,甚至导致平台公司的彻底失败。当网络人数增加时,生产商和消费者之间成功匹配的可能性增大,同时也会大大增加找到最合适伙伴的难度。如果不能避免这一现象,就会形成消极反馈回路,消极网络效应就出现了。

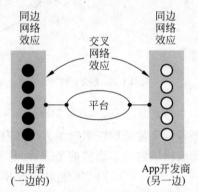

图 2-8　同边网络效应与交叉网络效应

资料来源:蒂瓦纳.平台生态系统[M].侯赟慧,赵驰,译.北京:北京大学出版社,2018:35.

另一个维度是按照影响网络参与者的范围来划分,分为同边网络效应和交叉网络效应(图 2-8)。同边网络效应是指由市场一边的用户影响这边其他用户的效应。交叉网络效应是指市场中一边的用户(开发者)影响另一边的用户(使用者)而产生的网络效应。在安卓的平台上,App 开发商可以产生同边网络效应,同时也可以影响另一边的使用者,产生交叉网络效应,对于消费者来说,也是一样的。

这两个维度交叉会形成四种类型的网络效应(图 2-9)。

	积极的	消极的
同边	积极的同边效应: 加入一些对现有一边用户吸引力较高的用户	消极的同边效应: 加入一些对现有一边用户吸引力较低的用户
另一边	积极的交叉效应: 加入一些对现有另一边用户吸引力较高的用户	消极的交叉效应: 加入一些对现有另一边用户吸引力较低的用户

图 2-9　平台上的四种网络效应

资料来源:蒂瓦纳.平台生态系统[M].侯赟慧,赵驰,译.北京:北京大学出版社,2018:36.

(1) 积极的同边效应。该效应指当同类用户数量上升时产生的积极效益。比如某个游戏平台,你在这个平台上遇到越多的同伴玩家,你在使用这个平台的时候就能获得越多的乐趣。积极的同边效应也可能发生在生产商这边,生产商加入得越多,平台的服务会越完善,单个生产商在平台上获得好处就越多。

(2) 消极的同边效应。该效应指同类用户数量上升时导致用户收益减少。比如平台上相互竞争的供应商不断增加,如果管理不当,供应商良莠不齐、恶性竞争,客户找到合适供应商的难度太大,交易量较少,最终会导致平台上供应商数量的减少。

（3）积极的交叉效应。该效应指用户从市场另一边的参与者数量增长中获益。如在支付宝平台上，当更多的商家同意接受支付宝付款时，消费者在消费中能体验到灵活性和便利，这就创造了积极交叉效应。同样当使用支付宝的消费者增多时，商家也就拥有了越多的潜在客户。积极的交叉效应能创造一种双赢的结果。但是交叉效应不一定是对称的，在优步平台上，司机比乘客对市场发展更重要；在微博平台上，绝大多数人读微博，少部分人发微博。

（4）消极的交叉效应。该效应指用户从市场另一边的参与者数量增长中遭受损失。比如数字媒体分享平台，在多数情况下，生产商数量的增加会给顾客带来积极的好处，但是也可能会导致复杂性和费用的增加，由积极效应转变为消极效应。比如来自版权上的纠纷会影响平台的声誉，生产商中鱼龙混杂难以辨别，这些都会导致顾客放弃或减少使用该平台。

如果优步吸引的司机数量远远超过乘客数量，司机空载的时间就会增多；如果优步吸引的乘客数量远远超过司机数量，乘客等车的时间就会延长。我们可以通过在优步的循环图中插入一个消极反馈回路来表示这消极交叉效应（图 2-10）。

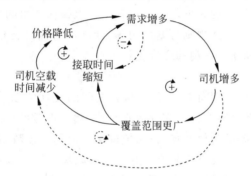

图 2-10　优步的餐巾纸草图，其中插入一个消极反馈回路

资料来源：帕克，等.平台革命：改变世界的商业模式[M].北京：机械工业出版社，2019：31.

任何一个以双边市场为基础的网络企业，都必须处理好以上这四种网络效应。平台管理得当可以加强积极的网络效应，创造并强化尽可能多的积极的循环结果。平台管理不当，消极的网络效应可能很快导致平台的衰落或失败。

2.2.2　平台的功能和运作

平台是一个复杂多维的系统，众多参与者的动机和扮演的角色各异，互动方式也各不相同。平台的设计者需要找到这个复杂系统的逻辑起点，才能设计出适合平台运作的机制。对于平台来说，基本问题就是平台到底有什么作用，它又是如何运作的。

1. 平台的功能

平台的基本功能就是将生产者和消费者连接起来，并能够让他们交换价值。社交网络平台能将用户直接联系起来，彼此传递价值。视频分享网站如 YouTube 不提供直接联系，仍然可以将价值传递给观看者。

1）平台的交换

平台的价值交换过程中，生产者和消费者主要交换三样东西：信息，商品或服务，某些形式的货币。

（1）信息交换。信息交换是网络时代平台的基本特点。平台上的每一次互动都是以信息交换开始的，通过这些信息的交换，参与者才能决定是否进行交换，以及参与交换每一步该如何去进行。以信息反馈为主要内容的平台会把信息交换作为基础目标，如一些问答网站。而一些主要目标是物理商品或服务的交换的平台也要允许信息的交换，如智联招聘网允许公司和自由职业者交换个人信息作为招聘参考。

（2）商品或服务交换。作为信息交换的结果，平台参与者还要决定在平台上进行商品或服务的交换。可以数字化的商品和服务的交换也是通过平台本身进行的，如抖音上的视频，Facebook 上的图片、文章和个人更新状况等。无法数字化的商品和服务需要在平台外进行交换，如美团上的外卖订单需要将真实的物品送到客户手中。

（3）某些形式的货币交换。商品和服务交换在平台参与者之间进行时，大家通常使用各种形式的货币。通常使用的是传统货币，其使用的方式有多种，包括信用卡、支付宝、微信等。其实平台上价值的形式还有很多，消费者用来支付的方式也有很多种。关注度、名气、影响力，以及其他形式的无形价值可以在平台上扮演货币的角色。

平台提供各种软件工具和规则等基础设施，让参与者能进行信息、商品或服务，以及货币的交换，并且让这种互惠互利的交换更加方便。

2）核心交互设计

平台创立的基本目标就是促进平台参与者之间的交互活动。每个平台在开始设计时，都把生产者和消费者之间的核心交互放在首位，然后再考虑其他交互形式。核心交互是平台内部活动中最重要的价值交换形式，能够第一时间将多数用户吸引至平台上，居于首要地位。比如领英平台的交互方式有：专家交换职场与企业战略的专业意见；猎头或招聘人员与潜在应聘者交换就业信息；人力资源主管交换劳动力市场信息；意见领袖发表自己对全球趋势的见解等。这些交互方式都植入平台内部，它们在设计时都是为了去迎合平台特定的目标，并帮助用户创造全新形式的价值。领英目前确定的核心交互是：职业者联系其他的职业者。领英的定位是一个面向职场的社交平台。网站的目的是让注册用户维护他们在商业交往中认识并信任的联系人，俗称"人脉"，用户可以邀请他认识的人成为关系圈的人。在这样的平台中，职业者之间的联系一定是居于核心地位。

核心交互有三个关键要素：参与者、价值单元和过滤器。虽然实际的平台的功能很复杂，但是基本结构却相同：

参与者＋价值单元＋过滤器——→核心交互

这一基本结构必须认真考虑和精心设计，以便让核心交互对于用户更加方便、更加有吸引力、更加具有价值。成功的平台都是从核心交互开始的，它持续为用户创造高的价值。一个有价值、可以简单安心参与的核心交互会吸引更多的参与者，并产生积极的网络效应。

下面来详细分析核心交互的三要素，弄清楚它们是如何帮助平台创造价值的。

（1）参与者。核心交互的参与者就是两种人：创造价值的生产者和使用价值的消费者。平台的某个特定交易中人们只能扮演一种角色，但是核心交互的两种人的角色不是固定的，同样的用户在不同的交互中扮演着不同的角色。当你在 YouTube 上传视频时，你是生产者；当你观看他人视频时，你是消费者。同样你既可以是滴滴的司机，也可以是滴滴的乘客。设计得当的平台有利于参与者的角色转换。

（2）价值单元。每个核心交互都开始于生产者对于价值单元的创造。淘宝上，产品和服务的信息列表都是卖家创造的价值单元，然后基于买家的搜索请求或先前表示出的兴趣为他们提供服务。视频网站上的视频、微博上的文章、领英上的简历都属于价值单元。用户会基于价值单元的信息作出是否进行下一步交换的决定。

价值单元在任何一个平台上都会起到关键作用。但是平台不是价值单元的创造者，价值单元是平台参与者创造的，平台只是提供基础设施，方便参与者创造价值单元。平台也培育一种质量控制的文化，采取各种措施来鼓励生产者创造精确、有用、有关联且让消费者感兴趣的价值单元，但不直接控制生产过程。

（3）过滤器。价值单元是经过过滤器处理后传递给特定消费者的。过滤器是有着严格算法、以软件为基础的工具，平台会用它来完成用户间适当价值单元的交换。设计得当的过滤器会保证平台用户只会接收到与他们相关并对他们有价值的价值单元，而设计不得当或没有过滤器，所造成的结果则恰恰相反，甚至导致用户放弃平台。

每个平台都会利用过滤器来进行信息交换。优步的司机会通过分享其位置、可载人数等信息来显示目前的可利用状态，这些都是可以帮助他们寻找适当消费者的价值单元。当消费者拿出手机呼叫车辆时，他就会基于其位置与时间设定过滤器，然后相关的司机信息就会被交换。一旦信息交换完成，其他活动便会立刻开始。出租车到达乘客设定的起点，乘客上车直至出租车将乘客送达目的地，乘客支付车款，司机收到钱。核心交互就此完成，价值也因此被创造和交换。

2. 平台的运作

1）吸引参与者加入

拓展阅读 2-6　平台吸引参与者加入的八种策略

传统商业先有产品，然后借助大众传媒广告推销给消费者。平台不直接拥有产品，而是提供交易空间。对于平台来说，在吸引参与者加入时，会面临"先有鸡还是先有蛋的问题"。在创造一个双边同等重要的市场时，一边的存在取决于另一边的优先存在，应先创造哪一边？而在缺乏其中一边的情况下，又该如何吸引另一边？如果平台没有价值，就不会有用户，而用户不去使用平台也不会具有价值。比如在支付平台上，如果没有卖家愿意接受新的支付方式，买家也不会采用。但是如果买家不愿意采用新的支付方式，卖家也不会投资时间、精力和资金接受它。因此，当卖家和买家都找不到理由先于对方加入这一平台，用户基础为零时，怎样才能推介新的支付平台？许多平台的失败就是因为没有解决好这个问题。

解决这个难题的一个方法是，通过打造一项基于现有的管道或产品业务的平台业务，以此彻底避免"先有鸡还是先有蛋的问题"的出现。具体来说，人们总结了"追踪兔子"策略、播种策略、采用"大爆炸"策略、精英策略等八种策略。

吸引参与者加入除了解决"鸡与蛋"的问题，还需要解决平台对注册用户的黏性问题。传统商业中解决用户黏性问题往往是通过品牌与使用者身份之间连接，让用户深深地产生共鸣，认为该品牌是自己人格特质的投射。平台不直接提供产品，没办法完成品牌与人格的连接，但是平台可以通过参与者之间的互动来增加黏性。注册用户彼此互动会创造价值，而这些价值是依赖平台存在的，参与者自然会增加对平台的认同感。用户反复使用平台不仅能产生网络效应，吸引新用户加入，而且能强化用户的归属感。具有黏性的平台会培养参与者的归属感，效果往往比强制性的捆绑有效，而且这些拥有强大归属感的用户，可能成为意见领袖，自发地表达自己对平台的钟爱之情，为平台带来更多新用户。

2）促进价值创造和交换

平台不控制价值的创造，而是设定一些价值可以被创造和交换的机制，并制定原则来管理交换过程。这些原则能促进生产者更加方便地创造和交换商品与服务。这需要提供具有创造性的工具用来共享信息，如创意平台 Quirky 做的那样，提供工具来让客户分享创意并集体创造新的产品或服务。促进过程还需要减少使用障碍，减少使用障碍有助于进行互动，并增加参与者数量。有些情况下，使用门槛高也会有一些积极作用。平台制定严格的规则来组织管理价值单元及其他生产者创造的内容，实现用户需要的交互，去除用户不需要的内容。

拓展阅读 2-7　苹果的 iOS 和谷歌的 Android 平台的区别

平台的开放性也可以促进价值创造的交互活动。一个充满活力和健康的平台依赖于平台以外的合作伙伴所创造的价值。如果平台过于封闭，外部合作伙伴则不能或不会创造出实现互利交流所需的价值。所谓的封闭不是简单地禁止外部人员参与，它也可能是设立烦琐的参与规则，或收取高额的费用。开放和封闭之间没有一个清晰的界限，也没有一个标准的管理准则，需要根据平台自身的定位和各类参与者创造价值的具体情况而确定。比如人们比较熟悉的智能手机平台的参与者包括终端手机制造商、软件开发商、手机用户和广告商等。不同智能手机平台的开放程度有很大的差异，包括参与者的种类也不同。如何判断某类参与者是否构成平台多边市场中的一边？一种基础的原则是中立性，看参与者群体是否是通过中立机制被纳入平台的，只要机制中立，无论审核多么严格，都可以成为开放平台的"边"。相反，如果平台亲自挑选搭配的成员，就失去了中立性，则不能够视其为"边"，只能作为供应商或合作企业。

3）精确匹配用户

成功的平台能够精确匹配用户，保证相关的商品与服务被顺畅地交换。平台的匹配功能是通过利用生产者、消费者、价值单元和被交换的商品和服务的信息来完成的。平台获取的信息越多，收集、组织、分类、解析数据的算法设计得越好，过滤器越准确，用来交换的信息就会越有用，生产者与消费者正确匹配得到的回报就越高。

作为设计过程的一部分，平台公司需要设计出一个明确的数据获取策略。用户对待信息分享的态度和对数据驱动活动的回应是不同的。一些平台以奖励机制鼓励参与者提供个人数据，其他平台会利用游戏元素来收集信息。一些信息也可能来自手机应用程序等第三方。比如有的平台可以用微信账号登录，这使得该平台可以获取原始数据来向用户进行匹配。只有持续完善数据获取与分析方式，才可以不断实现互惠互利的匹配。

平台的运作需要平衡好以上所说的吸引、促进和匹配三个功能。这三个功能对于平台来说都是非常重要的，但不是所有的平台都能将这三个功能发挥得淋漓尽致。这三个功能之间具有互补作用，如果一个平台的一个功能发挥很好，可能弥补其他功能的不足，至少可以解决短期内的生存问题。比如一个平台能吸引并保留大量的用户，即便平台的界面简陋、数据系统简单,也可以通过有效地对广告进行分类来盈利,也就是通过吸引功能的优势来弥补促进和匹配的欠缺。

2.2.3　平台的盈利模式

平台的网络效应可以通过创建自我强化的反馈回路来吸引用户,在这一过程中,平台只需投入最少的努力或资金就可以完成。但这并不意味平台会自然产生盈利模式,这种积极发展态势反而可能让盈利变得难以琢磨。平台如果向用户收取费用将有可能减小他们加入平台的动力。收取平台准入费用也许会导致人们完全弃平台而去;收取平台使用费用可能会使人们登录平台的频率有所减少;收取成果费用则会减少价值创造,这会减少平台对顾客的吸引力;收取消费费用则会减少平台对供应商的吸引力。如何在不损坏网络效应的前提下,找到盈利模式,这是一个非常具有挑战性的问题。

1. 平台为用户创造价值

在传统企业中,企业是通过产品产权交易收费来盈利的。如奔驰公司在出售一辆轿车时,所有权进行了转让需要进行收费。平台与售卖商品或服务的公司不同,平台公司是邀请用户加入它们的平台,然后再通过平台技术为用户创造价值,以此来收取费用,将平台盈利化。到底哪些价值必须依赖平台才能创造?

平台可以为消费者和供应商提供以下几个方面的价值:对于消费者来说,平台上会积累大量参与者创造的价值;对于供应商来说,平台拥有庞大的用户群体,能够加入一个社区或市场中;对于消费者和供应商来说,能够获得促进交互的各项工具和服务;对于顾客来说,能够获取提高交互质量的内容管理机制,这些机制能够迅速快捷让二者取得联系,成功匹配。这四种价值都依赖平台而存在,一个设计优良的平台所能创造的价值远远超过参与者直接获取的价值。平台的盈利模式首先要考虑这四种形式价值的存在,然后决定平台在不制约网络效应持续增长的前提下,如何充分开发这些超额价值。

2. 平台盈利方式

1) 收取交易费用

上面提到的四种超额价值形式:实现价值创造、市场准入、获取工具以及内容有效管理,都是以某种形式的交互体现出来,并且往往需要金钱上的交易辅助。如果平台能给予参与者的交互活动中现金业务提供便利,则平台可以通过收取交易费用,将它们创造的价值进行盈利化。交易费用的收取方式可以从交易价格中进行抽成。如果交易规模变动不大,而且交易频繁发生,也可以为每一笔交易定一个固定费用。

在不减弱网络效应的前提下,收取交易费用是将平台所创造的价值进行盈利化的一种有效方式。平台的交互双方只有在交易确实发生的情况下,才缴纳费用,并非所有加入平台的参与者都要缴纳费用。如果收取费用过高,同样会影响交互活动的预期,阻碍交易的发生。平台需要对各层次收费的多少进行评估和实验,确定合理的收费区间,防止因费用过高将用户赶跑。

收取交易费用的方式面临的最大困难是买家和卖家线下私下交易,避免交纳交易费用。困难的关键是平台无法通过对所有交互进行追踪直接控制整个交易过程。在实践中,平台可以通过两种方式弥补这一不足:一种方式是设置关卡,通过暂时阻隔用户之间的联系来解决问题。平台不让顾客与供应商进行直接联系的前提下,给顾客提供一切所需的信息来帮助他们作出交互决定。如爱彼迎等通过提供评价机制以及其他社会评价指标来显示一家服务供应商的可信度,使交易双方的直接交互变得不那么必要。另一种方式是提供能给交易双方带来益处的工具和服务。当然设置关卡的方式不适用于双方经常需要进行讨论、交换意见以及商讨工作流程的业务,这种业务无法阻隔用户的交互。有的平台提供远程监控供应商的服务,能让购买该项服务的消费者自行监视项目进程,然后根据真实递交的成品付款。有的平台如高朋团购(Groupon)不仅是一个商品展示平台,而且能提供精准定位的营销方案。它们拥有一支强大的线下团队,对每个城市、每个地区的消费者习性进行信息收集,连续几个月加以追踪,并持续分析买方客户的行为与偏好的演变。高朋团购以这些精准的消费者行为数据为基础,通过自己培养的创意团队,专门为商家撰写营销文案,刊登在每日产品的页面上。

2) 收取准入费用

当平台集聚大量的用户群体,可以考虑向第三方的生产商收取准入费。第三方加入平台的主要目的是"广告宣传",但是与未经允许就出现的强制广告还是有很大的区别。这种有针对性的信息能够为社区创造价值、增强核心交互,还能够加强网络效应,而不是仅仅增加噪声消耗价值。

追波网(Dribbble)是一个供设计师展示作品、同行交流、寻找灵感的平台。追波网拥有一套根据篮球用语改编的独特行话,用户的参与度非常高,还会评选今日最佳设计者。追波网平台的管理者想保护这个专业化社区的长远价值,并没有向用户收取平台准入费,因为这样做会削弱网络效应。接入强制性广告图片也不是很好的选择,这会降低网站在用户心中的威望和认同感。但平台只有盈利,才能生存下去。最后,追波网向第三方收取准入费,那些想要招聘设计师的公司如果在追波网的求职板块上刊登招聘信息,就需要交纳一定的费用。这种形式的盈利模式所创造的是对交易双方都有利的交互。设计师都愿意将他们最好的作品发布在追波网平台上,因为这也许会给他们带来新的工作机会。想招聘的公司则能够与一流的设计师取得联系,并且这些设计师的作品集都已经被这一创新平台所收藏和管理。

由此可见,新增内容必须给平台的用户带来更高的价值,向第三方收取社区准入费用才会有效,这种盈利模式才能实现可持续发展。

3) 收取增强型接入费用

有时候平台无法从具体交易中获益,如搜索引擎,每一个提供内容的网站都可以通过搜索引擎优化的方法将自己的位置排名靠前,这个过程是企业自我管理网站的行为,平台公司没有盈利。如果直接收取提供内容的网站或搜索用户的交易费用,会削弱网络效应。还有一些平台上的交易具有数量大、风险较低,双方需要线下见面,业务完成的情况也容易判断的特点,完全追踪几乎不可能。与以上两种情况类似的交易可以反过来向供应商收取消费者增强接入费用。该种方式是指平台能够提供工具,使供应商在众多同行激烈竞争中可以在双边平台上脱颖而出,从而吸引顾客的关注。通过提供目标更准确的信息、更具吸引力的展示,或者是与有价值用户的交互活动,向供应商收取费用。

另一种增强型接入盈利方式是向用户收取门槛降低费用。加入平台获取基本服务是免费的,但是平台会控制双方的沟通渠道,设置了很高的门槛,想进一步了解详细情况,就需要付费来降低门槛。比如国内的许多婚恋网站不需要在浏览异性的数据与照片之前进行付费。许多人在网络浏览一圈后,通过诸多选择条件找到自己心仪的对象,想要与对方联系时就必须付费了。不付费降低门槛,就无法获取沟通渠道,无论你想进行即时聊天或单纯与对方打声招呼,都必须通过付费机制才能实现。同样如果你收到陌生的异性寄来的电子邮件,想打开阅读,也需要付费。许多会员为了提高异性响应概率,愿意在给对方的信中奉上"回邮",这样一来,对方开启自己的信件时则无须付费。

总体来说,增强型接入这种收费方式不会损害网络效应。供应商付费获取的增强型接入机会给其带来非常大的附加值。但是即便不付费,所有的供应商和消费者都被允许在一种公开的规则基础上加入平台,不能让用户产生一种由于收费被拒之门外的印象。增强型接入也存在应用方式不正确、增加平台的噪声、减小针对顾客内容的相关性、产生消极网络效应的缺点。保证方式正确的一个基本原则是确保消费者能够轻易地区分两种刊登内容:一种是作为付费专栏中被放在头条或加以强调的内容;另一种则是那些原本知名度就比较高的内容。如果无法区分,会导致用户产生困惑和恼怒情绪,损害平台的价值。

4)收取增强型内容管理服务费用

平台对积极网络效应的偏爱会让管理人员产生一种误解,即网络效应越强越好。实际上,积极网络效应要发挥作用,不仅取决于数量,还要有质量。当平台上的内容过于庞大时,用户想找到自己所需要的高质量内容越来越难,用户有动力寻找各种方法提高获取高质量内容的效率。此时,用户可能愿意付费获取那些有质量担保的内容,即他们可能愿意付费获取增强型内容管理服务。例如 Sittercity 是一家成立于 2001 年的儿童看护平台。为了保证保姆的质量和选择,该平台有一套严格的内容管理机制,对加入这一平台上的保姆会进行层层筛选,从而向那些关心自己的孩子安危的父母提供重要的额外价值。这一额外价值能够让 Sittercity 平台向父母收取订阅费用,而不是像服务供应商一样去收取交易费用。

3. 平台向谁收费、向谁补贴

平台需要服务于不同类型的用户,各种用户从平台中获取不同形式的价值。考虑到用户之间经济状况、目标、动机等方面的差异,平台向谁收费、补贴谁的问题比较复杂。当平台参与者之间的交互活动交织在一起时,平台关于某一用户类别的定价决策,都会以难以觉察的形式影响其他类型的用户,而且影响很快会传递平台的各个角落。

我们以典型的双边模式为例来分析补贴模式该如何确定。双边模式赋予平台企业在定价方面的灵活性,企业可以选择补贴某一边群体,促进其使用者数量的增长,进而吸引另一边群体支付更多的费用。我们将双边模式的两个群体

拓展阅读 2-8 平台补贴模式的五项原则

区分为被补贴方和付费方:被补贴方是平台为其提供费用上的补贴(如免费提供服务),借以激起该群体中的人们进驻平台的兴趣;付费方是平台另一边的群体,他们通过付费,给平台带来持续的收入,支撑平台的运营。补贴不仅能吸引该群体的成员入驻自己的平台,还能以此为筹码转而吸引另一方群体加入。

平台企业该将哪一边市场群体设定为付费方、哪一边设定为被补贴方？平台有价格弹性反应、成长时的边际成本、同边网络效应、多地栖息的可能性、现金流汇集的方便度五项原则可以参考(表 2-4)。实际上补贴模式可以千变万化，许多平台就是靠着极富想象力的补贴方式，建立起自己的竞争优势。

表 2-4　补贴模式的 5 项原则

原　　则	被补贴方	付费方
价格弹性反应	高	低
成长时的边际成本	低	高
同边网络效应	正向	负向
多地栖息的可能性	高	低
现金流汇集的方便度	困难	容易

资料来源：陈威如，余卓轩.平台战略[M].北京：中信出版社，2013：34.

从平台成长的角度来看，许多平台都经历了从免费到收费的转变。平台在创立时期，需要发挥网络效应，吸引流量，会选择免费提供服务，鼓励用户加入平台。当平台成长起来时，可以通过上面探讨的许多方式转化为一种盈利模式，让平台企业从其所创造的价值中分一杯羹。

但是从免费到收费的转换是困难的，需要遵循以下几个原则。

(1) 尽可能避免对曾经免费的服务收费。对于以前免费的内容进行收费，用户自然而然地就会产生抵触情绪。

(2) 对用户已经习惯获取的价值，要避免减少这些价值的获取量。当平台决定向付费供应商提供优质内容时，不应该减少原来免费提供的内容，不然会引起供应商和消费者的不满。

(3) 当从免费转向收费时，要创造新的、额外的价值，证明收费的合理性。要从提高品质上收费，平台就必须能控制品质并保证品质，并且这些改善能为供应商或消费者辨识，能被体验到。

(4) 在平台设计之初，就要考虑其潜在的盈利策略。平台上线时，其设计就要能驾驭各种具有可能性的盈利方式，这直接影响该平台是如何开放的或者封闭的。如果一个平台经理人想要通过收取用户群获取权限费用，那么这个平台开始时就得设计既能够控制用户获取内容的传输渠道还能控制有关用户的数据流。

对于平台来说，盈利模式是一项复杂的挑战，也将决定平台最终的生存能力。平台经理人应该在创建平台的第一天起就要考虑潜在的盈利模式，并保持方案拥有诸多盈利的选择空间，也尽可能地保持平台的开放性。

2.2.4　平台的演化

达尔文的生物进化论是我们认识平台演化的一个有力借鉴。其中心思想是多个物种在变化的环境中争夺稀缺资源，最后存活下来的，不是那些最强壮或最聪明的物种，而是能够适应这种环境的物种。平台之间的竞争类似于物种的竞争，它们在复杂、动荡的环境中争夺稀缺的资源,通过演化使自己适应竞争的市场环境,最后适者生存。平台在演化中要想生存,需要与参与者之间有一个共识,即当参与者帮助平台实现目标的同时自己能得到更好的发展。平台需要创造一种创新、公平的环境,将大家的目光重点放在长远的发展上,而不是短期的利润上。

平台颠覆传统企业的关键在于促进各类参与者之间的交互,各种创新在交互中涌现。但是像平台这样的复杂生态系统是一点点演化的,可以设想为创新的流入和流出。人们形象地把这种演化比喻为"浴缸模式"(图 2-11)。以手机操作系统平台为例,流入的是平台生态系统的创新流,主要由应用程序开发者、平台所有者、用户等贡献,还包括从竞争对手平台模仿和上游供应商那里获得的创新流。流出的是被竞争对手平台复制的创新成果。流入和流出之间的差是平台生态系统的创新资本,是一个平台生态系统所具备的功能和所持有的资产,是平台竞争优势的关键资源。从长远来看,它是平台生态系统的特有资产,决定了平台生态系统的长期繁荣发展。

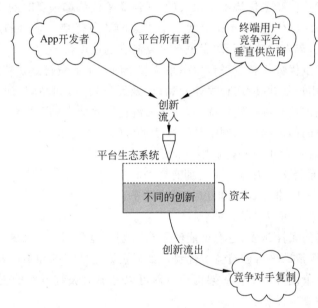

图 2-11　平台演化的"浴缸模式"——创新的流入和流出

资料来源:蒂瓦纳.平台生态系统[M].侯赟慧,赵驰,译.北京:北京大学出版社,2018:205.

通过"浴缸模式"我们看到,平台所有者的业务活动需要实现双重目标:发展创新流量和将这些创新转换为竞争力。

1. 积累创新资本

创新资本是流入和流出之差,积累创新资本就是要开源节流,增加创新流入,减少创新流出。流出多少与平台之间的竞争强度有关,也与平台对专利的保护程度有关。由于平台是开放的,平台的核心功能很容易被复制,因此,减少流出具有一定的挑战性。技术创新一旦被复制,平台就无法通过原有的创新获得竞争优势,原有的创新会成为类似平台的标配,成为潜在使用者的基本需求。平台系统的竞争能力可以由其创新速度大于竞争对手复制其创新速度的差来衡量。既然平台控制创新流出的能力有限,那就必须将精力主要集中在增加创新的流入上,保证创新资本的增加和平台发展的稳定。

增加创新流入既需要提高平台的创新动力,也需要提高一个平台的创新能力。创新动力主要通过塑造开放、合作、宽容的企业文化和各种激励措施来激发强烈的创新动机,提出更多的新想法。有丰富的创新想法,如果没有落实到具体执行者那里,也无法实现创新。平台的演化能力受到平台体系结构的限制,平台的架构决定是否能出现创新能力。有创新没有能力和有能力没有创新都是一样的。平台的治理可以通过参与者之间的决策权的划分、激励机制和利益分配等将创新能力释放出来。源源不断的创新流需要平台的组织架构和治理相结合。平台架构确定可行的治理策略,反过来,平台的治理策略也影响着平台架构,两者相互促进产生协同效应。

2. 创造和维持竞争优势

平台的责任是创造和维持竞争优势。即便一个平台开始时有明显的竞争优势,但随着时间的推移,竞争优势给平台带来巨大的商业利益,竞争对手就会复制、模仿,从而削弱和侵蚀这一竞争优势。竞争优势不是永久的,任何竞争优势都是暂时的、转瞬即逝的。平台应该维持一个暂时的优势,而不是寻找一个永久的竞争优势。平台的成功取决于源源不断创新流入系统,流入的速度要比竞争对手复制它的速度快。

创造和维持竞争优势依赖于平台生态系统某个时点上的资源。这些资源包括有形资产如平台的功能、用户基础、应用程序和专利,以及无形资产,如品牌、知名度和声誉。并非所有的资源都能创造和维持竞争优势,只有关键资源才能有助于平台生态系统的发展。可以通过评估资源的四个属性来判断是否能使平台区分于竞争平台。

(1) 价值:它在平台市场和行业中有价值吗?

(2) 稀缺性:是否很少有竞争平台拥有它?

(3) 独特性:很难(非常昂贵和耗时)被竞争平台模仿吗?

(4) 不可替代性:可以被替代吗?

某个资源拥有的属性越多,越有可能使平台区别于竞争对手。如果资源是有价值和稀缺的,那它就可以帮助平台创造竞争优势。如果资源是独特的和不可替代的,那它就可以帮助平台维持竞争优势。平台的架构和治理可以完成对关键资源的创新性的利用,促使其转化为平台的竞争优势。

3. 演化速度

在竞争激烈的市场中没有可持续的竞争优势,平台必须寻找新的资源和具备不断输入创新流的能力。这时演化速度就很关键,快的演化能增加平台在足够长的时间内获得无法被挑战的优势的可能性,在这段时间内,竞争平台不能复制其创新。平台最好是加快演化速度而不是进一步完善自己,慢的演化会使平台错失机会。

演化速度可以借鉴军事学中 OODA 循环的理念,OODA 循环是由观察(observation)、定向(orientation)、决策(decision)、执行(action)四个单词的首字母组合得名。OODA 循环基本观点是武装冲突可以看作敌对双方互相较量谁能更快更好地完成“观察—定向—决策—行动”的循环程序。观察是收集整个生态系统的数据;定向是分析和合成数据,建立一个不断发展的平台模式;决策是根据上述行为结果,决定行动方案;行动是决策的执行。OODA 循环强调更快的循环能够提供竞争优势,敏捷性比原始的能力更重要。创造竞争优势的关键是缩短循环的四个步骤之间的滞后期。信息往往会被大家共同接收到,但有的平台解码能力差,吸收新信息反馈延迟,相同时间内完成 OODA 循环的数量太少,发展速度自然比竞争对手慢。在激烈竞争中取胜的平台一定是发展速度比竞争对手快的平台。在平台竞争中关键是对变化的适应能力,而不是完全地适应环境。要比竞争对手更快地适应变化的环境,即使行动是不完美的,哪怕偶尔的失误也是可以的。总之,速度胜过完美。

目前,平台模式还处于不断发展的过程中。平台的影响不会局限于现有的行业,它会逐渐渗透社会经济的各个领域,并在其中占据显著位置。尤其是那些信息敏感型行业,容易被平台所转变;不具扩展性需要人来把关的行业;高度分散的行业,通过平台的市场整合提高效率;信息极端不对称行业,平台能营造一个公平的交易环境。随着越来越多的流程和工具连接到互联网,每个行业都有可能成为一个信息密集型行业。即便是一些传统的资源密集型行业,也需要利用平台的力量去创造更高的效益和更快地获取知识。平台的力量正在修改,甚至消除许多行业之间的壁垒,由此带来一个富有戏剧性的现象:新的竞争对手往往从行业外诞生。"跨界打击"给传统企业带来强烈的危机感。平台正以不可预知的方式改变我们的世界,但同时也给企业创造了更多的机会。所有企业都要对平台模式作出适应和调整,抓住机遇,实现自我革命。

本 章 小 结

本章介绍了网络营销的两个重要的理论:智能商业和平台模式。

在智能商业一节,阐述了互联网时代优秀企业的创新主要体现在在线化、网络化和智能化表现优异;智能商业的本质是网络协同和数据智能的双螺旋结构之间的相互作用。智能商业的独特表现是:自动化决策、精确＋准确的服务、C2B 的商业模式、赋能型组织。

在平台模式一节,首先定义了什么是平台模式,分析了平台如何颠覆传统管道企业;然后解释了什么是网络效应,介绍了网络效应的类型,及网络效应如何发挥作用赋予平台力量。接着分析了平台的交换、核心交互设计和过滤器的三大功能,以及由吸引、促进和匹配三者构成的运作过程。然后探讨了平台的基本盈利模式以及平台如何演化。

思 考 题

1. 如何理解智能商业中双螺旋的作用?
2. 网络组织如何完成从管理到赋能的转变?
3. 为什么 C2B 商业模式能代表未来智能商业?
4. 平台为什么能颠覆传统的"管道"公司?
5. 平台如何突破"鸡与蛋"的困境?
6. 如何用"浴缸模式"解释平台的演化?

实 践 活 动

1. 关注淘宝网上的某个服装类的网红店,记录网红店从调研、定款式、预售、发货、补货到服务反馈的整个过程。分析网红如何利用社交媒体与粉丝之间进行互动,这些互动对于"爆品"的出现有哪些帮助? 网红店需要协同哪些相关的网络资源才能成功运营?

2. 对周围使用自动推荐平台(如今日头条、抖音等)的用户进行访谈,了解开始时他们是如何选择自己喜欢的内容,而后平台推荐的内容有什么变化? 这些变化给他们带来哪些好处? 有没有"信息茧房"现象发生? 如果发生了,他们采取什么办法来解决?

3. 选择一个最近几年刚刚兴起的平台,收集资料研究一下它兴起的过程。分析该平台兴起的过程中网络效应到底发挥了哪些作用? 该平台有哪些收费项目? 未来的商业模式是什么?

4. 收集淘宝网发展历程的相关资料,然后运用本章的理论来解释其不同的阶段的特点。进一步讨论淘宝网在演化过程中作出哪些关键决策? 这些决策对于后来发展有什么影响?

即 测 即 练

第二篇

战 略 篇

第3章

网络营销战略和商业模式

本章学习目标

1. 了解什么是战略和网络时代战略的困境。
2. 掌握目标营销战略和绩效考核指标。
3. 熟练掌握商业模式的含义和商业模式构成要素。
4. 熟练掌握网络市场的目标营销战略。

Keep 的精益画布分析

当下全民健身浪潮兴起，各种社交平台、内容平台的健身垂类内容都在迅猛增长，一夜之间，刘畊宏爆红，健身内容几乎成为抖音、小红书等平台的标配。在如此激烈的竞争中，Keep 却脱颖而出，形成自己独特的竞争优势。

Keep 是一家全球化的运动科技公司，也是一款运动健身 App，于 2015 年 2 月 4 日上线，致力于提供健身教学、跑步、骑行、交友及健身饮食指导、装备购买等一站式运动解决方案。Keep 的使命是 Make The World Move（让世界动起来）。Keep 通过人工智能辅助的线上运动内容、个性化训练计划及配套运动产品为用户提供全面的一站式健身解决方案，最终实现公司的愿景：成为全球最大的智能运动运营商。目前，Keep 经过多轮融资和快速的用户增长，超越咕咚、悦动圈等，已经发展成为中国及全球最大的在线健身平台。

Keep 作为一家创业公司，很适合用精益画布（Lean Canvas）来分析其商业模式（图 3-1）。精益画布是在奥斯瓦尔德的商业模式画布的基础上改编而来的，是早期创业者用于梳理创业思路、探索商业模式的一种方式。精益画布中心是核心产品价值主张（独特卖点），画布左侧描述的是产品，右侧描述的是市场，底部描述了盈利模式和成本结构。分析时可以按照从①到⑨的顺序层层递进，逐步开展分析。也可以不按照这一顺序，对市场和产品的分析可能会经过多次迭代调整。

下面运用精益画布描述 Keep 商业模式。

1. 问题

Keep 的客户面对的主要问题是什么？

（1）高品质的私教课非常贵，缺资金还想健身怎么办？

（2）如果不去健身房，什么样的锻炼才能够让自己瘦下来？

问题 最需要解决的 三个问题 ① 现存的备选解 决方案	解决方案 产品最重要的 三个功能 ④ 关键指标 应该考核哪些 东西 ⑧	独特卖点 用一句简明扼 要但引人注目 的话阐述为什 么你的产品与 众不同，客户 愿意关注你 简短宣言 ③	门槛优势 无法被对手轻 易复制或者买 去的竞争优势 ⑨ 渠道 如何找到客户 ⑤	客户细分 目标客户 ② 早期用户
成本分析 争取客户所需花费 销售产品所需花费 网站架设费用 人力资源费用等　　　　⑦			收入分析 盈利模式 收入 顾客生命周期价值 毛利率　　　　　⑥	

图 3-1　精益画布模板

（3）即使知道怎么健身，但是没有坚持下来，怎么办？

这三个问题是客户的痛点，没有一个合适的解决方案，许多客户放弃了健身计划。

解决这些问题的替代方案是需要一个 App 作为"移动健身教练"。

2. 客户细分

细分客户本质是为了细分需求，Keep 的目标人群不是专业的健身人员，而是大众化的初学者(健身小白)。健身达人已经有了自己的习惯，偏好不好改变，市场更难开发。大众化的初学者的用户群体规模较大，需求也更容易满足。其具体可以分为三类：学生族、上班族、银发族。其中对于减脂的需求，三类用户都表现出了较高热情，但对于其他需求，每个用户的侧重点有所不同。学生族更偏向于塑形和增肌；上班族对健康、塑形、增肌方面都有需求，上班族亚健康状态比较严重，健身可以改变健康状况，也可以塑形和增肌；银发族则更偏向于健康，运动让身体变得更强健。

3. 独特的价值主张(卖点)

价值主张要明确企业能够为用户提供什么价值。原有的健身房对健身小白来讲，办卡很贵，一年三四千，由于经常出差，夏天热、冬天冷，去一趟健身房实在非常麻烦，一年也就去七八次，核算下来每一次的成本非常高。所以 Keep 初期口号是"移动健身教练，主打随时随地免费练"。2016 年，Keep 推出"自律给我自由"的价值主张。

4. 解决方案

Keep 早期的产品设计里，包括引导用户打卡和分享、将卡路里燃烧等精准量化、帮助用户制订周期性目标等。Keep 将运动课程进行了标准化、结构化整合展示，配合极简的 UI(用户界面)设计，做到了基础化(轻巧)、标准化(傻瓜式)、移动化(随时随地)这三点。Keep 拥有完善的用户运营激励体系，通过对 Keep 社区用户分层、勋章激励体系等，既增加用户黏性，又激励用户完成健身计划。

5. 渠道

如何让用户知道你呢？Keep 初期接触用户就靠三个渠道：第一，社群产品。没上线之前，Keep 的用户运营就已经扎在了健身社区里，成为早期的健身 KOL（关键意见领袖）。第二，新媒体。Keep 是以拟人化的方式运营自己的微博和公众号。第三，应用商店。Keep 这个 App 发布后，成为应用商店推荐最多的健身 App。

6. 收入分析

多数 App 是通过积累起一定量的用户基数后打造社区，再围绕用户时长进行商业变现，变现途径主要有电商、内容付费、增值服务、O2O 等。Keep 的营收主要来源于三部分：自有品牌产品、会员订阅及线上付费内容、广告和其他服务。其中以自有品牌运动产品和会员订阅及线上付费内容为核心收入来源。Keep 以软件平台为入口，用内容生态留住用户，同时硬件及内容广告构成长期盈利点，形成三者的有机结合，打造一套完整的健身闭环反馈系统。

7. 成本分析

Keep 拥有许多自有品牌产品，销售及营销开支占整体成本超七成；还有内容成本，如通过 IP（intellectual property，知识产权）化运营扶持健身内容创作者，提升头部创作者商业影响力；除此之外，还有研发开支、行政开支等。

8. 关键指标

体现 Keep 运营情况的指标有优质创作者规模、PUGC（专业用产生产内容）课程数量、平均月活跃用户、付费率等。这些指标能体现 Keep 上独特资源的丰富程度、用户的喜爱程度和商业转化率如何。

9. 门槛优势

Keep 是靠内容营销支撑平台运转，通过持续加大对创作者的扶持力度，刺激内容产出。平台内容品类从单一的 PGC（专业生产内容）扩展到 PGC＋PUGC＋AIGC（生成式人工智能）综合内容制作。帮助达人建立粉丝群；将高人气和富有创意的达人，直接介绍给广告主，扩大变现机会。随着创作者数量的增多，内容池得到不断的补充和提升，用户规模持续提升，双边网络效应雏形出现。

通过精益画布的分析，我们会发现 Keep 围绕着用户价值构建商业模式，提供优质且系统的健身内容和用户体验，最终实现商业化变现只是时间问题。Keep 所处的依然是一片蓝海市场，但是和所有的创业公司一样，它们都会面对一条艰难无比的路要走。

任何企业的发展都要保持对外的灵活性，这种灵活性更多地体现在适应环境方面。互联网的独特性重新塑造了新时代的商业环境。网络环境下的商务活动与传统商务活动迥异，网络企业要想长期生存和发展，必须创造适合互联网时代的企业战略和商业模式。

3.1　网络营销战略

3.1.1　网络时代企业战略的困境

"战略"（strategy）一词最早是军事用语，英文"strategy"一词源于希腊语"strategos"，拓展阅读 3-1 亨利·明茨伯格的战略"5P"

含义为将领指挥军队作战的艺术。在战略管理形成的初期,一个比较经典的定义是商业史学家小艾尔弗雷德·D.钱德勒(Alfred D. Chandler)在《战略与结构》中给出的,"战略是确定企业的根本长期目标,并为实现这些目标而采取必要的行动序列和资源配置等活动"。后来,亨利·明茨伯格(Henry Mintzberg)认为人们在不同的工作生活场合赋予战略以不同的内涵。他借鉴市场营销学中的四要素(4P)的提法,用计划(plan)、计策(ploy)、模式(pattern)、定位(position)和观念(perspective)五种规范的定义(5P)来概括企业战略。

企业的经营活动不可避免地受到环境的影响,因此,企业的战略是下面两种行动的混合体:一种是企业管理者发起的主动性和计划性的进攻;另一种是对无法预期的发展和新市场状况作出的应变性回应。一直以来,学者们被"战略是如何形成的"这一问题困扰,他们从战略行动混合体的两个方面给出了不同的答案。最具代表性的是两种对立的观点:战略是深思熟虑的和战略是应急的。在网络时代,技术、市场和社会等环境都发生着剧烈而快速的变化,这使企业对于"是否需要战略"和"如何形成战略"产生怀疑,这种质疑体现为以上两种观点的冲撞。

1. 深思熟虑型战略

长期以来,战略管理被认为是企业建立长期目标和行动计划所进行的分析过程。战略管理的前提假设是:战略是人为地、有意识地、周密地思考和严格控制下的管理过程,这种战略模式被称为深思熟虑型战略模式。现实中,一个公司当前战略最大部分来源于以前发起的、运转良好、值得继续的行动和经营方式。这部分行动是有计划的和主动的,是管理人员对公司状况的分析和思考,以及对于公司如何在市场中定位并应对竞争者的产物。

人们对这种模式的质疑主要是因为成功实施这种战略至少应满足几个条件:组织内必须有非常明确的意图;这些意图必须为绝大多数成员所接受;环境必须是完全可以预测的,并且是可以控制的;制定战略所必需的信息是充分的。然而,在网络技术迅猛发展的今天,未来5年或10年的技术会演化成什么样子,市场和消费者会变成什么样子,这都是难以预测和控制的。许多网络公司从创业到上市成为大公司就几年的时间,战略意图未必清晰,商业模式也有待市场的检验。要想同时满足上述条件几乎是不可能的,那么战略又怎么能是深思熟虑的呢?

2. 应急型战略

应急型战略抓住了深思熟虑型战略的要害。持有这种观点的学者认为,即使组织能够评价它们的环境,也没有人能准确地预测未来,许多突发事件的发生会挑战我们的某些基本假设,而且不少巧妙的观点往往产生于正式战略规划过程之外。已实现的成功战略不是企业高层人员经过深思熟虑后再推行的结果,而是应急的、突现的结果。明茨伯格曾提出战略形成的草根模式。他认为战略就像是花园中掩埋在地下的草根,某种模式可能会很意外地出现在某个地方。在某些时候,一个机遇会促使个人或企业创造出自己的模式。另一些时候,某些行动会促使不同人之间相互协调而集中于一个战略主题,甚至有时候,外部环境可能会把一个模式强加给一个毫无准备的组织。当模式逐步被认可时,就会在组织里扩散,而扩散的过程可以是没有意识的,也可以是没有控制介入的。模式一旦成为组织中多数人的行为模式,就会成为组织的战略。

对应急型战略的主要质疑是此种模式如何能保持一种长期性和连贯性行为。我们难以想象完全没有集体意图指导的行动会有什么样的后果。如果企业根据顾客偏好、竞争对手的新近战略、新技术和市场机会进行快速的、频繁的大规模战略变动,必然会造成组织分裂,并使顾客感到困惑。此外,持续调整一个基本合理的战略,使之与变化的市场环境保持协调,要比试图在每个转折点都改动基础战略收益更大。纯粹的应急型战略模式并没有给出战略形成的有效途径,不能帮助组织形成战略。

3. 深思熟虑型战略和应急型战略的结合

企业实际战略管理过程是管理者适应环境,以及管理者从经验中学习并试图改进、优化和再完善过程。战略管理需要结合深思熟虑型战略和应急型战略,取长补短。

在具体结合形式上,明茨伯格描述了两种较为典型的方式:一种被称为"伞型"战略,另一种被称为"过程型"战略。"伞型"战略即组织的领导者只制定大体的指导方针,定义出组织战略活动的范围,其他执行者拥有相当的自由选择权,他们要遵守这些规范并且在规定的范围内活动。形象地说,就是组织的领导者设定了各种各样的"伞",他们期望组织的活动都发生在"伞"下。"过程型"战略指组织的领导者只控制战略制定的过程,而把战略的内容留给了其他的执行者。例如,组织的领导者控制着战略制定人员的安排,或者设计相应的组织以决定战略制定者工作环境。而负责战略的执行人员同样被赋予相当的自由选择权和决策权。实际运用时,需要将这两种方式结合起来,企业的领导层需要设定战略形成系统,使其他执行者灵活地在这个系统中不断演进其战略模式。这样既保证了"伞型"模型中行为规范和活动范围的设计,也保证了"过程型"模型中对过程的控制,同时也是应急的和突显的。

3.1.2　网络营销战略

网络营销战略是指企业为实现其经营目标,在一定时期内,利用数字信息技术进行营销活动的总体设想和规划。网络营销战略并不仅仅停留在职能战略层次,一个复杂的网络营销战略需要与公司整体理念和经营目标保持一致,支持公司和事业部层次战略的实施。

网络营销计划是网络营销战略形成和实施的一个蓝图。它是通过营销管理把公司的电子商务战略与技术驱动的营销战略结合起来,为计划的实施列出工作细则。网络营销计划好比一张线路图,引导企业的行进方向、资源分配,在关键时刻作出果断的决策。

网络营销计划的前提是公司已经制定了一个公司层面的战略,规定了公司的目标、电子商务模式。如果这个战略还没有形成,那么营销人员必须全面考虑公司环境并在产生网络营销战略之前对公司进行 SWOT[优势(strengths)、劣势(weaknesses)、机会(opportunities)、威胁(threats)]分析,然后再继续制订网络营销计划。

1. 形势分析

企业是环境中的一个子系统,各种外部因素都会对企业产生影响。但是,企业不可能也没有必要对所有的外部环境因素都进行详细的分析研究,应该有重点地抓住关键环境因素,这些因素就是战略环境因素。确定战略环境因素之后,要找出这些对本企业目前和未来具有较大影响的萌芽或潜在影响因素,然后科学地预测其发展的趋势,发现环境中蕴含着的机会及威胁。

拓展阅读 3-2
SWOT 分析

战略是一个企业"能够做的"(企业的优势和劣势)和"可能做的"(环境的机会和威胁)之间的有机组合。SWOT 分析通过调查列举内部的优势、劣势和外部的机会、威胁,并依照矩阵形式排列,然后把各种因素相互匹配起来,系统地加以分析,得出相应的结论,进一步制定战略、计划以及政策等。

2. 市场定位

营销人员所进行的市场机遇分析包括对市场细分(market segmentation)、目标市场选择和目标市场定位几个方面的分析。在市场细分分析中要对潜在的获利能力、可持续性、可行性,以及潜在的细分市场规模进行描述和评估,预测市场细分的收益率,找到开拓在线市场的竞争优势。在 B2C 细分市场中,要使用各种细分标准,如人口统计特征、地理位置、市场心理特征,以及某种产品消费的历史行为(在线或离线的购物方式等)。B2B 市场中的标准包括公司位置、规模、所属行业、需求类型等。这些细分标准可以帮助企业识别潜在的有吸引力的市场,以及了解细分市场的发展趋势。

进行全面的市场机遇分析之后,企业就可以选择目标市场,并且清楚地了解其特点、消费行为,以及对公司产品的需求情况。此外,企业还可以了解每一个市场的价值诉求。在了解目标市场以后,企业就需要判断如何将本企业的产品与竞争对手的产品区分开来,而且要让目标市场的顾客明显地感知这种差异,进行差异化分析。在差异化分析之后,应该制定一份品牌定位报告,说明企业品牌形象,及本企业的品牌与竞争对手的差异。

3. 经营目标

一般情况下,一份网络营销计划中的目标包括以下三个方面:其一,任务(需要完成什么?);其二,可量化的工作指标(工作量是多少?);其三,时间限制(什么时候完成?)。网络营销计划一般要说明为什么设定这样的目标,利用电子商务和网络营销手段,这样的目标为什么是可以实现的。

当然,大部分的网络营销计划都希望完成多个目标:增加市场份额,增加社交媒体上顾客的评论数量,增加销售收入或销量,降低分销或促销成本,完成品牌目标(提高品牌知名度),扩大数据库的规模,完成顾客关系管理目标(提高顾客满意度、提高购买率或维系顾客的比例等),改进供应链管理(提高渠道成员的协作能力,增加合作伙伴数量,优化存货水平)等。多种目标之间的协调和权衡也是网络营销计划必须考虑的。

4. 营销组合策略

营销人员可以按照 4P,即产品(product)、价格(price)、渠道(place)和促销(promotion);4C,即消费者(customer)、成本(cost)、便利(convenience)、沟通(communication);4R,即关联(relevance)、反应(reaction)、关系(relationship)、回报(reward)制定营销组合策略,来实现既定的目标。此外,营销人员还要设计顾客关系管理及伙伴关系管理策略。这里网络营销计划、经营目标和营销组合策略三者是一个互动的过程,在选择最好的目标市场、确定具有竞争性的市场定位之后,营销目标才能确定,之后才可以通过营销组合来实现营销目标。

5．实施计划

要通过有创意、有效率的战术来完成目标，应先通过具体的 4P、4C、4R 组合的营销措施和整合营销沟通的方法，以及自动化信息收集战略来实施计划。

6．预算

任何一个战略规划的关键部分都是确定预期的投资回报。企业可以比较收益与成本，进行成本收益分析，计算投资回报率（ROI）或内含报酬率（IRR）。管理层用这些指标来判断他们所做的投入是否值得。

预算中的收入预测包括网络站点的直接销售收入、广告销售、订阅费、会员介绍费、在伙伴站点实现的销售、佣金收入以及其他收入。还应该包括无形收益，以及通过网络的高效率所节约的成本，它被称为企业的软收入。

网络营销成本包括一些传统营销成本，更重要的是网站开发可能发生以下一些费用。

（1）技术费用：包括软件和硬件购置费用、联网费用、服务器购置费用、教育方面的资料及培训费用，以及站点的运营及维护费用。

（2）站点设计费用：网络站点需要平面设计师来创建一个具有吸引力的页面，包括图片和照片，这就会产生设计费。

（3）人员工资：所有参与网站开发与维护的工作人员的工资都要列入预算项目。

（4）其他网站开发费用：除去技术费用和人员工资，其他的费用都在这一项目中列支。

（5）营销沟通费用：凡是与增加网站的访问量、吸引回头客消费直接相关的费用都列入营销沟通费用。

（6）杂项费用：差旅费、电话费、网站建设初期发生的文具用品费用等应计入杂项费用。

7．评估和控制

网络营销计划开始实施后，必须建立合适的跟踪系统，经常对其进行评估和控制。为了力求全面和平衡，评估的内容和目标可以利用平衡计分卡来进行。评估时要注意一些无形的目标，如品牌目标如何能引导企业获取更多的收益。评估方案也要拿出准确、适时的测量手段来保证网络营销计划的启动和发展的各个阶段费用支出的合理性。

3.2　电子商务模式

商业模式（business model）最早出现在创业学的文献中。20 世纪 90 年代中期，随着互联网产业的兴起，商业模式才开始被广泛使用和传播，并且不断升温。但是大家对商业模式内涵的理解却往往是各取所需，至今仍然没有一个权威的定义。英文 business model 中的"business"一词意思很多，可以指商业活动、一家企业、一项事业或者一个业务等。business model 翻译为业务模式更为贴切，但是鉴于商业模式的翻译已经广为流传，我们还是将其翻译为商业模式。

在创业学文献中，与今天"商业模式"一词相近的概念是创业者的创意，或者叫商业创意。商业创意来自创业者对市场机会的发现,而市场机会表现为未明确的市场需求或者未被利用的资源或者能力。创业者通过创造性的资源组合,传递更为明确的市场需求,从而增加满足该市场需求的可能性。随着市场需求日益清晰以及资源得到准确界定,机会也摆脱其基本形式,逐渐演变成为创意,具体包括如何满足市场需求、如何配置资源等核心计划。商业创意主要表达企业通过什么途径或方式为顾客创造价值。紧跟商业活动的变化,商业创意变得更加复杂,包括:产品/服务概念,市场概念,供应链、营销、运作概念,进而商业创意逐渐成熟,形成一个将市场需求与资源结合起来的系统,最终演变为完善的商业模式。

3.2.1 商业模式相关理论

管理学大师彼得·德鲁克(Peter Drucker)说:当今企业之间的竞争,不是产品之间的竞争,而是商业模式之间的竞争。他认为好的商业模式会大大地增加商业活动成功的概率。网络时代,新技术的发展推动商业模式不断演进,逐渐形成了不同的理解,主要表现为以下三种。

1. 运营模式论

运营模式论认为商业模式是指把企业运行的内外各要素整合起来,形成一个完整的、具有竞争力的运行系统,其核心是运营模式。企业的财务会计、技术、生产运营、市场营销和人力资源等构成了管理的主要职能,这些多职能构成一个循环往复的过程,对这一过程进行统筹管理,即运营管理。企业的运营是一个投入、转换、产出的过程,是一个增值的过程,必须考虑如何对生产运营活动进行规划、组织和控制,然后通过运营系统实现上述变换过程。不同企业内部人、财、物、信息等各要素的结合方式不同,为顾客提供的解决方案不同,便形成不同的运营模式。广义的运营模式是一个超越企业自身边界的、与其他伙伴相互依赖的活动体系,界定企业与其交易伙伴(如顾客、供应商、互补品提供者)之间交易的架构、内容与规制,从而使企业能够利用机会去创造价值。

运营模式论实质上是遵循一种管理逻辑。从操作和执行层面来说,商业模式设计和安排企业运作过程,应强调关键资源(如人员、技术、产品、场地等)和过程要素(如组织、流程、管理规范、评价标准等)的重要作用。从经营的角度来说,每一个企业必须回答两个基本问题:企业的产品是什么,顾客是谁。为了回答这两个问题,企业需要解释如何通过运用管理和运营系统把商业创意变为现实中顾客需要的产品。一个企业有了有效的、具有竞争力的运营模式,就具备了成功的基础条件。尤其是当投资者无法判断初创企业的未来前景时,企业的运营模式可以作为一个核心的指标来判断企业的商业模式是否可行。这也是许多风险投资者很看重运营模式的原因。

2. 盈利模式论

盈利模式论认为商业模式是指公司如何在价值链中定位,以及获取利润的方式,其核心是盈利模式。持有盈利模式论的学者很多,如保罗·梯莫尔斯(Paul Timmers)认为:商业模式是产品、服务和信息流动的架构,包括对于不同参与者的角色描述,对不同参与者潜在收益的描述,以及对收入来源的描述。琼·玛格丽塔(Joan Magretta)认为:一个好的商业模式要回答每一个管理者必然要问的问题,即我们如何在一个业务上赚钱,我们如何通过适当的成本为顾客交付价值,背后的经济逻辑是什么。亨利·切萨布鲁夫(Henry Chesbrough)认为:商业模式是连接技术潜能与经济价值实现的直观逻辑。

盈利模式论是对商业模式的一种经济逻辑的解释,用来说明企业如何在一个可以接受利润率的价格和成本水平上将价值传递给顾客。企业的产品和竞争手段如何,以及为什么能产生收益,并有一个相关的成本结构,能产生有吸引力的投资收益和回报。

3. 价值创造论

价值创造论认为商业模式是企业如何通过为顾客创造价值、提供价值,从而为自己收获价值的方式。价值创造论的代表人物是大卫·梯斯(David Teece)等。梯斯认为商业模式是一个企业有关其价值创造过程的总体架构设计,包括价值创造、交付和收获机制。其实质是确定企业价值创造的逻辑和方式,即如何向用户交付价值、吸引顾客为价值付账,并将这些支付转换为利润。该商业模式反映了企业经营者的一系列假设:顾客需要什么,他们怎样需要,企业如何组织自己的活动去最好地满足这些需要、收取费用并获得盈利。

梯斯的定义较为全面地阐述了商业模式的价值机制。首先是价值主张与创造。一个企业需要选择为谁创造价值、创造什么样的价值。"为谁创造价值"需要知道企业的目标顾客群体是谁,如何对其进行准确清晰的定位。"创造什么样的价值"需要清楚顾客的需求到底是什么、顾客的"痛点"在哪里,然后提供相应的解决方案。其次是价值的提供与交付。企业需要通过一系列的资源配置和活动安排来提供与交付价值。最后是价值的捕捉与收获。企业必须有清晰并且可以持续的盈利方式,来保证企业在整个价值创造过程中获得属于自己的经济价值。从成本结构、收入来源、现金流量到盈利空间,这些都是企业价值收获的关键要素。

价值创造论是对商业模式的一种综合概括。其核心是以顾客为中心的价值内涵,也就是企业能给顾客提供什么价值,顾客为什么选择你而不是别人。顾客价值已经成为现代营销的出发点,在这点上其与商业模式是一致的。价值的提供与交付体现的则是企业运营过程,价值捕捉与收获表达的是企业的盈利目的。价值创造论按照逻辑顺序阐释了价值机制,体现环环相扣、密不可分的有机体。但是在现实应用中,三部分往往齐头并进、同时发生。任何一个部分受阻,都会影响整个商业模式的顺畅运行。

3.2.2　商业模式的构成要素

拓展阅读 3-3　奥斯瓦尔德的商业模式画布

商业模式的构成要素有很多种说法,其中亚历山大·奥斯瓦尔德(Alexander Osterwalder)的九种因素说是包括因素比较多的一种。其具体内容如下。

(1) 目标顾客。目标顾客就是公司所瞄准的顾客群体,这个顾客群体具有某些共性需求,公司能够针对这些共性需求创造价值。

(2) 价值内涵。价值内涵为公司通过其产品和服务所能向消费者提供的价值。

(3) 传送渠道。公司如何通过沟通渠道、分销渠道(distribution channel)、销售渠道把价值内涵交付给顾客。

(4) 顾客关系。顾客关系主要是为了获取顾客、保持顾客、提高顾客收益。

(5) 收入流。公司成功地把价值内涵提供给顾客并获得收入。

(6) 关键资源。公司建立和运转商业模式所需要的关键资源。

(7) 关键活动。只有通过这些活动,一个公司才能创造并提供价值内涵,得到市场,保持顾客关系,并获得收入。

(8) 关键伙伴。关键伙伴包括供应商和合作伙伴所形成的网络。

(9) 成本结构。成本指运营一个商业模式所需要的所有成本。

其他的还有三种因素说、四种因素说等,这些说法大多是把九种因素的其中几种归纳为一类,使因素的数量减少。例如三因素说包括顾客价值主张、资源和生产过程、盈利模式。其中的"顾客价值主张"指的是在一个既定价格上企业向其顾客或消费者提供服务或产品时所需要完成的任务,体现九种因素说中的目标顾客、价值内涵;资源和生产过程对应九种因素说中传送渠道、顾客关系、关键资源、关键活动等相关生产运营因素;盈利模式对应的是成本结构、收入流、关键伙伴等有关利润产生和分配的因素。

3.2.3　商业模式与战略的关系

商业模式与战略之间具有相似性,二者都是用来解决企业生存和发展问题的。在实际商务活动中,二者往往是不加区分地使用,可以互换通用。尤其是在网络和通信技术所推动的网络经济中,商业模式已经逐渐成为一种取代战略的新范式,以至于网络企业大谈商业模式,较少涉及"战略"一词。二者所包含的内容也有交叉重合的部分,甚至有的对商业模式的阐述就是对战略的另一种解释,如克莱顿·克里斯滕森(Clayton Christensen)认为商业模式包括四个相互关联的要素,它们共同为顾客创造和交付价值。这些要素是:价值主张、盈利模式、关键资源和关键过程。其中的价值主张相当于战略中的战略定位;盈利模式主要是指竞争优势;关键资源和关键过程说的是战略实施的必要条件。

但是商业模式与战略在许多方面还是有所不同。

(1) 战略强调企业与外部环境的匹配,SWOT分析是体现这一思维典型的例子,通过内部优势和劣势与外部的机会和威胁的组合来选择适合企业的战略。商业模式更注重内部系统的整合,如关键资源、关键活动。商业模式缺少分析外部环境的方法,没有像波特竞争战略中的五力分析这样的模型,也很难将环境与内部资源和能力相联系。

(2) 战略是目标导向的,企业战略通过层层分解的目标体系来整合资源,实现既定目标。战略目标既包括财务目标,也包括非财务目标。商业模式并没有战略那样的目标体系,商业模式只涉及财务目标,如成本结构、收入流等,一些重要的非财务目标往往被商业模式忽视,如品牌价值、市场覆盖率等。

(3) 战略是多层次的,尤其是多业务单元(strategic business units,SBU)的公司,公司层面的战略用来确定公司发展方向和业务单元的选择。商业模式虽然适应范围广泛,但是较少涉及公司层面的战略。从层次上来说,商业模式主要集中于实践和操作层次上。在内容上,商业模式与事业部和职能层次战略有相似之处。在同一种商业模式下,企业可以有不同的战略定位和选择,这些定位选择将影响企业是否能成功地应用某种商业模式。

(4) 战略的目的是造就自己独特的地位和差异,从而获取竞争优势和卓越的经营业绩。某个企业的战略来源于其内部独特资源与能力的长期演化,战略所具有的独特性使其难以模仿。商业模式受技术影响较大,体现一定时期企业经营的通用模式。在关于商业模式的理论中,对于选择同一种商业模式的企业彼此之间如何相互竞争的阐述较少,因此商业模式被认为是比较容易模仿的。在商业实践中,一个企业创造一种新的商业模式,然后会有其他企业竞相模仿,当该模式中有企业处于主导地位时,又会有新的商业模式出现,又开始新一轮的模仿和创新。可以说,商业模式不注重同一模式内部的企业如何竞争,更强调新模式的更迭。

另外,商业模式不像战略那样历史悠久,其兴起时间短,还处于不断发展完善的过程中。但是成功的商业模式必然能克服这些弱点,随着新的理论不断涌现,将补充目前的不足。

3.2.4　电子商务模式与层次

1. 电子商务模式

电子商务是指利用计算机技术、网络技术和远程通信技术,实现整个商务活动过程中的电子化、数字化和网络化。它是以信息网络技术为手段、以商品交换为中心的商务活动。在网络环境下,买卖双方可以不谋面地进行各种商贸活动,实现消费者的网上购物、商户之间的网上交易和在线电子支付,以及相关的综合商务服务活动。

电子商务模式是指企业利用信息技术求得长期生存的一种方式,它既包括对合作伙伴和顾客的价值主张,也包括企业的收益模式。电子商务模式是信息技术对传统商务模式的改造,所以电子商务模式包括对数字技术的利用,以及离线状态下的配送技术。

电子商务模式中企业应该如何为顾客和伙伴创造价值呢? 价值是顾客对公司产品带来的收益的感知,尤其是产品的性能、品牌、售前售后服务等。其计算公式如下:

$$价值＝收益－成本$$

信息技术通常能为利益相关者增加收益和降低成本。

1) 网络营销帮助增加价值

(1) 在线规模定制,为不同利益相关者提供不同的产品和信息。

(2) 个性化,贴近个体的独特需求。

(3) 提供全年无休息服务。

(4) 自助式订单及订单跟踪。

(5) 通过社交网络了解顾客。

2) 网络营销帮助降低成本

(1) 低成本信息传递,各种网络手段如电子邮件和即时通信可以大大降低成本。

(2) 低成本的数字产品配送渠道,虚拟产品可以通过网络配送节省物流费用。

(3) 低成本交易过程,交易过程方便、快捷。

(4) 低成本信息获取,如网络调研和顾客反馈等。

(5) 提高供应链效率,如通过沟通优化和库存优化来提高效率。

(6) 降低顾客服务成本,网络常见问题回答,在线互动便于解决问题。

3）网络营销帮助增加收益

（1）在线交易收益，包括产品、信息、广告、订购费，以及佣金、咨询费等。

（2）增加产品价值和服务价值，提高价格。

（3）开拓新市场，扩大顾客群。

（4）建立顾客关系，增加老顾客的消费额。

2. 电子商务层次

企业电子商务实施到什么程度，可以采用哪些网络营销手段，这些问题都取决于企业对所在行业商务模式变化的判断。我们可以用金字塔来展示实施电子商务的各个层次（图 3-2），通常只有少数企业能到达最高层次，成为单一经营的电商企业。电子商务模式越接近金字塔的顶端，参与电子商务活动越频繁，企业商业模式与信息技术结合得越紧密，互联网对企业的影响越深刻。

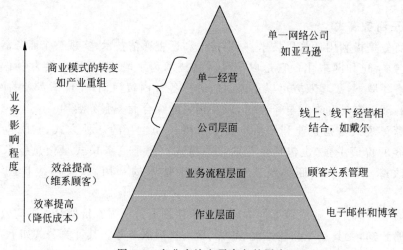

图 3-2　企业实施电子商务的层次

资料来源：弗罗斯特，福克斯，斯特劳斯.网络营销［M］.时启亮，陈育君，黄青青，译.8 版.北京：中国人民大学出版社，2021：37.

我们可以按照企业的职能分工对常用的电子商务模式进行分类。如前所述，各个企业参与电子商务活动的程度不同，电子商务模式也会不同，许多企业往往将两种或多种模式结合运用。

1）作业层面的电子商务经营模式

这种模式是处于金字塔底层的单项经营活动。如果利用信息技术或互联网技术进行自动化操作，就能为企业节省开支。在这一层次，企业利用电子商务带来的效率降低经营成本。

（1）在线购买。企业从网上向供应商订购，自动完成采购活动。通常此类活动不具有营销功能，但是如果零售商（如沃尔玛公司）利用供应链建立自动订单处理系统，这样的操作就具有重要的营销功能。

（2）订单处理。网络零售商自动处理顾客的在线交易。

（3）电子邮件处理。企业向有关人员发送电子邮件，能够节约印刷成本和邮寄成本。

（4）信息发布。企业在网上提供有价值的信息和服务，由此来增加网站的访问量、创造广告销售机会、减少印刷成本。

（5）商业智能。收集有关竞争对手、市场、顾客的一手信息或二手信息。

（6）在线促销。企业可以利用互联网发送数字产品的试用装（如音乐、软件等），或开展抽奖活动等。

（7）在线广告和公共关系。在作业层面上，企业可以从他人的电子邮件和网站上购买广告信息。如果是企业销售广告，那就是内容赞助，属于更高层面的商务流程。在线公共关系包括建设企业自己的网站、通过网络发布信息，以及其他的在线公关活动。

（8）定价策略。企业可以采用动态定价模式，针对不同顾客群定制不同的价格，甚至是一对一的个性化定价。在线拍卖谈判就是由买方而不是由卖方发起的一种动态定价。利用网络技术，企业可以自动操作这样的活动。

2）业务流程层面的电子商务经营模式

（1）顾客关系管理。顾客关系管理旨在保持和改善企业与顾客之间的关系，建立长期、稳定的伙伴关系，增加顾客与企业交易的数量和频度，提高顾客对企业和产品的满意度。企业与顾客的接触可以是在零售商店、公司办事处或者通过信函、电话和网络实现一对一的互动。所有这些接触点交互所获得的信息可以整合在一起并存储到数据库中，形成一幅全方位的图画，勾勒出顾客的特征、消费行为和偏好。

（2）知识管理。知识管理系统是将各种经营报告、顾客的账户信息、产品销售信息以及其他对管理者决策有价值的信息整合在一起，形成一个有机的整体。

（3）供应链管理。对配送渠道的整合、协调，目的是更加有效地向顾客递送商品和服务。

（4）在线社区建设。企业建立网站，把一群有特殊兴趣的顾客聚集在一起。在这种商务模式中，企业邀请顾客参加网上聊天，或者在网上发帖，撰写博客吸引潜在顾客。企业也可以在顾客频繁光顾的网络社区或社交网络上张贴自己编写的内容。通过在线社区建设，企业可以建立一种社会联系网，提升顾客关系和公司形象。

（5）会员联盟。参加会员联盟的企业在自己的网站上加入其他零售网站的链接，通过该链接进入，实现产品销售后，获得一定佣金。

（6）数据库营销。收集、分析和传播有关现有顾客、预期顾客和公司产品的电子信息，目的是提高公司利润。这是大部分参与网络经营的企业实施的重要的营销战略。

（7）企业资源计划（ERP）。ERP 是负责处理订单接收、采购、制单和库存控制的后台操作系统。通过 ERP 系统，企业可以降低成本、优化业务流程。

（8）规模定制。规模定制是针对每一个顾客利用电子技术自动生成、定制的一种营销手段。企业可以收集现有顾客和潜在顾客的信息，成批地、有针对性地为顾客定制产品和沟通信息。

3）公司层面的电子商务经营模式

在金字塔的公司层面，企业在一个统一的系统中对各种业务流程进行自动化操作，这说明电子商务已经在整个企业中担当了重要的角色。如戴尔电脑公司已经实实在在地采用了这种电子商务模式。

(1) 电子商务。电子商务指利用互联网销售产品和服务的在线交易。有的是单笔交易,有的是持续的订购交易。

(2) 直销。直销指厂商取消中间环节(如零售商)直接向消费者销售。戴尔电脑公司采取的就是这种商务模式。

(3) 门户网站。门户网站指进入互联网的入口。门户网站不仅具有搜索功能,还提供许多其他的服务,如网络游戏、电子地图、商场购物、电子邮件等。

(4) 社交网络。社交网络把具有相同兴趣的网络用户聚集在一起,建立友谊、交流从业经验。开发社交网络的人创造收益的方式多种多样,如广告顾客支付的广告费、招聘单位支付的信息费或者第三方支付的费用等。

(5) 在线经纪人。在线经纪人是购买谈判过程的中间人,他不代表卖方或是买方的利益。该模式来源是收取佣金。

(6) 制造商代理。制造商代理代表多家销售商,整个产业链的制造商在网站销售产品。

(7) 买方代理。买方代理即买方代表。在互联网上,买方代理可以代表无数购买者,常常还可以匿名操作,如购物代理和反向拍卖。购物代理是帮助个体消费者在网上找到价格最优惠的产品。反向拍卖是购买者可以在卖方代理商网站上输入商品报价,卖方可以表示接受或不接受该价格。

4) 单一经营企业模式

金字塔顶端是单一形式的网络经营企业。单一经营企业是指从网络起家的企业,尽管有些企业后来也向线下延伸,经营实体的门店,但是它们依然属于单一经营的网络企业。这些企业不像传统企业那样从低端起步逐渐上升,而是直接出现在金字塔的顶端。单一经营的企业面临巨大的挑战,它们不仅需要创立品牌,还要从传统实体企业手中夺取顾客。但是这种企业往往具备比传统企业更能提高顾客价值的特点,如亚马逊和新蛋(Newegg)、eBay。而且这样的企业往往拥有大量关于顾客、供应商、销售商等商务和金融方面的数据,可以方便地进行数据挖掘,扩展收益渠道。单一形式的网络经营企业的数据是一种庞大的资产,该领域的领导者如亚马逊已经转型为数据型公司。

3.3 目标营销战略

市场细分的概念最早是美国营销学家温德尔·史密斯(Wendell Smith)在 1956 年提出的,此后,科特勒进一步发展和完善,最终形成了成熟的 STP 理论:市场细分、目标市场选择(targeting)和市场定位(positioning)。此后,STP 理论成为营销战略的核心内容。

根据 STP 理论,市场是一个综合体,是多层次、多元化的消费需求集合体。任何企业都无法满足所有的需求,企业应该根据不同需求、购买力等因素把市场分为具有相似需求的不同消费群,即若干子市场,这就是市场细分。企业需要根据自身战略和产品情况,从子市场中选取有一定规模和发展前景,并且符合公司的目标和能力的细分市场,将其作为公司的目标市场。随后,将产品定位在目标消费者所偏好的位置上,并通过一系列营销活动向目标消费者传达这一定位信息，让他们注意到品牌，并感知到这就是他们所需要的。这一过程被称为目标营销战略。具体的目标营销战略包括如图 3-3 所示的四个步骤。

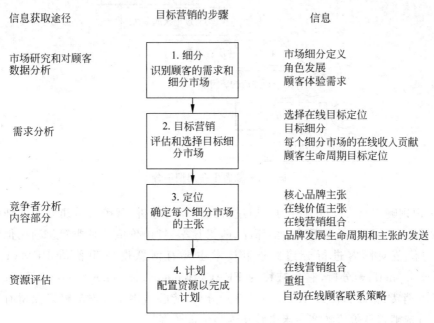

图 3-3　目标营销战略的形成步骤

3.3.1　细分/目标市场选择

细分是一种管理的技术，它是指公司向它们的顾客提供专注服务。营销人员在进行市场细分时，通常要考虑四个要素：人口统计特征、地理位置、心理特征和行为特征。网络营销所使用的细分标准有其独特性。如地理细分中可以包括网页上的语言，人口统计学可以为跨世纪一代、少数族裔市场等，心理细分可以是兴趣社区、对技术的态度，行为细分可以是利益型细分、网络接入方式、在线参与程度等。

1. 电子零售商的在线细分方法

最精细的在线市场细分和目标选择方案经常被电子零售商采用。它们使用的细分和目标确定方法基于五个方面，这五个方面实际上层层相叠。可供选择的方案的数量或者是细分的层次以及方法的精细程度，将取决于可获得的资源、技术能力及下面所列的机会。

（1）识别基于人口统计学特征的顾客。这是基于顾客类型来开展的传统细分。对于 B2C 公司而言，会包括年龄、性别以及所处的地理位置；对于 B2B 公司而言，会包括公司的规模和行业类别，或者是它们所运营的系统。

（2）识别顾客生命周期群组。当顾客使用在线服务时，他们可能经历七个或者更多的阶段。一旦企业以这种方式明确了这个顾客群，并且建立起了顾客关系管理设施来对顾客进行分类，他们就能够发送有针对性的消息，要么通过社交媒体私人在线信息，要么通过由不同规则触发的自动发送的电子邮件（图 3-4）。

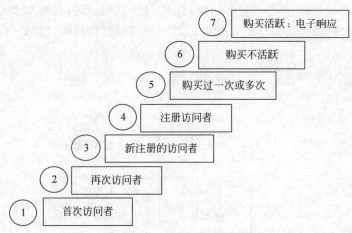

图 3-4 顾客生命周期细分

（3）识别响应和购买价值行为。通过对数据库的分析,营销人员建立起详细的响应和购买的历史记录,包括新近购买的商品、购买频率、货币价值和种类等。利用他们现在和将来的价值对顾客进行分组。分组技术主要有活跃度货币价值 RFM（recency,frequency,monetary)分析,它也被称为 FEAC［frequency、recency、amount、category,频繁度、新近消费、金额和种类(RFM 中没有)］分析,能够被用于开发战略以保留有价值的顾客,并且能够将低价值顾客在未来转化为高价值顾客。

（4）识别多渠道行为(渠道偏好)。不管公司多么热衷于在线渠道,一些顾客会偏好于使用在线渠道,而另一些顾客仍然更喜欢传统的渠道。为不同的顾客拟定渠道链(图 3-5)有助于理解这一问题,同时还有助于识别数据库中有关顾客渠道偏好的信息,为他们选定最佳渠道。对偏好在线渠道的顾客而言,公司可以通过在线沟通,如微信公众号或电子邮件来进行目标描述;对偏好传统渠道的顾客而言,公司可以通过传统的沟通方式,如直邮或者电话来进行目标描述。

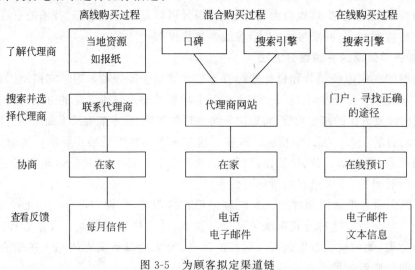

图 3-5 为顾客拟定渠道链

（5）语气和风格偏好。在相似的渠道选择方式中，顾客将会对不同类型的信息作出不同的反应。一些人可能喜欢更加理性的吸引活动，在这种情况下，企业通过社交媒体或者详细的邮件来解释所提供产品和服务的好处最有效。另一些人可能更喜欢感性的吸引活动，这种方式往往是基于图像的、热情的，而且较为随意。有经验的公司会在顾客中进行测试，或者对顾客档案特征和响应行为进行推断，然后据此形成不同的有创意的处理方案。

2. 选择在线目标市场

目标营销是选择在成长性和利润率上最具吸引力的细分市场作为在线目标顾客群。与离线目标顾客群相比，可能是相似的，也可能是不同的，在线目标顾客群包括以下几种。

（1）最有利可图的顾客。向使用网络最多的 20% 的顾客（按照利润排名）提供定制化的产品或服务，可能会带来更多的重复购买和交叉销售。

（2）采购单位的特殊成员（B2B）。网站应该为不同的利益者提供详细的信息来支持购买决定。如为在线采购经理提供在线采购能够节省资金的信息。

（3）通过其他媒体很难获得的顾客。一家把年轻司机作为其目标顾客群的保险公司，以网站作为其媒体将更容易获得顾客。

（4）具有品牌忠诚度的顾客。为了吸引品牌忠诚者而提供服务能够用来支持他们作为品牌宣传者的角色。

（5）不具品牌忠诚度的顾客。在网站上提供鼓励、促销和高质量的服务有助于尽力保留这样的顾客。

在选择最佳目标顾客的问题上，网络技术对两大目标市场特别有效：一个是利基市场（niche marketing），指企业选择一个细分市场并开发一个或多个营销策略组合来满足这个细分市场的需求。利基市场的最大风险是一旦竞争者也进入该市场，市场如果不景气，则企业面临灭顶之灾。另一个是微型市场（micromarket），也称为个性化市场，指企业为一小群人定制全部或部分的营销组合。其风险是成本可能大幅度增加，不足以弥补收益。

借助网络技术，销售漏斗管理成为细分市场的有效工具［图 3-6（b）］。销售漏斗（也称销售管线）是科学反映机会状态以及销售效率的一个重要的销售管理模型。通过对销售升迁周期、机会阶段转化率、机会升迁耗时等指标的分析评估，可以准确评估销售人员和销售团队的销售能力，发现销售过程的障碍和"瓶颈"。销售漏斗通过直观的图形方式，指出公司的顾客资源从潜在顾客阶段，发展到意向顾客阶段、谈判阶段和成交阶段的比例关系，即转换率。

图 3-6（a）显示一个允许营销人员跟踪用户在网站上进行注册和购买全过程的销售漏斗。每一步都创造了一个用户细分市场，营销人员可以根据这些细分市场顾客的具体行为通过有说服力的沟通方式来吸引顾客。

3.3.2　定位/差异化

1. 在线情境下的定位和差异化

艾·里斯（Al Ries）与杰克·特劳特（Jack Trout）认为定位不是对产品要做的事，而

顾客细分市场	访客人数	丢失顾客人数	转化率/%
浏览注册页面	925		
点击进入注册页面	432	493	46.7
完成注册	205	227	47.4
购买产品	5	200	2.4

(a)　　　　　　　　　　(b)

图 3-6　销售漏斗
(a) 销售漏斗表格；(b) 销售漏斗图

是对预期客户要做的事,在预期客户的头脑里给产品定位,确保产品在预期客户头脑里占据一个真正有价值的地位。科特勒认为定位是对公司的产品进行设计,从而使其能在目标顾客心目中占有一个独特的、有价值的位置的行动。市场定位的实质是使本企业和其他企业严格区分开来,并且通过市场定位使顾客明显地感觉和认知到这种差别,从而在顾客心目中留下特殊的印象。差异化是指为使企业产品、服务、企业形象等与竞争对手有明显的区别,为获得竞争优势而采取的行动。差异化的重点是创造被全行业和顾客都视为独特的产品与服务。差异化的方法多种多样,如产品差异化、服务差异化、人员差异化和形象差异化等。

定位和差异化是相辅相成、交互影响的,二者都是为了一个共同的目标,即形成企业或品牌的某种独特的市场竞争优势。从企业角度看,定位是目的,而差异化是实现该目的的手段和方法。当企业的目标顾客群体具有不同的偏好和需求时,不同的定位可以通过选择不同的差异化的组合来实现。如果品牌没有清晰的定位,企业诸多差异化的点将无法组合形成优势。同时,差异化也会制约定位,企业无法获取潜在的资源和能力,也将无法实现预期的定位。从消费者角度看,定位是结果,差异化是原因。只有当顾客感知到了企业的差异化形成的优势,才可能在心智中形成某种定位。反过来,这种为顾客认同的定位,又会强化品牌的差异化优势。

戴斯(Deise)等指出在线情境下公司能够根据四个变量对其与竞争对手的产品进行定位,这四个要素分别是产品质量、服务质量、价格和完成时间。他们通过下面公式说明了这些变量怎样共同影响顾客对价值或品牌的认知:

顾客价值(品牌认知)=(产品质量×服务质量)/(价格×完成时间)

该公式表示产品质量及服务质量的增加和价格与完成时间减少之间的匹配范围。

查斯顿(Chaston)认为在线市场定位中一个企业有四种选择。这些选择和戴斯等的不同要素相关。查斯顿认为这些在线要素应该基于现有的优势,并且能够使用在线设施改进定位,具体如下。

(1) 产品性能优势。通过在线产品的定制来提高服务质量。

(2) 价格表现优势。使用网络工具向忠诚的顾客提供满意的定价,或者降低需求小的产品或服务价格。

(3) 交易优势。一家出售硬件和软件的在线零售商,通过价格信息与可获得的产品、库存数、订单量以及需求时间的动态信息相结合来获得交易优势。

(4) 关系优势。个性化的特征能够使顾客分析其订单历史记录并重复购买。

这些定位选择与波特的低成本战略、差异化战略和集中战略有相似之处。现在人们普遍认为保持竞争优势必须在所有这些方面都要有优势,顾客不可能只按照单一标准来作出判断,而是权衡多种标准。因此,兼备低成本和差异化的整合战略比单独的低成本和差异化有优势。

总结以上定位选择,在线差异化有三个主要变量:价格创新、产品创新及关系建立或服务创新。准确的定位需要这三个要素间的相互结合。如亚马逊不是定位在价格表现上,而是定位在关系建立和产品创新上。易捷航空重视价格表现,但这也是与产品创新相结合的。思科重视产品创新,但同时也重视关系建立和服务质量创新。

2. 在线价值主张

在网络营销情境下,差异化优势和定位能通过在线价值主张(online value proposition,OVP)来进行准确的定义和沟通。

开发一个 OVP 通常包括以下内容。

(1) 开发在线内容和服务,而后通过一些信息来对其进行解释,包括:加强核心品牌主张和信誉;就一个访问者能够通过在线品牌获得什么,在离线状态下不能从品牌获得什么,以及他们不能从竞争对手或者是中间机构那里获得什么,与顾客进行沟通。

(2) 就一些信息,会在接触点与所有可能在线和离线的顾客进行沟通,沟通的内容可以较为宽泛,也可以很具体,沟通的方式可以是在网站上,也可以是印刷品。

在网站上就 OVP 与访问者沟通,有助于建立以顾客为中心的网站。很多战略计划决策都是基于 OVP 以及公司的在线顾客体验的。具有交互特性的 Web 2.0 以上的交易型网站是很重要的,因为它有助于提升用户体验,从而鼓励销售中的转化和重复购买。

总之,OVP 首先要识别顾客的需求,然后在有利可图的前提下,定义一个能够迎合这些需求的独特价值主张。而后,价值主张能够通过恰当的产品、服务以及渠道来进行传递,并且能够持续不断地进行传播。最终的目标就是要建立一个强大的、持久的品牌,来向公司所营销的市场传递价值。

3.4　绩效考核指标

战略是实现目标的手段,制定绩效考核指标工作应与制定战略的工作紧密结合,才能判断经营结果是否成功。绩效考核指标必须能衡量企业的目标和电商战略,考核指标本身应清晰易懂、可操作,且是可以实现的。这样考核指标才能激励员工完成企业目标。

3.4.1　两种绩效考核指标

绩效考核指标有两种：一种是网站解析；另一种是用户参与度。

1. 网站解析

网站解析是对网站用户的行为分析，网络企业收集用户点击网页的各项数据，以此来优化对网络经营的投资。这些数据包括以下几项。

(1) 哪些技术能提高网站的浏览量。

(2) 哪些网页的浏览量最大。

(3) 网站访问者通过什么途径点击进入网站。

(4) 网站访问者在各种网页上逗留时间有多长。

(5) 最关键的指标是销售转化率有多高，网站的注册人数有多少。

网站解析所需要的数据可以通过多种途径获取。第一种途径是网站服务器记录了用户的 IP 地址、用户使用的是什么浏览器、进入网站以前他所在的位置、浏览的具体时间，以及用户的注册信息。第二种途径是网络跟踪文件，网络跟踪文件是用户在访问网站时在硬盘上自动生成的文件。在对网站进行操作时这些文件能起作用。第三种途径是页面标签，其实就是页面上的像元(pixel)，用户看不见，但是在用户浏览一个页面时，页面标签用来激活页面上的一个信息，如何时将商品从购物车中移除等。

2. 用户参与度

Web 2.0 时代用网页浏览指标来测量用户整体行为已经不合适，需要更注重参与度指标。测量用户的参与行为包括以下指标。

(1) 收看视频、收听音乐、玩网络游戏所花费的时间。

(2) 下载一个报告、一首歌曲、彩铃或其他的网络资料。

(3) 在社会化书签站点(https://www.reddit.com/)为某个网站点添加标签。

(4) 在某一个网站上传自制的视频、照片或者其他的多媒体资料。

(5) 在微博、博客网站或者其他网站上张贴评论文章。

(6) 对书籍或者网络零售商打分或者作出其他各种评价。

(7) 使用 RSS(really simple syndication，简易信息聚合)在博客或者其他社交网站(social network site)上注册。

3.4.2　平衡计分卡

长期以来，人们都把财务状况和市场份额作为衡量企业成功的重要指标。许多企业仅仅以利润来衡量企业的成败。20 世纪 90 年代中期到 20 世纪末，许多网络企业不考虑企业的财务状况，只关注企业的业绩增长，这种做法仅局限于短期效益，忽视了企业的可持续发展。

鉴于上述弱点，现在全球 50% 以上的企业都采用了平衡计分卡全方位地考核企业绩效，并取得了很好的效果。

1. 平衡计分卡的四个视角

平衡计分卡的视角包括四个方面：财务、顾客、内部经营流程、学习与成长。

（1）财务层面。财务业绩指标可以显示企业的战略及其实施和执行是否对改善企业盈利作出贡献。财务目标通常与获利能力有关，其衡量指标有营业收入、资本报酬率、经济增加值等，也可能是销售额的迅速提高或创造现金流量。

（2）顾客层面。顾客层面指标通常包括顾客满意度、顾客保持率、顾客获得率、顾客盈利率，以及在目标市场中所占的份额。顾客层面使业务单位的管理者能够阐明顾客和市场战略，从而创造出出色的财务回报。

拓展阅读 3-4　平衡计分卡的发展历程

（3）内部经营流程层面。在这一层面上，管理者要确认组织擅长的关键的内部流程，这些流程帮助业务单位提供价值主张，以吸引和留住目标细分市场的顾客，并满足股东对卓越财务回报的期望。

（4）学习与成长层面。平衡计分卡的前三个层面一般会揭示企业的实际能力与实现突破性业绩所必需的能力之间的差距，为了弥补这个差距，企业必须投资于员工技术的再造、组织程序和日常工作的理顺，这些都是平衡计分卡学习与成长层面追求的目标。如员工满意度、员工保持率、员工培训和技能等，以及这些指标的驱动因素。

2. 平衡计分卡的特点

概括来说，平衡计分卡具有以下特点。

（1）财务指标和非财务指标的平衡。企业考核的一般是财务指标，而对非财务指标（顾客、内部流程、学习与成长）的考核很少，即使有对非财务指标的考核，也只是定性的说明，缺乏量化的考核以及系统性和全面性。

（2）企业的长期目标和短期目标的平衡。平衡计分卡是一个战略执行的管理系统，如果从系统的观点来看平衡计分卡的实施过程，则战略是输入、财务是输出。

（3）结果性指标与动因性指标之间的平衡。平衡计分卡以有效完成战略为动因，以可衡量的指标为目标管理的结果，寻求结果性指标与动因性指标之间的平衡。

（4）企业组织内部群体与外部群体的平衡。平衡计分卡中，股东与顾客为外部群体，员工和内部业务流程是内部群体，平衡计分卡可以发挥在有效执行战略的过程中平衡这些群体间利益的重要性。

（5）领先指标与滞后指标之间的平衡。财务、顾客、内部流程、学习与成长这四个方面包含了领先指标和滞后指标。财务指标就是一个滞后指标，它只能反映公司上一年度发生的情况，不能告诉企业如何改善业绩和可持续发展。而对于后三项领先指标的关注，使企业达到了领先指标和滞后指标之间的平衡。

3.4.3　某公司电子商务经营的平衡计分卡

下面是某公司为其网站业务设立的考核指标。

1. 财务视角

财务视角包括投资回报率、市场资金流动的速度、营业收入、经济增加值。

2. 顾客视角

（1）顾客忠诚度。顾客一年内的回访率，访问频率，浏览网站的持续时间，转换率，提供个人信息的顾客比例，所有浏览网站的用户中留下电子邮箱地址的比例。

（2）交易。每月固定的访客数量，中止的在线销售次数，正确下单订购的比例，回复顾客询问的时间，按时完成订单的比例。

（3）目标市场份额。网站在所在细分市场中所占份额百分比。

（4）顾客获得率和顾客保持率。浏览和注册成为会员的人数以及一段时期内的活跃的会员比例等方面的统计。

3. 内部管理流程视角

（1）网站。上传一张网页的时间，网站的更新速度和可测量性。

（2）供应链的效率。存货水平，存货周转率，订单确认时间，按订单制作产品的比例。

（3）辅助渠道。在线销售收入在总销售收入中的比例。

（4）线上渠道和线下渠道冲突的管理方案。

4. 学习与成长视角

从构思到启动的平均时间，赶上竞争对手网站水平所需的时间，竞争对手赶上本网站水平所需的时间，网站调整后重新启动所需的时间，对员工的技术培训次数或时间、员工的满意度，以及离职比率等。

本 章 小 结

本章主要介绍了与网络营销战略相关的内容。网络营销战略是指企业为实现其经营目标，在一定时期内，利用数字信息技术进行营销活动的总体设想和规划。网络营销计划是网络营销战略形成和实施的一个蓝图，为计划的实施列出的工作细则。商业模式最早出现在创业学的文献中，现在的商业模式包括运营模式论、盈利模式论和价值创造论。电子商务模式是指企业利用信息技术求得长期生存的一种方式，它既包括对合作伙伴和顾客的价值主张，也包括企业的收益模式。电子商务模式层次包括作业层面、业务流程层面、公司层面和单一经营企业模式。目标营销战略涉及的最重要的决策是细分/目标市场选择、定位/差异化。绩效考核指标能够有效衡量战略实施的结果，现在企业普遍采用平衡计分卡来考核网络营销战略。

思 考 题

1. 网络时代企业战略面临怎样的困境？

2. 网络营销计划包括哪些内容？

3. 关于商业模式有哪些不同观点？

4. 商业模式与战略有哪些不同点？

5. 电子零售商的在线细分方法有哪些？

6. 在线价值主张包括哪些内容？

7. 平衡计分卡包括哪些内容？有哪些优点？

实　践　题

1. 在网上收集关于拼多多、唯品会这两家公司的相关资料,分析一下二者的商业模式有什么不同。

2. 跟踪 Meta 公司的旗舰产品 Quest 的技术发展,分析 Meta 公司的目标营销战略。

3. 选择一家生产自动驾驶汽车(Autonomous Vehicles)的企业,并分析其商业模式。

4. 为小米的智能手环做一个国内市场的网络营销计划。

即 测 即 练

第 4 章

网络市场与消费者行为

本章学习目标

1. 了解网络市场的现状和互联网交换环境。
2. 掌握网络市场和网络消费者的特点。
3. 熟练掌握网络消费者的购买过程及影响因素。
4. 掌握网络交易结果。

小红书的决策时刻

小红书社区覆盖了时尚、美妆、个护、美食、旅行、家居、健身、母婴、教育等诸多生活方式领域,成为年轻女性信任的消费决策入口。完美日记借助小红书 KOL 种草超越国际大牌,元气森林以 KOC(关键意见消费者)战术红遍全网,它们都是在小红书找到影响决策时刻的价值洼地,成功"出圈"。

"6·18"营销中,品牌要抓住用户消费链路上的关键一环,必须建立与小红书社区生态环境高度匹配的营销方案,即 AISAS 营销理论的完整实践,完成从 attention(注意)到 interest(兴趣)、search(搜索)、action(购买)、share(分享),实现品牌在小红书的种草—决策—拔草。根据小红书推出的"双 11"的"种草—拔草"投放节奏纵览回顾,结合千瓜数据分析,我们将"6.18"小红书品牌投放节奏分为以下四个时间节点:蓄水期、冲刺期、拔草期和返场期。

1. 蓄水期:UGC 测试+品牌建设

为迎接"6.18"的销售季,4 月开始,大部分品牌进入蓄水期,蓄水期主要目标是通过小红书社区笔记和企业号内容测试内容质量,用薯条工具将笔记推荐给兴趣人群,提升互动量与曝光率,帮助企业更好地进行内容运营和品牌建设。

从千瓜数据统计的 2021 年 1 月至 4 月小红书商业笔记投放篇数可见,对比 1、2 月份,3、4 月份小红书护肤、彩妆等行业大盘有了明显的增长。三八妇女节和年后复工消费是 3 月份品牌商业笔记倍速增长的主要原因,4 月则是为五一、母亲节、"5.20"和"6.18"活动蓄水。蓄水期间,品牌需要确定"6.18"主推商品、价格、主打人群和产品卖点,同时挑选合适的博主确认档期和内容推广方向,根据确认的推广方向,KOC 和 KOL 逐步产出内容,企业号转载做内容沉淀。

国产护肤品牌 PMPM 是蓄水期小红书品牌投放的一匹黑马,千瓜数据显示,4 月小红书护肤品牌商业投放榜互动量最高中,PMPM 排行第三,商业笔记互动总量 19.46 万,超兰蔻、海蓝之谜等一众大牌。查看 195 篇相关商业笔记内容,"去黄补水、抗初老、熬夜党、平价"为 PMPM 产品的主推卖点;查看品牌 135 位相关合作达人,除一位头部达人外,其余均是腰部、初级达人,品牌商业笔记分析显示,初级达人"小羊羔崽子"发布的合作笔记排行第一,互动总量高达 13.29 万,为 PMPM 提供了超高的投放互动转化。除了运用腰部、初级达人的种草力和高颜值图文和抓住年轻群体眼球外,PMPM 还是小红书效果广告的优质合作案例,运用小红书薯条工具和信息流广告、搜索广告完成了 3 000 多万单篇笔记站内曝光,以及 4 倍小红书站内品牌声量提升。

2. 冲刺期:内容矩阵、迅速传播

广泛触达、建立基础流量池后,5 月进入品牌种草冲刺期,更多是基于"蓄水期"的下一层"意向用户"的触达。

前期以种草为核心,配合蓄水期的测试结果,挑选出优质内容并提高笔记和目标用户的匹配程度,迅速布局投放矩阵在平台传播,同时借助小红书薯条工具和信息流、搜索广告发力,带动全网种草、收藏、加购。后期则要提高搜索卡位,确定产品核心关键词,在核心词的基础上,增加场景、竞品、营销节点以及潜在需求等词汇,确保核心关键词优质广告位的同时,激发更多潜在的用户搜索场景。同时根据购物平台的时间开启预售,在笔记中带上商城链接,冲刺销量。冲刺期间,运营需要对点击到达率(CTR)数据保持关注,实时优化,千瓜数据投放结案管理功能可帮助品牌系统管理投放记录并生成结案报告,方便品牌分析投放效果、控制成本。

3. 拔草期:精准触达十关键词卡位

6 月 1 日至 18 日为品牌拔草的关键时期,是资源集中爆发、购物转化最强烈的阶段,高流量和高曝光更能刺激用户提高销售转化额。但该阶段的流量价格比往日要高,因此品牌在投放过程中更需要高精准地投放,笔记内容重点布局关键词,运用产品或者竞品关键词定向,以及一些产品行动特征的兴趣定向。在广告形式层面,借助信息流广告定向投放、精准触达,搜索广告则可帮助品牌锁定高消费意愿用户,建立企业品牌护城河、拦截竞品流量。

4. 返场期:留存转化

6 月 18 日后,为活动返场期。由于拔草期间的搜索广告流量竞争激烈、价格高,中小商家受预算所限,无法大幅提高出价,难以获得强曝光,"6.18"后,便是"留存转化,全民检漏"的最佳时机。品牌可针对高转化用户重新定向投放,利用返场活动激活和唤醒沉睡用户,促成最终转化。

总之,掌握"6.18"投放节奏,针对不同阶段做不同投放计划,运用数据工具分析优化投放内容,配合小红书营销工具加大品牌曝光、实现精准人群触达。

资料来源:小红书 6.18 种草拔草投放攻略 品牌制胜决策时刻[EB/OL].(2021-05-12).https://www.ebrun.com/20210512/433510.shtml? eb=search_chan_pcol_content.

中国已经成为世界上拥有最多网民的国家,网民规模已经相当于欧洲人口总量,网络市场潜力巨大。

4.1　网络市场

近几年,我国网络市场发展的宏观环境不断改善。国家相关部门在促进中国的信息消费、消费者权益保护、跨境网络零售、网络零售市场监管等方面出台了多项政策法令,如《网络交易监督管理办法》《财政部 税务总局关于跨境电子商务零售出口税收政策的通知》和《国务院关于积极推进"互联网＋"行动的指导意见》等,从政策法规的层面促进整个网络零售行业的规范发展和快速增长。党的二十大报告提出加快建设"网络强国、数字中国",将为网络市场的快速发展提供技术环境方面的保证。此外,中国经济告别了高速增长,迎来了"中高速增长"的新常态,进入深层次调整期,消费在国民经济增长中的地位越来越重要,网络市场的发展成为新的增长点。技术上,移动支付技术正在迅猛发展,智能手机可能很快取代传统钱包。实名制的贯彻加速网络诚信机制形成,网民对互联网感知越来越好,互联网的应用水平不断提高。以上这些因素都有利于网络市场的健康发展。

4.1.1　网络市场的现状

1. 网络市场规模

根据国家统计局的数据,2023 年全国网上零售额达 15.4 亿元,连续 11 年稳居全球第一。网络零售的增长速度明显高于社会消费品零售总额的增速,即便在疫情期间,也是增长动力强劲。主流网购用户是 20～39 岁网购人群,网购群体主流年龄跨度增大,向全民扩散。从地区分布来看,华东地区网购行为活跃,网购用户规模在全国区域占比 30％以上;其次是中南地区(海南、河南、湖北、湖南、广西、广东)。我国智能手机普及率高,手机购物的比例不断提高,推动网络购物移动化发展趋势。

EMARKETER 报告称,2022 年全球电商零售销售额达到 5.7 万亿美元,占零售总额的 19.7％,比 2021 年增长 9.7％。受疫情影响,该增长率与 2020 年以前 20％左右的增长率相比下降很多。2022 年,美国电商市场实现强劲增长,销售额首次突破 1 万亿美元,比 2021 年增长 11％,全年电商销售占零售总额的 14.6％。2025 年,全球电子零售销售额将突破 7 万亿美元,亚太地区仍然是全球最大的电商零售市场,东南亚作为电商增速最快的地区,零售电商增长速度,远超全球电商的平均增速。

2. 网络零售品类分布

自从电商兴起以来,用户网购商品涵盖的品类越来越广泛,从服装鞋帽、日用百货、药品到酒类和汽车等,各品类购买用户分布比例和交易额都显著提升。2012 年,交易额排名前五的网购品类是服装鞋帽、日用百货、电脑通信产品及配件、书籍音像、家用电器。经过 10 多年的发展,2023 年排名前五的网购品类是:服装鞋帽、针纺织品,日用品,家用电器和音像器材,通信器材,粮油、食品(图 4-1)。

将两个年份的排名对比会发现,服装鞋帽、针纺织品始终是最热门的网购品类,由于需求量大、毛利高,重复购买率高,服装品类一直是网络零售主要利润来源,吸引众多电商积极投入拓展服装品类市场。目前,服装网络零售市场正在向品质化转型,天猫、京东、当当、唯品会主打中高端时尚服饰,与国内外一线品牌、奢侈品服饰厂商的合作日益紧密。

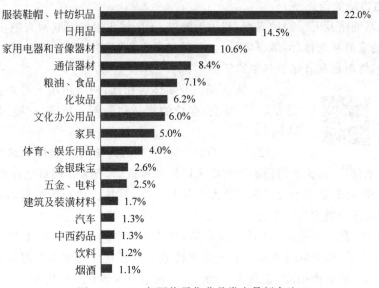

图 4-1　2023 年网络零售分品类交易额占比

资料来源：商务大数据。

日用百货品类始终需求稳定，并且规模较大，稳居排名第二。家用电器排名提升，得益于网络零售平台不断加强自身供应链管理能力、丰富产品种类、提升技术能力、优化用户体验等持续改进措施，以及消费者网络购物观念的转变。通信器材与互联网有着天然的联系，网民较早地养成了网购通信器材的习惯，虽然排名下降，但还在前五。粮油、食品是受疫情影响，人们养成了网购的习惯，平时需求量大，因此排名进入前五。从网购品类排名变化可以看出，电商购物的品类日趋符合网民的日常生活消费品类分布。

3. 网站品牌

经历了京东、阿里巴巴、拼多多等电商企业上市，通过资本市场将我国网络零售行业的影响力拓宽至全球，中国网络零售市场格局趋向稳定。综合电商平台淘宝网、天猫、京东的品牌渗透率位居前三位，遥遥领先于同类竞争对手。根据阿里巴巴、京东和拼多多的 2024 年第一季度财报，阿里巴巴总收入 2 218.74 亿元，同比增长 7%；京东一季度收入达到 2 600 亿元，同比增长 7.0%；拼多多总营收 868.121 亿元，同比增长 131%。拼多多一季度营收增速远超阿里和京东。

从竞争发展态势看，阿里巴巴意图通过资产重组和产业链整合构筑电商服务生态；京东战略布局 O2O 和金融领域，尝试"空中购"等新业务架构；拼多多的社交电商的异军突起；唯品会寻求新的利润增长点，开启跨境电商和互联网金融业务；抖音和快手等通过内容沉淀，涉足直播电商，形式新颖，得到网民的快速响应。这些都意味着步入成熟阶段的电商今后竞争仍然会十分激烈。

4.1.2　网络市场的特征及存在的问题

网络市场是以现代信息技术为支撑、以互联网为媒介形成的交易组织形式。

1. 网络市场的特征

随着互联网络及万维网的盛行,利用无国界、无区域界限的互联网来销售商品或提供服务,成为商家的新选择,网络市场成为21世纪最有发展潜力的新兴市场。从市场运作的机制看,网络市场具有如下基本特征。

拓展阅读4-1 网络市场发展史

(1) 无店铺。与实体店相比,网络市场上是虚拟商店,它不需要店面、装潢、摆放的货品和服务人员等,它使用的媒体为互联网。

(2) 无存货。互联网上的商店可以在接到顾客订单后,再向制造的厂家订货,而无须将商品陈列出来以供顾客选择,只需在网页上打出货物菜单以供选择。这样一来,店家不会因为存货而增加其成本,其售价比一般的商店要低,这有利于增强网络商家的魅力与竞争力。

(3) 成本低廉。网络市场上的虚拟商店,其成本主要涉及自设 Web 站成本、软硬件费用、网络使用费,以及维持费用。它通常比普通商店经常性的成本低得多,这是因为普通商店需要昂贵的店面租金、装潢费用、水电费、税金及人事管理费用等。

(4) 无时间和空间限制。虚拟商店不需要雇用经营服务人员,也可摆脱因员工疲倦或缺乏训练而引起顾客反感所带来的麻烦。而一天24小时、一年365天地持续营业,这对于平时工作繁忙、无暇购物的人来说有很大的吸引力。虚拟网络创造了一个即时全球社区,它消除了同其他国家顾客做生意的时间和地域障碍,可开展全球性营销活动。

(5) 精简交易环节。如今,顾客想更多地了解商品和售后服务,对产品本身也有更多的发言权。营销人员能够借助网络通信所固有的互动功能,鼓励顾客参与产品更新换代,让他们选择颜色、装运方式、自行下订单,交易环节由顾客自助完成大大提升了购物的效率和效果。

2. 网络市场存在的问题

由于网络市场是一种新兴的商业形式,所以还存在一些问题。

(1) 信誉度。在当前网络市场中,无论是买家还是卖家,信誉都是交易过程中的最大问题。销售假冒伪劣产品或者商家描述与产品不符等欺骗的事在网上还是时常发生,影响交易顺利进行和交易种类的进一步拓展。

(2) 网上支付难。网上支付环境在一定程度上还制约网络市场的发展,主要是开通网上支付手续繁杂,部分网民缺少相关知识和技能培训。

(3) 网络安全。在网络营销过程中,用户的个人信息、交易过程中的银行账户密码、转账过程中的资金转移都牵涉到安全问题,安全问题始终是网上购物的一层阴影。

(4) 配送。物流配送无法与互联网信息同步,往往完成购物过程需要1~2天或更长时间,不像传统购物那样可以立即付款取货。

(5) 商品展示信息不够直观。只能通过文字、图片和视频等进行一般性描述,无法直接触碰,妨碍了某些特定商品的网上销售。

4.2　网络消费者

4.2.1　网络消费者的类型

网络消费者是指通过互联网在网络市场中进行消费和购物等活动的消费人群。

对于在线购买行为的有益分类,将有助于测试网站设计是否能够迎合不同的顾客行为,可以区分为三种类型的网络消费者。

拓展阅读 4-2　网络消费者的其他分类

(1) 追踪者。他们明确自己想要购买的商品,通过在线商品网站寻找到商品并确定价格、是否有现货、运输时间、运费以及售后服务。可以说他们是在为特定的商品寻找特定的信息。如果他们找到所需要的商品,在完成购买前,他们不需要更多的劝说或购买理由阐述。但是当他们与其他网站进行比较时,这种类型的顾客往往很容易改变主意。

(2) 搜寻者。他们不是很明确自己需要的具体产品类型,但是他们知道自己想要买哪一类产品,并有可能寻找一种或几种产品特性。搜寻者通过在线购买网站寻找一系列合适的商品,作出比较后决定最终的购买。搜寻者需要更多的帮助、支持和引导,以便作出购买决定。当发现潜在购买时,他们需要对购买行为作出自己的判断,也会求助于他人帮助其作出判断,而后才会作出决定,实现购买。

(3) 探索者。他们甚至还没有想好要购买哪类产品,但可能有一个明确的购买目标,或有一种不果断的购买目标。探索者在承诺购买前会存在一系列可能的需求和很多不确定性需要挖掘。特定类型的信息(特别是相关的信息)、赠品、引导购买的产品使用指南、畅销产品名册、促销信息等,都是很有用的,将推动这类购买者作出购买决定。

需要指出的是,这三种行为并不等同于不同的人,因为针对产品的类型或者场合,个体的行为会有所不同,一个人完全可能被同时划分到三种不同的类型中。

4.2.2　网络消费者的特征

1. 美国网络消费者的特征

根据互联网世界统计的数据,截至 2022 年,美国互联网用户约 3.13 亿,互联网普及率 94.6%。美国在整体互联网发展水平、网民占比等方面都占有绝对优势。另外根据可视化数据平台的统计,截至 2022 年,在全球流量前 10 名的网站中,美国占了 8 个,谷歌、YouTube、Facebook 名列前三位。在全球流量前 50 名的网站中,美国拥有 30 个。

很高的互联网普及率使美国网民与整体人口特征相似。目前,美国千禧一代(年龄在 15~35 岁)是劳动力中人数最多的一代。千禧一代的核心价值与上一代相比更具全球观、乐观和宽容;科技进一步融入千禧一代的生活,成为其生活中不可或缺的一部分;他们消费观念上摆脱了谨慎、保守,挣了就花成为主流;他们学历、收入水平较高(表 4-1)。

表 4-1　美国不同年代消费者的偏好

消费者	沉默一代	婴儿潮一代	X 一代	千禧一代
出生年代	1928—1945 年	1946—1964 年	1965—1980 年	1981—1996 年
大多数人达到18～33 岁	1963 年	1980 年	1993 年	2014 年
核心价值	纪律、奉献、家庭观和爱国主义	一切皆有可能、机会均等、质疑权威、个人满足	独立、务实、创业、自力更生	全球观、乐观、宽容
科技	已同化,为了保持联系	利用科技进行工作、通过社交网络保持联系	科技与日常生活无缝结合	科技成为生活中不可或缺的一部分
消费观	节省、再节省	先买,后付	谨慎、保守	挣了就花
结婚人口比例/%	64	49	38	28
学士学位人口比例	12%男/7%女	17%男/14%女	18%男/20%女	21%男/27%女
就业比例	78%男/38%女	78%男/60%女	78%男/69%女	68%男/63%女
平均收入/美元	—	61 115	64 467	62 066
人口数量/百万	35	61	60	68

资料来源:重磅:互联网女皇 2016 年度报告中的 18 个重要趋势[EB/OL]. (2016-06-05). https://www.sohu.com/a/80955801_355001.

2. 中国网络消费者的特征

1) 青年人是主力,正向中老年群体渗透

在中国,中青年的消费者,特别是青年消费者在使用网络的人员中占有绝对的比重(图 4-2)。当前 10～39 岁以下的网民占到 51.4%。从职业来看,其中学生占 1/4 左右,个体户和自由职业者、企业/公司管理人员和一般职员三类人群的占比较多。50 岁及以上网民群体占比 32.5%,这说明互联网正进一步向中老年群体渗透。

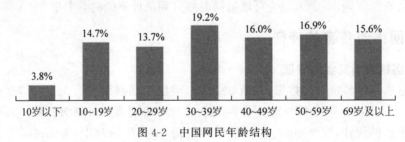

图 4-2　中国网民年龄结构

资料来源:CNNIC 中国互联网络发展状况统计调查 2023 年 12 月。

2) 文化水平较高,网购介入程度深

根据中国互联网络信息中心的数据,近几年,中国网民继续向低学历人群扩散,但是高中以上学历的比例占比在 50%左右,与整体社会的文化程度相比要高很多。这是因为网络技术要求上网者具有快速阅读的能力,并熟悉网络操作,文化水平比较高的教师、学生、科技人员和政府工作者上网的比例自然要高些。

随着互联网普及率的提高,网民收入水平与整体社会的收入水平越来越相近。来自CNNIC 的研究将网购用户分为一般网购用户和深度网购用户两个群体,一般网购用户占80％以上,深度网购用户占比 10％左右。从网购频次上看,深度网购用户的购物频次和消费金额都远远高于一般网购用户。从收入特征来看,深度网购用户主要集中于月均可支配收入中等偏上的网购用户中,一般网购用户主要集中于月均可支配收入中等水平以下的网购用户中。

3) 女性主导市场,男性成为潜力购物人群

根据中国互联网络信息中心的数据,截至 2023 年 12 月,我国网民男女比例为51.2∶48.8,与整体人口中男女比例基本一致。但是,中国女性网上购物者的人数超过男性人数,开始主导网上购物市场。但是最新的调查表明,随着网络购物的普及和深入,男性用户逐渐成为网购大军中亟待挖掘的潜力购物人群。从交易金额来看,男性用户人均年度购物金额比女性用户要高。一方面,这与男女用户热衷购买的品类不同密切相关。男性用户倾向于购买电脑、通信数码产品及配件等单价较高的产品,以及充值卡、游戏点卡等消费频次较高的产品;女性用户倾向于购买化妆品及美容产品这类单品价值中等,以及食品、保健品等单品价格偏低的商品。另一方面,对于高价值消费品,为了获得女性用户的欢心,男性用户通常会主动买单。

4.2.3　网络消费者的需求特点

由于电子商务的出现,网民的消费观念、消费方式和消费者的地位正在发生重要的变化,消费者心理与行为呈现出与以往不同的特点和趋势。

1. 消费需求的个性化和差异化

工业革命以来,规模化和标准化的生产方式使消费者的个性需求被淹没于大量低成本、单一化的产品洪流之中。在电子商务兴起后,消费者个性化需求被释放,甚至每一个消费者都是一个细分市场,个性化消费正在成为消费的主流。从更广泛的意义上说,个性化消费仅仅是消费需求差异性的一种表现,不同的网络消费者因环境不同而产生不同的需求。网络营销厂商必须在整个生产过程中,从产品的构思、设计、制造,到产品的包装、运输、销售,认真思考这种差异性,并针对不同消费者的特点,采取有针对性的方法和措施。

2. 消费主动性增强

消费主动性的发挥受到市场交易环境和交易地位的影响。在卖方占主导的市场中,消费者很难产生积极性,即便产生积极性,也需要某种媒介、工具来表达。在网络世界里,消费者掌握了大量像自媒体那样的工具,可以表达自己的诉求。互联网信息的共享模式使商家的信息公开化和透明化,消费者借助搜索引擎、社交媒体等工具很容易进行商品比较,这让消费者处于讨价还价的优势地位。无论是网络市场环境,还是网络技术,都给消费者主动性的发挥提供了充足的条件,这也是网络交易爆发式增长的内在原因。

3. 购买的方便性与购物乐趣并存

在网上购物,足不出户,就能完成搜索信息、比较筛选、下单购买、送货上门等一系列购物活动,网上购物的方便性极大地节省了消费者的时间、体力和精力。当然网络购物还可以避免商业区停车的困难、商场付款排队的尴尬,无论是刮风下雨,一杯咖啡,轻点鼠

标,轻松浏览各大购物平台和各种商品,这也是许多网络消费者的乐趣所在。

4. 网络消费的层次性

从消费内容来说,网络消费可以分为由低级到高级的不同层次。在网络消费的初期,消费者侧重于容易辨别真假的实物产品的消费,如图书成为各国网络市场交易中最早出现的商品;到了网络消费的成熟阶段,消费者在完全掌握网络消费的规律和操作,并且对网络购物有了一定的信任感后,才会转向复杂商品、虚拟产品或服务的购买。从日用消费品、旅游服务到金融理财,消费层次逐渐提高。

5. 网络消费需求的超前性

与线下购物相比,网上购物的消费者以经济收入较高的中青年为主,这部分消费者对时尚、超前和新奇的商品感兴趣,容易被新的消费动向和商品介绍所吸引,也容易接受新思想和新观念。网络商家往往可以通过吸引这部分消费者的注意,使他们成为领先消费者,引导整个社会消费需求的潮流。

4.3　互联网的交换过程

交换作为一个基本的营销概念,指从别人那里得到自己需要的东西,同时提供一定的商品或服务作为回报的行为。在线交换过程体现为具有某些特征和拥有某种资源的消费者,在技术、社会、文化和法律环境以及营销刺激的影响下,完成在线交换,产生某种结果的过程。

4.3.1　网络交换环境

1. 技术环境

1) 宽带接入方式

目前大家可考虑的宽带接入方式主要包括三种——电信 ADSL(非对称数字用户线路)、FTTx＋LAN(小区宽带)和 CABLE MODEM(有线通)。这三种宽带接入方式在安装条件、所需设备、数据传输速率和相关费用等方面都有很大不同,直接决定了不同的宽带接入方式适合不同的用户选择。主流应用的无线网络接入技术分为通过公众移动通信网实现的无线网络[如 5G、4G 或 GPRS(通用分组无线业务)]和无线局域网(Wi-Fi)两种方式。5G 是具有高速率、低时延和大连接特点的新一代宽带移动通信技术,5G 通信设施是实现人、机、物互联的网络基础设施。无线网络在一定程度上扔掉了有线网络必须依赖的网线。这样一来,你可以坐在家里的任何一个角落,抱着你的笔记本电脑,享受网络的乐趣,而不用像从前那样必须迁就于网络接口的布线位置。

2) 网络带宽

网络带宽是指在一个固定的时间内(1 秒),能通过的最大位数据。网络带宽作为衡量网络使用情况的一个重要指标,日益受到人们的普遍关注。它不仅是政府或单位制定网络通信发展策略的重要依据,也是互联网用户和单位选择互联网接入服务商的主要因素之一。

对于网络企业来说,用户网速的两极分化是一个极大的挑战。丰富的多媒体内容若是用宽带连接,表现出来就流畅自然,但是如果用低速调制解调器来连接,等待的时间就变得难以忍受。当用户使用较慢的连接速度上网时,愿意等待多久呢?调查显示,最长的等待时间是 10 秒。因此,面对不同的带宽受众,厂商可以有以下三种应对方案。

(1) 为网速最慢的用户设计。最安全的策略就是为低速连接用户设计内容,这样就不会流失任何一个用户。一些网络巨头(如 Amazon.com)使用的就是这种技术,它们的网页图片少,大多是易于下载的文字。

(2) 为网速最快的用户设计。不去考虑连接网速慢的用户,而是为高速宽带用户设计高质量的网页,通常这种类型的顾客也更能为企业带来丰厚的利润,如一些流媒体音乐服务就只提供给高速连接用户。

(3) 为网站制作高速传输和低速传输两个版本。根据用户的连接速度定制内容,这可通过自动探测装置或直接询问用户的连接速度来实现。提供视频剪辑的新闻网站和提供音乐下载的网站就常常使用这种方式。

2. 网民的媒体习惯和上网设备

美国消费电子协会(Consumer Electronics Association)的调查显示,目前美国的一个普通家庭拥有 26 种不同的数字媒体和沟通设备。电视仍然是一种不可或缺的媒体形式,但是消费者每天在网络上也会平均花费 1.5 小时(图 4-3)。

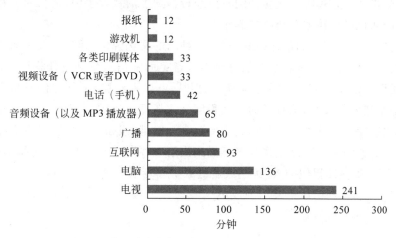

图 4-3　美国消费者每天使用各种媒体及设备的时间
资料来源:美国消费电子协会。

截至 2023 年 12 月,我国网民使用手机上网的比例达 99.9%;使用台式电脑、笔记本电脑、电视和平板电脑上网的比例分别为 33.9%、30.3%、22.5% 和 26.6%(图 4-4)。中国网民智能手机的普及已经非常高了,增长缓慢。通过台式电脑和笔记本电脑接入互联网的比例明显下降,上网工具由电脑端向手机端迁移已经完成。从中国网民网络接入场所来看,家里还是上网的主要场所,其次是单位和学校、网吧和公共场所等。

3. 社会和文化环境

互联网改变了消费者生存的社会和文化环境。人们的社会关系已经不仅仅局限于现实空间中,网络虚拟空间同样形成了许多形式的社群。这些虚拟社群内部的交流和互动,

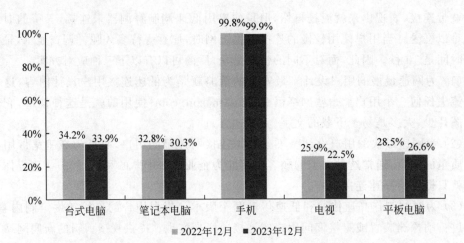

图 4-4   互联网接入设备使用情况
资料来源：CNNIC 中国互联网络发展状况统计调查 2023 年 12 月。

改变了以往厂商所具有的产品和服务的信息优势,仅仅凭借几十秒钟的电视广告或是网上展示来赢得消费者越来越难。消费者可以按照自己的意愿来收集信息,自由选择交易的时间、地点和付款方式等。交易控制权已经转移到了消费者手中,精明的消费者能清醒地意识到自己的地位,并主动获取控制权。

互联网也改变了社会的信任模式,出现一种新的文化现象,即陌生人之间的信任在网上十分普遍。传统时代消费者获取信息时不可避免面临信息量和信任程度之间的冲突。消费者信任程度最高的信息来源为自身体验和朋友亲人经验,但往往信息量太小;而信息量大的企业和公共来源,消费者的信任程度又比较低。美国一家叫 Edelman 的公关公司做过一次"信任度测试表"的调研,其中的一个问题是"假如你可以从以下资源中获取信息,你对每种信息的信任程度是多少?"下面列出了一些调查参与者认为值得信任的人:

跟你最相似的人、医生或者健康护理专家	52％
非营利组织以及组织成员	47％
学术界专家	44％
金融行业的分析师	43％
公司的普通员工	35％
你自己公司的首席执行官、领导和上级	32％
公司的高管	26％
公关人员	14％

这里"跟你最相似的人"是指与你有共同利益和兴趣的人,如其他的病人、游客或者运动迷等。消费者通过互联网上的社群信息来源,尤其是购物网站上的在线评论,可以很容易地找到大量"跟你最相似的人",并且可以与其交流。这有助于很好地解决前面所说的信息来源的信任和信息量的冲突。甚至人们可以利用现有的网络技术规避那些自己认为不值得信任的信息来源,如企业大量的垃圾邮件。

互联网同时也改变了人们的生活方式。现在借助移动互联网,人们可以把这些碎片时间整合起来,做一件连续的事情,如购物、学习、娱乐、游戏等。年轻的一代更是手机不离身,通过移动网络了解世界、与他人沟通、购物等,对网络的渴望俨然成为生活中的头等大事。

网络世界也带来大量的法律问题,如侵犯知识产权等。尤其令人担心的是隐私和数据安全以及网络犯罪。消费者希望当自己以信任的方式提供自己私人信息时,厂商同样能对他们的个人信息保密。他们希望儿童可以免受令人厌烦网站的毒害,希望厂商在发送推销邮件时能征得他们的许可。消费者更加担心自己的账户密码和私人签名等被网络犯罪嫌疑人盗取,成为他们犯罪的工具。

4.3.2　购买过程及影响因素

1. 网络消费者的购买过程

网络消费者的购买过程,也就是网络消费者购买行为形成和实现的过程。这一过程不是简单地表现为买或不买,而是一个较为复杂的过程。与传统的消费者购买行为相类似,网络消费者的购买行为早在实际购买之前就已经开始,并且延长到实际购买后的一段时间,有时甚至是一个较长的时期。从酝酿购买开始到购买后的一段时间,网络消费者的购买过程可以粗略地分为五个阶段:诱发需求、收集信息、比较选择、购买决策和购买后评价(图 4-5)。

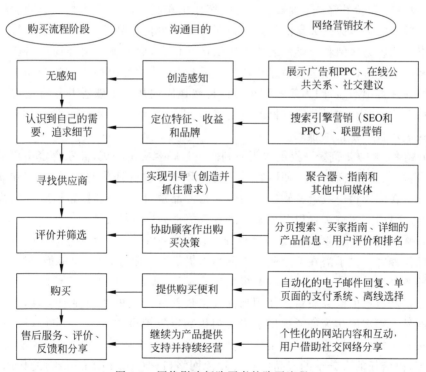

图 4-5　网络影响新购买者的购买流程

(1)顾客:无感知;商家:创造感知(需求、产品或者服务)。产生需要感知主要是通过网络媒体的广告来创造。相对于传统媒体,如电视、广播或印刷媒体来说,网络的覆盖面都有一定的局限性,但是影响力很强。网络展示广告或点击付费广告(pay per click, PPC)可以弥补离线感知的不足。通过社交网络,来自朋友或同事的口碑宣传或是病毒式营销的影响,使创造需求意识容易。一些公司利用公共关系和网络媒体成功地创造了品牌感知度,这样就算消费者暂时没有这方面的需求,但一旦有需求的时候,就会想到这个品牌。

(2) 顾客:认识到自己的需要,追求细节;商家:定位特征、收益和品牌。一旦顾客认识到了自己的需求并且考虑产品的特征以及自己能从产品或在线服务中得到什么收益,他们就会开始求助于网络,并使用一些普遍的搜索,在一大类产品中选出符合自己要求的产品。因此在这一阶段借助搜索引擎营销(search engine marketing,SEM)[如搜索引擎优化(search engine optimization,SEO)和 PPC]和联盟营销来对顾客进行影响是非常重要的。当可以对供应商进行搜索,较之以前可以从更深层次上对更多的供应商进行评估时,标准就能够很快地建立起来。

(3) 顾客:寻找供应商;商家:实现引导(创造并抓住需求)。一旦顾客开始积极地寻找产品,网络就成了一个很优秀的媒体来帮助顾客达到目的。这同样也是公司介绍自己网站的优势并形成有效引导的很好机会。网络营销人员必须考虑顾客所选择的搜索方法,并且要确保公司和产品的特征在网站上是突出的,无论其是搜索引擎、聚合器还是隶属机构中间媒体。

(4) 顾客:评价并筛选;商家:协助顾客作出购买决策。网站的一个较大的特点就是能够以较低的成本提供大量的信息。在顾客寻找最优产品的过程中,这一特点就转化成了优点。用容易区别和分类的表格来提供产品信息,商家就有可能通过自己的网站来说服顾客购买。可以让顾客及时逐个比较产品性能,然后选出最中意的产品。品牌的作用在这里体现得很明显,因为新的购买者很自然地倾向从一个熟悉并且有良好声誉的供应商那里购买产品。如果公司的网站速度很慢、设计粗糙或者很劣质,那么想要通过品牌这种方式展示自己是很困难的。

(5) 顾客:购买;商家:提供购买便利。一旦顾客决定购买,商家肯定不愿意在这一阶段流失顾客。网络商家应方便顾客通过电话和邮件进行订购的选择,也应建立信用卡付款机制。在线零售一般会特别注意当顾客将商品放进购物篮时,帮助顾客实现转化的条件,如安全保障、运输选择以及免费运送等都能提高这种转化率。

(6) 顾客:售后服务、评价、反馈和分享;商家:继续为产品提供支持并持续经营。网络为保留顾客提供了潜在的空间。在网站上提供增值服务,这样就能鼓励顾客回访,同时还能够提供增值性能。可以为顾客提供产品反馈,提供这种服务能让顾客感觉到商家正在努力提高自己的服务质量。使用邮件提供最新的产品更新和促销信息,鼓励顾客回访公司网站。顾客回访为商家提供了交叉销售和重复销售的机会,商家可以针对顾客先前的购买行为提供个性化的销售策略。借助社交媒体,个体可以分享产品、购物经历、使用体验等,由信任的人分享的产品信息会发挥网络口碑(word of mouth)的作用,进而成为他人真正意义上的消费源头。

2. 网络消费过程的影响因素

由于网络零售市场的虚拟性,网站页面上产品的展示信息有限,只是有关产品选择的尺寸、颜色、类型等信息比较常见。但是网络互动分享的特点,使购买过该产品的人说的故事、评价和评分能引起潜在顾客产生更多的信任感。目前,成熟的网民都能够熟练地在购物网站通过检索、排列比较自己关心的影响因素作出明智的决策。

总体来说,影响网购消费者决策的最主要因素中,网络口碑一直以来就是网络消费者考虑的首要因素,网络口碑已经成为商家的生命线。其次是价格,中国网络购物正处于由品质向品牌的转变过程,但是价格仍是不可忽视的重要决策 拓展阅读 4-3　网络消费行为分析新模型

因素。随着网民收入水平的提升,网购用户主流的消费理念必将由价格驱动向品质、品牌导向转变。网站/商家信誉、产品品牌美誉度、网站促销力度和用户体验等决策因素的影响力处于较高水平。用户对网站、商家、品牌信誉的要求不断提高,同时对网站体验和促销力度的需要也比以前有较大的提升。快递配送速度、快递公司信誉和快递费用高低等决策因素逐渐成为辅助决策因素,重要性在逐渐降低。

4.3.3　网络交易结果

消费者用大量的时间、精力和货币从事网上交易,他们究竟得到了什么,难道仅仅是一件商品吗?如果仅仅是商品这一个维度,网络交易的魅力就不可能这么大。美国的企业和调研机构进行了大量的调查,充分了解美国消费者在网络上的行为,以及网络如何改变人们的行为。概括来说,人们在互联网上一般只会开展五项基本的活动,即联系、创造、娱乐、学习和交易。关注这五项基本的活动,厂商可以对自己目标市场中消费者的需求和期望更加了解,知道自己利润的来源,并据此制定自己的经营策略,满足目标市场的需求。

1. 在线联系

从媒体的角度看,互联网最大的特点就是双向互动交流,而且可以在个人或群体之间任意组合进行沟通。借助网络技术,新的沟通工具层出不穷。消费者可以与在网上认识的人或生意伙伴建立新的联系,必要时可以将这种联系延伸到实体环境中。

2. 创造

每个人的生活本身就是一个创造过程。社交媒体的迅猛发展,为网民所创造的内容找到了保存、分享、评论等平台。网民可以在网络社交媒体上建立自己的档案,修饰自己的网页,上传图片、视频和文字等内容,与朋友和粉丝交流等。与一般的只能简单交流相比,创造内容是用户参与的最高表现形式,即时通信平台、博客、微博、微信、短视频的流行促使大量的内容在网络空间中分享,然后进一步促进了网民创造内容的热情。Myspace、Facebook、YouTube 和 Linkedin 等全球知名的社交网站用户数量的不断扩张,新的应用功能的不断扩展,满足了不同网民的偏好,网站的商业模式也日臻完善。

3. 在线娱乐

目前,我国在线娱乐内容以网络视频、网络直播、网络音乐、网络文学等为主(图 4-6)。网络视频(含短视频)是最具吸引力的互联网娱乐应用,拥有 10.67 亿网民,使用率高达97.7%。随着网络视频发展环境的持续优化,内容供给也不断丰富。网络直播是近年来兴起的一种新的在线娱乐方式,增长很快,拥有 8.16 亿网民,使用率达到 74.7%。其现在已经度过野蛮增长的阶段,发展逐渐规范化,网络直播平台用户体验持续提升。为实现

差异化竞争,提升网络直播带货效率,全国各地特色直播不断涌现,基于互联网平台的新经济模式逐步形成。我国网络音乐的版权保护格局逐步完善,用户付费意愿稳步提升,带动业务营收显著增长。网络音乐拥有 7.15 亿网民,使用率为 65.4%。网络文学兴起较早,经过长期积累也有了长足进步,拥有 5.2 亿网民,使用率为 47.6%。近年来,网络文学平台加快扩展海外业务,推动出海作品和作家数量也不断创新高。

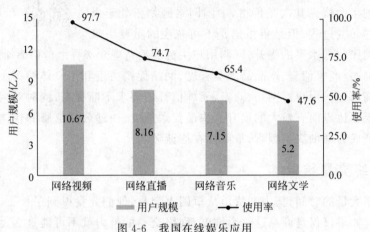

图 4-6　我国在线娱乐应用

资料来源:CNNIC.中国互联网络发展状况统计报告[R].2024.

4. 学习和获取信息

获取信息是我们生活、工作中解决问题的基本途径。互联网沉积了海量信息,并且这些信息具有共享性,有的还具有互动性和免费的特点,所以网络上获取信息成为目前一个主要的渠道。网民通过网络获取广泛而多样的信息,如驾车导航、业余爱好信息、天气预报、旅游信息、健康和医疗信息等。获取信息的方式也是多种多样,如搜索引擎、政府网站、社交网站、百科等。移动互联网兴起后,获取信息变得更便捷、灵活。当然,当任何一次搜索都能获得海量的信息时,对网民的信息筛选、过滤,以及分析和判断的能力提出了挑战。当学习内容成为公共信息时,围绕获取信息的学习速度和能力将成为在网络交换中获得优势的关键能力。

5. 在线交易

随着网络的普及和物流、金融支付等网络生态环境的改善,网络所能完成的交易种类已经很多了,许多网民已经形成了网上选购商品或是服务的习惯。交易活动内容可以是有形的产品,也可以是无形的服务,或者是二者兼而有之。有形的产品,大到住房、汽车,小到日用消费品。无形的服务可以是数字信息、金融服务,还可能是网络课程等。从交易环节看,在线交易贯穿于交易的每个环节,包括交易前的调查、网上购买或预订、支付、物流跟踪等。

本 章 小 结

本章首先介绍了网络市场的现状,包括市场规模、品类分布、网站品牌渗透等,接着介绍了网络市场的发展历史和特点,以及存在的问题。然后分析了网络消费者的需求特点,重点强调了消费者需求的个性化和差异化,以及主动性增强。在互联网的交换过程部分,分析了宽带接入方式、网络带宽、网民的媒体习惯等技术环境,还分析了如网络信任、网络填补时间碎片化等社会和文化环境。最后介绍了网络消费者的购买过程,将购买过程分为五个阶段:诱发需求、收集信息、比较选择、购买决策和购买后评价。网络交易的结果包括:在线联系、创造、在线娱乐、学习和获取信息、在线交易。

思　考　题

1. 网络市场的特点有哪些?
2. 网络市场存在哪些问题?
3. 中国消费者呈现出哪些特征?
4. 网络消费者的需求特点有哪些?
5. 网络消费者的购买过程包括哪些阶段?
6. 网络交易的结果有哪些?

实　践　题

1. 登录中国互联网络信息中心(http://www.cnnic.net.cn/)网站,下载相隔 5 年的两份中国互联网络发展状况统计报告(如 2018 年和 2023 年),比较两个年度网络娱乐类应用有什么变化。

2. 以所在学校的同学为调查对象,调查他们打发碎片化时间的方式有哪些,重点分析手机 App 对生活方式的影响。

3. 以自己的父母为研究对象,记录他们网络购买过程中的行为,然后分析父母的行为与自己的决策过程有什么不同。分析这些不同,看看能说明什么问题。

4. 登录某几个电商平台,在平台搜索相同的某款电子产品的购买后评价,记录这些评价,然后进行归纳分类,看看你有什么新发现。

即　测　即　练

第 5 章

网络营销调研

本章学习目标

1. 了解信息技术对网络营销调研方法的影响。
2. 网络调研的类型和网络调研的过程。
3. 掌握网络调研法的特点，以及数据分析的一些基本方法。
4. 熟练掌握各种数据来源的获取方法及优点和缺点。
5. 掌握如何撰写网络调研报告。

普瑞纳公司的网络调研

雀巢普瑞纳公司是瑞士雀巢公司收购的一家经营猫、狗饲养用品的公司，旗下品牌有 Friskies、Aipo、Purina Dog Chow、Fancy Feast 等。普瑞纳公司如今经营着 30 多家品牌网站，服务对象有普通消费者、兽医、营养学家和食品科学家、饲养员和宠物爱好者等。普瑞纳公司需要知道企业网站和在线广告是否有助于增加离线的商品交易，具体来说需要解决以下三个问题。

(1) 我们的消费者使用我们的品牌网站吗？

(2) 除了这些品牌网站以外，我们是否还应该在其他网站上为在线广告投入资金？

(3) 如果真的需要在其他网站上投放在线广告，那么哪些网站比较合适呢？

美国著名的数字媒体调研公司 comScore Media Metrix 开展调研的样本专题小组囊括了 150 万名网络消费者。Knowledge Networks 市场调研公司的样本专题小组则由 2 000 万户经常购买日用品的家庭构成。结合这两个数据发现，其中有 5 万名消费者同时属于这两个不同的样本专题小组，于是这 5 万名消费者最终成为普瑞纳公司本次调查的研究对象。在调研过程中，工作人员将这些研究对象分为三个小组，其中两组受调查者将在日常网上冲浪时看到 Purina O N E 品牌狗粮的旗帜广告(banner)。这三个小组分别为一个对照小组(无广告影响)、一个低广告影响率测试小组(1～5 次广告影响)和一个高广告影响率测试小组(6～20 次广告影响)。在两组受广告影响的受调查者随意浏览网页时，旗帜广告就会随机显现。接下来，公司对三个受调查小组的所有成员进行测评，判断他们对普瑞纳的品牌意识、购买意向和广告知晓度。最后，研究者把该网络调查的结果与对 Knowledge Networks 公司的样本专题小组实际离线购买行为的调查结果进行了比较。

普瑞纳公司的营销人员对这项研究的结果非常感兴趣。起初，旗帜广告的点击率很低(平均为 0.06%),后来,当受调查者被问到"在想到狗粮时,您第一个想到的品牌是什么"时,两个受广告影响的测试小组中有 31% 的成员提到普瑞纳。相比之下,未受到广告影响的对照小组中仅有 22% 的成员提到此品牌。这个结果明显地显示出广告的影响程度。此外,与低广告影响率的小组相比,在高广告影响率小组中提到此品牌的人多出 7%。接下来,研究人员研究了购买普瑞纳产品的网络调研小组成员浏览网页的习惯,得出的结论是这些顾客平时访问最多的是有关家庭、健康和生活的网站。这些信息可以帮助该公司决定在哪些类型的网站放置旗帜广告。在所有此类网站中,petsmart.com 网站和 about.com 网站的点击率最高,因此应该是广告投放的首选。

资料来源:弗罗斯特,福克斯,斯特劳斯.网络营销[M].时启亮,陈育君,黄青青,译.8 版.北京:中国人民大学出版社,2021.

商业社会的发展必然产生大量的市场信息,这些市场信息是对市场运营过程与状况的客观描述和记录。随着互联网的普及,商业活动融入整个社会程度不断加深,企业获取市场营销活动所必需的信息越来越方便,但同时要处理的信息量也越来越大。如何运用互联网进行营销调研已经成为网络营销成败的关键。

5.1　信息技术与市场调研

网络时代数据的增长是惊人的,对绝大多数消费者和企业来说,信息过载是个大问题。网络营销人员必须学会如何从海量的数据中提取有用信息,并消化这些信息,然后将这些信息与其他信息相联系,再加上自己的理解才能把这些信息转变为有用的知识,进而为营销活动服务。

 拓展阅读 5-1　数据驱动的营销战略

5.1.1　信息技术下的新调研方法

通常理解的市场调研是运用科学的方法,系统地收集、记录、整理和分析有关市场的信息资料,从而了解市场发展变化的现状和趋势,为经营决策提供科学依据的过程。美国市场营销协会从职能和作用的角度把营销调研理解为通过信息把消费者、顾客、公司营销者联系起来的一种职能,这些信息用于识别和定义营销问题与机会,制定、完善和评估营销活动,监测营销绩效,加深对营销过程的理解。

市场调研与科技进步息息相关,营销决策的科学性是由科学的方法保证的。科学技术的发展对市场调研方法的变化有着极其重要的影响。这一点可以通过 20 世纪以来调研工具本身的发展过程反映出来。人们将 20 世纪以来技术发展对调研方法的影响概括为三个阶段,如表 5-1 所示。

表 5-1　技术进步与调查研究方法的演变

阶段	第一阶段	第二阶段	第三阶段
时间	20 世纪 70 年代	20 世纪 80 年代	20 世纪 90 年代至今
发展契机	电话普及	个人计算机及软件的发展	互联网的普及

续表

阶段	第一阶段	第二阶段	第三阶段
数据搜索工具	纸、笔和电话	电话和计算机	计算机和互联网
资料收集方法	电话调查(telephone survey)	计算机辅助调查信息采集(CASIC)	计算机辅助网络访谈(CAWI)
特点	成本低,更具时效性	成本低,具时效性,降低资料收集与整理的误差	成本低,具时效性,降低数据输入的误差
意义	带动民意调查与市场调查的蓬勃发展	降低普通研究者实施调查的进入门槛	进一步降低调查的进入门槛

第一阶段:自 20 世纪 70 年代开始,随着电话在西方发达国家普及,电话调研产生。电话可以打破地域空间的限制,使调研成本降低,而且时效性增强。这时学术界开始大量采用调查研究法进行社会科学研究,有效带动了调查理论和方法的蓬勃发展。

第二阶段:20 世纪 80 年代,随着个人计算机及软件的进步,计算机辅助电话访谈(CATI)诞生。计算机和电话作为数据收集的工具有效降低了调查成本,缩短了调查所需要的时间,使调查更具时效性,同时也降低了资料收集与整理的误差。更重要的是降低了调查的进入门槛,促进了调查研究法的推广应用。

第三阶段:20 世纪 90 年代之后,互联网的发展和迅速普及使其成为网络调研的新工具。网络调研不但节省了调查成本、提高了调查效率,而且降低了数据输入的误差。与第二阶段一样,网络调研的应用进一步降低了实施调研的进入门槛。

现在消费者对传统市场调研方式的合作热情正在逐渐减退。据统计,电话调查的拒绝率在 40%~60%。行业人士甚至抱怨"电话推销员毁坏了电话访谈行业"。美国进行的人口普查中,邮件调查的未回复率高达 40%。而网络调研则是另一番景象,近些年来,美国所有公司的市场调研花费中有 29%用于网络调研(图 5-1)。

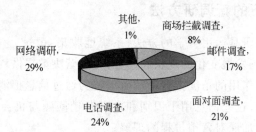

图 5-1 各种市场调研方法在营销成本中的比例

当然,每一次科技浪潮推动调研领域的进步,总会有人为某种新技术的出现而兴奋不已,也总会有人忧心忡忡。赞成者看到了新技术浪潮为调研者提供各种全新的调研工具和途径,也为调研开拓出一片更加广阔的天地。质疑认为新技术可能将各种成熟的调研手段和方法淘汰,同时也可能因过于强调新工具的先进性而忽视调研的基本理论和规范,从而降低调查数据的质量。在新技术浪潮的推动下,技术支持者的欢呼声经常会掩盖反对者的呼声,新技术手段的泛滥又会招致反对者的各种非议和争论。这种非议和争论又会进一步促进研究方法与工具的不断改进及完善。

5.1.2　网络调研法

基于互联网的调研最早出现于 20 世纪 80 年代末期至 90 年代初期。在互联网还没有普及应用之前,就已有研究者开始尝试利用电子邮件来进行调研。不过早期的电子邮件调研仅包含静态和美国信息交换标准码(ASCII)形式的内容信息,也只是通过局域网来发放,但是早期使用者还是表现出了极大的兴趣。与传统印刷问卷相比,电子邮件调研具有即时性,传输非常迅速,几乎可以立即被接收;具有异步性,使用时不必沟通双方同时在线,沟通更自由;具有随时保持性与可编辑性,计算机保存节省空间,方便检索;具有群发性,可同时向多位受访者传播信息。电子邮件的这些特性大大减少了问卷发放和回收的时间与成本。

20 世纪 90 年代中后期,伴随着互联网的迅速普及,网络调研逐渐成为一种替代电子邮件调研的新工具。网络调研具有了视频、音频等多媒体功能,还提高了问卷的用户界面友好性和交互功能。

目前,关于网络调研主要有两种不同含义。

一种是测量互联网使用情况的调研。这一类调研的目的主要是测量网站的流量以及网站使用者的数据、结构和行为。其中测量网站的流量主要包括网站数量、网页数量、网站的访问量、唯一用户数、页面浏览数、浏览时数、到达率、忠诚度、购买率等;测量网站的使用者主要包括使用者的数量、结构和分布、上网的目的、使用网络的基本情况、行为、态度等。有的还包括网络广告方面的监测,主要包括网络广告的发布、网络广告被点击情况等。

另一种是以互联网为数据收集工具进行的调研。这一类调研在目的上与传统的市场调研基本相同,其主要区别在于使用互联网的各种工具和手段,来研究调研对象的行为或心理特征等。

本书采用第二种网络调研的定义,将网络调研描述为:以互联网技术手段为研究工具,利用网页问卷、电子邮件问卷、网上聊天室、电子公告板等网络多媒体形式,来收集、整理、分析调查数据和访谈资料的一种新式调研方法。

1. 网络调研法的分类

目前,国外研究者将网络调研法按照两种标准进行分类。

第一种是以研究范式作为分类标准,将网络调研划分为网络定量研究和网络定性研究(图 5-2)。社会科学研究方法中一直存在定量和定性两种不同的研究范式。网络调研也一样分为两大主流:一是以大样本数据收集为标的,试图从整体社会趋势归纳出网络对人类社会的影响,即定量分析。定量研究主要是利用互联网的信息传递和交互功能,通过让调查对象来填写多种格式的电子问卷(如 Html 问卷、txt 问卷和下载式电子表单问卷等)来收集数据。二是着重研究数字空间互动及沟通脉络分析,深入诠释其主体表述,及虚拟社群的社会结构与互动。其主要是通过各种同步和异步的网络通信工具,如电子邮件、微信、聊天室、BBS(网络论坛)、双向视频会议系统和网络游戏等来收集调查对象各种文本、音频和视频资料等。

第二种是以调查抽样方式作为分类标准,将网络调研划分为概率抽样调研和便利抽

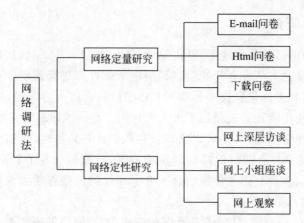

图 5-2　以研究范式为分类标准

样调研(图 5-3)。

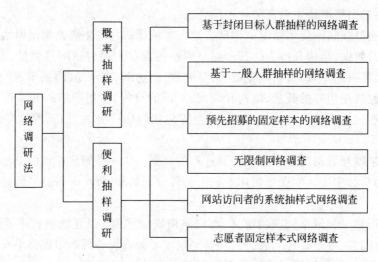

图 5-3　以调查抽样方式为分类标准

　　概率抽样调查要求创建一个覆盖绝大多数或全部目标人群的抽样框。比较容易做到的概率抽样是基于封闭目标人群的抽样。所谓"封闭目标人群"是指某个组织内部能够列出某种形式的成员名单的目标人群。限定在某个组织内部,有了名单或电子邮箱地址创建一个抽样框是一件相当容易的事。另一种是基于一般人群的抽样。一般人群是与封闭人群相对而言的,某个省或是某个城市的居民,甚至具有不良药物反应的患者都属于一般人群。研究者一般很难获得一般人群全体成员的网络联系方式,抽样框也很难建立。但是可以通过各种常规的通信手段(信函和电话)来与潜在的调查对象进行联系,要求他们通过网络来填写问卷。还有一种概率抽样调查是预先招募固定样本的调查。也就是事先通过一些概率抽样的方式招募而来潜在调查对象,他们重复参加以后的调查。

　　便利抽样调查的特点是运用一种无计划性的方式来选择调查对象。该方法允许任何一名潜在的调查对象自由选择是否参加调查。也就是说,便利抽样无法计算本样本成员被选择的概率,因此便利抽样不适用于总体与部分人群之间关系的估算。便利抽样的优点是所需要的时间短、工作量少、成本低。

便利抽样中最常用的是"无限制式网络调查","无限制"是指任何登录问卷所在网站的人都可以自由填写问卷,但是通常要求同一个用户不能重复填写。一些商业性质的调查项目也会通过各种媒介途径主动地为调查做宣传,以便吸引更多的参与者。

便利抽样中的另一种是"对网站访问者的系统抽样式网络调查"。所谓的"系统抽样"是指抽样框中有规律地每隔 N 个对象抽取一个样本。因为目标人群是"某个特定网站的访问者",所以这种选取样本的方式是一种概率抽样方式。但是对于一般人群来说,这种方法仍然是一种便利抽样。便利抽样中还有一种是"志愿者固定样本式网络调查"。志愿者固定样本是由许多参加未来调查的志愿者组成的人群,这个固定样本一般是通过各种宣传方式招募而来。许多互联网公司都建立包括数百万网络问卷调查志愿者的固定样本数据库。

2. 网络调研的特点

网络调研是以互联网为主要技术工具的研究方法,受信息技术、互联网的影响,与传统调研方法相比,网络调研法有许多不同的地方(表 5-2)。

表 5-2　网络调研法与传统调研方法的比较

特　点	面访调研	电话访谈	传真调研	信函问卷	网络调研
沟通模式	一对一	一对一	一对一	一对一	一对多
交互方式	双向同步	双向同步	单向异步	单向异步	双向同步
样本分布	窄	广	广	广	全球
回收速度	最慢	慢	普通	普通	最快
花费时间	最长	长	普通	普通	短
受暗示程度	高	普通	无	无	无

网络调研法具体特点可以概括为以下几点。

(1) 选择和招募受访者时可以突破地域限制。互联网有一个重要的特点是可以突破时间和空间的限制。运用互联网研究者在选择和招募受访者时可以轻易地突破地域范围限制、扩大研究范围,甚至可以是全球范围。受访者无论在何时、何地,只要是在调查期间参与调查即可,相比一般的计算机辅助电话调查系统和访谈,时间和空间上的弹性更大。大范围取样有助于进行国际市场的差异性研究,也可以进行跨文化的研究。

(2) 网络问卷以多媒体形式呈现,问题设置灵活多样。网络问卷的设计者能运用颜色、分割窗口、插件、动画、音乐等传统纸质问卷无法实现的独特设计,这种多媒体的呈现方式图文并茂,大大地提升受访者体验,吸引受访者作答。网络问卷的问题也可以设置成多种多样。受访者在回答时有多种选择,如按钮式选项、下拉菜单式选项、矩阵式选项等,还具有强大的逻辑跳转功能,受访者看不到与自己无关的题目,降低受访者在填写问卷时的认知负担和困惑,减少填写错误。

(3) 网络调研的互动性强。网络问卷中可以为受访者提供问卷填写进度计数器,使受访者能清楚问卷进行的速度,在一定程度上降低中途放弃问卷调查的概率。如果受访者对问卷内容有不了解或是疑问的地方，可以随时通过网络联系方式如E-mail（电子邮件）、微信、微博等对研究者提出问题。如果是问卷内容有问题，可以随时进行修正或是补充，避免因为事先没有发现的错误而使得整个调查功亏一篑，浪费宝贵资源。这些有利于调研进行得更为顺利，并进而达到提升内容效度的可能。提交问卷时网络会提示你问卷的回答是否存在问题，如有的题没回答或是回答不符合要求等，从而增加有效问卷的数量。有时研究者也可以通过网络联系方式提醒受访者回答问卷，无应答催复和提醒可以有效提高回收率。有的网络调研在提交问卷后，能看到即时的调研结果，如各方面态度的百分比等，可以针对这个结果发表评论。及时的反馈有助于增加受访者对调研问题的兴趣和参与度。当然网络技术对于调研过程中信息传递失败会有相应的提示，这也有利于研究者和受访者之间沟通，便于了解和控制整个调研过程。

（4）网络调研时间短、反馈快，自动化程度高，可以降低调查成本。在调查成本方面，网络调查在建设网络调查系统时成本较高，但是当进行大样本的问卷调查时，则可以省下传统邮寄问卷的印刷、装订、邮资等费用。随着网络调查样本数量或调查次数的增加，网络调查的成本通常也会降低。而传统问卷调查则不具备这种边际成本优势。在反馈时间方面，网络调查具有回收速度快的特点。通常我们认为网络调查的回收速度最快，大部分的受访者在接受问卷的第一天就完成问卷作答。另外，网络调查的自动化程度高，便于数据的统计分析，节省大量人力成本。网络调查结束后，研究者可以直接从系统中下载问卷调查数据，通常数据可以是多种常用格式，不用进行人工资料整理，有的系统会直接给出数据的描述分析。美国的WebSurveyor网站曾经进行一项比较网络调查、电话调查和信函邮寄调查的结果研究。研究结果显示，网络调查的回收时间是7天，回收率是34%，成本为1500美元；电话调查的时间为60天，回收率为17%，成本为28000美元；信函邮寄调查的时间是73天，回收率为2%，邮寄费用是16000美元。平均每份网络调查数据回收成本为0.44美元，远低于电话调查的3.57美元与邮寄调查的80.009美元。在计算机和网络的辅助下，大样本调查前期设计制作和后续的回收处理、筛选、转码与统计分析的自动化程度都远高于其他调研方式，大大降低了人力成本。如果需要跨平台数据处理，网络调查更是可以轻而易举地实现相同样本在多个平台上的数据共享和整合，传统调查方式要想实现这一点是极为困难的。

拓展阅读5-2 网络调研存在的问题和解决方案

（5）网络调研减小受访者身份敏感性或问题私密性的影响，提高数据质量。网络问卷属于自填式问卷的一种，减小了作答环境对研究者与受访者的影响。在以计算机为基础的沟通环境中，人与人未直接接触，所以会减弱或消除外貌、个人特质、社会地位等一些社会线索。人际网络隔绝可以使受访者表达意见时更为开放、自由、平等。另外网络具有匿名性，足以使受访者减少作答时的无关考虑，进而减少测量误差。问卷以电子文档形式传输，受访者和研究者未曾同处一地，参与者自我完成问卷，感受匿名的调查过程，有助于回答一些敏感性和私密性的问题，提高问卷数据的质量。

5.1.3 网络调研的过程

网络营销调研与其他科学形式一样，也由一系列高度相关的活动组成。虽然每个网络调研过程和顺序不尽相同,但是总体来说,网络调研还是遵循一定的程式,经历以下阶段:①确定调研目标;②探索性调研;③计划调研设计;④抽样;⑤收集数据;⑥处理并分析数据;⑦得出结论并准备报告(图5-4)。这七个阶段是动态循环的,我们调研得出结论可以产生新的创意和知识,进而可以推动进一步的调研。

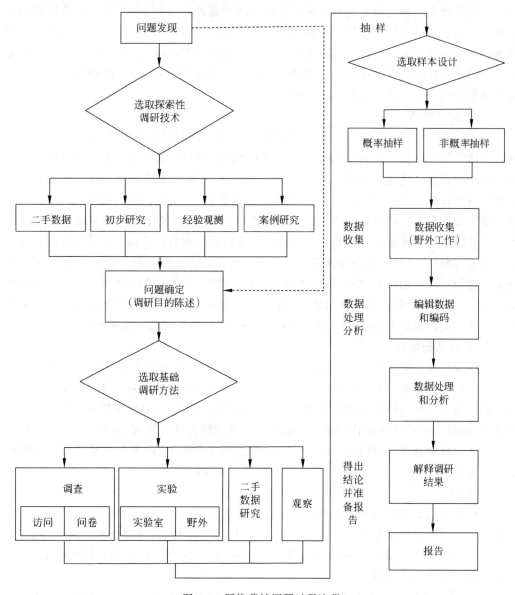

图 5-4 网络营销调研过程流程

资料来源:齐克芒德,巴宾.营销调研精要[M].应斌,王虹,等译.北京:清华大学出版社,2010:60.

网络调研的过程与一般的调研一样,每一个阶段调研人员都必须在一系列备选方案中作出选择。没有最优或是最佳路径,调研人员需要根据调研的目标和资源条件的约束从备选方案中选择适宜的路径。

1. 确定调研目标

调研目标是指通过实施调研所要实现的目标。调研目标的类型不同,调研设计的类型也不同。调研目标有可能只是阐明一个情境,定义一个机遇或监控和评估当前的运营情况,直到管理者和调研人员就调研将要解决的实际经营问题达成共识,才能明确调研目标。此前管理人员和营销人员只能列出可以反映问题的一系列症状,未必清楚问题的确切所在。确定调研目标的过程更多地倾向于发现而不是确认问题。爱因斯坦说:"一个问题的明确陈述要比其解决方法更关键",这对于营销经理同样是一个好建议。正确地定义一个问题要比解决它困难得多。调研目标的确定决定了调研过程,调研目标中的失误或遗漏很可能造成无法在后续阶段弥补的错误。

2. 探索性调研

探索性调研可以逐步压缩调研题目,帮助把模糊的问题转变为条理清晰的问题,从而确定具体的调研目标。探索性调研通常采用下列四种技巧:以往的调研、初步研究、案例研究和经验调查。通过调查该题目已有的研究成果、与知识渊博的专家探讨以及非正式地对情境进行调查,调研人员可以逐步加深对概念的理解。经过探索性调研后,调研人员应当确切知道在正式的项目阶段应该收集什么样的数据,以及如何实施调研项目。探索性调研并不总是需要遵循固定的设计模式。因为探索性调研的目的在于开阔视野和发现新的创意,调研人员可以充分发挥创造力。企业可以定期进行探索性调研,如果发现问题或是结论预示着营销机遇,那么调研人员就可以开始计划正式的调研项目。识别和阐明问题之后,无论是否进行探索性调研,调研人员都必须对调研目标进行正式陈述。该陈述将描述所需要的调研类型以及能够获得哪些情报,以便决策者有的放矢地作出决策。

3. 计划调研设计

调研设计是一个主要的计划,用于确定收集和分析所需要的信息的方法与程序。它是用来确保所收集的信息能够用来解决所面临调研问题的行动计划。调研人员还必须确定信息的来源、设计技巧(如调查或者实验)、抽样方法及调研的时间安排和成本。调研设计阶段,调研人员必须再次作出决策,选择基本的调研方法:调查、实验、二手数据和观察。具体选择哪种方法,将取决于研究目标、数据和现有来源、决策是否紧急以及数据的获取成本等。

4. 抽样

抽样调查就是从调查对象中抽取一部分单位进行调查,并根据其调查结果推断总体。简单点说抽样就是根据总体的一部分,推断总体特点的过程,只要遵循特定的统计程序,调研人员就不必选择总体的每一个部分,因为一个有效的样本具有与总体相同的特点。抽样要注意以下几个问题。

(1)"应当抽取哪些人作为样本?",回答这个问题首先要弄清楚目标总体。总体也叫母体,就是要调查单位的全体。样本只是从抽样框中抽取的个体的集合。抽样框是指对可以选择作为样本的总体单位列出名册或排序编号。

(2)"样本应该有多大?",通常较大的样本比规模小的样本更为准确,但是通过适当的概率抽样,总体的一个很小的组成部分也能对总体作出可靠的测量。

(3)"如何选择抽样单位?",简单随机抽样可能是已知的最好方法,因为总体中每个单位都有同等机会以已知的概率被抽中。如果总体的成员位于地理上距离很近的聚点，那么选择地区聚点就比选择个体更合理。

5. 收集数据

制订抽样计划后，就进入收集数据的过程。数据可以通过人工观察或访谈的方式收集，也可以利用互联网和计算机自动收集。不管数据是通过哪种方式收集到的，在过程中都必须注意尽量减少误差。

6. 处理并分析数据

对于网络调研来说，数据处理阶段相对容易，因为网络调查系统在受访者填写问卷时会自动编辑和编码数据，减少了可能出现误差的中间环节。但是对数据进行复查还是有必要的，有时制作问卷时的疏忽可能导致数据编辑和编码时有混乱的地方，需要重新修正。数据分析是指利用逻辑思维来理解收集到的数据。数据分析中适当的分析技巧取决于管理层对信息的要求、调研设计的特点以及收集数据的属性。统计分析的范围有可能涵盖从描述简单的概率分布到复杂的多变量分析，如多元回归分析等。

7. 得出结论并准备报告

将调研结果告知相关各方是调研项目的最后一个阶段。结论和报告的准备阶段包括解释调研结果、描述所隐含的信息，并得出适当的结论供管理决策参考。调研报告不要过于强调复杂的技术问题和尖端的调研方法。管理层往往并不希望看到充斥调研设计和统计发现细节的报告，他们需要的是对发现的总结。

5.2　网络调研数据来源

5.2.1　内部数据

营销知识的一个重要来源是内部记录，营销部门本身也收集数据，其他部门如会计、财务、生产人员，以及物流部门等都可以收集并分析数据，这些数据都为营销决策提供有价值的信息。整个营销信息系统整合这些数据，企业就可以按照订单生产，保障及时满足顾客需求的同时，减少企业的存货成本，改善库存系统。内部数据主要有销售数据及顾客特征与行为数据。

1. 销售数据

销售数据来源于公司的会计部门和网站日志。顾客从网上购买产品的交易过程会被记录到公司的数据库，营销决策者可以非常方便地提取这些数据。通过审阅和分析这些数据，决策者可以计算转化率（购买者/访问者），以及判断网络广告或者其他营销沟通方式是否能刺激销售量。

公司可以利用销售业绩自动处理软件来构建销售信息系统。销售代表可以利用这一系统输入与实际顾客或潜在顾客进行各种形式销售的信息。借助互联网，销售代表可以在任何时间、任何地点通过自己的笔记本电脑或手机登录产品与顾客数据库，输入信息、浏览顾客记录、查看或处理顾客投诉等。在一些先进的企业，营销人员还会将建议、报告和涉及各种话题的文字输入公司数据库中。

2. 顾客特征与行为数据

营销信息系统中最重要的内部营销数据是个体顾客行为。图 5-5 模拟了 X 公司如何通过顾客数据库来改进产品。一个公司最小的数据库也至少包括顾客(或潜在顾客)的姓名、地址、联系方式(电话号码、微信等),以及购买行为。许多互联网公司有庞大的数据库,该数据库中录入顾客电子邮件地址(甚至是 QQ 号、微博号、微信号)、顾客特征、网站浏览习惯、购买行为等。每个顾客文档中还可能包括与客服代表的通话记录、产品服务记录、与各种产品相关的具体问题,以及优惠券等其他一些信息。一个完整的顾客记录应该包括所有的顾客接触点(与公司接触的渠道)的数据。许多有自己网站的公司通过网页追踪用户的活动,并用这些数据来提高网站的效率。一旦了解用户在每个网页、每个网站逗留的时间长短及他们进入网站的路径,网站开发商就能适时重新规划网页、调整网页内容。此外,公司也能判断网站用户在访问公司网站之前和之后还访问了哪些网站。这些数据可以从网站日志中自动记录下来,输入公司数据库。有了这些信息,企业可以判断谁是自己的竞争者,也可以知道自己的广告投放到哪里更有效。

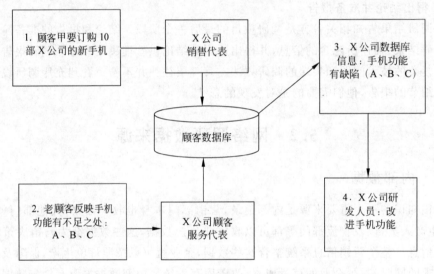

图 5-5 X 公司通过顾客数据库来改进产品

5.2.2 二手数据

有些数据是企业内部不可能记录的,需要从外部获取。外部二手数据指数据是在当前的项目开始之前,由其他人(为了其他目的)收集和记录的数据。互联网的普及和应用使网络上充斥着大量二手数据,调研人员可以更加方便地获取二手数据。

1. 二手数据的优点和缺点

二手数据最明显的优点就是它能够节省很多时间和成本。当所需要的信息是以数字方式存储时更是如此,研究人员只需要连接到互联网,选定适当的来源,提取并记录需要的信息即可,数据收集过程几乎是即时完成的。二手数据的这个突出特点提醒我们,有经验的调研人员应该从二手数据开始。实在没有二手数据可用或者没有什么收获时,才考虑收集原始数据。如果调研人员只是需要粗略或大概分析某种情况,二手数据良好的可获得性将更加突出。

二手数据并不是为了满足调研人员的需要而专门设计的,不会完全适合研究的问题,因此二手数据固有的缺点也很突出,主要体现在两个方面。

一个是适用性问题。二手数据可能不合适的原因有以下三点。

(1) 度量指标。二手数据使用的度量指标,通常与项目所需要单位不同。衡量一个事物,可以用不同的指标,如衡量零售规模可以用销售额、利润、面积、雇员数量等指标。它所选择的指标未必符合你的要求。

(2) 分类定义。即便指标统一,分类标准也往往与需要不一致。例如年龄段的划分或是种族的分类都可能与你需要的不相符。

(3) 出版的时效性。二手数据通常缺乏时效性,从数据收集到流通的时间一般很长,如政府的人口普查数据通常几年一次,当前的人口普查数据非常有用,但会随时间流逝。许多营销决策需要当前的信息,而不是历史信息。

另一个是可靠性和有效性。在数据收集、分析、展示营销信息时,可能存在无数种错误来源。收集这些信息的研究人员能比其他使用该信息的人更好地估测数据的精度,而二手数据的使用者则无法控制数据的可靠性和有效性(通俗理解为精确性和可信性)。

以下标准可以帮助研究人员辨别数据的精确性。

(1) 数据来源。二手数据可能来源于开发此数据的开发者,即原始来源,也可能来源于非原创者收集、整理和发布的数据。汇编政府部门或是商业来源的数据可能忽略数据的收集和分析方法,没有原始数据声明的限制和要求,也可能存在复制数据时的错误。

(2) 发布的目的。数据的发布者可能存在商业目的、政党目的或行业目的。我们一般更愿意相信以出版二手数据为主营业务的来源。因为数据的质量是其保持竞争力、维持自身长久发展的生命线。其成功与否主要取决于用户对它们提供数据的有效性和可靠性是否长期满意。

(3) 关于质量的一般证据。其主要看数据提供机构收集数据的能力和数据收集方法的科学性。对网络收集的二手数据的质量可以采取如下一些步骤进行评估:第一,查明网站作者。网站建设和维护者为政府部门或是知名度高的商业机构,网站的信用度更好一些。第二,判断网站作者是否为该网站话题的权威。一般大学网站所发布的信息要比金融公司网站提供的信息更客观一些。第三,判断网站信息的更新时间和内容的综合性,查看网站观点是比较片面,还是能够比较全面地分析问题。第四,对不同来源的数据进行交叉检验,即将一种来源的数据与另一种来源的数据进行比较,以确定各个独立项目的相似性。如果存在不一致,需要找到这些差异产生的原因,判断哪种数据最可能是正确的。如果不能确定数据的准确性,调研人员必须决定是否值得冒险使用这些数据。

2. 二手数据的来源

尽管有些二手数据是免费的,但有些则需要付费。二手数据具有价值,它们可以像其他产品一样购买或出售。许多公用和大学图书馆都配备相关设备与人员来支持数据库检索系统。今天传统的数据来源组织基本实现了数据的数字化存储和网络化传播方式,这促使在线搜索更时髦、更流行,应用越来越广泛,已经形成一个完整的数据链产业体系。

在线数据服务包括三个主要部分：数据库生产商、数据库服务商和数据库用户。数据库生产商收集信息并按照标准编辑、汇总数据，并且把它销售给数据库服务商。数据库服务商把数据载入电脑或者通过光盘销售信息。最后是终端的数据库用户。

根据信息生产商的性质来划分，外部二手数据可以有如下几个来源。

（1）书籍刊物出版商。特别是国外有许多书籍和刊物来源的二手数据，如《营销科学学术期刊》《销售和营销管理的购买力调查》和《商业期刊索引》等都是关于市场的特别有价值的信息来源。一般大多数大学的图书馆都会提供上述数据库中的至少一种。

（2）政府。各国政府机构都提供大量的数据。政府提供的大多数数据都是值得信赖的，在调研中可以直接引用。各国中央政府都开始在互联网上发布二手数据，有的地方政府也在互联网上发布信息。这些数据大部分是免费的，可以直接下载，或是通过各种服务商数据库下载。

（3）媒体。广播和印刷媒体中可以找到范围广泛的主题信息。例如在我国，《央视财经新闻》和新浪网财经频道是关于经济和很多行业的重要的信息来源。媒体经常会开展关于各国人民生活的方方面面的调查研究，然后免费向感兴趣的广告商提供调研报告。有的调研已经改为网络调研，数据可以通过网络获取。

（4）行业协会。行业协会收集各类企业所需的相关数据，特别是关于市场规模和市场趋势的数据。提供信息服务是行业协会的重要职能，协会成员可以获取这一信息。若信息是公开发布的，可以利用网络检索到主要信息内容。

（5）商业。很多企业以出售和发布信息获利。如艾瑞网（www.iresearch.cn）提供各个行业的商业发展的报告，《财富》杂志每年都评出最受赞誉的企业。这些商业来源多数都是通过出版物和互联网的数据库来发布信息。

5.2.3　一手数据

当二手数据无法满足制订营销规划的需要时，营销决策者就可以考虑由企业自己来收集信息。这种为了解决某一个问题而进行的首次信息收集被称为一手数据。与二手数据相比，一手数据的收集往往更费时费力，成本更高，这是其缺点。但是一手数据也有优点：其一，即时性非常好，能获取当前状态的信息；其二，获取的数据与营销人员所面临的具体问题高度相关；其三，在产权上属于企业自己所有，竞争者无法获取。

在网络调研中，一手数据的收集方法主要有两类：一类是传统数据收集方法通过互联网进行优化，如实验法、专题小组法、观察法和调查法，当然有的传统一手数据收集方法，如深度访谈比较适合离线操作，不太适合网络收集；另一类是非传统的数据收集方法，即只有在网络技术环境下才能实现的数据收集方法，目前主要体现在社交媒体方面。

下面详细介绍运用一些传统的数据分析方法在线收集一手数据。

1. 实验法

实验法是指调研人员有目的、有意识地改变一个或几个影响因素，来观察市场现象在这些因素影响下的变动情况的方法。利用实验法开展调研的目的是用来验证某种因果关系。其过程是：研究人员首先挑选出调研对象并将其随机分组，然后给予每组不同的刺激因素。随后，研究人员通常用问卷调查的形式测量调研对象对于刺激因素的反应，从而判断在这些组之间是否存在差别。如果在实验过程中只有刺激因素在发生变动,那么组与组之间的差别就能归因于这个刺激因素,这个过程就是所谓的因果关系。

典型的实验法涉及三对主要成分:①自变量和因变量;②前测与后测;③实验组和控制组(图 5-6)。实验的基本目的是希望分离出自变量(在实验中叫"刺激")对因变量的可能影响。在实验想验证的因果关系中,自变量是原因,因变量是结果。实验者要比较出现刺激(自变量)和不出现刺激(自变量)所导致的因变量结果的差异,以确定因果关系。前测和后测是指在简单的实验设计中,受试者首先作为因变量接受测量(前测),然后接受自变量的刺激,之后作为因变量再接受测量(后测)。因变量前后测之间的差异,被视为自变量的影响力。实验组和控制组说的是在实验中让实验组接受刺激,但却不给控制组刺激。设置控制组的主要目的是消除实验本身和实验进行过程中外在事件的影响。

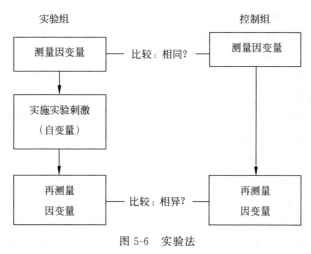

图 5-6　实验法

借助互联网,调研人员可以进行在线实验。营销人员在网上可以比较容易地测试备选网页、展示广告(display ads)和促销活动。例如,企业可以将两份不同的定价方案以电子邮件的形式分发给顾客群中各占一半的顾客,如果在这两份不同的定价方案中还各自包含一个超级链接(分别可以链接到公司赞助方网站上的两个不同网页),营销人员就可以根据这两个网页的点击率来快速轻松地判断究竟哪种定价方案的拉动作用更大。

2. 专题小组访谈法

专题小组访谈法是一种定性研究方法,是一种结构化或者半结构化、非结构化的访谈。传统的专题小组访谈是无组织的、对一小组人的自由访谈,参与访谈的通常是 6～10人。专题小组访谈由一位经过培训的主持人引导,主持人采用灵活的形式,鼓励在参与者之间发起对话。专题小组讨论主题范围广泛,可以是品牌含义、产品问题、广告主题或者新产品概念等。专题小组访谈也可以作为诊断工具,当调研或其他定量工具发现提出的问题比可以回答的问题还多的时候,专题小组可以诊断哪些问题更为关键和重要;当调研人员对调研结果的含义存有疑惑,也可以使用专题小组来更好地理解消费者调查的真正含义。

专题小组的参与者并不是通过严格的概率抽样挑选出来的。这意味着参与者并没有统计上的代表性。不过研究的目的是要探索而不是描述或者解释。通常,一个小组的参与者由同类人构成较好,可以让调研人员集中于具有类似的生活方式、经验和沟通技能的消费者。希望从不同类型的人那里收集的调研人员应该多进行几次专题小组访谈,这样可以获得多样化的全面的样本。

专题小组访谈有以下优势。

(1) 速度快和容易执行。在紧急情况下,可以在一周左右的时间里开展、分析和报告三四次小组讨论。大型企业的调研部门至少会有一位有资质的专题小组主持人,从而不需要将专题小组活动外包。即便需要外包,可以进行专题小组访谈的调研公司也有很多,容易找到。

(2) 相互触发与提供多种角度。专题小组访谈可以得到其他方法不会产生的想法。参与者之间的相互影响使得他们能够激发彼此的想法。当一位参与者提出自己的想法,可能会刺激其他人的想法。随着这个过程的继续,可能会有越来越多有创意的观点产生。最终一个人的评论通常会引起其他参与者的一连串的反应。每一个人都有其独特的角度,因此专题小组有助于带来多样性的观点。

(3) 具有灵活性,允许更为详细的描述。与那些具有严格调查形式的调研方法相比,灵活性是专题小组的一大优势。它可以讨论无数主题,可以获得许多看法。当涉及消费者行为在不同情境中的变化时,专题小组允许参与者进行较为详尽的描述,回答一些具体情境或复杂情境中的问题。

(4) 很高的审核程度。专题小组访谈允许访谈在几个人的观察下进行,通常是在装有双向透明玻璃镜的房间内进行。也可以通过网络进行实况录像转播。还可以将访谈记录在音频或视频录像带中,随后对访谈记录进行仔细审核,可以澄清对于所发生事情的不同意见。

在线专题小组除了具有以上传统专题小组的优势外,还具有其他优势:其一,互联网可以使居住在不同地理区域甚至是全球的人聚在一起。其二,由于互联网具有同步性,参与者在网上同时输入答案,彼此不会受到他人观点的影响,专题小组可以进行集体思考。其三,在线专题小组参与者可以在聊天室或者以博客、微博和微信的形式利用键盘和鼠标、视频和音频发表自己的看法。采用多种网络形式,一方面丰富了讨论的形式,另一方面也可以突破时间限制,进行持续不断的专题小组讨论。有的采用在线公告栏使专题小组的讨论持续数周。其四,由于使用网络,研究人员能向参与者展示动漫广告、示范软件或运用其他多媒体刺激因素来促进组内讨论。

当然,在线专题小组也存在一些缺陷。首先,在线专题小组的规模要比传统专题小组小,每次只能包括4~8名参与者。其原因是如果参与者的人数过多,研究人员就很难控制和解决网络环境下的回复同步性及会话内容的重叠问题。其次,在线使用无法对非语言沟通进行准确观察,尤其是面部表情。虽然网上有发送笑脸等面部表情的方法,但还是无法进行判断和观察,视频通话虽然一定程度上能弥补这点,但是4~8人充斥于狭小屏幕中,对于表情的观察也是不准确的。最后,在线小组参与者身份的真实性无法保证,技术问题也可能妨碍在线专题小组的调查。虽然参与者在网络环境下更愿意自由讨论,但也更倾向于使用偏激词汇。

3. 观察法

观察法是研究者凭借自己的感官和各种记录工具,深入调查现场,直接观察和记录被调查者的行为,以及收集市场信息的一种方法。观察法可以帮助调研人员了解消费者也许没有意识到或表达不清的行为。例如 90%的家具购买者都是夫妻,如果夫妻一方在商店待上 10 分钟以上,就有很大的机会达成销售。也许妻子正在看喜欢的商品,但是这时如果丈夫过来拉走她,销售就无从实现了。如果需要调研的是一个多元文化的世界,调研人员可以利用观察法来了解不同种族群体的嗜好及偏好。研究者只需要简单地观察消费者行为即可,而不像调查法那样,还须考虑受访者的第一语言以及翻译和回译问题。观察法还可以克服语言障碍,用于研究儿童消费者。作为一种定性分析方法,对于一小部分人的观察并不能完全描述所有人的行为。

一种只能在互联网上应用的观察调研法是对消费者在聊天室、公告板或邮件列表中的闲聊和邮件发送行为进行观察。网络上充斥着各种论坛,每一个论坛都是一个讨论话题的场所。论坛话题有的十分有益,有的则很无聊,营销人员可以通过追踪这些讨论话题来了解产品和行业的相关信息。另一个追踪消费者闲聊的方法是在公司网站上提供聊天的空间,或者让消费者加入相关产品话题的公司电子邮件列表、微信公众号等。移动互联网的兴起使消费者参与这种讨论和调研人员跟踪这种讨论都大为方便。

在线观察也可以借助技术手段来实现。一种是客户端数据收集,通过安装"网络跟踪器文件"直接在用户电脑上收集他们网上浏览的信息。根据消费者网上痕迹,营销人员可以向用户发布合适的促销信息和网页。另一种是服务器端数据收集,它是指网站分析工具通过使用网站日志软件分析和记录访问网页的用户数,访问本公司网站以前所在的网站位置,以及用户在站点上购买的产品,并生成报告。它便于营销人员分析消费者的在线行为,并对网站促销方式和网页作出即时的调整。

4. 在线问卷调查法

在线问卷调查法可以发送内含网上调查问卷链接的电子邮件或二维码等,邀请用户参与调查。样本可以是从公司内部数据库中抽取电子邮件地址的样本,或者利用社交媒体推送附有地址链接的二维码,也可以向第三方购买电子邮件列表。在线问卷调查法还可以在公司自己的网站上放置调查问卷,直接向访问公司网站的用户发出参与调查的请求。有时电子公告栏上的广告,以及其他网站对本网站的链接也有助于提高网络问卷调查的回复率。在线问卷是目前使用率最高的调研方法。

(1) 与传统调研方式相比,在线问卷调查法有许多优点(表 5-3 和表 5-4)。与传统调研方式相比,在线调查既快捷又经济,这也许是最大的优势。调查人员无须向采访者支付劳务费用,也无须支付邮资,便可以通过互联网将调查问卷在瞬间传递全世界各个角落。调查人员只需将网络调查转为 HTML 文件,不需要再花费打印、整理和收发邮件的时间。

表 5-3　问卷执行方式比较

项　　目	调 研 技 术			
	邮寄	传真	电子邮件	网页
回复率/%	35～63	25	8～37	26
无效地址/%	0～19	41	19～20	24
回复天数(平均数)	13～18	9	4～6	7

项　　目	调 研 技 术			
	邮寄	传真	电子邮件	网页
回复天数(中位数)	12	12	2	5
收到 45% 回复的天数	13	—	1	—
收到 80% 回复的天数	28	—	9	—
固定成本/美元	59	57	57	57
单位成本/美元	1.56	0.56	0.01	0.01
变动成本(200 份问卷)/美元	312	112	2	2
成本总计/美元	371	169	59	59

资料来源:丘吉尔,拉柯布奇.营销调研方法论基础[M].王桂林,赵春艳,译.北京:北京大学出版社,2010:196.

表 5-4　在线问卷调查法的优点和缺点

优　　点	缺　　点
快速、经济	样本选择问题或普及性问题
包括全球范围细分市场中不同的、特征各异的网络用户	测量有效性问题
受调查者自己输入数据有助于减少研究人员录入数据时可能出现的差错	自我选择偏差问题
对敏感问题能诚实回复	难以核实回复人的真实身份
任何人都能回答,受调查者可以决定是否参与,可以设置密码保护	轻率的、不诚实的回复
易于制作电子数据表格	重复提交的问题
研究者的主观偏见较少	回复率降低问题
	把研究者的恳请习惯性地视为垃圾邮件

资料来源:斯特劳斯,弗罗斯特.网络营销[M].时启亮,孙相云,刘芯愈,译.5 版.北京:中国人民大学出版社,2013:141.

与传统调研方式相比,网络调查能减少差错。调查中会设计一些"预设问题",这些问题的设计取决于受调查者对前一个问题的回答,并且是计算机自动生成的。例如跳转问题,回答一个问题后,根据你选择的项目,自动跳转到相应的下一个题目。这种技术降低了回复过程的复杂性,为受调查者节省了时间。此外,在线问卷调查需由回复人自行输入答案,这有助于减少传统调查法中研究人员输入答案出现的数据输入错误。还有在线调查受调查者在没有采访人在场的网络环境下表现得比较诚实、不太会隐瞒问题,甚至会比较直率地回答一些关于个人隐私的敏感问题。

(2)在线问卷调查法的缺点也很多。

第一,在线调研样本的代表性和计量的有效性是两个最大弱项。因为在线调研是方便抽样,所以没有办法获取总体的抽样框,无法实现随机抽样,研究人员也不能把结果应用到总体中去。因此对调查结果进行分析时要格外谨慎。

第二,在线问卷调查得益于网络技术,但也受制于网络浏览器、计算机配置等技术问题。例如网页打不开,显示的色彩和比例不够准确等。反垃圾邮件的技术也可能使调查问卷被误认为垃圾邮件被删除。

第三,在线问卷存在回复率下降和回复质量低的问题。

第四,在线调查和离线调查的最大差异是人口统计学特征不同。但是随着互联网普及率的提高,这个问题的困扰将逐渐降低。答复者的真实性问题和重复提交的问题也可以从技术上逐渐解决。

(3) 影响网络问卷调查反馈率的因素。在调查研究中,问卷反馈率一直是影响调查数据质量的一个关键性因素。近年来,伴随着调查反馈率的普遍降低,反馈率更是成为讨论调查质量的核心话题。通常所说的反馈率是指获得填答回收的问卷数占总发出问卷数的比例。它是评估数据收集质量的基本标准。在调查中,反馈率越高越好,因为这表明数据具有代表性,能将结论推论至母体。低反馈率使结果的代表性降低,因其所获得的样本可能来自少数对主题有特别好恶的受调查者,他们与未回复者之间的差异形成了无应答误差。但是反馈率多高才算高呢? 实际中,可接受的反馈率范围很广,而且每一个报告都可能这样声明:在这类调研中,这样的反馈率算是很高的了。虽然没有统计理论的基础,人们在进行分析和撰写报告时也有一个大概的指标:问卷反馈率至少要有50%才是足够的;要至少达到60%的反馈率才算是好的;而达到70%就非常好。事实上,一个经过验证且没有偏误的回收问卷要比有偏误的高反馈率问卷重要得多。

影响网络问卷反馈率的因素主要包括以下几个方面。

① 网络调查的说明。在网络调查中,有关调查项目的介绍和说明对调查的反馈率有重要作用。因为在调查说明里,调研人员通常会介绍调查的各种信息,说明文件的填写方法等,并促进受访者配合。从人际互动角度来说,这是研究者与受访者沟通的主要途径,将会直接影响到受访者对调查项目的感受及是否愿意参加调查。一个精心设计的调查简介和说明有助于提高调查的反馈率。简介和说明要能体现调查的以下特性。

其一,可信性。可信性是指调查者或调查单位是被大众认为比较著名或公正无偏见的组织或者个人,受访者通常比较愿意参加。

其二,个性化。个性化是指在问卷开始应首先问候受访者个人,而且研究者自己必须署名,并于文中提到受访者之处以第二人称称之(如您的合作)。

其三,趣味性。趣味性是指在陈述语气和措辞上应考虑不同受访者的心理,尽量激发起受访者对问卷内容的兴趣。

其四,可靠性。可靠性是指应强调说明保证对受访者所填写的数据实施保密,并留下联络方式以供受访者解决疑惑或是索取研究结果,另外也应告知受访者可以自主决定是否参加。

② 网络问卷设计。网络问卷的设计会涉及多方面的技术和设计因素,因此,目前关于网络问卷的设计研究通常被划分为两大类:一个是网络问卷内容的设计。其主要包括问题数、开放性或封闭性问题、隐私与困难问题等。另一个是网络问卷界面的设计。其主要包括网络问卷外观、结构、显示、排版方式与操作等方面的因素。

③ 调查实施方式。有研究者指出网络调查的受访者联系方式会影响到反馈率,如联系的次数、个性化的联系方式以及是否预先联系等。另外,采用混合模式,如网络问卷调查可以利用传统问卷的联系方式进行追踪联系,或是采用传统问卷调查和网络问卷调查方式相结合,可以提升反馈率。采用电子邮件的网络问卷调查,如果未经受访者允许,通

常反馈率会很低。

④ 使用激励手段。诱因(奖品)是网络问卷调查中经常使用的方法。从网络调查的诱因种类来看,可以有四种:现金、电子货币、抽奖和公司工作的机会。网络问卷可以节省传统问卷调查环节中的印刷、邮递等成本,所以提供一定奖品是完全可能的。调研人员认为现金可能是最有效的诱因,提供现金可使受访者填写数分钟可完成的调查问卷,并最终得到接近于电话调查的反馈率。

5.3　网络调研数据分析和报告

5.3.1　数据分析

1. 定量资料分析

定量分析是为了描述和解释观察所反映的现象而使用的数值表示与处理的方法,或者说研究者将资料转化成数值形式并进行统计分析的技术。定量化是将资料转化成数值格式,转化为用电脑能识别和处理的形式。定量分析的过程就是收集完资料以后,对资料进行编码和分析的过程。其主要方法是统计学在市场调查中的应用。

按照统计方法的功能进行分类,统计学可分为如图 5-7 所示三种类别。

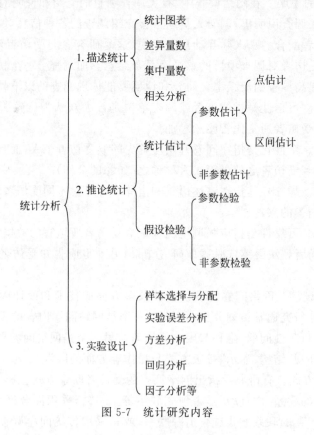

图 5-7　统计研究内容

1）描述统计

描述统计主要研究如何整理调查得来的大量数据，描述一组数据的全貌，表达一件事物的性质。其具体内容如下。

（1）数据如何分组，如何使用各种统计图表描述一组数据的分布情况。

（2）计算一组数据的特征值，减缩数据，进一步描述一组数据的全貌。表示数据集中情况的特征值的计算与表示方法，如算术平均值、中位数、众数、几何平均数、调和平均数等的计算与应用。表示数据分散情况的各种特征值的计算与表示方法，如平均差、标准差、变异数与标准分数的计算方法及如何应用。

（3）表述一事物两种或两种以上属性间相互关系的描述及各种相关系数的计算和应用条件，描述数据分布特征的峰度及偏度系数的计算方法等。

这些方法可以用于表示局部的、一组数据的情况，可以使杂乱无章的数字更好地显示出事物的某些特征，有助于说明问题实质。

2）推论统计

推论统计主要研究如何通过局部数据所提供的信息，推论总体的情形。这是统计学较为重要也是应用较多的内容。调查研究很难对要研究问题的总体逐一进行观测，这就存在如何从局部数据估计总体的情况，如何对假设进行检验与估计。推论统计方法大致包括以下几个方面。

（1）如何对假设进行检验，即各种各样的假设检验，包括大样本检验方法（Z 检验）、小样本检验方法（t 检验）、各种计数资料的检验方法（百分数检验、卡方检验）、回归分析方法等。

（2）总体参数特征值的估计方法，即总体参数的估计方法。

（3）各种非参数的统计方法等。

上述方法的使用必须以抽样理论、估计理论和统计检验原理为基础。

3）实验设计

实验设计的主要目的在于研究如何科学地、经济地以及更有效地进行实验，它是统计学近几十年发展起来的一部分内容。在实验以前要对研究的基本步骤、取样方法、实验条件的控制、实验结果数据的分析方法等作出严格的规定。

2．定性资料分析

定性资料分析是对来自参与观察、内容分析、深度访谈和其他形式的定性研究技术的观察进行非数字化的评估。定性分析既是一门科学，又是一门艺术，它有自己的逻辑和技术，有些在电脑程序的辅助下功能会更强大。虽然定性分析方法的出现早于定量分析方法，但是社会科学几十年来的发展倾向于使用定量资料分析技术，定性分析相对黯淡了。实际上，这种资料分析方法相当有用，社会科学对这种方法的兴趣也正在复苏。

在定量分析中，有时候比较容易陷进资料收集的后勤工作和资料的统计分析中去，而忽视了理论。在定性研究中，这种情况就不太可能出现，因为在定性研究中，资料收集、分析和理论之间的互动更紧密，而且需要资料和理论之间进行持续的相互激荡。

定性分析除了如民族志方法的纯粹描述研究外，主要是寻求解释模式的研究。下面是揭示这些模式的一些方法。

1) 发现模式

约翰和罗浮兰提出了六种在特定研究主题下寻求模式的方法。以儿童虐待为例,这六个问题分别如下。

(1) 频次:被研究的那个地方,儿童在一定时间内受到虐待的次数?(注意实际次数和人们愿意告诉的次数之间可能存在差异)

(2) 级别:虐待的程度如何?有多残忍?

(3) 结构:都有哪些不同的类型?身体虐待、思想虐待、性虐待?它们之间是否存在某种关联?

(4) 过程:结构要素之间存在某种次序吗?是否存在不同的次序?

(5) 原因:虐待儿童的原因是什么?不同的阶层、经济环境、群体、宗教背景下有差异吗?

(6) 结果:儿童虐待如何影响受害人?包括长期和短期。这又会给虐待人带来什么改变?

有两种方法用于找出适用于多个不同的研究个案的解释模式:变量导向分析和个案导向分析。变量导向分析是描述或解释特定变量的分析方法。个案导向分析是试图通过探讨每个细节来理解某个或几个个案的分析方法。

2) 草根理论方法

草根理论方法也称扎根理论方法,是由巴尼·格拉斯(Barney Glaser)和安索·斯特劳斯(Anselm Strauss)创立的一种归纳方法。在这种方法中,理论只是来自资料而不是演绎。这种方法从观察而不是从假设入手,它寻求发现模式并自下而上发展理论。草根理论的持续比较法包括四个阶段。

(1) 将适用的事件和每一个范畴进行比较。明确那些从资料中概括出来的概念的本质和维度。

(2) 合并分类及特征。研究要注意概念之间的关系,一旦资料中关系显露出来,研究者就要注意这些概念了。

(3) 划定理论的界限。随着概念之间的关系模式清晰化,研究者就可以忽视最初关注但又和研究显然不相关的概念。

(4) 组织理论。研究者必须将自己的发现变成文字和他人分享。

定性的研究方法还有很多,如研究符号和意义之间有密切关系的符号学。通过分析精确、详尽的谈话记录来理解谈话的意义的谈话分析等。

定性资料的处理主要包括定性资料的编码、撰写备忘录和勾画概念图等。定性资料分析中也可以使用资料库和电子数据表程序。

3. 数据仓库的数据分析

无论是在线收集还是离线收集的数据,最终都会被输入各种营销数据库中。产品数据库、交易数据库和顾客数据库等都按照交易情况实时刷新,最后将数据库移入数据仓库。数据仓库是整个组织历史数据的存储室,它是专门为制定决策提供必要的分析和数据支持而设计的。有时数据仓库中的数据被分开放在许多主题明确的区域(叫数据中心),这样便于检索。从各个顾客接触点收集到的数据都会被存储在数据仓库知识管理系统中,可以随时用于分析并递交给营销决策者。其数据分析方式主要有四种。

1）数据挖掘

数据挖掘一般是指从大量的数据中通过算法搜索隐藏于其中信息的过程。数据挖掘通常与计算机科学有关，并通过统计、在线分析处理、情报检索、机器学习、专家系统（依靠过去的经验法则）和模式识别等诸多方法来实现上述目标。通过数据挖掘发现的潜在消费模式可以帮助营销人员调整营销组合策略、开发新产品，并预测消费者行为。

2）顾客建档

顾客建档指利用数据仓库信息帮助厂商了解目标群体的特征和行为。通过这一过程，厂商能真正了解到是谁在购买哪种产品，以及他们对促销活动和价格变动有哪些反应等。顾客建档还包括以下几种用途。

（1）为促销活动挑选目标群体。

（2）寻找并维系终身价值较高的顾客。

（3）了解大顾客的重要特征。

（4）向顾客推荐可以交叉销售的产品。

（5）明确回应率较高的目标市场，以便降低直复营销的成本。

3）RFM 分析

RFM 是在数据库中寻找三种信息：其中 R 近度（recency）代表最近购买时间，指上次购买至现在的时间间隔；F 频度（frequency）代表购买频率，指的是某一期间内购买的次数；M 额度（monetary）代表总购买金额，指的是某一期间内购买商品的金额。经过研究发现：

（1）近度值越大，会员越久没来消费，会员的活跃度越低，可能是流失的会员；近度值越小，会员越有可能与企业达成新的交易，相对的会员活跃度越高。对于活跃度低、可能流失的会员，可通过赠送电子优惠券等形式将其重新唤醒。

（2）频度值越大，会员的消费意向越高，活跃度越高也意味着忠诚度越高；频度值越小，会员的消费意向越低，有可能会流失这部分会员。对于消费频度低的会员，可通过到店兑换礼品、参加免费活动、会员活动日等方式增加会员的到店频率。

（3）额度值越大，会员产生的价值越高，是商家的主要盈利点；额度值越小，会员的购买力越低或者购买欲望越低。对于消费额度低的会员，可设置套餐购买、消费满多少送多少、办理储值卡等模式提高客单价。

通过这三个指标来制订营销方案，拉动消费意向低、消费额度高的会员多消费，拉动消费额度低的会员提高消费额度等方式来提升 RFM 三项指标的状况，从而为企业创造更大的价值。

4）报告生成器

营销人员可以随时利用数据仓库进行数据挖掘、顾客建档及 RFM 分析，分析结果也可传送至参与决策的工作人员手中。研究报告生成器可经常通过数据仓库内的信息自动生成易读且高质量的营销报告。这些报告可以被放置在内联网或外联网的营销知识数据中，以供所有人浏览。

5.3.2　调研报告

调研报告是指阐述调研结果并根据调研得出适当结论的正式的演示或书面陈述。营销调研报告是写给发起调研项目的顾客或者管理团队的。

1. 报告的组成部分

调研报告的格式可能出于两个原因而需要调整：一个是获得适宜的正式程度,另一个是降低报告的复杂性。不正式的报告每一个部分都要短一些,而且有些部分会被省略。一般来说,随着报告正式程度降低,前言部分逐渐减少,而报告主体的复杂性和长度也随之降低。本书给出的格式属于最为正式的报告,如组织内部的大型项目的报告或者调研机构为顾客所做的报告(图 5-8)。

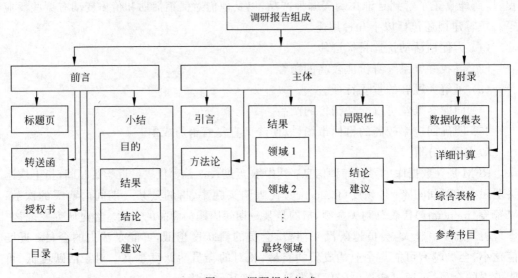

图 5-8　调研报告格式

资料来源:齐克芒德,巴宾.营销调研精要[M].应斌,王虹,等译.北京:清华大学出版社,2010:466.

1) 前言

(1)标题页。标题页应该说明报告的标题、报告是为谁准备的,由谁准备的以及发布或公布的日期。

(2)转送函。转送函的目的是向接收者发布或传递报告。

(3)授权书。授权书是批准调研人员进行项目的证明信,详细说明项目由谁负责并描述可用于支持该项目的资源。报告中的授权书最好是原始文件的复印件。

(4)目录。目录应该列出报告的标题和子标题,并标明所在的页码。

(5)小结。小结简短地解释进行调研项目的原因、考虑到了问题的哪些方面、结果是什么以及应该做些什么。小结是报告的关键部分。研究表明,几乎所有的管理者都会阅读报告的小结,而只有少数人会阅读报告的其他部分。小结包括四个要素:①说明报告的目的,包括最重要的背景信息和报告的具体目的。②给出方法论和重要发现。③得出结论。结论是建立在调研发现的基础上的,并对发现作出解释。④根据结论提出行动建议或意见。很多情况下,管理者希望在小结中不要包括建议。

2) 主体

主体是报告的主要部分。

（1）主体始于简介部分，该部分介绍项目必要的背景因素，以及调研的目标。接下来讨论方法论、结果、调研的局限性，最后是根据结果得出的结论和建议。

（2）调研方法论部分应当涉及四个话题：其一，调研设计。调研是探索性的、描述性的还是因果调研。数据是原始的还是二手的；调研结果是通过调查、观察还是实验得出的。其二，样本设计。目标总体是什么，使用的是哪种抽样方法，样本单元是什么，样本的大小、应答率是多少。其三，数据收集和实地工作。使用多少实地工作人员，这些人接受过什么样的培训和监督，他们的工作经过核查了吗。其四，分析。应当说明研究中所使用的统计学方法，但是此处不应该与结果部分的信息有重叠。

（3）结果部分应当按照一定的逻辑顺序说明与目标有关的项目结果。结果应当以连续的方式进行叙述，设计成具有说服力的，但不要过度吹嘘的项目。应当利用总结性的图表来辅助讨论。

（4）主体的最后一部分是结论和建议。结论是根据结果得出的看法，建议则是采取具体的行动的意见。

3）附录

任何在主体中会显得技术性过强或过于详细的材料都应列在附录中。其中包括只有部分读者感兴趣的材料或者与目标并不直接相关的附属材料。例如数据收集的表格、详细的计算过程、高度技术性问题的讨论、结果的详细或综合性表格以及参考书目等。

2. 口头报告

除了书面报告之外，许多营销研究要求进行口头报告，有时还可能会要求有中期报告。口头报告的准备原则与书面报告是一样的，汇报者需要知道：许多听众并不真正了解研究的技术细节，也不能判断这个研究是否是一个高质量的研究。然而，他们可以判断这个研究的表现形式是否专业、是否具有启发性，或者是否组织得好。好的表达可以掩饰不好的研究，但是高质量的研究不能提升不好的表述。

口头报告的陈述结构有两种形式：一种是在阐明一般目的和具体目标后，阐述所有的证据，最后给出结论；另一种是在阐明一般目的和具体目标后，直接引入结论，最后给出证据。哪种结构更好，要根据公司的文化和陈述者的舒适度来定。有效的口头报告可以考虑采用可视化工具——PPT、活动挂图或者黑板等（表 5-5）。

表 5-5　准备有效表述可视化文件的技巧

1. 保持简单
2. 每一张幻灯片用 1 分钟的时间，表述一个主要观点，用少量的文字
3. 在你陈述之前，给听众发幻灯片的打印稿
4. 标注页码以方便提问及讨论
5. 用大号字体
6. 如何表述复杂概念：从基础开始，并且用 3～4 张幻灯片来逐步展开

资料来源：丘吉尔，拉柯布奇.营销调研方法论基础［M］.王桂林，赵春艳，译.北京：北京大学出版社，2010：459.

有效的口头陈述的关键就是要适应受众。用较少的时间进行正式表述，不超过整个时间的 1/3 或者 1/2，留一些提问和讨论的时间。口头陈述的独特优点之一就是可以进行互动，这有利于澄清困惑和强调特别注意的问题。报告的口头陈述要简单明了，以便听众在思想上随着陈述者所陈述的问题去思考。陈述者应当避免使用调研术语，尽量采用简短且为受众所熟悉的词语。陈述者应当与受众保持目光接触，并重复要点，标准的方式是："告诉他们你将告诉他们些什么，然后再告诉他们你刚才告诉过他们什么。"

本 章 小 结

本章介绍了网络营销调研种类、方法和过程等内容。"信息技术与市场调研"一节强调：现在的营销活动是由数据驱动的战略，数据在营销决策中的重要地位；接着介绍了网络营销调研的类型以及网络调研的特点；然后是从发现问题到得出结论、提供报告的调研过程的介绍。在"网络调研数据来源"一节，分别介绍了内部数据、二手数据、一手数据三种不同数据来源，以及各自的优点和缺点。重点介绍了一手数据的调研方法，如实验法、专题小组访谈法、观察法、在线问卷调查法等。最后一节介绍了网络调研数据分析和报告，重点介绍了定量分析和定性分析，以及调研报告的结构和口头报告。

思 考 题

1. 举例说明信息技术进步对营销调研方法有什么影响。
2. 与传统调研相比，网络营销调研具有哪些特点？
3. 网络调研的二手数据有哪些优点和缺点？
4. 网络调研的一手数据有哪些优点和缺点？
5. 在线问卷调查法有哪些优点和缺点？

实 践 活 动

1. 策划一次以"你更喜欢哪个品牌的奶茶？"为主题的在线专题小组调研，并总结在线小组调研操作流程以及优点和缺点。
2. 做一次关于"奶茶消费"的网络问卷调研，要求必须按照完整的调研过程来进行。
3. 将"奶茶消费"问卷调查结果和在线专题小组调研所获得的资料进行量化分析和定性分析，看看能得出哪些结论。
4. 做一次关于国产网络电视剧质量的网络调研，并在网络上收集关于国产网络电视剧质量的二手数据，然后比较自己获得的一手数据与二手数据之间的差别，并分析产生差别的原因。

即 测 即 练

第三篇

工具与方法篇

第 6 章

网络营销工具与方法——搜索引擎

本章学习目标

1. 了解搜索引擎的历史和现状,以及搜索引擎的原理。
2. 掌握搜索显示结果的解读和搜索引擎优化的影响因素。
3. 熟练掌握搜索引擎有哪些链接方式和收费模式。
4. 掌握用户浏览搜索结果行为。
5. 熟练掌握搜索引擎营销的特点和关键词的选择。

电商卖家如何挖掘转化高、排名强的长尾关键词?

在高搜索量的关键词上展开竞争,提升自己的排名,是许多卖家的既定打法。但与这些关键词的高搜索量相伴而来的是竞争难度太大。那么,为什么不换个思路,去寻找竞争力较弱,又能够带来流量和收入的关键词呢?你不妨尝试进行一些调研,看看是否可以利用长尾关键词(long tail keyword)从中获利。

什么是长尾关键词

长尾关键词是指那些非目标关键词,但与目标关键词相关的组合型关键词,它们通常由2~3个词组成,甚至是短语(图6-1)。长尾关键词是长尾理论在关键词研究上的应用,它体现了"细和长"的特点,即市场份额虽小但数量众多,累积起来可占据市场中可观的份额。这些长尾关键词的特征是比较长,存在于内容页面中,除了标题之外,也出现在文章内容里。长尾搜索词的运用不是非常广泛,通常具有较低的搜索量和不稳定性。但它们搜索目的性更强,带来的客户转化率比目标关键词高很多。

举个例子,短尾关键词可能是一个词或两个词。例如:"thermostat"(恒温器)或"Wi-Fi thermostats"(Wi-Fi温控器)。长尾关键词可能是"Honeywell Wi-Fi Thermostat RTH6580WF"这款产品,它可能是客户面临的问题,如"control thermostat with smartphone"(用智能手机控制恒温器)。

为什么电商卖家会忽略长尾关键词

新手卖家容易犯的一个错误是忽略或放弃长尾关键词,因为他们认为长尾关键词每月偏低甚至几乎为0的搜索量,等于不会带来流量。但这其实是错的,长尾搜索查询的转化效果很好,因为与主词相比,它们处于销售漏斗的下方,面对广泛的客户。搜索"Wi-Fi温控器"的人可能会四处逛逛并比较型号,而搜索特定品牌或型号的人更有可能作出购买

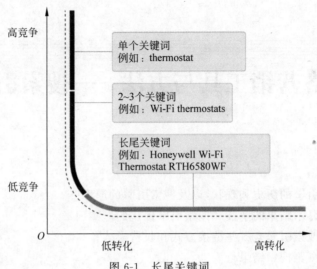

图 6-1   长尾关键词

决定。这些搜索行为背后体现出了客户不同的搜索意图。

何为搜索意图？为了使长尾关键词或短尾关键词更好地转化，非常重要的一点是你需要关注客户的意图。也就是说，你在选择关键词时，需要考虑客户搜索某一关键词的原因以及他们真正想找、想要的东西。

了解关键词搜索意图的一种简单方法是：在谷歌中输入该关键词，然后查看搜索结果的第一页。可以说，首页显示的结果一定是最符合用户搜索意图的。假设你认为有购买意愿的人会输入"vegan makeup"（素颜妆）之类的关键词。但是，出现的搜索结果却可能是一些杂志和素颜化妆品牌的榜单，并不是某个电商商店。因此，你可以得出一个判断，对于搜索"素颜妆"这样的短尾关键词的人，目前更可能处于产品研究阶段，但还没有打算购买任何化妆品。然而，长尾关键词体现出的购买意图则更为明确，特别是它们还包含商标（trademark）的情况下。例如，在搜索框输入"tarte maneater mascara"（睫毛膏），呈现的搜索结果则是能买到这一产品的店铺。因此，你的长尾关键词对于产品和类目页面的排名非常重要。

怎样寻找长尾关键词

针对长尾关键词的调研通常包括以下几个步骤。

（1）在 Google Search Console 中查看你的网站。

（2）按点击量排序，以查找与网站排名最相关的搜索词。

（3）有没有没有点击量的关键词？（如果你确定了一个候选长尾关键词，你就可以为其优化现有页面，或者如果你的网站尚未对其排名，则创建针对该关键词的内容。）

（4）在诸如 Ahrefs 或 Semrush 之类的关键词工具中进行研究。

（5）按搜索量排序，然后将关键词填入电子表格中，以将其与针对这些搜索词排名的页面进行匹配。

（6）在搜索结果中手动检查每个关键词，以确保其与客户的搜索意图匹配。（如果人们输入这个关键词的目的是寻找博客文章，那么这个关键词将不是你优化产品页面的依据；反之亦然）。

（7）通常，你可以在该页面的前 6 个关键词中找到长尾关键词，并将对其进行优化。

以下是找出长尾关键词的其他方法。

（1）Google Keyword Planner（谷歌关键词规划师）：它会显示哪些长尾关键词具有商业价值，但通常它提供的结果比较少。

（2）Google Suggest（谷歌建议搜索）和"People Also Ask"（其他人还在问）也可以帮助你获得一些长尾关键词思路。你只需输入并查看自动补充的选项。

（3）Google Ads Search Term Report（谷歌搜索词报告）：它将向你显示搜索触发了哪些广告。有时，你会发现一些用户输入你意料之外的相关长尾关键词，而你的广告却出现了。

（4）关键词研究工具：Ubersuggest、Moz、Semrush 和 Ahrefs 都有庞大的关键词数据库。输入一个主词（短尾关键词），然后从这些工具显示的相关关键词中找出长尾关键词。即使你看到长尾关键词每月搜索量少于 10 次，你也至少会获得两次点击，而这对于长尾词的排名是非常见效的，你可以从中获得大量流量。

（5）亚马逊：亚马逊本身就是电商长尾关键词的重要来源。

如果你是亚马逊卖家，那么你可以使用亚马逊搜索词报告来查看进入你的产品页面的用户用了哪些关键词。然后，你可以将这些关键词添加到自己的网站上的 listing 和产品页面中。同样，人们可能还会在谷歌中输入相同的关键词。此外，与谷歌一样，亚马逊会在你开始输入时为你提供搜索建议。你可以将你在谷歌、亚马逊和其他搜索引擎的搜索建议与"Keywords Everywhere"之类的工具对照，以快速得出关于这些关键词的大数据。

资料来源：电商卖家如何挖掘转化高、排名强的长尾关键词？［EB/OL］.（2020-02-20）. https://www.cifnews.com/article/60890.

6.1　搜索引擎的现状

Google 的名字来自"Googol"一词，指的是 10 的 100 次幂，代表互联网上的海量资源。百度的名字来自辛弃疾的词"众里寻他千百度"。不管是谷歌还是百度，它们的创始人在为企业命名时，都不约而同地认为搜索引擎将成为海量信息检索的有效工具。今天互联网所创造的数据量比它们创业时更加巨大，用户要想找到自己所需要的信息犹如"大海捞针"，搜索引擎的地位也自然更加重要。

我们可以从两个不同的角度来理解搜索引擎。从技术角度看，搜索引擎是根据一定的策略、运用特定的计算机程序收集互联网上的信息，对信息进行组织和处理后显示给用户，即为用户提供检索服务的系统。从用户的角度看，搜索引擎提供一个搜索框页面，在输入要搜索的关键词（关键字）并提交后，搜索引擎就会返回与输入内容相关的信息列表。

拓展阅读 6-1　搜索引擎的历史回顾

1. 全球搜索引擎市场现状

来自 Statcounter 的统计数据显示,2023 年底,谷歌搜索在全球搜索引擎市场占有率高达 91.55%左右。谷歌之所以成为最受欢迎、最值得信赖的搜索引擎,是因为谷歌始终能使用复杂的算法向用户提供最准确的结果。全球排名第二的是微软的 Bing 搜索,市场占比 3.11%左右。尽管 Bing 是 Windows PC 上的默认搜索引擎,也是谷歌的最佳替代者,但是它的市场份额与谷歌无法相比。2023 年,由于 ChatGPT 接入 New Bing 搜索,所以占比有所上升。第三名是 Yandex,占比 1.83%,是俄罗斯以及周边地区的老牌搜索引擎。雅虎(Yahoo)搜索引擎以 1.21%左右的市场份额排名第四,雅虎搜索是由必应独家提供的。百度搜索的全球市场份额在 1.02%左右,是中国最受欢迎的搜索引擎。尽管百度在全球范围内都可以访问,但它只提供中文版本。DuckDuckGo 搜索引擎市场份额约为 0.54%。DuckDuckGo 没有自己的数据,它依靠其他来源(如 Yelp、Bing、Yahoo)来回答用户的问题,是主打隐私的搜索引擎,上升速度快而且用户群体稳定。其余搜索引擎的市场份额更少。

2. 中国搜索引擎市场规模

截至 2023 年 12 月,我国搜索引擎用户规模达到 8.26 亿,使用率为 75.7%(图 6-2)。在各种网络应用的排名中,即时通信仍然保持较高的使用率——97%,但是已经退居第二位。近几年,网络视频(包括短视频)发展迅猛,成为使用率最高的应用,使用率为 97.7%,跃升第一位。其他如网络支付和网络购物普及速度也很快,也超过了搜索引擎的使用率,但是搜索引擎仍是中国网民的基础互联网应用。手机搜索用户规模年增长速度一直快于搜索引擎领域整体,手机搜索使用率的增长幅度很大。

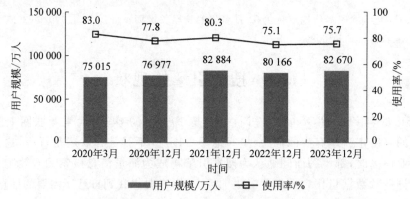

图 6-2 2020 年 3 月—2023 年 12 月中国搜索引擎用户规模和使用率
资料来源:中国互联网络信息中心(CNNIC)。

3. 综合搜索引擎品牌渗透率

央视市场研究(CTR)的研究显示,2023 年中国传统搜索引擎市场中百度、360、搜狗三家搜索引擎占据着主导地位,用户渗透率位列行业前三,品牌格局较为稳定。

从搜索使用端来看,PC 端已呈现稳固的"三强"格局。百度搜索月活行业渗透率为 64.1%,稳居 PC 端行业第一;360 搜索为 36.3%,搜狗搜索为 31.3%,分列二、三位。而从移动端来看,搜索平台呈现明显的梯队化特征,百度的移动端用户渗透率达到 88.4%,独占第一梯队。而神马搜索为 21.2%,360 搜索为 12.0%,夸克搜索为 11.2%,这几个搜索平台的用户行业渗透率超过 10%,位列移动端第二梯队。悟空搜索为 1.8%,搜狗搜索为 0.8%,渗透率较低,位于第三梯队。总体来说,百度在搜索行业知名度被用户认可,360 安全可靠的形象独具一格。

随着生成式 AI 技术在搜索领域的应用,用户搜索内容的结果,从以前的关键词模糊反馈转变为可对话式的精准反馈,极大地提升了用户搜索效率和内容结果的价值,未来该技术将成为搜索引擎行业各品牌打造竞争力的关键。另外,未来搜索引擎平台的内容竞争趋势依旧,由于各搜索引擎平台纷纷在加强自建信息资源的保护,所以垂直内容商的优质内容资源成为扩充平台信息资源和抢占搜索市场的关键。搜索平台和短视频类、资讯类、电商类、社交类等垂直内容商的合作,有利于打破搜索内容壁垒,为用户提供更加丰富多元的内容资源。

6.2　搜索引擎的功能和收费模式

6.2.1　搜索引擎的原理

当用户查找某个关键词的时候,所有在页面内容中包含该关键词的网页都将作为搜索结果被搜出来。在经过复杂的算法进行排序后,这些结果将按照与搜索关键词的相关度高低,依次排列,呈现给用户,供用户选择。用户看不到搜索引擎的后台为处理数据和用户查询所进行的大量工作。要想知道搜索引擎是如何工作的,就需要了解搜索引擎的工作原理(图 6-3)。

(1)爬行和抓取。搜索引擎派出一个能够在网上发现新网页并抓文件的程序,这个程序通常称为蜘蛛(spider)。搜索引擎从已知的数据库出发,就像正常用户的浏览器一样访问这些网页并抓取文件。搜索引擎通过这些爬虫去爬互联网上的外链,从这个网站爬到另一个网站,去跟踪网页中的链接,访问更多的网页,这个过程就叫爬行。这些新的网址会被存入数据库等待搜索。所以跟踪网页链接是搜索引擎蜘蛛发现新网址的最基本的方法,反向链接成为搜索引擎优化的最基本因素之一。搜索引擎抓取的页面文件与用户浏览器得到的完全一样,抓取的文件存入数据库。

(2)建立索引(index)。蜘蛛抓取的页面文件分解、分析,并以巨大表格的形式存入数据库,这个过程即是索引。在索引数据库中,网页文字内容,关键词出现的位置、字体、颜色、加粗、斜体等相关信息都有相应记录。

(3)搜索词处理。用户在搜索引擎界面输入关键词,单击"搜索"按钮后,搜索引擎程序即对搜索词进行处理,如中文特有的分词处理,去除停止词,判断是否需要启动整合搜索,判断是否有拼写错误或错别字等情况。搜索词的处理必须快速。

(4)排序。对搜索词处理后,搜索引擎程序便开始工作,从索引数据库中找出所有包含搜索词的网页,并且根据排名算法计算出哪些网页应该排在前面,然后按照一定格式返回到"搜索"页面。

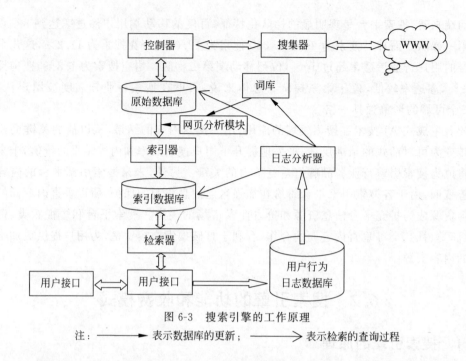

图 6-3　搜索引擎的工作原理

注：——→ 表示数据库的更新；——→ 表示检索的查询过程

再好的搜索引擎也无法与人相比，这就是为什么网站要进行搜索引擎优化。没有 SEO 的帮助，搜索引擎常常并不能正确地返回最相关、最权威、最有用的信息。

6.2.2　搜索引擎的分类和功能

1. 搜索引擎的分类

我们可以根据不同的标准对搜索引擎进行分类。根据其使用特点和用途分为大型综合类搜索引擎、专用搜索引擎、购物搜索引擎等。根据用户的地域范围划分为：国际综合大型搜索引擎，如谷歌、雅虎、Excite 等；中国内地/简体中文（GB 码）搜索引擎，如百度、360、搜狗等。目前，应用最广泛、认可度最高的是从技术上对搜索引擎进行分类。下面简要介绍从技术上对搜索引擎划分的三种类别。

1）全文搜索引擎

全文搜索引擎是基于机器人或搜索蜘蛛技术发展而来的搜索引擎，主要有谷歌、百度、Lycos、Excite 等。全文搜索引擎的自动信息收集功能分两种：一种是定期搜索，即每隔一段时间（如 Google 一般是 28 天），搜索引擎主动派出"蜘蛛"程序，对一定 IP 地址范围内的互联网站进行检索，一旦发现新的网站，它会自动提取网站的信息和网址加入自己的数据库。另一种是提交网站搜索，即网站拥有者主动向搜索引擎提交网址，它在一定时间内（两天到数月不等）定向向你的网站派出"蜘蛛"程序，扫描你的网站并将有关信息存入数据库，以备用户查询。由于搜索引擎索引规则发生了很大变化，主动提交网址并不保证你的网站能进入搜索引擎数据库，因此目前最好的办法是多获得一些外部链接，让搜索引擎有更多机会找到你并自动将你的网站收录。

当用户以关键词查找信息时，搜索引擎会在数据库中进行搜寻，如果找到与用户要求内容相符的网站,便采用特殊的算法——通常根据网页中关键词的匹配程度,出现的位置/频次,链接质量等——计算出各网页的相关度及排名等级,然后根据关联度高低,按顺序将这些网页链接返回给用户。

2) 目录索引

目录索引,顾名思义,就是将网站分门别类地存放在相应的目录中,因此用户在查询信息时,可选择关键词搜索,也可按分类目录逐层查找。如以关键词搜索,返回的结果跟搜索引擎一样,也是根据信息关联程度排列网站,只不过其中人为因素要多一些。

基于目录式搜索发展而来的搜索引擎,主要有雅虎、网易、Open Directory、AltaVista等。与全文搜索引擎相比,目录索引有许多不同之处。

(1) 全文搜索引擎属于自动网站检索,而目录索引则完全依赖手工操作。用户提交网站后,目录编辑人员会亲自浏览你的网站,然后根据一套自定的评判标准甚至编辑人员的主观印象,决定是否接纳你的网站。如果审核通过,你的网页才会出现在搜索引擎中,否则不会显示。

(2) 全文搜索引擎收录网站时,只要网站本身没有违反有关的规则,一般都能收录成功。而目录索引对网站的要求则高得多,有时即使登录多次也不一定成功。

(3) 在登录全文搜索引擎时,我们一般不用考虑网站的分类问题,而登录目录索引时则必须将网站放在一个最合适的目录。

(4) 全文搜索引擎中各网站的有关信息都是从用户网页中自动提取的,所以从用户的角度看,我们拥有更多的自主权;而目录索引则要求必须手工另外填写网站信息,主动权并不在用户。如果工作人员认为你提交网站的目录、网站信息不合适,他可以在未经过你同意的情况下,随时对其进行调整。

目前,全文搜索引擎与目录索引有相互融合渗透的趋势。原来一些纯粹的全文搜索引擎现在也提供目录搜索。

3) 元搜索引擎

元搜索引擎(meta search engine)不是一种独立的搜索引擎,它最显著的特点是没有自己的资源索引数据库,是架构在许多其他搜索引擎之上的靠协同模式发展而来的搜索引擎。元搜索引擎较为有名的是 DuckDuckGo。元搜索引擎在接受用户查询请求时,可以同时在其他多个搜索引擎中进行搜索,并将其他搜索引擎的检索结果经过处理后返回给用户。元搜索引擎为用户提供一个统一的查询页面,通过自己的用户提问预处理子系统将用户提问转换成各个成员搜索引擎能识别的形式,提交给这些成员搜索引擎,然后把各个成员搜索引擎的搜索结果按照自己的结果处理子系统进行比较分析,去除重复并且按照自定义的排序规则进行排序,返回给用户。

2. 搜索引擎的功能

对于企业和经营管理者来说,搜索引擎的功能主要体现在以下三个方面。

1) 作为企业市场信息发现的工具

企业的营销决策需要建立在一定的信息基础上。网络市场中的信息量大,变化迅速,搜索引擎可以帮助企业快速发现信息的变动,把握市场机会。管理人员可以利用搜索引擎获得以下信息:市场供给信息,如供货商和原材料货源信息等;市场需求信息,如消费者需求量的变化和偏好的转变等；市场竞争信息，如竞争者市场活动信息；生产设备、技术、知识和使用经验等信息；企业人员、机构、财务、咨询等相关信息。

2）增强企业信息检索的能力

在网络时代，信息大量地充斥于网络世界中，信息本身已经不是廉价稀缺的，如何能找到自己需要的信息成为关键。现在，稀缺的不是信息，而是信息检索的能力。搜索引擎的使用可能增强企业的信息检索能力，有效的查询方法更能达到事半功倍的效果。任何一个搜索引擎，在技术和信息分布方式等方面都有自己的特点，是否选择了合适的搜索引擎会影响信息查询的效率和效果。有时使用单个搜索引擎的查询也有局限，需要选择不同搜索引擎来查询，然后综合比较查询结果。为了获取足够和准确的信息，还需要根据不同的需求和搜索目的使用不同的关键词或关键词组合来查询。

3）作为营销信息传播的工具

在网络市场上，消费者和企业的信息传递是双向的。消费者通过搜索引擎寻找商家，企业通过搜索引擎广告(SEA)引导顾客主动来找企业。消费者通过搜索引擎接触到企业从不同媒体发出的信息，企业也可以利用网络技术来整合多种媒体的营销传播过程，使其按照一个声音说话。

6.2.3　链接方式和收费模式

1. 链接方式

搜索引擎运营商提供的链接方式主要有以下几种。

(1) 免费链接。不收取任何费用，允许企业自行将其域名等进行链接注册，在为企业提供有限服务的同时，也为运营商增加了信息资源。

(2) 付费购买链接关键词。利用关键词链接查询优化或登录分类目录。

(3) 购买关键词定位广告(AdWords)或通栏广告。

(4) 链接关键词或关键词定位广告按用户竞价排序排名。所谓的竞价排名是指由顾客为自己的网页购买关键词排名，按点击计费的一种服务。网站付费后才能出现在搜索结果页面，付费越高者排名越靠前。

2. 收费模式

链接的收费模式主要有以下四种。

(1) 按点击率收费(pay-per-click，PPC)，即有人点击才收费，而且是按竞价排名位置和实际点击的次数来收费。

(2) 按实际看到率收费，即按有多少人访问该页面并实际看到企业的信息(或广告)来收费。

(3) 按关键词定位广告位置竞价排名收费。如果对于某个重要的关键词，众多企业都希望在它下面做广告，那么谁放在第一个，谁排在最好的位置，谁先谁后，就成了运营商可以用来赚钱的资源。通常运营商会采取让企业参与竞价的方法，通过竞争决定排名。百度的竞价规则是，起价为每点击一次收费 0.3 元，每叫价一次加 0.3 元。在一些高附加值、专业性强和业务转化率高的行业，在美国竞价高达每点击一次收费十几美元。

(4) 按页面、关键词热度固定比例收费。运营商通常都会定期公布关键词点击统计，目的是告诉企业哪些关键词受市场关注度最高。在不同热度的关键词页面上,广告费用会有很大的区别。于是,运营商也会按关键词热度和广告在页面所占的位置比例收取费用。

目前市场上,前两者是最受企业青睐的付费模式。

6.3　搜索用户的行为分析

6.3.1　搜索结果显示格式

1. 常规搜索结果列表

用户在搜索引擎搜索框中输入关键词,单击搜索按钮后,搜索引擎在很短时间内返回一个搜索结果页面。图 6-4 所示为百度的搜索结果页面,它就是常规的搜索结果页面排版格式。

页面搜索框下面是垂直搜索链接,用户点击后可以直接访问图片、视频、地图等搜索结果。搜索框右下方显示满足搜索关键词的结果总数,如图 6-4 中所显示的 72 500 000 条结果。这个搜索结果数是研究竞争程度的依据之一。

自然搜索结果的下面标注为“推广链接”的三个结果重复出现,内容与页面顶部完全相同。其下则显示相关搜索。搜索引擎根据用户搜索数据,列出相关的其他搜索词。

页面右侧顶部及左侧底部的广告,并不是每次搜索有广告商竞价时都会出现,只有点击率和质量分数达到一定水平的广告才会出现在左侧顶部或底部。

百度搜索结果的右侧比左侧略微复杂。右侧并没有明确的自然搜索的结果,而是分类显示结果。右侧上部多以图片为主,“其他人还搜”则混杂有广告的图片,有时难以区分;“相关产品”的图片为广告无疑,而其下面的“尚书人物”也混杂有广告;“高端产品在这里”提供的是网友搜索自动排序生成的问题,同时给出关注点和关注热度;右侧最下面的带有“推广链接”的一系列结果是广告无疑。右侧的搜索结果呈现形式也在不断变化。

推广信息出现的位置,即推广信息出现在何处,是由出价和质量度共同决定的。高质量、高度吻合网民搜索需求的推广结果,将优先展示在首页左侧,余下的结果将依次展现在首页及翻页后的右侧。

百度搜索结果页面与 Google 大致相同,区别在于广告部分的显示方法,谷歌的搜索结果中,广告相对明显一些。

页面主体有两部分最为主要:一是广告,二是自然搜索结果。图 6-4 中,页面左侧最上面的三个结果,以前标注为“推广链接”,现在往往明确标注为广告,左上面最多 3 个广告。通常每个页面会列出 10 个自然搜索结果,有的显示“百度快照”字样。搜索广告是由广告商针对关键词进行竞价排名的结果,广告显示广告商无须付费,只有搜索用户点击广告后,广告商才按竞价价格支付广告费用。

2. 经典搜索结果列表

我们再来看看每一个搜索结果页面的展现格式。图 6-5 所示为百度的经典搜索结果列表,主要分三部分。

图 6-4　百度的搜索结果页面

图 6-5　百度的经典搜索结果列表

第一行是页面标题,通常取自页面 HTML(超文本标记语言)代码中的标题标签(title tag)。这是结果列表中最醒目的部分,用户单击标题就可以访问对应的网页。所以页面标题标签的写法,无论对排名还是点击率都有重要意义。

第二行、三行、四行是页面说明。页面说明有的时候取自页面 HTML 中的说明标签(description tag),有的时候是从页面可见文字中动态抓取相关内容。所以显示什么页面说明文字是用户查询时才决定的。

最后一行显示三个信息。最左侧是网址和百度数据库中页面最后更新的日期,用户可以看到页面来自哪个网站,以及目录、文件名信息。

然后是百度快照链接,用户可以单击百度快照,查看存储在百度数据库中的页面内容。有的时候页面被删除或者有其他技术问题不能打开网站时,用户至少还可以从百度快照中查看想要的内容。用户所搜索的关键词在标题及说明部分都用红色高亮显示,用户可以快速地看到页面与自己搜索的关键词相关性如何。如图 6-5 中的"机械手表"四个字。

Google 经典搜索结果列表与百度大致相同。

3. 整合搜索结果

随着大家对信息的要求越来越多样化,搜索引擎也一直在寻求改变,除了标准的网页显示和经典的显示结果,还整合多种搜索结果,如把图片、新闻、网页混合在一起显示,往往能满足多元化的需求。这就要求企业在做网站时最好通过更多的方式来展现给用户。百度的整合搜索结果如图 6-6 所示。

4. One-box

某些关键词会触发 Google One Box 结果,直接在搜索结果页面上显示相关信息,用户不用点击到其他网站上查看。百度同样具有显示这种搜索结果的功能。图 6-7 显示搜索"万科 A"时显示的股票实时行情的 One Box。

6.3.2　用户怎样浏览和点击搜索结果

用户搜索关键词后,搜索引擎通常返回 10 个结果。用户对这 10 个结果列表的浏览和点击有很大差别。本节介绍用户在搜索结果页面上的浏览方式,包括目光关注度及点击的一些研究。

1. 搜索结果页面

页面浏览最主要的研究方法是视线跟踪(eye-tracking),使用特殊的设备跟踪用户目光在结果页面上的浏览及点击数据。

图 6-6 百度的整合搜索结果

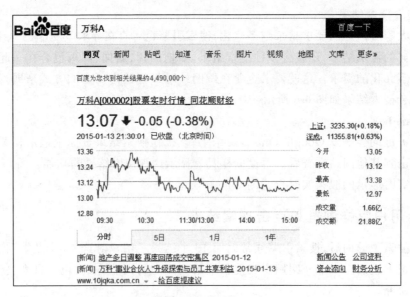

图 6-7 One Box

　　杰柯伯·尼尔森是美国长期研究网站可行性的网站设计工程师。2006 年 4 月，他发表一项名为《眼睛轨迹》的研究报告。报告发现，人们大多不由自主地以"F"字母形状的模式来阅读网页。尼尔森指出,网页的阅读模式和人们从学校里养成的读书习惯迥异,这份研究报告是从 232 名读者阅览几千张网页的实验中得出的结论。研究发现,读者的阅读行为在浏览不同性质的网站和肩负不同的阅读任务时都表现出基本上恒定的习惯。这种压倒性的阅读就宛如英文字母 F 的形状,并且包括以下三个方面。

(1)读者的眼睛首先是水平运动,常常是扫过网页内容的最上半部分。这样就形成了一条横向的运动轨迹,这是 F 字母的第一条横线。

(2)读者的眼光略微下移,很典型地扫描比第一步范围较小的区域。这就又画了 F 字母的第二条横线。

(3)读者朝网页左边的部分进行垂直扫描。有时候,这个行为会很慢而且很有系统性,这样画了 F 字母中的那条竖线。

尼尔森的 F 形状网页浏览模式也就是网民浏览网页的视觉原理。F 形状网页浏览模式对网页设计甚至业务流程的页面组织都具有重大的意义,这就是网页的设计和推广要考虑的五个重要方面。

(1)读者不会非常仔细地一个字、一个字看网页的内容,很少有人通篇都看。所以,每页不一定要填充非常多的内容,也就是说,每个网页不要过长。

(2)网页的头两段非常重要,读者基本上最关注这个部分。所以,这两段的写作好坏能直接影响读者是否有兴趣继续停留在此页面获取信息。

(3)将重要的关键词尽可能地及早在标题、副标题和段落的前部显示给读者。这个安排内容的方法对搜索引擎也同样重要,因为搜索引擎的阅读方式在迎合人的阅读习惯。搜索引擎对网页的标题和前面段落非常重视,所以,网页的优化要充分考虑这一点。

拓展阅读 6-2　搜索结果金三角图像

(4)人们对搜索引擎,如 Google 的搜索结果页面的浏览也是 F 形的。

(5)搜索引擎竞价广告,除非能被放在搜索结果页的最顶端和右边广告区的前两位,否则无法得到搜索者的关注。然而,获取最顶端和右边前两位,往往点击费用很昂贵。即便如此,它们受人关注的效果还不如自然排名的前两位。

2. 搜索引擎用户广告识别和接受度

目前,搜索引擎仍然是互联网广告市场中最成熟的商业模式,相关企业营业收入一直处于强劲增长态势。网络购物市场快速发展,由网络零售平台开放业务带来购物搜索的广告收入规模也不容小觑,淘宝及天猫、京东、亚马逊等平台的广告收入占比逐年增加。

1)搜索用户对主要广告位的识别

搜索引擎页面主要有 6 个广告位,分别对应于图 6-8 中的 1 号位置到 6 号位置,各广告在页面中的具体位置介绍如下。

1 号位置:位于页面顶部的广告位。

2 号位置:位于页面右侧顶部的广告位。

3 号位置:位于页面中间偏上位置的广告位。

4 号位置:位于页面右侧中间位置的广告位。

5 号位置:位于页面中部的广告位。

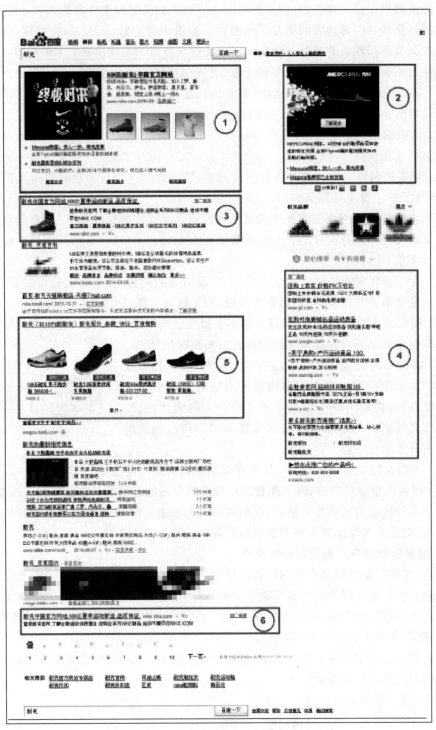

图 6-8　中国搜索引擎页面主要广告位

资料来源：艾瑞咨询.2014 年中国搜索引擎用户行为研究报告[R].2014.

6 号位置：位于页面底部的广告位。

调研数据显示，超过五成的用户能够识别出搜索页面中的品牌专区、百度微购、顶部及右侧的关键词广告，其中有 63.5％的用户能够识别出右上侧的图片展示广告（2 号位置），这一部分的广告为用户识别度最高的广告。底部关键词广告（6 号位置）的用户识别度最低，但也达到了 46.2％，这表明中国搜索引擎用户对搜索广告的整体识别度较高。

调研数据显示搜索引擎广告拥有比较高的点击率，在看到 6 个主要广告位后采取实际行动（如点击）的用户占比均在 8％以上，其中有 17.7％的用户在看到品牌专区后会采取实际行动，有 30.2％的用户在看到品牌专区后会仔细阅读，这表明品牌专区是各类搜索广告形式中用户点击率最高的广告形式。

2）搜索引擎用户对广告接受度

目前搜索广告在用户中已经拥有了较为普遍的认知度。数据显示，在使用搜索引擎时，意识到结果中含有广告的用户占比达到 94.1％，仅有 5.9％的用户没有意识到搜索结果中包含广告。从用户对于搜索广告的辨识情况来看，88.3％的用户可以在使用搜索引擎时对广告和自然搜索结果进行辨别，仅有 11.7％的用户表示不能辨识搜索广告。

用户对搜索引擎广告的信任程度不高，明确表示信任的用户占比不足 6％，而有接近 1/3 的用户对搜索引擎广告非常不信任。搜索引擎虚假、诈骗广告引发的不良事件近些年屡见不鲜，尤其是医疗健康领域虚假广告频现，个别国家明令禁止或限制的广告类别也会出现在搜索结果中，对消费者的搜索引擎使用体验造成了不良影响。对此，部分搜索引擎提供了网站信用认证服务、建立消费者赔付机制，以保障消费者合法权益，全力营造可信的信息搜索环境。

6.4　搜索引擎营销

搜索引擎营销是一整套的技术和策略系统，用于引导更多的访问者从搜索引擎中寻找商业网站。搜索引擎营销是基于搜索引擎平台的网络营销形式，根据用户使用搜索引擎的习惯，在用户检索信息时将营销信息传递给目标顾客。搜索引擎营销策略通常会出于以下两个目的：一是引导有需求的顾客主动来找；二是整合企业的多媒体营销传播过程。前者是从顾客和市场角度考虑问题，后者是从企业自身营销传播的角度来考虑问题。企业的搜索引擎营销就是要设法整合这两个部分，进而达到更好的营销传播效果。

6.4.1　搜索引擎营销的过程

企业搜索引擎营销策略的制定过程如图 6-9 所示。

第一阶段要考虑的问题是：企业的网络营销和搜索引擎营销应该"给谁看"。这需要企业细分市场，确定营销的目标顾客群及其特点等。

第二阶段是从顾客角度来思考"顾客为什么要查"。一般有三种原因：①自身生活或工作的需要；②受企业营销策划和宣传的启示；③受现实环境的激发。企业应该从这三个角度选择关键词和搜索载体。

第三个阶段是研究"顾客会通过什么渠道（习惯用哪些搜索引擎）或什么方式（可能会

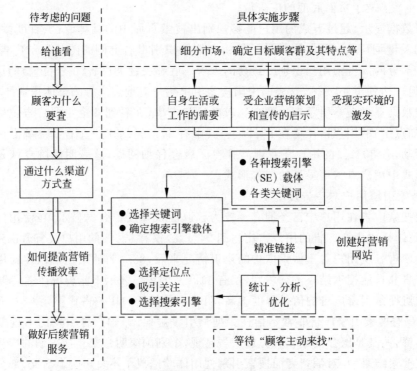

图 6-9   企业搜索引擎营销策略的制定过程

用哪些关键词)查"。这是企业开展 SEM 的基础。

第四个阶段是根据前面的分析,选择关键词,确定搜索载体,精准链接,统计、分析、优化,创建好营销网站等。

这四个阶段工作都做好了,企业的多媒体营销传播得到整合,则可坐等顾客上门,真正达到"顾客主动来找"的营销目的。

6.4.2   搜索引擎营销的特点

1. 受众广泛且针对性强

中文搜索引擎每天响应 50 亿次搜索请求,如此庞大的潜在顾客群体,即使搜索某个关键词的比例很小,并且产生较低的实际交易比例,由某个关键词带来的销售量也会是一个很大的数量。

除了庞大的潜在顾客群,搜索引擎营销最大的特点是针对性强。传统营销虽然极力拓宽渠道,加强对潜在顾客的接触,但是转化率还是比较低。搜索引擎可以通过关键词帮你锁定有需求的顾客。当企业选定自己希望推广的关键词,企业的推广信息就会出现在搜索这些关键词的潜在顾客面前。还可以通过地域筛选、时间筛选,帮企业锁定最需要的顾客。通过将企业的推广信息,按设定的地域、时间进行投放,精确覆盖特定地区、特定时间段的潜在顾客。顾客主动搜索相关的信息,看到信息后主动寻找企业,因此用户更有可能转化为消费者。

从庞大的潜在群体中精准地区分目标顾客群体,这是搜索引擎的价值所在,也是搜索引擎营销持续存在和成长的关键。

2. 方便快捷

搜索引擎的开户流程方便快捷。

第一步,注册。你可以通过电话、在线申请等方式与百度取得联系。

第二步,咨询。专业顾问会主动致电你,提供网络营销咨询服务,解答你的疑问。

第三步,签订合同。你将获得一个百度推广账号,登录系统后台即可提交推广方案,开始在百度进行推广。

第四步,上线推广。推广方案审核通过,就可以在百度进行推广了。

这个过程中所需要的推广方案也是简洁明了的。只需要编辑好相关的广告内容和选择好关键词,然后为这些关键词购买排名。在向搜索引擎提交竞价广告时只需要填写一些公司名称、账户、关键词和着陆页等必要信息就可以发布了。只要事先准备好,这个过程只需要几个小时,甚至几分钟的时间就可以完成。当用户在搜索这些关键词时,就会看到排名较前的公司促销广告的链接。

搜索引擎营销更新也很方便。搜索引擎营销不仅可以对很多浏览者产生作用,而且在促销活动结束时也可以很快地删除公司促销广告的链接,不会有任何滞后反应。新的促销信息的发表更是非常方便,只要添加一个全新的页面,在人气和流量较高的页面中添加指向该页面的链接即可。

3. 投资回报率高

企业营销活动希望用最少的钱达到最好的宣传和推广效果,也就是获取最高的投资回报率。在北美和欧洲的市场上,搜索引擎通常被认为是比网页广告更为有效的方式,企业对搜索引擎的投资回报率也表示满意。

搜索引擎营销的门槛低,几千元就可以做推广。开户费用:预存推广费用 6 000 元＋服务费(预存推广费和服务费根据地区情况可能有所变动,具体费用由顾客和服务提供方另行约定)。计费模式:按点击效果计费,展现免费,推广企业可以拥有海量的免费展现机会。

搜索引擎可以帮助企业迅速提高销售额。数以万计的百度推广顾客用亲身的体验证明,百度推广低投入、高产出,可以帮助企业在短时间内迅速提升销售额。可以帮助企业扩大品牌知名度。通过百度,企业将有更多公平的机会与业内公司、国际性大公司同台竞技,获取顾客关注,扩大品牌知名度,可以带来更多的电话咨询和网站流量。使用百度推广,可促使潜在顾客主动给企业打电话,为企业带来更多订单。

4. 可控性强

搜索引擎营销的可控性主要体现在四个方面:对广告内容、广告时间、广告成本和无效点击的控制。

第一,内容是由搜索引擎广告商自己控制的,广告商有自己修改和优化广告内容的权限,这些对于广告商非常重要。因为广告发布本身是一个不断测试的过程,广告商如果在运行中发现什么问题或者有需要改动的地方,就可以随时修改广告内容,大大提高了广告的反馈效率,增强了广告的投放效果。

第二,广告商可以选择最合适的时间投放自己的广告,就好像电视广告商选择黄金时间段投放广告一样。这对一些产品和服务具有明显周期性的广告商很有好处,不但可以节约成本,而且可以大大提升广告效果。

第三,对广告成本的控制是基于每次点击付费(CPC)的付费方式。广告商花在搜索引擎营销上的成本可以很简单地由点击量和 CPC 的价格得到。自主出价,实际每次点击费用取决于你为关键词设定的出价、关键词的质量和排名情况。还可以根据企业的需要设置分地域、分时段投放,设置每日、周推广花费上限,合理管理你的预算。

第四,过滤各种无效点击。百度专业的过滤系统会通过数十个参数和诸多复杂算法分析多项数据以及搜索用户的历史行为判断是否为正常点击,一旦被判断为无效点击,则该点击将被过滤而不计费,后台可直接查看无效点击报告,其中主要包括以下几种无效点击:你的竞争对手由人工或作弊软件产生的点击;其他公司抓取百度网页等行为产生的无意点击;由于人为双击、浏览器刷新等原因导致的连续多次点击。

6.4.3　搜索引擎营销的实现方式

(1) 付费链接/竞价排名(paid placement):通过诸如 Google AdWords 和百度竞价排名这类广告服务将内容广告在搜索引擎上通过关键词搜索显示出来,有时多指"付费搜索"、"点击付费"广告和"竞价排名"广告。

(2) 内容定向广告(contextually targeted text Ads):显示在搜索联盟成员的内容站点而不是搜索站点的广告。例如通过诸如 Google AdSense 和 Yahoo Search "content Match"这类程序搜索到的新闻文章、博客等。

(3) 付费收录(paid inclusion):通过向搜索引擎和类似黄页站点付费的行为,某个网站和网页能够被收录到服务器的索引信息中,但是不需要被显示在搜索结果列表上的某个特殊位置,如最早有雅虎搜索的"Site Match"。

(4) 搜索引擎优化:通过了解搜索引擎的运作规则来调整网站,以期提高目的网站在有关搜索引擎内排名。

6.5　关键词营销策略

搜索引擎的关键词是指用户搜索产品或信息时使用的特定词,这些词可以将用户直接带到企业的站点。企业选择和使用关键词不是一劳永逸的,必须进行持续研究。这一方面是来自市场变化的需要,企业前期网站创建和推广时得到的关键词,需要随着人们搜索兴趣的变化而调整。每天产生的大量新网站也会在一些关键词上与你的网站竞争,分散你的流量,挑战你的优势。另一方面,企业对已经采用的关键词也需要进行管理,根据关键词产生的流量和转化率的不同,对其成效进行分类监督。既有很多流量又有很高转化率的关键词,将成为核心关键词;有很多的流量但是没有高的转化率的关键词,可以倾向于品牌展示;有很少的流量但有很高的转换率的关键词,将成为重点关键词,需要尽力维护;既没有很多的流量也没有很高的转换率的关键词,可以放弃。

选择恰当的关键词是搜索引擎营销的关键,选择正确的关键词,才能确保搜索引擎营销的方向正确。确定什么样的关键词决定了网站内容规划、链接结构、外部链接建设等重要后续步骤。

6.5.1　选择关键词的原则

1. 关键词要与网站内容相关

目标关键词必须与网站内容有相关性。堆积与本网站不相关的热门关键词带来的流量，不是产生订单的有效流量。就算搜索该关键词的访客来到网站，也不会买你的产品或服务，转化为顾客。当然，这不一定适用于所有网站，如新闻门户或纯粹依靠广告盈利的信息类网站。很多门户类网站包罗万象，内容相关性判断也比较模糊。对这些网站来说，只要有流量，就有一定的价值，网站并不依靠本身的转化盈利。

2. 选择搜索次数多、竞争程度小的关键词

很显然，最好的关键词是搜索次数最多、竞争程度最小的那些词，这样既保障 SEO 代价最低，又保障流量最大。现实中，大部分搜索次数多的关键词，也是竞争大的关键词。拓展阅读 6-3　搜索关键词的类型

不过，通过大量细致的关键词挖掘、扩展，列出搜索次数及竞争程度数据，还是可以找到搜索次数相对多、竞争相对小的关键词。

3. 主关键词不可太宽泛

这实际上是上面两点的自然推论。关键词宽泛，竞争太大，所花代价太高，搜索词意图不明确，转化率也将降低。一般行业通称都是过于宽泛的词，如"股票""旅行"之类。把目标定在这种宽泛的词上，要么做不上去，要么费了很大力气做上去却发现转化率很低，得不偿失。

4. 主关键词不可太特殊

网站主关键词，或者称为网站核心关键词，既不能太长、太宽泛，也不能太短、太特殊，需要找到一个平衡点。太特殊或太长的词，搜索次数将大大降低，甚至没有人搜索，不能作为网站主关键词。如"服装"这个词太宽泛，那么选择"冬季服装"比较适当。根据不同公司业务范围，可能"冬季羽绒服"更合适。但是如果选择"冬季 140 克羽绒服"就太狭窄了。这种已经属于特殊的关键词，可以考虑以内页优化，放在网站首页肯定不合适。太特殊的关键词还包括公司名称、品牌名称、产品名称等。

5. 提高转化率，具有商业价值

不同的关键词有不同的商业价值，就算长度相同，也会导致不同的转化率。在做关键词研究时，SEO 人员可以通过各种方式查询到大量搜索词，通过常识就能判断出不同词的购买可能性。购买意图强烈、商业价值较高的关键词应该是优化时最先考虑的，无论内容规划，还是内部链接安排，都要予以侧重。例如搜索"液晶电视原理"的用户购买意图就比较低，商业价值也低，他们很可能是在做研究，学习液晶电视知识而已。而搜索"液晶电视品牌排行榜"的用户商业价值有所提高，很可能是在寻找液晶电视都有哪些品牌以及品牌的评价。搜索"液晶电视价格"，购买意图大大提高，已经进入产品比较选择阶段。而搜索"液晶电视五一促销活动"，其商业价值进一步提高，一个大减价信息就可能促成用户作出最后的购买决定。

6.5.2　关键词竞争程度判断

关键词选择最核心的要求是搜索次数多、竞争程度小。搜索次数可以通过搜索引擎本身提供的关键词工具查看,比较好量化,容易确定。竞争程度判断起来就要复杂得多。我们可以罗列出几个用于判断关键词竞争程度的因素,但每个因素无法单独、准确地说明关键词的竞争情况,必须综合考虑诸多因素才能判断竞争程度。况且这些因素中有的难以量化,如竞争对手网站优化水平,无法给出一个确定数值。多个因素来表现竞争程度时权重的确定也往往需要基于经验来判断,主观性很强。

1. 搜索结果数

搜索结果页面右上角都会显示这个关键词返回的相关页面总数。这个结果数是搜索引擎经过计算认为与搜索词相关的所有页面,也就是参与这个关键词竞争的所有页面。

显然,结果数越多,竞争程度越大。通常结果数值在 10 万以下,竞争很小,稍微认真地做一个网站,就可以获得很好的排名。权重高的域名经过适当优化的内页也可以迅速获得排名。结果数达到几十万,说明关键词有一定难度,一个质量和权重都不错的网站才具有竞争力。结果数达到一两百万以上,说明关键词已经进入比较热门的门槛。新网站排名到前几位的可能性大大降低,需要坚持扩展内容,建立外部链接,达到一定域名权重才能成功。结果数达到千万级别以上,通常是行业通用名称,竞争非常激烈,只有大站、权重高的网站才能获得好的排名。

2. intitle 结果数

使用 intitle：指令搜索得到的结果页面数如图 6-10 所示。

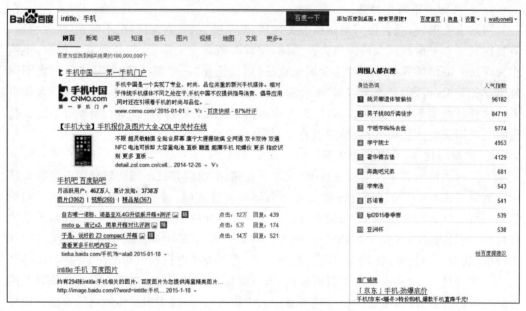

图 6-10　指令搜索得到的结果页面数

单纯搜索关键词返回的结果中包括页面上出现关键词但页面标题中没有出现的页

面,这些页面虽然也有一点相关性,但很可能只是偶然在页面上提到关键词而已,并没有针对关键词优化,这些页面针对这个特定关键词的竞争实力很低,在做关键词研究时可以排除在外。标题中出现关键词的页面才是真正的竞争对手。

3. 竞价结果数

竞价结果数指搜索结果页面右侧以及最上面和最下面有多少个广告结果,也是衡量竞争程度的指标之一。一般来说,广告商内部有专业人员做关键词研究和广告投放,他们必然已经做了详细的竞争程度分析及盈利分析,只有能产生效果和盈利的关键词,他们才会去投放广告。如果说搜索结果数还只是网上内容数量带来的竞争,竞价数则是拿着真金白银与你竞争的真实存在的竞争对手数目。

搜索结果页面右侧广告最多显示 8 个,比较有商业价值的关键词通常都会显示满 8 个广告结果。如果某个关键词搜索页面右侧只有两三个广告,说明关注这个词的网站还比较少,竞争较低。

要注意的是,竞价数需要在白天工作时间查看。广告商投放竞价广告时,经常会设置为晚上停止广告。对于经常晚上工作的 SEO 人员来说,如果半夜查看搜索结果页面,没看到几个广告商,就认为没有多少人参与竞价,很可能导致误判。

4. 竞价价格

几大搜索引擎都提供工具,让广告商投放前就能看到某个关键词的大致价格,能排到第几位,以及能带来多少点击流量。显然,竞价价格越高,竞争程度也越高。当然也不能排除两三个广告商为了争抢广告位第一名而掀起价格战,把本来竞争程度不太高的关键词推到很高的价格。实际上如果广告商只想出现在第四、第五位的话,竞价价格大幅下降,参与竞价的广告商人数也没有那么多了。

另外,某些利润率高的行业,搜索竞价经常超出自然排名真正竞争程度,如律师服务、特效药品等。这些行业产品及服务的特性决定了一个订单的利润可能是成千上万,企业可以把竞价提到相当高的程度,甚至一个点击几十元钱也不罕见。而销售书籍、服装、化妆品等,利润不太高,竞价价格也不可能太高。广告价格的巨大差异,并不能说明自然搜索竞争程度真的有这么大差别。

5. 竞争对手情况

自然结果排在前面的主要竞争对手情况,包括外部链接数量质量、网站结构、页面关键词优化等。这部分很难量化,而且本身包含众多因素。

6. 内页排名数量

搜索结果页面前 10 或前 20 位中,有多少是首页,有多少是网站内页,这在一定程度上说明了竞争水平。一般来说,排在前面的内页数越多,说明竞争越小。通常网站首页是权重最高的页面,排名能力也最强。如果一个关键词排在前 20 位的多数是网站内页,说明使用首页特意优化这个关键词的网站不多。如果自己网站首页针对这个关键词,获得好排名的机会就比较大。如果有权重比较高的域名,分类页面甚至产品页面也都有机会。

要注意的是,这里所说的内页指的是一般网站的内页。如果排在前面的有很多大型知名门户的频道首页,这种内页实际上应视同网站首页。这种权重高的网站,频道首页权重也比一般网站首页高得多。

6.6　搜索引擎优化

6.6.1　搜索引擎优化的特点及过程

搜索引擎优化是通过了解各类搜索引擎如何抓取互联网页面,如何进行索引,以及如何确定其对某一特定关键词的搜索结果进行排名等技术,在此基础上,对网页做相关优化,使其搜索引擎的搜索结果排名提高,从而提高网站访问量,最终提升网站的影响力和销售能力。

我们要通过搜索引擎自然排名优化实现四个层次的营销目标:第一,被搜索引擎收录;第二,在搜索结果中排名靠前;第三,增加用户的点击率;第四,将浏览器转化为顾客。在这四个层次中,前三个可以理解为搜索引擎营销的过程,而只有将浏览器转化为顾客才是最终目的。

搜索引擎优化领域经常提到"搜索引擎规则"和"搜索引擎算法",人们往往认为洞悉了规则和算法就可以提升网站在搜索引擎中的排名。为了搜索引擎优化而优化可能走入误区,甚至适得其反。搜索引擎不是公益组织,也不是慈善家,而是商业产品,是以盈利为其最终目的,是通过"为用户提供最精准的优质内容"来赢得顾客。所谓的规则和算法就是通过一系列的技术手段,模拟真实用户的评判标准,去判断网站内容是否优质。想让搜索引擎爱上我们的网站,给予更好的排名,为企业带来更多的流量,就需要我们先帮助搜索引擎留住用户,实现搜索引擎的商业价值。因此,应该围绕"为用户提供最精准的优质内容"这一核心理念去进行优化,帮助搜索引擎留住顾客、赚到钱,搜索引擎才能关照我们。

搜索引擎优化是非常好的推广方式,但不是哪个企业都有能力熟练掌握技术,也不是人人都有能力将指定的关键词优化到搜索引擎结果页的首页。若没有条件实施搜索引擎优化,却又想要在搜索引擎结果中抢占好位置,关键词竞价排名则是一个好的选择。关键词竞价排名与搜索引擎优化之间具有替代关系(表 6-1)。

表 6-1　关键词竞价排名与搜索引擎优化对比

比较因素	竞价排名	搜索引擎优化排名
付费	按点击量计费,无点击不收费;随着竞争对手的增加,价格将上涨	一次性付费,点击不需要付费
对网站影响	除了做竞价增加的流量,其他没什么变化	关键词带来流量,并提升网站总体流量,改善用户体验,提高访客黏性
显示形式和覆盖面	可以显示在百度第一页,但形式单一。只在付费的搜索引擎网站显示	若有人做竞价,百度的关键词只能显示在竞价后面的位置;而 Google 则可以显示在左侧第一页。可以在多数热门搜索引擎上排名靠前
时效性	只在广告期间或预算内有效	网站质量得到提高,能长期保持在搜索引擎上有好的排名;营销效果持久有效

续表

比 较 因 素	竞 价 排 名	搜索引擎优化排名
成本	百度有 50 多万家企业顾客,平均每家顾客投入 2 万元就可以做一年的推广。成本高,上升快,而且难以预见	一般只需 3 000～6 000 元的优化费用,就可以使你的网站的关键词长时间稳居首页,无难以预见的成本

SEO 的完整过程如下。

(1) 竞争研究:包括关键研究和竞争对手研究。

(2) SEO 计划:诊断网站,找出不足之处,提出优化方案及外链建设方案。

(3) 网站优化:结构调整和页面优化。

(4) 外链建设:通常与网站优化同时进行。

(5) 效果监测及流量分析:检验 SEO 成效,发现问题。

(6) 策略修改:基于监测数据,调整上述过程。

竞争研究我们在"关键词营销策略"一节已经分析过了,此处将重点研究网站优化、外链建设、效果监测及流量分析与修改。

6.6.2　搜索引擎排名因素调查

搜索引擎分析网站 searchmetrics.com 对 30 万个在谷歌排名靠前的网站进行了各项指标的综合分析,并总结出了在谷歌中影响网站排名的各大因素。这些影响网站排名的各项相关指标主要针对的是谷歌,但鉴于搜索引擎的共通之处,部分内容同样适用于其他搜索引擎的分析。

影响网站排名的各大因素指标有社会化、反向链接、页面技术、页面内容,共四大类。近年来呈现以下特点。

(1) 关键词链接相关性和域名相关性的重要性有所降低。与前几年相比,目前网站排名影响因素中,链接或是域名中关键词相关性的重要程度明显降低了许多。同时反向链接也受到了一定的影响。纯关键词优化的时代似乎已经过去了,现在的谷歌更加重视的是自然链接配置文件。关键词链接已经丧失了其原有的影响力,而且如果是过度优化还可能带来负面的影响。

(2) 品牌效应可以打破很多算法规则。在前几年的调查中,品牌效应在各大规则面前占据了绝对有利的地位。目前也是一样:搜索引擎的很多算法规则在具有"品牌效应"的网站面前并没有什么影响力。"品牌效应"可以说是一种脱离了 SEO、搜索引擎算法的推广方式。似乎在谷歌眼中,"品牌效应"就应该在搜索结果排名中扮演"优胜者"的角色。

(3) 社会反响对网站排名的影响还是很大的。社会反响这一因素对于网站排名的影响一直都很大。排名好往往都是那些社会反响好、受到更多网民青睐的网站。因此,网站的内容经常被分享对于网站排名是很有利的。

综合分析结果显示,那些在谷歌中排名靠前的网站往往都拥有相对较好的社会反响。其实,这些网站本来就是给网民看的,只要网民喜欢,在搜索结果中处于领先地位完全不是问题。这也就是用户体验的重要性的体现。

（4）高质量的网站内容。内容为王，始终是真理。网站内容的好坏和网站排名的好坏一直都是息息相关的。相比以前，目前的网站排名影响因素中网站内容质量所占的比重明显变大了。在一定程度上，网站排名好往往表示网站内容和媒体集成在数量和质量上都有一定的过人之处。此外网站站内链接结构合理与否也会产生很大的影响。

（5）反向链接的数量对网站排名的影响还是很大。反向链接一直都是网站 SEO 最重要的指标之一。研究结果表明，一般情况下，网站的反向链接越多，网站的排名就越好。现在不仅反向链接的数量重要，它的质量更加重要了。如今的反向链接亦是越来越趋向于多样化了。

（6）页面技术依旧是基础功能之一。网站建设一直都是网站排名的基础。网站结构是否符合标准，往往决定了网站排名的好坏。若网站建设不符合结构标准和用户的浏览习惯，是很难得到用户的青睐的，也很难在搜索结果中获得好排名，因此页面技术被视为网站获得好排名的先决条件。

6.6.3　网站优化和外部链接建设

早期的网站设计的思维以"美"为指导思想，倾向于设计者的偏好，以设计者的审美观来组织网站。后来发现网站结构的组成应该以用户为对象，重视用户体验，需要被用户接受。而后网站设计思路调整为充分考虑人机对话，该设计思路讲究能让使用者接受导航模式、方便他们在网站里面浏览、能让他们在最短的时间里接触到最重要的信息。实际上，搜索引擎成为用户访问网站的最大贡献者，众多用户依靠搜索引擎的引导才到达某个网站，此后网站设计思维中融入迎合搜索引擎方式。SEO 视角的网站设计与迎合浏览用户的网站设计基本思路是一样的，不同的是 SEO 更偏向于迎合搜索引擎。

网站的优化大致可以分为两部分：一个是网站结构调整，另一个是页面上针对关键词的相关性优化。网站结构是 SEO 的基础，网站结构的优化比页面优化更重要，掌握起来也更困难。

1. 网站结构优化

从 SEO 角度看，网站结构优化的目的是让用户有良好的体验，通常用户体验好的网站也是搜索引擎喜欢的网站。网站结构优化还有利于页面收录，给重要页面分配权重。

网站结构优化需要注意以下几个内容。

1）合理的链接结构

网站的结构有两方面的含义：一个是物理结构，另一个是链接结构。物理结构指真实的网站目录及文件位置所决定的结构。链接结构也称为逻辑结构，是指网站内部链接形成的网络图。对于搜索引擎来说，链接结构比物理结构重要。人们往往误认为，物理目录结构比较深的网址，不容易被收录。实际上，如果这个页面在网站的首页上有一个链接，对于搜索引擎来说它就是一个仅次于首页的链接结构意义上的二级页面。收录难易在于页面处于链接的位置与首页有几个点击距离，而不是目录层次。

2）清晰的导航系统

清晰的导航系统是网站设计的重要目标，对网站信息架构、用户体验影响重大。从用户角度看，网站导航系统需要解决两个问题：我现在在哪里，即用户处于网站总体结构的哪个部分？下一步要去哪里，即用户点击哪里才能完成目标？

3）URL 设计

统一资源定位符（uniform resource locator，URL）也被称为网页地址，是对可以从互联网上得到的资源的位置和访问方法的一种简洁的表示，是互联网上标准资源的地址。互联网上的每个文件都有一个唯一的 URL，它包含的信息指出文件的位置以及浏览器应该怎么处理它。URL 设计总的原则是首先从用户体验出发，URL 应该清晰友好、方便记忆，然后才考虑 URL 对搜索引擎排名的影响。URL 越短越好，尽管收录 URL 对长短要求并不严格，但是用户对于长的 URL 不便于记忆，因此不利于复制和传播。

4）内部链接及权重分配

经典树形结构应该是比较好的链接及权重分配模式，但是由于不同网站采取的技术不同，要实现的功能、网站目标、重点要解决的营销问题都可能不同，必须具体问题具体分析。如重点要推广的内页，可在首页做链接；将隐藏太深的产品或比较热门的分类页面尽量放在导航中。

2．页面优化

1）页面标题

页面标题是包含在 Title 标签中的文字，是页面优化最重要的因素。用户访问时，页面标题文字显示在浏览器窗口最上方；在搜索引擎结果页面上，页面标题是结果列表中第一行文字，是用户浏览器搜索结果时最先看到、最醒目的内容。页面标题优化需要注意不同页面标题不能重复，每个页面都要有自己独特的标题；字数限制在 15～25 个为宜，精练不堆砌。关键词尽量出现在标题前面，公司/品牌名放在标题最后。

2）描述标签

描述标签是超文本标记语言。一般超文本标记语言的结构包括"头"部分（head）和"主体"部分（body），其中"头"部分提供关于网页的信息，"主体"部分提供网页的具体内容。其重要性比 Title 低很多，主流引擎多不用其作为排名算法因素，但对点击率有影响，通常 77 个汉字、156 个字符。小型网站人工撰写描述标签，用一两句通顺的句子说明页面主题；大中型网站生成方式是从正文第一段截取。

3）正文中的关键词

正文中的关键词需要注意词频和密度（次数和比例）。一般来说，篇幅不大的页面出现两三次关键词就可以了，篇幅较大的页面出现 4～6 次也就足够了，不要堆积关键词。建议正文第一句话就出现关键词，包括论点（关键词）、论据（2～3 个）、总结（关键词）。

3．外部链接建设

网站的外部优化主要就是指外部链接建设。超文本链接或者简称超链接是互联网的基石。互联网可以理解为一个由无数页面所组成的、相互之间交叉链接的巨大网络。

通常外部链接的难度越大，价值越高。一个高质量的外部链接常常比几百个低质量链接有效得多。内容是根本，站长在自己网站上不能提供足够内容时，才会以外部链接的形式导向其他提供相关内容的网站，要想让对方链接到你的网站，你必须为对方网站用户提供价值，最重要的价值就是网站内容。进行外部链接建设时，应该使外部链接构成自然、随机，来源广泛，呈现出健康正常的状态，并且随着时间的推移平稳增长。

外部链接建设方法有以下几种。

(1) 友情链接,或叫交换链接,是外链建设最简单也最常见的形式。外网站常开设专用链接页面,中文网站常在首页。友情链接已被搜索引擎大幅降权。友情链接页面放在首页或分类页面。

(2) 链接诱饵。链接诱饵指的是创建有用、有趣、吸引眼球的内容,从而吸引外部链接。链接诱饵可以是新闻诱饵、资源型诱饵、争议性话题、插件等。

(3) 其他外链建设方法。例如:在自己网站上做链接,再交换几个中等的网站;建在企业网站独立域名上的博客(非第三方免费博客平台);文章发表到其他网站链接回到本网站;合作伙伴网站;百科及问答类网站,加上与词条相关的链接;购买链接等。

6.6.4 SEO 效果监测与策略修改

SEO 实施的成效如何,只有通过监测才能知道。监测可以了解 SEO 对网站流量及盈利的贡献,判断 SEO 工作的方向是否正确。不同的网站盈利模式、产品特性、用户行为方式、业务流程都会形成不同的网站目标,网站目标的正确设定和测量直接影响 SEO 效果的监测及策略修改。检查各项指标、分析流量,发现可能存在的问题,并进行策略修改是一个不间断的调整过程。

1. 非流量数据监测

1) 收录数据

(1) 总收录数。查询搜索引擎对某个网站的总收录页面数,再加上站长自身知道的网站实际页面数,计算出收录比例(收录比例=总收录数/网站总页面)。收录比例达 70%~80%的是优化比较好的网站。

(2) 特征页面收录。在搜索引擎直接输入页面的 URL 查询,没有结果就是没有收录。检查特征页面收录情况,可以快速、直观地发现哪些地方链接少、权重低。

(3) 各分类收录数。网站收录不充分可能有以下原因:域名权重、网站结构、内部链接分布不均、分类权重不高、搜索引擎不友好因素、内容原创不够。

2) 关键词排名监控

需要检测首页关键词、分类关键词、产品文章页面关键词。关键词排名监控的局限性在于,关键词排名与流量非直接对应关系,挑选没意义的关键词排在前面无意义,不能作为 SEO 的唯一标准;搜索引擎引入个性化排名和地域性排名,使 SEO 查到的排名与用户看到的不一样。

3) 外部链接数据

外部链接包括整网总链接数、首页链接数、链向网站总域名、特征页面链接数,还可以查看外链总体增长趋势、哪个链接诱饵得当、哪个新闻公关活动成功、对手链接是否突增。

4) 转化与销售

无论是收录、排名或流量,最终都是为了转化。记录网站每个时期的转化和销售数字,可以更直观地看到 SEO 给整个网站带来的实际好处。

2. 流量数据监控

(1) 网站服务器将访问信息、服务器动作、文件调用记录下来生成纯文本的日志文件,主机上在控制面板中会提供下载。

（2）流量统计分析。常用的流量统计分析工具有 Google Analytics(GA)和百度统计等。现以 Google Analytics(GA)为统计分析工具介绍如下指标。

① 访问数:某段时间网站被访问总人次。

② 绝对唯一访问数:某段时间访问网站的实际人数＜访问数,基于统计代码的软件是通过在用户电脑中设置 cookie 识别;基于日志分析的是通过 IP 地址识别。

③ 页面访问数(PV):某段时间被访问的页面总数＞访问数,是网站推出网络显示广告的重要依据。

④ 平均页面访问数(AV):平均页面访问数＝页面访问数/访问数,该指标反映了网站黏度,与网站类型有关(论坛、社区类的达到十几页),不同流量来源网站平均页面访问数也不同。

⑤ 跳出率:只看了一个页面,未点击其他页面就离开网站为跳出,跳出率＝跳出次数/页面访问次数。跳出率是反映网站是否满足用户需求的指标,但要根据网站类型具体分析(博客的跳出率高是为了看新文章,电子商务的跳出率如果达到 60％则需注意)。

⑥ 流量来源。其有三种主要流量来源:第一,直接访问(书签或地址栏输入,代表了忠诚用户);第二,点击流量;第三,搜索流量。针对关键词的统计数字清楚显示出,哪些关键词带来流量大,是否符合预期。哪些黏度、转化率高、价值大,哪类主题的内容关键词多,对搜索流量贡献大,哪类对收入贡献大。哪类内容要花更多精力,哪些意想不到的关键词带来了好的排名和流量。

3. 策略改进

1) 保证收录充分

通过查询总收录数与网站实际页面总数之间差距,可以粗略发现收录是否充分。如果发现收录不充分,就要进一步寻找原因所在。研究是整体所有分类收录都有问题,还是部分分类收录有问题。如果是整体问题,可能是域名权重过低,网站导航出现技术问题,或者存在大量复制内容。如果是部分分类问题,则需要检查是否链接结构有问题,增加指向这些分类的内部链接,或者给这部分分类建立外部链接。

2) 提高搜索流量

通过搜索流量群体细分,可以知道哪些页面带来了搜索流量。通过具体页面可以显示用户进入页面的来源(如直接点击、搜索引擎等),还有搜索流量是由哪些关键词带来的。将这些信息与 SEO 原来的计划进行对比就知道哪些重要部分或热门产品页面需要加强了。

3) 挖掘关键词

当查看关键词带来流量时,除了预期中的目标关键词,还可能发现完全没有想到的、五花八门的搜索词。如果这些关键词与网站主题有一定相关度,以前没有发现,可以考虑是否可以增加这些搜索词。查看关键词流量时还要注意转化率这个指标,不同的关键词转化率相差很大,有时还看不出明显的逻辑性。可以通过投入更多链接、增加更多相关内容的关键词来提高转化率。

4) 长尾效应

大型网站长尾流量往往占总流量的很大一部分。如果大型网站收录几十万或是上百万的帖子,其中前 10 个关键词带来的流量占到 50％左右,说明内部链接权重分配和页面优化有问题。

5）增强外部链接成效

检查链接诱饵到底吸引了多少外部链接。查看来自其他网站的点击流量,可能有意想不到的网站点击流量过来,访问对方网站,分析为什么会链接过来,有时可以发现链接伙伴,增加更多的链接机会。

本 章 小 结

本章介绍了搜索引擎的现状、搜索用户行为分析、搜索引擎营销、关键词营销、搜索引擎优化等内容。首先,全球搜索引擎领域发展现状和总体态势。在搜索引擎的功能和收费模式方面,按点击率收费和按实际看到率收费是最受企业青睐的付费模式。在"搜索用户的行为分析"一节,重点介绍了用户对搜索结果列表的浏览和点击差别性形成的"F"形状。在"搜索引擎营销的特点"一节中,介绍了搜索引擎营销的受众广泛且针对性强、方便快捷、投资回报率高、可控性强等特点。在"关键词营销策略"一节中,分析了选择关键词的原则,以及如何对关键词竞争程度进行判断。最后一节是"搜索引擎优化",介绍了影响网站排名的社会化、反向链接、页面技术、页面内容等因素指标,然后分别介绍了网站结构优化、页面优化和外部链接建设,以及搜索引擎优化监测和策略修改。

思 考 题

1. 为什么谷歌能成为搜索引擎行业的领导者?
2. 搜索引擎功能、链接方式和收费模式之间是什么关系?
3. 用户搜索结果的浏览呈现"F"形,对搜索广告的关注有哪些影响?
4. 搜索引擎技术是如何决定其营销特点的?
5. 进行关键词营销时,选择关键词的原则和方法有哪些?
6. 搜索引擎优化与关键词营销有何异同点?
7. 进行网站结构优化应该注意哪些内容?

实 践 活 动

1. 登录百度,选择"站长与开发者服务"中的百度指数,分别输入两个热销的商品或者知名的演员,比较二者在百度指数中各个分类中的差别,并分析产生差别的原因。

2. 登录百度,在"站长与开发者服务"中选择"百度推广"(http://e.baidu.com/),先了解产品服务、成功案例、表现形式、推广费用等信息。然后注册和登录百度推广,根据百度推广的后台操作手册,熟悉百度推广的后台操作。

3. 以自己喜欢的几个产品作为关键词,分别查看百度搜索结果首页,总结和讨论搜索结果首页的结构是什么样的。

4. 将熟悉的产品作为关键词，分别在 PC 网络的百度搜索框和手机百度 App 中搜索，将两种结果进行对比，看看有什么异同点，并讨论产生这种差异的原因。

5. 假设你要创办一个旅游服务网站，需要选择哪些相关关键词？通过大家讨论和调研，按照关键词选择的原则和竞争程度判断的方法进行选择。

6. 在网上搜索搜索引擎营销的成功案例，结合案例分析搜索引擎营销的特点。

7. 以当当网站为例，分析如何进行网站结构优化和页面优化。

即 测 即 练

第 7 章

网络营销工具与方法——社交网络

本章学习目标

1. 了解社交网站、微信、微博历史和现状。
2. 掌握与社交网络相关的理论。
3. 掌握社交网站、微信、微博的特点和用户使用行为差异。
4. 熟练掌握三种类型社交网络的使用技巧、营销策略和盈利模式。

索尼如何利用社交媒体提升客户关系管理

索尼作为消费级电子设备生产商巨头,曾在过去的几年里陷入困境。然而现在,索尼在运用社交媒体后取得了显著的效果。

1. 问题

索尼面临着来自三星、夏普、LG 等跨国公司的激烈竞争。这种竞争在最近几年里因宏观经济面的下滑而愈演愈烈。索尼的总收入在 2008 年至 2012 年间逐年下降。尤其是在 2009 和 2012 年,公司遭受了重大损失,股价也从 2010 年和 2011 年间的每股 35 美元跌至 2012 年年末的 9.57 美元。2013 年的股价上涨也在很大程度上受益于日本股市的回暖。消费级电子设备产品市场已相当成熟,产品质量和价格的差异已不再是行业最重要的竞争因素。因此,该领域的竞争者纷纷将客户服务的提升作为一种重要的差异性战略。索尼也试图通过应用社交媒体实现这一差异性战略。

2. 解决方法:社交媒体项目

索尼在 2013 年 4 月开始将社交化 CRM(客户关系管理)作为一种提升客户服务的传播媒介。索尼采用社交渠道实现了客户服务和直接营销计划的整合。各种各样的商务行动由索尼的客户体验管理团队全权负责管理。该团队还组建了索尼的社交网站,为客户提供了一个信息服务和支持的中心平台。该社交网站涵盖了讨论组、Twitter 交流等内容生成渠道,同时也为公司的营销行动提供支持。

以下列举了索尼的代表性行动,许多来自索尼欧洲公司。

- 社交社区:一部分社交社区围绕索尼具体的产品系列组建,另一部分则是关注整个索尼品牌,公司的员工和客户均驻扎在这些社区中。它们在各自的社区里互帮互助、即时反馈,而公司的客服人员则能够倾听客户的反馈意见,从而利用这些信息提供更好的服务。

- YouTube 视频提供索尼产品的使用说明和指导。
- 利用 Lithium Social Web 软件和一些类似的网站监控工具,监控来自客户正面或负面的反馈与评论,以此促进索尼改进其生产运作流程,提升解决问题的能力,帮助索尼抓住商业机会。
- 索尼的社区网站上有一个特殊的"客户关系"模块,索尼公司的中心化社交网络,该网络能够实现与客户轻松方便的交流。
- 索尼公司在 Facebook、Twitter、Tumblr 和 YouTube 上均创建了公司的官方频道。
- 在社区中,公司员工能够找到如何快速、有效解决问题的办法。比如,社区网站里的"专家"模块提供了"怎么做"的视频和其他一些技术支持。
- 索尼正在使用所有的社交媒体渠道(包括 Linkedin)积极主动地向用户提供即时性的客户服务。
- 索尼通过整合 Pinterest 向其社区成员推送产品信息。

根据 Holland 的文章,索尼通过挖掘社交媒体对话并进行情感分析来改进客户服务和产品设计的质量。最后,索尼还利用 Reevoo 软件实现了客户评论的自动翻译。

3. 结果

2014 年,索尼成果斐然。根据 Jack 的研究,索尼与客户交互的提升使网站的点击量增加了 22%(在某些情况下上涨超过 100%),除此之外,还包括:

- 客户信任度提升。
- 网页浏览量、会话量和活动参与量(例如,发帖)增加 100%。
- 客户服务与营销的结合为索尼带来了新的收入来源。
- 截至 2014 年 3 月,PlayStation 已有大约 250 万个 Twitter 关注者和 3 500 万个 Facebook 粉丝。

索尼不仅可以通过社交媒体发布广告和促进销售,而且能够提供卓越的客户服务。在一个竞争白热化的市场,客户服务已成为重要的差异化战略来源。社交媒体促进了一个真正以对话为基础的交互方式。这种形式的服务对客户尤其重要,十分有助于公司的成功。

资料来源:特班,斯特劳斯,黎秀龄.社交商务 [M].朱镇,王晓川,江毅,等译.北京:机械工业出版社,2018:192.

7.1 社交网络介绍

社交网络是指以"互动交友"为基础,基于用户之间共同的兴趣、爱好、活动等,在网络平台上构建的一种社会关系网络服务。社交网络是互联网上各个群体与不同地理位置的人之间的互动。其核心是通过微信、微博、博客、网站反馈、评论、留言板、RSS 和其他工具,把互联网变成一个大型、昼夜不停交流的平台。在这个平台上,时刻有人就各种主题进行交流。所有的社交网络的工具都可以被归入"社交媒体",并可以在整个万维网中找到。社交网络属于目前社会化媒体中较为主流的一种形式,包括社交网站、微博、即时通信工具（微信）等。

7.1.1　社交网络的历史和现状

1. 社交网络的五个发展阶段

（1）论坛时代。论坛是最早的社交网络形态，也是在 Web 2.0 的概念出现之前就已经存在的 Web 2.0 产品形态；论坛具有较高的互动性，但是论坛信息以内容为核心，本质上并非真正的社交网络。论坛今天仍然存在于网络世界，尽管已经不受瞩目，但还是许多有深度内容的发源地。

拓展阅读 7-1　社交网络相关理论

（2）博客时代。博客以个人主页为核心，朋友或者陌生人之间都可以自由地或者在一定的权限之下进行相互访问，并评价留言等。从博客开始，互联网社交进入以人为核心的时代。

（3）社交网站时代。社交网站是真正意义上的社交网络，整个网络以用户之间的社交关系为核心，针对特定用户来说，信息以 time line 的方式展现，内容也以个人的生活状态信息为重点。

（4）微博时代。从微博开始，社交网络发展到快速信息时代，信息内容碎片化，数据量大，刷新速度快。微博不同于社交网站之处还在于微博的社交关系多属于弱关系，这种松散的社交关系决定了微博的媒体化特征明显。

（5）多元化社交时代。当前互联网社交已经发展到多元化社交时代，各种社交形式共同推进，并且不断完善自身形态。新的社交形式也在不断出现，如各种兴趣社区，以及移动端的各种新型社交应用等。

2. 社交网络的发展现状

社交媒体的发展和普及为用户带来了一个开放自由的交互平台，尤其是移动社交媒体除了具有传统社交媒体的特点外，还呈现出移动化、便捷化和智能化的特征。移动化和便捷化使得用户在网络环境下可以随时随地地进入 App 参与交互。基于大数据算法的智能化，更是进一步增加了信息与用户的匹配度，提升了用户使用移动社交媒体的体验感。来自全球数字概览的报告显示，截至 2023 年 1 月，全球有 47.6 亿社交媒体用户，占全球总人口的近 60%，人们平均每天使用社交媒体的时间超过 2.5 个小时，并且还在逐渐增加。技术创新仍在不断推动社交媒体打破社交互动的界限，在各垂直领域拓展用户市场，如以抖音为代表的短视频类社交媒体快速兴起，给社交网络带来一波新的机遇。世界范围内，各大社交平台竞争日趋激烈，社交媒体的市场将被不断重构（图 7-1）。

来自中国互联网络信息中心的数据显示，在社交应用中，我国整体网民覆盖率最高的是即时通信，其次为社交网站，最后为微博。即时通信在整体网民中的覆盖率接近 90%，即时通信工具一直是网民重要的互联网应用之一，传统的聊天工具 QQ、钉钉等是网民互联网交流沟通的重要工具。具有社交网站性质的微信朋友圈、QQ 空间作为即时通信工具所衍生出来的社交服务，用户使用率都非常高。微博作为社交媒体，得益于名人明星、网红及媒体内容生态的建立与不断强化。

近几年，短视频、直播、二次元等服务为综合社交应用带来用户和流量的增长，实现了

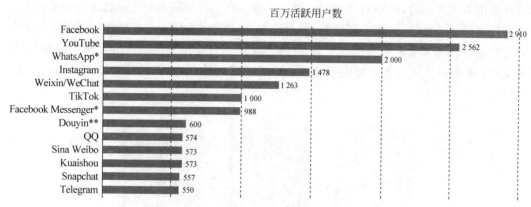

图 7-1　全球最受欢迎的社交网络(按照月活用户数排名,单位:百万用户数)

资料来源:远瞩咨询.2022 年中国社交媒体分析研究[R].2022.

平台的泛社交化。用户在观看社交娱乐视频时,除了关注内容本身的休闲性和娱乐性,更加注重与内容生产者的互动,主要是通过弹幕、聊天、评论等方式,这些方式往往是具有一定的时效性和代入感的社交互动。微博平台覆盖游戏、电竞、动画、漫画、传统文学和网络小说相关内容的用户,聚集大规模兴趣用户,在优质 IP、创作者与爱好者们的共同努力之下,每年生产海量优质内容、进行丰富的互动交流。未来一段时间,针对不同场景、不同垂直人群、不同信息承载方式的细分社交平台将进一步丰富和发展。

即时通信、社交网站、微博这三类应用既有社交网络的基本属性,又有各自的特点,社交网站、即时通信偏于沟通、交流,微博则更偏向信息传播,人们习惯从中获取新闻资讯,三类应用互为补充。调查的结果显示,33.7%的网民同时使用社交网站、微博和即时通信工具这三类产品,用来满足他们各个层次的需求,用户的重合度高(图 7-2)。

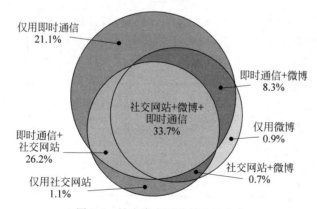

图 7-2　社交类应用的用户重合度

资料来源:中国互联网络信息中心(CNNIC):P020140822379356612744.

7.1.2　社交网络用户使用行为差异

社交网站、微博、微信虽然同属于社交网络应用,但满足的是用户不同方面的需要,用户在使用不同产品时,使用的功能也完全不一样。以 QQ 空间为代表的社交类网站,用户主要用它来上传照片、发布更新状态、发布日志/评论;以微信为代表的即时通信工具,用户主要用它来聊天或者是关注朋友圈,这两类应用主要是用来沟通、交流,维系当前的熟人关系;微博的使用主要是关注新闻热点话题和感兴趣的人,微博社交媒体的属性更为明显(图 7-3)。

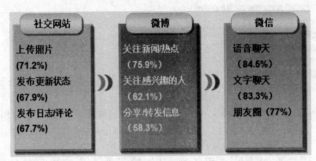

图 7-3　不同社交应用主要使用功能
资料来源:中国互联网络信息中心(CNNIC):P020140822379356612744.

依据格兰诺维特的人际关系网络理论,可以依据掌握信息的同质性程度和双方情感关系的紧密程度两个维度,把社交应用中的各类联系人划分成强关系社交圈子和弱关系社交圈子。强关系社交圈子有现实生活中的朋友、亲人/亲戚、老师/领导、同学、同事等,这些圈子个人关系较为紧密,或者接触的人群或掌握信息较为相似。弱关系的圈子有陌生人、明星、网友(仅限于网上接触并未在现实生活中接触的朋友)等群体(图 7-4)。

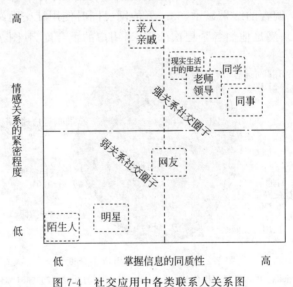

图 7-4　社交应用中各类联系人关系图
资料来源:中国互联网络信息中心(CNNIC):P020140822379356612744.

社交弱关系,信息的传播呈现点对面的趋势,传播速度快,加上微博平台有效的监督机制,明星大 V 和垂直行业的 V 用户一起充分发挥"意见领袖"的作用,实现传播速度和质量的双重保证。社交较强关系,彼此之间有现实感情维系,信任度高、影响深,美中不足的是传播速度慢,在营销中可以带来再次消费与口碑效应。从社交关系的强弱来看,微信、社交网站的联系人更倾向于强关系,微博的联系人更倾向于弱关系。

来自中国互联网络信息中心的数据显示,微信、社交网站的强关系体现在:现实生活中的朋友、同学出现在联系人名单中的比例都在 80% 以上,亲人/亲戚出现的比例在 75% 以上,同事出现的比例在 70% 左右,老师/领导出现的比例在 50%~60%。微博的弱关系体现在:现实生活中的朋友、同学、亲人/亲戚、同事、老师/领导等强关系联系人出现比例低于微信和社交网站,而明星这种极弱关系联系人出现的比例较高。

7.1.3　社交网络应用的商业化

1. 网民对商业产品的参与程度

从网民对商业产品的参与程度来看,社交网站、微博、微信这三类产品的商业化模式呈不同特征,社交网站的核心业务是付费游戏(20.2%)和站内广告(19.8%),非核心业务中站内购买商品(21.0%)占比最大。微博的商业化产品最丰富,核心业务中站内广告(15.6%)、付费打游戏(10.0%),非核心业务中搜索周边信息(22.4%)占比最大。微信的核心业务付费游戏(12.9%),非核心业务中公众号的订阅(22.3%)、扫一扫购买商品(21.7%)占比较大(图 7-5)。

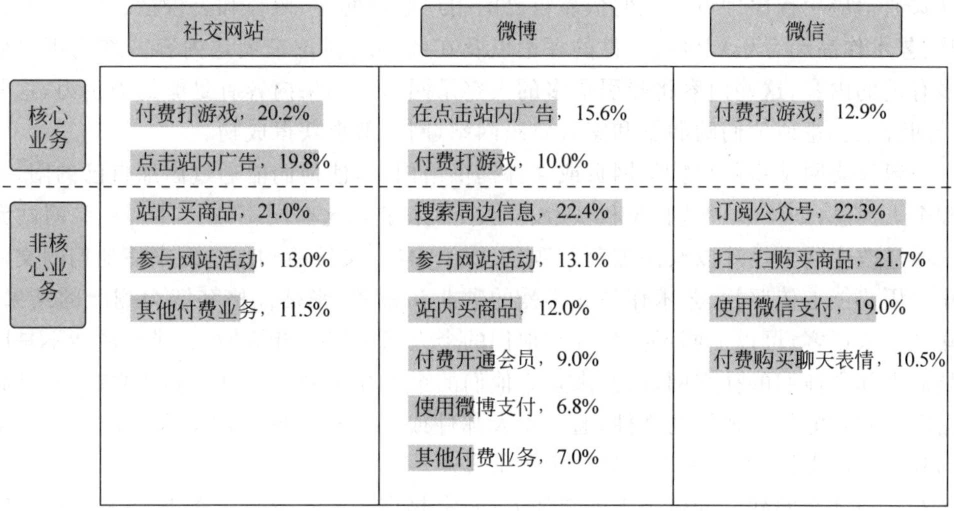

	社交网站	微博	微信
核心业务	付费打游戏,20.2% 点击站内广告,19.8%	在点击站内广告,15.6% 付费打游戏,10.0%	付费打游戏,12.9%
非核心业务	站内买商品,21.0% 参与网站活动,13.0% 其他付费业务,11.5%	搜索周边信息,22.4% 参与网站活动,13.1% 站内买商品,12.0% 付费开通会员,9.0% 使用微博支付,6.8% 其他付费业务,7.0%	订阅公众号,22.3% 扫一扫购买商品,21.7% 使用微信支付,19.0% 付费购买聊天表情,10.5%

图 7-5　各社交应用网民对商业活动的参与程度

资料来源:中国互联网络信息中心(CNNIC):P020140822379356612744.

2. 社交网络商业化对网民使用体验的影响

社交网络商业化行为,尤其是发布广告等内容,势必会影响用户体验,如何在盈利和用户体验方面做好平衡,是社交网络商业化过程中尤其要注意的问题。来自中国互联网络信息中心的数据显示,就当前商业化举措对网民体验的影响方面,64.5% 的微博用户认为微博的商业化活动对使用体验没有影响,社交网站的这一比例为 56.7%,相对而言,微博商业化对用户的体验影响较小。

7.2　社　交　网　站

社交网站指基于用户的真实社交关系，为用户提供一个沟通、交流平台的网站，如Facebook。社交网站一般鼓励用户尽可能地提供真实信息，这有助于用户个人表达及与其他人互动。在中国，这类网站主要包括 QQ 空间、豆瓣网等。

7.2.1　社交网站的类型和特点

1. 社交网站的类型

现实生活中，具有类似的兴趣、人口统计特征或生活方式的人形成社区，社交网站也是如此。社交网站分为三类：一般社交网站、利基市场社交网站和社交书签网站。

拓展阅读 7-2　社交网站的历史

1) 一般社交网站

一般社交网站的内容适合每一个人，其吸引的受众不分年龄、种族、性别或兴趣，试图建立最广泛的社区。如 Facebook，这些网站大多用于与朋友群保持联系、结识新朋友、展示艺术创作和其他娱乐活动。

一般社交网站的好处是，这些网站的开发人员不必生成大量内容，只要集中精力开发交互式通信应用程序即可。他们依靠自己的用户通过博客、留言和公告栏、文件（如视频、图片、艺术作品和音乐）上传、文件的评论以及在线小组讨论来创建内容。鼓励用户创建许多有趣的内容，这些内容将吸引更多的人登录网站。如果内容有足够的吸引力，这些新的访问者也会邀请他们的朋友和家人登录网站，网站就会获得成功。

一般社交网站将其独特的网页或文件提供给用户，使他们能通过添加自己的图片、标题和个人信息（如年龄、性别、州和城市、学校等）来定制这些网页或文件。一些网站允许用户通过改变网页设计以及添加背景颜色、壁纸、自定义按钮和加亮区来使他们的文件个性化。用户能上传照片、艺术作品或喜爱的歌曲和视频，张贴性格和智力测验的结果，以及建立个人博客，可以上网寻找想要与他们的个人网站建立链接的人，或者邀请不是网站会员的人加入他们的社交网，由此来建立他们的个人社交网。一旦他们建立起一个网络，网站用户就可能使用他们的文件，通过私人邮件或公告栏与网络内的人交流。用户也能访问其他人的文件，在用户发布的帖子上留言。

在一般社交网站上创建个人资料的人，非常热衷于与社交网上的其他人进行公开的交流。这导致产生大量的内容，而且越来越多的在线用户为此花费时间。因此，在成功的网站上不仅用户的数量和每个用户的访问量增长，而且用户在网站上停留的时间相对延长，这些都是网上广告顾客关注的关键测量因素。一般社交网站几乎不能容忍太多竞争对手，因为成功依赖于经常访问的庞大人群，而且对这些人而言，一天当中只能用于维护他们网络上的个人信息的时间是有限的，一般社交网站是一种"孤注一掷"的行业。

2) 利基市场社交网站

利基市场社交网站是基于某种特定的主题或兴趣，或者针对某个特定群体的社交网站。这些网站致力于建立一个基于共同兴趣或需求的用户社区，而不是仅仅扩大用户群的规模。由于这些社区的成员是一群特定的用户,因此会比一般的社交网站的规模要小,但是对于那些有特定目标顾客的营销人员来说却是十分有价值的。每个利基网站针对的是不同的顾客和主题,因此它们提供给社区的方法和应用程序也各不相同。利基网站大致可以分为以下五大类。

(1) 兴趣与爱好类。对于人们的每种爱好,基本上都有相应的社交网站。每个网站的内容都与主题相关,提供的社交媒体应用程序也都用于开发这些主题。这些网站的用户都十分热衷于分享他们的兴趣爱好,因此,与志同道合的人建立网上联系的渴望会促使他们注册,并成为社区的活跃分子。SkiSpace.com 社交网站由滑雪世界冠军博德·米勒(Bode Miller)创建,该网站将世界各地不同水平的滑雪爱好者聚在一起,分享故事,传授技巧,发表图片和视频,点评场地,并上传最近滑雪项目的博客。网站上还有论坛,大家可以开展各种讨论,探讨的话题从某个雪山的情况到最好用的器械。用户还可以为网站提供的滑雪活动制订出行计划。

(2) 商业类。商业网站可以让职场人士通过网络扩展业务。建议和推荐在商业活动中有很高价值,特别是在寻找新的顾客、供应商和员工时。在线商业网站提供了更有效地扩大人际交往的手段。用户可以在个人资料中更新网上简历或在某个商业领域社区中获得相关信息。

(3) 征友类。大多数征友网站与其他社交网站最大的区别就是前者是个人"密友"网站。由于约会是一对一的活动,而且注册的目标是最终与一个人约会,然后从网站上删除账号,因此想建立一个大的朋友互动社区就不适合采用这种模式。但是征友网站可以建立私人的朋友列表,找到他们想要联系的用户资料,也可以加入聊天室、发布征友公告、给其他用户发邮件或即时信息。

(4) 购物类。购物类社交网站的数量一直在上升,与消费者的产品评论和电子商务的增长齐头并进。在这些网站上,用户为自己创建个人信息文件,发布关于他们购买的产品信息,写产品推荐,以及邀请朋友加入他们的网络。论坛的主题涉及设计、时尚乃至最好的销售地点。在社交方面,网站允许人们讨论各种产品,并可以立即看到哪个产品最受欢迎、讨论得最多。

这些网站上的广告商通常是零售商和消费品营销人员,他们力图接触一个社区的人,这些人看重购物,并总是寻找最好的产品和交易。展示广告是接触用户的一个主要的工具,也是各个部门展示特定产品的特色、促进销量的有力工具。

(5) 家庭与生活类。这些小型社交网站帮助人们与家人保持联系,或者建立一个拥有共同生活方式的社区。Famzam.com 网站把家人聚在一起,并使远方的亲戚能够了解彼此的生活。与其他社交网站一样,这些网站可以分享照片和视频,并发表博客。此外,家庭网站还会建立共享日历,在生日、纪念日以及聚会、婚礼、毕业等特殊日子里,相关的亲人就会被置顶。其他的应用程序包括食谱分享和展示用户网站中成员之间关系的家谱。

3) 社交书签网站

社交书签网站允许用户存储、组织和分享他们发现的有趣的想要返回的网页的书签。除了书签是由公众保存的之外,这些书签扮演的角色与最受欢迎的浏览器的书签功能是一样的。使用社交书签的用户可以向整个社区或者仅向其私人网络开放其喜爱的网页列表。基于社交的书签与浏览器的书签的另一个不同是,浏览器书签被放在文件夹中,而大多数社交书签网站鼓励用户保存带有标记(tag)的书签,以便其他用户可以轻松地通过搜索引擎找到它们。

用户之所以聚集到社交书签网站,是因为这些网站使用户有机会看到与其他读者相关的信息,也能分享他们觉得重要的信息,如 Digg.com。社交书签网站也开始使用其他的社交网络应用程序,如用户个人信息文件、RSS 源以及对每篇新发布的相关文章提出意见和投票的功能。

营销人员使用这些网站发布展示广告来接触广大的、处于信息饥渴状态的、活跃的受众。然而,这些网站也可以把公司的错误放在聚光灯下,甚至能通过社交书签使关于品牌的小的负面新闻产生更大的影响。

2. 社交网站的特点

(1) 聚合性。SNS 用户基数宏大,自然聚合。SNS 网站海量用户散布极其普遍,囊括各个地区及各个行业,这些海量的用户中,他们又依照一定的规矩聚合在一起,形成多种群体,这些群体即为营销不可或缺的精准群体。

(2) 真实性。由于 SNS 网站采取实名制,为生疏冰凉的网络人际关系增加了更多信任,同时主动过滤掉了大批的虚假信息,自然拉近了网络用户之间的关系。真实的人脉关系,体现了社区真实世界的回归,这为网络营销提供了很大的方便,解决了起码的信赖问题。

(3) 黏性。牢固的现实交际圈和 SNS 网站社交圈能够将绝大多数的用户牢牢留在 SNS 网站上,并且保持着黏性的沟通往来,这种用户之间的黏性远高于其他非社会性网站,且会大大提高网络营销的效力。

(4) 互动交流频繁。社交网络上的用户彼此之间交互作用明显。用户与社交网站(媒体)之间的界限模糊,用户与媒体、用户与用户之间可以实现自由的互动。

(5) 关系重于内容。社交网站上更重要的是关系而不是内容。社交网站或者是现实社会的人际关系的影像,或是因为共同的话题聚集在网站上。一个网站的用户也很容易因为有共同的爱好,在网站内形成更小的圈子深度交流。交流的内容由用户产生,而不是像门户网站那样由内容网站自身生产、大众接受。社交网站提供各种工具和手段方便用户共享内容。

7.2.2　社交网站的使用行为

1. 社交网站渗透率

根据 CNNIC 的数据,社交网站整体用户覆盖率为 61.7%,这主要得益于 QQ 空间的高覆盖,遥遥领先于其他社交网站,豆瓣网等其他网站覆盖率较低。

2. 主要功能

社交网站有两个主要功能:一是认识更多的人,二是维系当前的熟人关系。调查结果显示,用户在社交网站上使用较多的功能依次为上传照片、发布/更新状态、发布日志/日记/评论、分享/转发信息、看视频/听音乐,这些内容的使用比例都在 60%以上,这些都是社交网站的基本功能,各个功能之间的使用率无明显差异(图 7-6)。

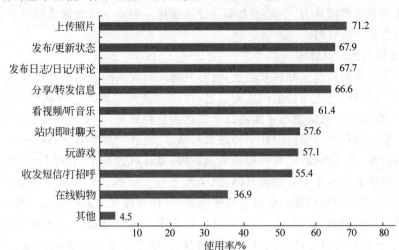

图 7-6 网民使用社交网站功能

资料来源:中国互联网络信息中心(CNNIC);P020140822379356612744.

3. 站内联系人

来自中国互联网络信息中心的数据显示,社交网站联系人中,同学、现实生活中的朋友占比最高,在 88% 左右;其次是亲人或亲戚,关注比例为 75.6%,同事的关注比例为 68.4%,排在第四位。本次调查的几大社交网站,都是基于熟人关系链的在线交互,因此在社交网站的联系人中,以同学、同事、亲朋好友为主。

4. 使用频次和设备

来自中国互联网络信息中心的数据显示,从用户对社交网站的使用频率来看,57.9% 的用户每天都会使用社交网站,另外有 20% 以上的用户每周都会访问 2 次以上,用户黏性较强。手机成为人们访问社交网站的主要设备,90.1% 的用户会用手机访问社交网站。社交网站平台供应商应加强在移动端的布局,产品设计要符合移动端的特征,让用户有更好的使用体验,以增强用户黏性。

7.2.3 社交网站的营销策略

1. 社交网站营销的影响

1) 直接点击流量

很多热门的社交网站服务的用户数量巨大,某个网站如果被推荐到首页,可以带来巨量直接流量。前面提到的网站 Digg.com 就是一个热门的社交网站之一,被挖掘到首页的新闻或是博客帖子能给原出处网站在一天内带来数万点击流量。一些小网站没有做好准备,当自己的博客帖子被挖掘到首页后,网站服务器很快就会瘫痪。

2) 品牌和知名度

社交网站用户众多而且用户之间分享、互动频繁,使得品牌信息极容易被迅速传播,尤其是当品牌信息与社会焦点或危机事件相关联时。被推荐到首页的文章或是帖子中出现公司的名称、品牌或是 Logo(徽标)能被数十万甚至更多用户看到,并且继续向其他用户扩散。这种品牌传播效力,不亚于大部分传统媒体。很多在社交网络爆发的新闻,能使默默无闻的公司一夜成名。

3) 名誉和危机公关管理

社交网站容易帮助建立品牌知名度,也容易爆发负面新闻。用户互动性强,传播速度快,一旦有吸引眼球、有新闻价值的负面信息,往往在企业意识到之前就已经无法控制地流传、爆发。在自己的网站发布正面消息无法达到这种效果,因为通常搜索引擎只会把一个网站的一个页面列在前面。但社交网站数目众多,而且大多具有很高的权重,在这些网站上提交的新闻、博客内容,既有可能是负面新闻,也有可能是正面新闻。有时候在前 10个搜索结果中哪怕只有 1 个是负面新闻,也会产生很大影响。营销人员需要监控主要社会化网站,并且有能力鉴别哪些信息有可能爆发,怎样在爆发之前迅速反应处理。

但这并不是解决问题的根本,营销人员应该多下功夫把正面信息排到搜索结果的前面,把负面信息推到后面。社会化网络提交内容后,给这些正面信息网页建立几个链接,很可能就会把正面信息页面推到前面。搜索引擎把某个社交化网络负面消息排到前面,说明这个社会化网站权重已经够高,你需要把正面信息页面权重提高一点点,超过负面信息就可以了。

4) 链接建设

目前社交网站的主要用户是 IT 及互联网应用水平比较高的群体,这批用户自己拥有博客和网站的比例,要大大高于所有网民的平均比例。在社交网站上流行的文章也因此更容易被这些用户转载到自己的博客和网站上。文章中的版权信息和内容中的自然链接,都变成了外链建设的不错方式。

2. 社交网站的营销

(1) 社交网站帮助广告商增加其网站流量的方法很简单,如 Facebook 需要经过以下四个步骤(与百度推广类似)。

第一步:Facebook 要求广告顾客指定希望其广告链接的网络地址。

第二步:通过人口测量(如网站用户的人口统计学特征)缩小广告所要到达的人群范围。

第三步:广告顾客为其广告撰写标题和正文的副本,是否有图片等。

第四步:营销人员确定每日预算,更高的竞标价格获得更好的曝光效果。

这样 Facebook 能让营销人员控制其广告传播的对象(细分人群将看到他们的广告),并有效控制他们的广告经费(他们想要为每次点击花多少钱)。

(2) 有效利用社交网站需要经过下面几个步骤。

① 网站调查,熟悉情况。营销之前必须先了解社区基本情况,哪些话题受欢迎,哪些话题会被用户讨厌。很多社交网站不仅有挖掘或推荐文章的功能,还有"踩"的功能。受欢迎的内容会被迅速挖掘到首页,一些广告意味明显的内容也会被迅速"踩"下去,而且可能被其他用户拉入黑名单。

营销人员应先了解每个社交网站的用户喜欢什么,社区文化和风气什么样,投其所好才能有效。如 Digg 网站虽然不排斥任何内容,但是用户传统上还是偏重 IT 行业,尤其推崇和 Google 等有关系的、比较新潮、比较酷的内容。

② 账号建立和培养。首先选择一个独特易记的用户名,上传容易被辨别的照片。在不同的社交网站最好使用相同的照片和用户名,而且两者尽量保持一致,这样比较容易建立品牌知名度。不断加好友,对好友所推荐的文章内容也帮助推荐一下,可能的情况下,参加讨论和投票。培养账号需要持续一段时间,在社交网站上混个"脸熟",让大家知道你的存在,并对你有好感,你以后提交含有一些营销信息的内容,才不至于不假思索地就把你"踩"下去。在培养一个强有力的账号前,最好不要提交自己的网站内容,可以适时地回应好友分享的内容,提交一些其他网站的内容。

转帖是目前社交网站最火的应用之一,由于其是通过网友转发的形式传播,能够像病毒一样快速蔓延,所以成为 SNS 网站中最有效的推广手段。做好转帖应注意以下两点:一是内容素材,内容可以是文字、视频或图片等,关键是要吸引人,只有优质或有趣的内容才会更容易被转载,如热点新闻、热点事件等。二是增加投票或是观点,发布转帖时,可以为内容设置互动投票或互动观点。如果观点或投票比较有代表性,能够引起共鸣,那将大大提高帖子的传播率。

③ 提交和分享内容。只有在大家已经接受你的账号后,才可以适当提交一些含有营销信息的内容。如自己博客的帖子,但是也不要太过明显和频繁。还是要和推荐其他网站内容相结合,同时与其他好友和用户的交流与互动不能停止。社交网站营销是一件很费时间的工作,但是个别高手能从中得到其他渠道无法达到的爆发性效果。

④ 成为和接近超级用户。大部分社交网站都有一个显著特点,那就是少数超级用户深度影响整个社群方向,控制着社群主体内容。这些超级用户也可以被称为社区意见领袖,他们是社区中真正有传染力的传播者。不过这些超级用 拓展阅读 7-3　巧用领英(Linkedin)开发客户

户不是一朝一夕能够培养出来的,他们付出的时间和精力也都超过常人。网络营销人员也可以尽量吸引超级用户的注意,与他们成为好友,使你提交的内容被他们推荐,这样也常有不错的效果。

7.3　即时通信(微信)

即时通信类应用又被称作聊天软件、聊天工具、即时通信工具等,英文为 instant messaging,简称 IM,指能够通过有线或者无线设备登录互联网,实现用户间文字、语音或者视频等实时沟通方式的软件。IM 是由 3 个以色列青年在 1996 年开发出来的,取名叫 ICQ。1998 年当 ICQ 注册用户数达到 1 200 万时,被 AOL(American OnLine)看中,以 2.87 亿美元的天价买走。

7.3.1　即时通信(微信)的特点

随着即时通信工具的发展,部分工具已经从传统满足人们聊天社交功能的基础上发展成为社交活动平台。此外,针对移动设备而推出的移动即时通信工具也迅速普及,微信、易信、钉钉等工具纷纷出现,并且产生了巨大影响。

1. 微信与微信营销

微信是腾讯公司于 2011 年 1 月 21 日推出的一个为智能终端提供即时通信服务的免费应用程序,微信支持跨通信运营商、跨操作系统平台通过网络快速发送免费(需消耗少量网络流量)语音短信、视频、图片和文字,同时,也可以使用共享流媒体内容的资料和基于位置的社交插件"朋友圈""公众平台"等服务插件。目前,微信是亚洲地区最大用户群体的移动即时通信软件。

微信提供公众平台、朋友圈、消息推送等功能,用户可以通过扫二维码等方式添加好友和关注公众平台,同时微信将内容分享给好友以及将用户看到的精彩内容分享到微信朋友圈。微信公众号通过服务号、订阅号、企业号实现了将人与商品/服务、资讯/信息及企业的连接,对微信"连接一切"的使命起着关键的支撑作用。而且互动方式灵活多样,可以实现"订阅内容+分享+评论+朋友圈转发"等。

微信支付功能是集成在微信客户端的支付功能,用户可以通过手机完成快速的支付流程。微信支付直接连接消费者和卖家,实现交易的闭环。微信支付向用户提供安全、快捷、高效的支付服务,以绑定银行卡的快捷支付为基础。支持支付场景包括微信公众平台、App(第三方应用商城)、二维码扫描。

微信平台的功能越来越完善,正一步步地实现其连接一切的目标,同时,微信功能的完善也逐渐使用户将更多的零碎时光花费在微信的使用上,从而会减少对其他 App 的使用。

微信营销是网络经济时代企业营销模式的一种,是伴随着微信的火热而兴起的一种网络营销方式。微信不存在距离的限制,用户注册微信后,可与周围同样注册的"朋友"形成一种联系,订阅自己所需的信息,商家通过提供用户需要的信息,推广自己的产品,从而实现点对点的营销。

微信营销是以安卓系统、苹果系统等手机或者平板电脑中的移动客户端进行的区域定位营销,商家通过微信公众平台二次开发系统展示商家微官网、微会员、微推送、微支付、微活动、微 CRM、微统计等,已经形成了一种主流的线上线下微信互动营销方式。

2. 微信营销的特点

(1) 高到达率。营销效果很大程度上取决于信息的到达率,这也是所有营销工具最关注的地方。与手机短信群发和邮件群发被大量过滤不同,微信公众账号所群发的每一条信息都能完整无误地发送到终端手机,到达率高达 100%,还可以实现用户分组、地域控制在内的精准消息推送。

(2) 高曝光率。曝光率是衡量信息发布效果的另外一个指标,信息曝光率和到达率完全是两码事,与微博相比,微信信息拥有更高的曝光率。在微博营销过程中,除了少数一些技巧性非常强的文案和关注度比较高的事件被大量转发后获得较高曝光率之外,直接发布的广告微博很快就淹没在微博滚动的动态中,除非你是刷屏发广告或者用户刷屏看微博。而微信由移动即时通信工具衍生而来,天生具有很强的提醒力度,如铃声、通知中心消息停驻、角标等,随时提醒用户收到未阅读的信息,曝光率高达 100%。

(3) 高接受率。正如上文提到的,微信用户已达几亿之众,微信已经成为或者超过类似手机短信和电子邮件的主流信息接收工具,其广泛性和普及性成为营销的基础。一些微信大号动辄数万甚至十数万粉丝。除此之外,由于公众账号的粉丝都是主动订阅而来,信息也是主动获取,完全不存在垃圾信息遭到抵触的情况。

（4）高精准度。事实上,那些粉丝数量庞大且用户群体高度集中的垂直行业微信账号,才是真正热门的营销资源和推广渠道。如酒类行业知名媒体佳酿网旗下的酒水招商公众账号,拥有近万名由酒厂、酒类营销机构和酒类经销商构成粉丝,这些精准用户粉丝相当于一个盛大的在线糖酒会,每一个粉丝都是潜在客户。

（5）高便利性。移动终端的便利性再次增加了微信营销的高效性。相对于 PC 而言,未来的智能手机不仅能够拥有 PC 所能拥有的任何功能,而且携带方便,用户可以随时随地获取信息,而这会给商家的营销带来极大的方便。

（6）形式灵活多样。可以用二维码和公众平台等形式开展推广。通过微信开放平台,应用开发者可以接入第三方应用,还可以将应用的 logo 放入微信附件栏,使用户可以方便地在会话中调用第三方应用进行内容选择与分享。

（7）高信任度。微信的点对点产品形态注定了其能够通过互动的形式将普通关系发展成强关系,从而产生更大的价值。通过互动的形式与用户建立联系,互动就是聊天,可以解答疑惑,可以讲故事甚至可以"卖萌",用一切形式让企业与消费者形成朋友的关系,你不会相信陌生人,但是会信任你的"朋友"。

7.3.2　即时通信（微信）使用行为

1. 即时通信工具渗透率

调查显示,近几年有 89.3% 的用户使用过即时通信工具,其中使用过 QQ 的用户比例接近 80%,领先于其他即时通信工具;其次为微信,过去半年使用过的用户比例为 65%;阿里旺旺、YY 或 YY 语音、陌陌的覆盖率都在 10% 以上,分别位列第三、四、五位。QQ、微信的用户忠诚度较高（图 7-7）。

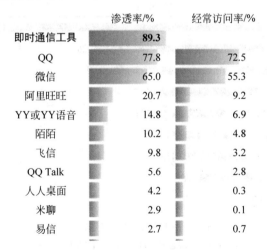

图 7-7　即时通信工具渗透率

资料来源:中国互联网络信息中心（CNNIC）;P020140822379356612744.

2. 微信使用功能

微信最早的出发点和核心就是社交工具,与他人交流沟通是微信用户最主要的目的,网民在微信上使用较多的内容分别为语音聊天、文字聊天,二者使用比例均在 80% 以上。此外,使用朋友圈的比例为 77.0%,群聊天的比例为 61.7%,社交因素在微信应用里表现较强(图 7-8)。

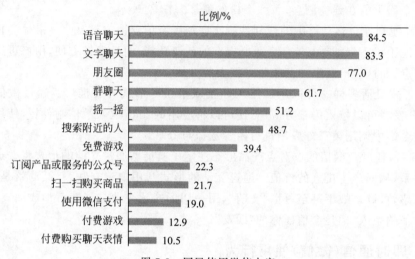

图 7-8 网民使用微信内容

资料来源:中国互联网络信息中心(CNNIC):P020140822379356612744.

微信用户关注的公共账号中,41.5% 的微信用户会关注新闻媒体类账号,微信是用户获取新闻资讯的一个重要手段;此外,明星名人、行业资讯的关注度也都在 20% 以上(图 7-9)。

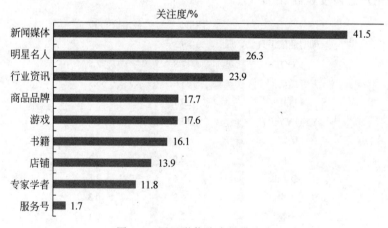

图 7-9 网民微信公众号关注度

资料来源:中国互联网络信息中心(CNNIC):P020140822379356612744.

目前,微信支付的功能涉及打车、话费充值、彩票、购物、公益等多方面,根据调查的结果来看,微信支付的各项业务中,知名度最高的是滴滴出行,52.3% 的微信用户表示知道滴滴出行,29.1%的微信用户使用过滴滴出行。手机话费充值的知名度为 51.8%,排在第二位,使用率为 32.6%,排在首位;Q 币充值的知名度为 40.7%,排在第三位(图 7-10)。

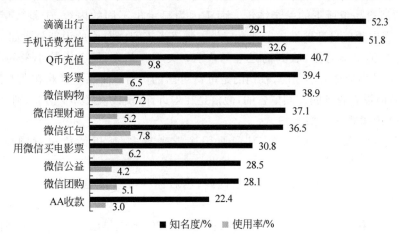

图 7-10　微信内容的知名度和使用率

资料来源:中国互联网络信息中心(CNNIC);P020140822379356612744.

3. 微信站内联系人和使用频率

微信也是基于熟人关系链的在线社交,微信联系人中,主要有现实生活中的朋友、同学、亲人/亲戚、同事,占比在 70%~90%(图 7-11)。来自中国互联网络信息中心的数据显示,从微信的使用频次来看,31.4%的用户每天都使用微信,此外有 24.9%的用户每周使用两次以上。

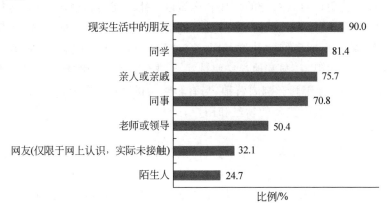

图 7-11　微信联系人

资料来源:中国互联网络信息中心(CNNIC);P020140822379356612744.

7.3.3　即时通信(微信)营销模式

1. 朋友圈——品牌广告

微信朋友圈,是用户在微信上通过一些渠道认识的朋友形成的一个圈子。微信朋友圈打出的广告又叫 Feed 广告,借鉴的来源是 Facebook 和 Twitter 正在使用的信息流广告。就是根据用户的性别、年龄、偏好、消费记录等打造用户的标签系统,用算法为每位用户个性化和精确地定制广告。所以刷到什么样的广告,在某种程度上意味着大数据对你消费能力和消费品位所下的一个结论。而正因为显示出不同的内容,于是大量微信用户纷纷在朋友圈中晒出自己被推送了什么广告。腾讯人工智能对你的识别分类如下:年收入100万元以上,消费能力强,收到的是宝马广告;买不起苹果,但买得起小米的,收到的是vivo的广告;连小米都买不起的,收到的是可口可乐的广告;而那些喜欢在朋友圈吹水(闲聊),特别闲,但没有收到朋友圈广告的,微信是在告诉你,没钱就好好干活儿,别刷手机了。

2. O2O折扣式——扫一扫

产品描述:二维码发展至今,其商业用途越来越多,所以微信也就顺应潮流结合O2O展开商业活动。

功能模式:将二维码图案置于取景框内,然后你将可以获得成员折扣、商家优惠,抑或是一些新闻资讯。

营销方式:移动应用中加入二维码扫描这种O2O方式早已普及开来,坐拥上亿用户且活跃度足够高的微信,价值不言而喻。

3. 互动营销式——微信公众平台

产品描述:对于大众化媒体、明星以及企业而言,如果微信开放平台+朋友圈的社交分享功能的开放,已经使得微信成为一种移动互联网上不可忽视的营销渠道,微信公众平台的上线,则使这种营销渠道更加细化和直接。

微信公众号需要注意以下几点:内容创新与优质内容,提供有价值、有吸引力的内容是吸引用户关注和留存的关键。通过定期发布高质量的文章、图文、视频等内容,吸引用户的兴趣,并建立起用户对公众号的信任和忠诚度;社群互动和粉丝管理,与粉丝进行积极互动,回复留言、评论等,增加用户参与度。同时,建立一个活跃的社群,让粉丝之间互相交流、分享和参与,形成良好的社群氛围;合作推广和跨平台整合,与其他公众号或平台进行合作推广,互相引流,与其他社交媒体平台进行整合,如微博、抖音等,形成全面的营销推广网络;KOL合作和影响力营销,与有影响力的KOL进行合作,让他们为公众号推广,并借助其影响力吸引更多的粉丝和用户。

4. 小程序

小程序作为一种新兴的移动应用形式,可以帮助企业和品牌实现更好的曝光、用户获取和转化。小程序具有以下优势:个性化推荐,通过分析用户的行为和偏好,提供个性化的推荐内容和产品,增加用户的购买兴趣和满意度;社交分享引导,鼓励用户在小程序中分享和推荐产品或活动,通过口碑传播扩大品牌影响力和用户群体;限时优惠和促销活动,设置限时折扣、优惠券等促销活动,创造购买的紧迫感和吸引力,提高用户的购买转化率;社区互动和用户参与,建立小程序社区,鼓励用户参与讨论、留下评论和评价,增强用户黏性和忠诚度;微信生态联动,充分利用微信生态系统,将小程序与公众号、朋友圈等进行互动和联动,扩大品牌曝光和用户触达的范围;客户服务和售后支持,提供快速响应和优质的客户服务体验,解答用户疑问和解决问题,提升用户满意度和口碑。在小程序具体执行过程中,通过数据分析和用户反馈不断优化与改进,将帮助企业实

拓展阅读7-4　微商另一种活法:大V店模式全揭秘

现更好的市场表现和业务增长。

7.4　微　　博

微博即微博客(micro blog)的简称,是一个基于用户关系的信息分享、传播以及获取平台,用户可以通过 Web、WAP(无线应用协议)以及各种客户端组建个人社区,以 140 字左右的文字更新信息,并实现即时分享。微博晚于一般意义上的社交网站诞生,其发展速度以及使用行为与社交网站相比都有较大的不同。

7.4.1　微博的历史和特点

1. 微博的历史

2006 年,美国网站 Twitter 开始推出微博客服务,凭借其短小精悍的信息、快速高效的传播速度以及以手机发送短信的即时发布形式,迅速风靡美国并发展到其他国家。美国第 45 任总统唐纳德·特朗普(Donald Trump)尤其喜欢通过 Twitter 发表各种看法,网民戏称其是"Twitter 治国",世界其他地区的人们也通过特朗普的言论熟悉了 Twitter。2022 年,马斯克几经波折,最终以 440 亿美元收购 Twitter,而后将 Twitter 改名为"X",一时间把这个社交软件推上风口浪尖。

随着 Twitter(X)的发展,国内的微博服务也开始兴起。2007 年,叽歪、饭否、做啥相继上线,到 2009 年,由于监管和网站资金链断裂、运营等问题,叽歪、饭否、做啥等网站相继关闭,它们属于国内微博的拓荒者。2009 年 8 月,新浪在国内门户网站中率先推出微博服务,新浪微博测试版上线。新浪微博上线之后,搜狐微博、人民网微博、凤凰网微博、网易微博、腾讯微博纷纷上线,国内微博市场形成了以门户网站为主要运营商的竞争局面。微博从 2007 年兴起,到 2010 年基本格局已定,门户网站为目前主要竞争者。来自中国互联网络信息中心的数据显示,2022 年底,微博月活用户达 5.86 亿,日活用户达 2.52 亿,微博成为中国网民上网的主要活动之一。

2. 微博的特点

(1) 信息获取具有很强的自主性、选择性。用户可以根据自己的兴趣偏好,依据对方发布内容的类别与质量,来选择是否"关注"某用户,并可以对所有"关注"的用户群进行分类。

(2) 微博宣传的影响力具有很大弹性,与内容质量高度相关。其影响力基于用户现有的被"关注"的数量。用户发布信息的吸引力、新闻性越强,对该用户感兴趣、关注该用户的人数也越多,影响力越大。只有拥有更多高质量的粉丝,才能让你的微博被更多人关注。此外,微博平台本身的认证及推荐亦有助于增加被"关注"的数量。

(3) 内容短小精悍,形式多样。微博的内容限定为 140 字左右,内容简短,不需长篇大论,门槛较低。可以发布图片,分享视频和音乐等文件,同时还可以发起话题和投票。微博的多种媒体形式让信息传播更加生动鲜活。

(4) 信息共享便捷迅速。可以通过各种连接网络的平台,在任何时间、任何地点即时发布信息,其信息发布速度超过传统纸媒及其他网络媒体。例如你有 200 万听众(粉丝),

你发布的信息会在瞬间传播给200万人。一些大的突发事件或引起全球关注的大事,利用各种手段在微博客上发表出来,其实时性、现场感以及快捷性,甚至超过所有媒体。

(5) 裂变式传播(One to N to N)。微博的传播路径:一个是粉丝路径。A发布信息后,A的诸多粉丝,都可以实时接收信息。另一个是转发路径。如甲觉得A的某条微博不错,他可以"一键转发",这条信息立即同步到甲的微博里,同时,甲的诸多粉丝,都可以实时接收信息,以此类推,实现极速传播。这种裂变传播的速度是几何级的,远远高于之前任何一种媒介产品的传播速度和传播广度。

3. 微博与社交网站的区别

微博与社交网站在使用目的上存在区别。70%以上的社交网站用户目的是关注朋友,而微博用户最重要的目的是了解新信息。同时,关注名人、讨论热点话题也占比较高。

在商品信息源可信度方面,除较为相信熟人和企业用户之外,社交网站用户更易相信熟人的朋友,而微博用户则更易相信行业专家和体育娱乐明星。

微博在传播、交流方面优于社交网站,在操作上与社交网站相差无几,在私密方面不如社交网站。

7.4.2　微博使用行为

1. 微博渗透率

来自中国互联网络信息中心的数据显示,有43.6%的网民使用过微博,其中使用过新浪微博的网民比例最高,为28.4%,21.7%的网民经常访问新浪微博,用户忠诚度高。

2. 使用功能

传统媒体时代,信息内容的传播是人们通过阅读、收看、收听之类的订阅方式,多个人从少数信息源获得信息的。在微博这样的社会化媒体出现之后,信息内容的传播是通过人与人之间的"关注""被关注"网络,一层层传播开来。这种传播方式覆盖面广、速度快,同时有信任关系的存在,信息的被接受程度比较好。

从对微博功能的使用情况来看,微博天生就是一个传播和媒体的工具。微博消息发布后,会经历一个相对较慢的传播过程,而当用户转发积累到某个点的时候,会出现一个非常快速的增长过程。这是典型的"蒲公英式"传播,尤其是凭借大V的号召力,可以完成非常广泛的传播,但它又影响到同时其他微博帮助传播,而这些微博都拥有一定数量的粉丝,其本身就有很大的传播率,所以能迅速形成信息洪流,快速传播。

从对微博功能的使用情况来看,新浪微博用户对微博主要功能的使用率较高,与整体相比,新浪微博用户活跃度更高。80.3%的新浪微博用户通过新浪微博关注新闻/热点话题,新浪微博已经成为一个大众舆论平台,成为人们了解时下热点信息的主要渠道之一;68.1%的新浪微博用户关注感兴趣的人,60.3%的新浪微博用户主动发微博(分享/转发信息),另外50%左右的新浪微博用户在微博上发照片、看视频/听音乐,各种需求均可以在新浪微博上实现,新浪微博成为他们生活中的一个主要沟通交流平台。如图7-12所示。

3. 站内联系人

微博联系人中,现实生活中的朋友、同学占比最高,均在70%以上;其次是同事、明

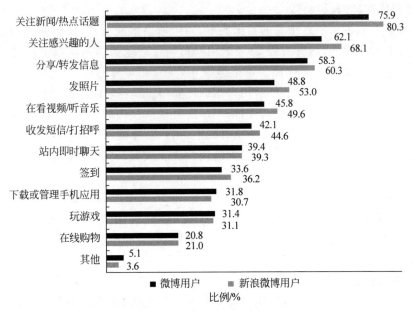

图 7-12　网民使用微博功能

资料来源：中国互联网络信息中心（CNNIC）：P020140822379356612744.

星，50％以上的微博用户会关注（图 7-13）。与社交网络不同，微博除了熟人关系链的在线交互外，还有基于生人网络弱关系链和虚拟空间相关性的社交关系模式。在微博中，我们除了与现实生活中的朋友进行互动外，还会关注明星大 V、垂直行业 V 用户，形成一个非常庞大的追随网络，还会因为对某一话题的关注，而迅速走到一起，从而造成很大的传播效应，这也是微博社交媒体属性的一个重要基因。

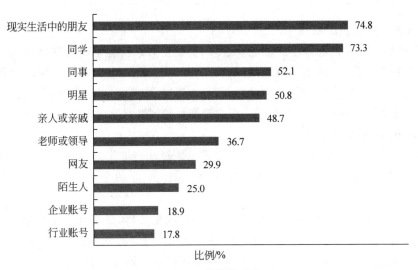

图 7-13　微博联系人

资料来源：中国互联网络信息中心（CNNIC）：P020140822379356612744.

4. 使用频次、时长和设备

来自中国互联网络信息中心的数据显示,用微博会形成习惯,根据调查,31.4%的微博用户会每天使用微博,另外有近25%的用户每周会登录微博两次以上,微博成为他们生活中一个非常重要的社交媒体。新浪微博用户中,40.7%的用户每天都会登录微博,25.9%的用户每周会登录两次以上,用户活跃度和用户黏性均高于微博用户整体。

从每次的使用时长来看,34.4%的用户每次登录的使用时长在11~30分钟,此外有24%的用户每次登录的使用时长在半小时以上,用户黏性较强。与整体微博用户相比,新浪微博用户每次登录时长在10分钟以内的用户占比较低,时长在10分钟以上的用户占比较高,整体的使用时长相对较长。

随着智能手机的普及和移动互联网的发展,手机成为人们刷微博的主要设备之一。来自中国互联网络信息中心的数据显示,近85%的微博用户会在手机端使用微博,近90%的新浪微博用户用手机上微博,随时关注微博动态,随时参与微博话题,新浪微博是他们移动互联生活中重要的一环。

5. 用户对企业微博的态度和行为

企业微博发布的内容中,微博用户首要关注的是优惠促销信息和活动,其次是有价值的生活和行业信息。而用户对于介绍品牌或产品信息则期待度较低。

微博用户在对企业微博营销活动的结果中最为认可的是更多地了解了该企业和品牌(产品),其次是客户对于品牌的忠诚度。因此对于急需扩大知名度的中小企业来说,在微博上发起营销活动,是迅速扩大影响力的有效方式。

微博用户最为接受的微博营销活动依次是转发、投票、转发并@好友。而分享有关品牌的心得体验,或者参加线下实体活动则接受度较低。

7.4.3　微博商业模式

1. 微博商业化生态系统

随着微博的商业化进程不断推进,微博的商业生态系统将不断完善,现在和未来一段时间内,根据微博平台上现有的商业模式,梳理微博商业化链条上的各个角色的利益导向,得到图7-14。微博平台处于核心,除此之外,企业用户(广告主)、微博营销公司、第三方应用公司、第三方调研公司和个人用户、机构用户等都参与到微博商业化的生态系统中来。

2. Twitter(X)商业模式

(1) 实时搜索:收购 Summize 公司,侧重专题过滤与提供话题搜索,实时数据监控。

(2) 广告:Promoted Tweets 模式,这是 Twitter 上的主要广告合作模式和收入来源。

(3) 高级账户收费:针对企业用户收费,提供流量分析、品牌宣传等服务。

(4) 移动与客户端业务:Tweetie 和 Twitterrific 等付费软件客户端出售。

(5) 平台开放与合作:开放 API(应用程序接口),鼓励开发者进行应用服务开发。

(6) 战略合作:与品牌企业战略合作,拓展业务领域,提升品牌影响力。

随着马斯克对 Twitter 的收购完成和改造,Twitter 的商业模式也在不断变化,一些新生事物会不断涌现。

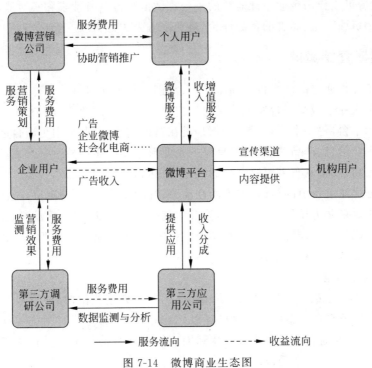

图 7-14　微博商业生态图

资料来源：艾瑞咨询报告。

3. 微博的商业价值

微博的商业价值主要体现在以下三个方面。

（1）对于微博平台，微博积累了庞大的用户群数据，因此平台本身可以推出营销计划，成为新的利益增长点。

（2）对于个人，首先要用心经营微博，不管是名人大 V，还是一些"草根"达人，只要用心经营，都可以获得大量的粉丝数。接下来个人微博就可以借助庞大的粉丝群体，发布言论，树立个人品牌，建立个人声誉。

（3）对于企业微博来说，商业价值表现在以下几方面。

第一，微博是企业信息发布的平台。无论是媒体企业还是商业企业，都不想错过新媒体的传播，因此我们能看到各种品牌企业的微博。这些企业微博不断地发布信息帮助企业迅速提升品牌知名度，推广新产品和新服务。

第二，微博是企业的快速客服通道。当用户对企业的产品或服务发出质疑、请求帮助等信息时，对微博用户实时跟踪的企业便可以快速了解到，并通过微博、邮件或电话等方法回复，快速解决用户的问题，能够较为有效地提高顾客的满意度。

第三，微博是企业深度了解消费者的平台。微博用户在微博上记录了自己日常的真实想法、爱好、需求、计划、感想等，企业通过微博可在一定程度上了解到消费者对产品的态度、需求、期望、购买渠道和购买考虑因素，有助于企业深度了解消费者，从而制定或者优化营销策略。

第四,微博可以作为企业口碑监测的平台。微博平台具有搜索和实时监测的功能,及时发现企业的负面言论、品牌的负面评价,避免陷入公关危机。

7.4.4　微博营销策略

微博营销是指通过微博平台为商家、个人等创造价值而执行的一种营销方式,同时也是指商家或个人通过微博平台发现并满足用户的各类需求的商业行为方式。微博营销以微博作为营销平台,每一个用户(粉丝)都是潜在营销对象,企业利用更新自己的微型博客向网友传播企业信息、产品信息,树立良好的企业形象和产品形象。每天更新内容就可以和大家交流互动,或者发布大家感兴趣的话题,来达到营销的目的。

该营销方式注重价值的传递、内容的互动、系统的布局、准确的定位,微博的火热发展也使得其营销效果尤为显著。微博营销涉及的范围包括认证、有效粉丝、话题、名博、开放平台、整体运营等,当然,微博营销也有其缺点:有效粉丝数不足、微博内容更新过快等。

微博营销策略应注意以下几点。

1. 注重微博内容

(1) 注重价值的传递。企业博客经营者首先要区分企业微博的"索取"与"给予",企业微博是一个给予平台。微博数量早已经以亿计算,只有那些能对浏览者创造价值的微博自身才有价值,此时企业微博才可能达到期望的商业目的。企业只有认清了这个因果关系,才可能从企业微博中受益。

(2) 注重微博个性化。微博的特点是"关系""互动",因此,虽然是企业微博,但也切忌仅是一个官方发布消息的窗口那种冷冰冰的模式。要让人感觉像一个人,有感情,有思考,有回应,有自己的特点与个性。

一个浏览者觉得你的微博和其他微博差不多,或是别的微博可以替代你,都是不成功的。这和品牌与商品的定位一样,必须塑造个性。有个性的微博才具有很高的黏性,可以持续积累粉丝与专注,因为其有了不可替代性与独特的魅力。

(3) 注重发布的连续性。微博就像一本随时更新的电子杂志,要注重定时、定量、定向发布内容,让大家养成观看习惯。当用户登录微博后,能够想着看看你的微博有什么新动态,这无疑是成功的最高境界,虽很难达到,但我们需要尽可能出现在用户面前,先成为用户思想中的一个习惯。

2. 加强互动性

微博的魅力在于互动,拥有一群不说话的粉丝是很危险的,因为他们慢慢会变成不看你内容的粉丝,最后很可能离开。因此,互动性是使微博持续发展的关键。第一个应该注意的问题就是,企业宣传信息不能超过微博信息的 10%,最佳比例是 3%～5%。更多的信息应该融入粉丝感兴趣的内容之中。

"活动内容＋奖品＋关注(转发/评论)"的活动形式一直是微博互动的主要方式,但实质上奖品比企业所想宣传的内容更吸引粉丝的眼球,相较赠送奖品,你的微博只有认真回复留言,用心感受粉丝的思想,才能换取情感的认同。如果情感与"利益"(奖品)共存,那就更完美了。

3. 增加粉丝

微博营销的关键是人气，就是需要先拥有足够的粉丝。如何增加粉丝，除了微博的内容外，以下几点需要注意。

(1) 设置合适的标签。微博有个标签功能，可以设置 10 个符合自己特征的标签，如站长、编辑等。设置合适的标签，将会极大地增加曝光率，那些对相关标签感兴趣的人，就有可能主动成为你的粉丝。

(2) 主动关注别人。主动出击关注别人是一种很直接的方法。如果企业是销售产品的，那就可以进行一些精准的关注。例如，美国一家制药企业生产一种抗抑郁药，它的微博营销策略之一就是主动在微博上搜索"郁闷""抑郁"等关键词，来找到潜在的抑郁症患者。如果我们只是想海量增加粉丝数，只要找到那些粉丝多、活跃度高的用户，主动关注他们进行互听，然后等着他们回听或是回粉即可。

(3) 增加热门话题和争议话题。热门话题可以极大地增加曝光率和关注率。有时也可以发布一些有争议的内容，引发别人的关注与转发，增加自己的粉丝数和曝光率。

(4) 转帖和评论别人。发现好帖时，可以转发，并且给那些与内容相关且粉丝多的人发邮件，主动邀请他们帮我们转发。可以在广播大厅里挑那些粉丝多的人发布的微博进行评论，评论力求有特色、引起别人共鸣。这样当他对我们的评论进行回应时，自然就变相地为我们做了推广。

4. 借助知名微博主的影响力

微博中的社交关系是现实社交关系链的扩张性虚拟迁徙。微博的影响力同时也代表了一种关系的信用值，按照新浪微博的计算方法，微博影响力由活跃度（原创微博、转发次数、评论次数、私信数）、传播力（原创被转发与被评论数）和覆盖度（粉丝数）共同决定。

借助拥有大量粉丝人气和较高影响力的微博主的平台（如草根达人、意见领袖、文化名人、人气明星），一则可以和更多的潜在用户接触"发生关系"，达到广而告之的效果；二则扮演意见领袖的人往往也具有消费引导的功能，或是具有某些专业领域的特征，或是一些生活趣味的汇集，或是提供娱乐信息，或是对社会热点有明晰的评论与态度，或是仅仅靠语言个性魅力打动人。

企业广告应力图激励人们做意见领袖，或使他们模仿意见领袖。市场调查时重点应放在意见领袖身上，而不仅仅是"代表性"样本上。赠送产品样品时，应送到可能成为意见领袖的人手中。组建"时尚意见委员会"时，尽量由目标市场中可能成为服装款式意见领袖的人组成。

微博是无可争议的自媒体，借具有大量粉丝受众的微博账号做推广，也是一种打广告的方法。值得一提的是，这种方法和渠道多为营销公关公司利用，开展专业的微博营销有偿服务业务，且根据粉丝量的多少不同微博账户有不同的收费等级。

5. 多账号组成的微博矩阵

微博矩阵是指在一个大的企业品牌之下，开设多个不同功能定位的微博，与各个层次的网友进行沟通，达到 360 度塑造企业品牌的目的。换句话说，矩阵营销是在保持整体协作的企业文化的同时，便于针对不同的产品受众进行精准营销，是内部资源在微博上的最优化排布,以达到最大效果。

6. 企业品牌拟人化,提升亲和力

社交媒体时代,传播强调人性化与个性化,"官方话"和"新闻稿"除了在严肃事件中扮演信用角色,在社交与娱乐至上的场所就显得格格不入。企业用一个很人性化的方式去塑造自身的形象,不仅可以拉近和受众的距离,达到良好的营销效果,而且品牌的美誉度和忠诚度会大大提高。

拓展阅读 7-5 微博的四个案例

品牌拟人化,是指通过饱含个性、风趣、人情的语言,使品牌账号富有"人"的态度、性格与情感,真正与消费者互动,从而获得消费者的认可,这种认可不是传统单纯的买卖关系,也不是粉丝的追捧,而更像是建立并维系一种"友情"关系。这样,品牌的忠诚度和美誉度很强,用户会支持这个企业的产品,而且会主动地参与到这个品牌的塑造过程,也是实现口碑营销的绝佳途径。

本 章 小 结

本章介绍了网络营销工具和方法中的社交网络。首先介绍了社交网络的主要形式,包括社交网站、微信、微博。每一种形式都介绍了其发展的历史、使用行为、相关的商业模式,以及营销策略。以 Facebook 为代表的社交网站具有黏性高、互动交流频繁、关系重于内容的特点。其主要功能为认识更多的人和维系当前的熟人关系。以微信为代表的即时通信工具有高到达率、高曝光率、高接受率、高精准度、形式灵活多样等特点,网民在微信上使用较多的内容分别为文字聊天、语音聊天。微博具有信息获取自主性强、内容短小精悍、形式多样、裂变式传播等特点,微博用户多用微博来关注新闻/热点话题。

思 考 题

1. Web 2.0 时代对于网络营销的影响有哪些?
2. 为什么微博会产生裂变式的传播效果?
3. 社交网站、微信和微博三者的用户使用行为有哪些差异?
4. 论坛作为第一代网络社区为什么没有衰亡? 未来前景如何?
5. 社交网站与微博的商业模式有哪些不同?
6. 微信做了哪些商业化方面的尝试? 未来的商业模式是什么?

实 践 活 动

1. 利用领英社交网站(https://www.linkedin.com)来推销你自己。
2. 打开微信朋友圈,查看所有内容中的广告来源、形式,并评估其广告效果。
3. 设计问卷,调查网民的微信支付和支付宝手机使用习惯上有什么差别。
4. 跟踪某知名企业的微博号,记录其微博内容,分析该企业是如何用微博营销的。

5. 跟踪某部最近热映影片或畅销书，并查阅豆瓣网（https://www.douban.com）等论坛上相关评论，分析论坛对该影片或是畅销书是否有影响，如果有，是什么样的影响。

即 测 即 练

第 8 章

网络营销工具与方法——短视频和网络直播

本章学习目标

1. 了解什么是短视频和网络直播。
2. 了解短视频和网络直播的特点与优势。
3. 熟悉和掌握短视频的营销策略。
4. 熟悉和掌握直播电商的营销策略。

抖音的推荐算法

1. 算法的作用和好处

算法对于平台最大的用处是管理自己平台上的用户数据,并且根据用户的一系列反馈行为来改进平台功能,提升用户体验,从而使平台吸引、留住更多用户,最终使平台形成一个良性循环的生态系统。

算法对内容生产者的好处:内容生产者既然想在平台上为自己吸引粉丝,就一定要明白平台的规则。只要生产者按照平台的推荐机制,有意识地设计自己的行为,引导平台判定生产者是优质用户,就能被分配更多、更精准的流量,获得更高的权限。

算法对内容消费者的好处:大家可能已经意识到了,当你刷抖音的某一类内容较多,下次你再打开 App 时,很多推荐的内容都是自己比较喜欢、感兴趣的。这是因为平台为了提升用户体验,为了留住你,它会根据你的行为记录来分析你的兴趣和爱好,然后给你打上一个标签,再将同类标签的内容生产者的内容推荐给你,你们便是一个流量池子里的人了。

简而言之,推荐算法会为内容生产者匹配到精准的用户,为内容消费者匹配到感兴趣的内容。因此,你如果想去一个平台吸引流量,首要任务就是了解该平台的算法。

2. 智能分发和叠加推荐机制

抖音是一个去中心化的平台,对于所有的内容生成者都是公平的,不是你的粉丝越多、流量就越大。抖音视频的播放量,主要依托于每一条视频本身的内容,而非关注粉丝量。这给很多新的抖音创作者提供崭露头角的机会。即便内容生产者没有粉丝,只要生产的内容受欢迎,就会被越来越多的人刷到和关注到。

抖音作为去中心化的平台,是由内容的智能分发和叠加推荐机制来保证的。当内容生成者上传的内容在审核下通过之后,抖音平台会根据用户账号的权重给予一定的初始

182

推荐流量,它将被放入启动池中。初始推荐优先分发给附近的人与关注生产者的粉丝,然后才是配合用户标签与内容标签进行智能分发。比如,抖音会分给你200~300个活跃账户作为初始流量,你的视频由此可以获得几百次的展示机会。在这种机制下,新创作者和拥有众多粉丝的大V得以竞争,因为他们的起点都是一样的。

当平台将生产者的作品分发给初始流量,平台会根据初始流量的反馈来判断内容是否受欢迎。如果内容受欢迎,平台会将作品分发给更多流量;反之就不会再给分发流量。

一般把叠加推荐划分为八个级别,如图8-1所示。

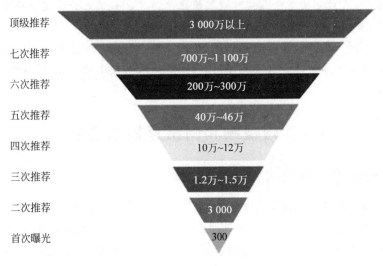

顶级推荐	3 000万以上
七次推荐	700万~1 100万
六次推荐	200万~300万
五次推荐	40万~46万
四次推荐	10万~12万
三次推荐	1.2万~1.5万
二次推荐	3 000
首次曝光	300

图8-1 流量池推荐机制

图8-1非常清楚地展示了随着推荐逐级增加,流量也在不断攀升。首次曝光300播放量;二次推荐3 000左右播放量;三次推荐1.2万~1.5万播放量;四次推荐10万~12万播放量;五次推荐40万~46万播放量;六次推荐200万~300万播放量;七次推荐700万~1 100万播放量;顶级推荐3 000万以上播放量,甚至全网推荐。当第三次推荐时,视频反馈依然较好,平台就会进行人工审核,确保视频内容符合平台规范。后面更高级别的推荐都以机器审核和人工审核相结合的方式进行。

平台推荐给谁?这主要由以下几种推荐算法决定:其一,基于协同过滤推荐,根据所有用户对物品或者信息的偏好,发现与当前用户口味和偏好相似的"邻居"用户群。基于"邻居"的历史偏好信息,为当前用户进行推荐。其二,基于内容的推荐,根据项的相关信息(如描述信息、标签等)、用户相关信息及用户对该项的操作行为(如评论、收藏、点赞、观看、浏览、点击等),来构建推荐算法模型,进行推荐。其三,混合推荐方法,衡量各推荐方法的利弊,扬长避短,通过加权、切换、混杂、特征组合等方式弥补各推荐技术弱点,进一步提升推荐方法性能。

3. 流量池作品的评价标准

抖音推荐机制的算法主要是通过一些重要指标的评价结果来推送流量的。按照重要性程度,反馈指标排序为:播放量(完播率)>点赞量>评论量>转发量。比如,第一次推荐根据账号的权重不同会给 200~500 的流量,如果被推荐的作品以上数据反馈较好(有 10%的点赞和几条评论,以及 60%完播率等),平台就会判定生产者的内容是比较受欢迎 的,便会给第二次推荐。这几个作品的反馈数据(包括播放完成率)非常重要,平台根据这 几个参数会将你分配到相应的流量池,可以说是影响你的账号能不能做起来的直接因素, 如果持续一周发布的作品播放量在 100 以下,就会被视为低级号或者是废号,平台很少会 给推荐;持续一周发布的作品播放量徘徊在 300 左右的号为最低权重号,只会被分配到 低级流量池,一个月后没有突破 300 左右的播放量会被视为僵尸号。播放量持续上千则 是待上热门账号,只需要蹭蹭热点就可以轻松上热门了。如果账号的流量一直上不去,可 放弃那个账号,重新申请一个账号。

　　总之,无论是智能分配,还是叠加推荐,具有吸引人的内容才是核心,只有持续更新内 容才能引导抖音给内容生产者打上优质用户的标签,从而提高账号权重、分配给内容生产 者更多流量。

8.1　短视频和网络直播的现状

8.1.1　短视频的发展现状

　　短视频是指在各种新媒体平台上播放的、适合在移动状态和短时休闲状态下观看的、 高频推送的视频内容,时长一般为几秒到几分钟不等。短视频是继文字、图片、传统视频 之后新兴的又一种内容传播媒体。它融合了文字、语音和视频,可以更加直观、立体地满 足用户的表达、沟通需求,满足人们之间展示与分享的诉求。

1. 短视频的用户规模

　　2012 年被认为是短视频元年,因为在这一年,快手从纯粹的工具应用转型为短视频 社区。2013 年 9 月,腾讯微视上线 8 秒短视频,可以在朋友圈中发布。其后,百度、土豆 等各大视频平台纷纷推出短视频应用。2016 年 9 月,今日头条孵化推出抖音 App。 2017 年,短视频市场取得了爆发式增长,此后一直处于繁盛时期。

　　短视频在诞生初期以工具功能、社交功能为主,人们可以随时随地记录生活、发表所 见所感。到 2022 年,短视频已经全场景覆盖新闻资讯、娱乐、社交、购物、教育等领域,跻 身"流量霸主"地位。截至 2023 年 12 月,短视频用户规模为 10.53 亿,占网民整体的 96.4% (图 8-2)。

2. 抖音、快手两强的市场格局

　　抖音、快手已经成为短视频头部平台,用户规模远高于其他短视频应用。抖音、快手 都孵化了许多细分领域的应用软件,如抖音旗下除了各种版本的抖音外,还有西瓜视频、 火山小视频、多闪、汽水音乐、剪映等;快手旗下有快影、一甜相机、拍大师、爱剪辑等。通 过这些应用软件,抖音、快手各自组成了短视频集团,市场集中度进一步提高。近年来,尽 管有其他大型互联网平台不断尝试进军短视频领域,但均未能打破"两强"的市场格局。 当下短视频市场竞争格局基本稳定,头部短视频产品已形成自己具有差异性的产品"调 性"与内容风格。短视频"两强"通过持续深耕细分垂直领域,两大平台力争形成比较竞争

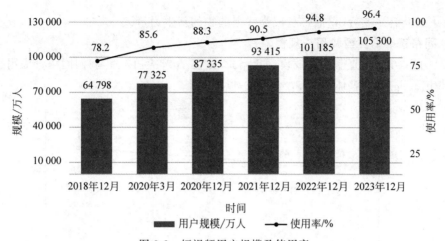

图 8-2　短视频用户规模及使用率

资料来源：CNNIC 中国互联网络发展状况统计调查 2023 年 12 月。

优势。快手的"短视频＋体育"生态日趋成熟，带动体育内容渗透和消费迅速增长。抖音则实现与音乐的深度绑定，搭建一站式音乐合作解决方案平台。

3. 短视频内容与电商进一步融合

短视频内容与电商进一步融合，围绕短视频的电商产业生态系统逐步完善。近年来，抖音、快手等短视频平台一方面持续促进从内容引流到电商营销；另一方面加速布局在线支付业务，短视频电商产业生态逐渐形成。2022 年，两大短视频平台均上线"商城"入口，与搜索、店铺、橱窗等"货架场景"形成互通，"货找人"和"人找货"相结合，覆盖用户全场景的购物行为和需求。

8.1.2　网络直播的现状

网络直播是指人们通过网络收看到远端正在进行的现场音频、视频实况。通常直播需要在现场架设独立的音频和视频信号采集设备、导播设备或平台，再通过网络上传至服务器，发布至网址供人观看。

1. 网络直播的发展历程

2009 年做视频网站的六间房转型做 PC 端的视频秀场直播，当时以个人才艺表演等娱乐内容为主。网络直播起初时影响有限，真正让网络直播有些影响力的是游戏直播。很多网络游戏玩家构建了基于游戏的社交关系，形成超强黏性的游戏直播受众群体，为受众群体服务的各类游戏直播平台随之诞生。具有代表性的平台有斗鱼、虎牙、战旗、熊猫等，直到现在，游戏领域直播依然火爆。

2015 年至 2016 年期间，智能手机、移动互联网的普及和通信技术的发展导致网络直播的门槛大幅降低，人人都可以进行网络直播。移动直播平台遍地开花，成百上千的直播 App 出现在大众视野，全民直播浪潮开启。2016 年被认为是直播元年，资本浪潮让这个行业成为风口，平台为了与对手竞争给出了高比例分成、诱人的底薪、高额的奖金，成就了很多年收入千万的主播。

阿里巴巴敏锐地洞察到了网络直播潜藏的巨大商机，陆续签下一批当红主播，淘宝直播板块正式开启。此后，直播带货成为线上购物的新生力量。

2. 网络直播的类型和用户规模

从2019年以来，直播用户规模逐年增长，截至2023年12月，我国网络直播用户规模达8.16亿人，占网民整体的74.7%（图8-3）。

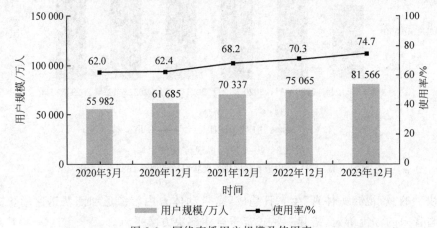

图8-3　网络直播用户规模及使用率

资料来源：CNNIC中国互联网络发展状况统计调查2023年12月。

在各种网络直播类型中，电商直播的用户占比最大达到54.7%，其次是体育直播（31.6%）和游戏直播（27.2%），各种类型的直播用户规模近几年都取得了长足的发展（表8-1）。

表8-1　2022年12月中国网络直播不同类型用户情况

直 播 类 型	规模/亿人	占网民整体比例/%
网络直播用户总体	8.16	74.7
电商直播的用户	5.97	54.7
游戏直播的用户	2.97	27.2
真人秀直播的用户	2.00	18.3
演唱会直播的用户	2.23	20.4
体育直播的用户	3.45	31.6

资料来源：中国互联网发展统计调查。

3. 网络直播的发展趋势

近几年网络直播的发展主要体现为电商直播业态日趋成熟、新兴技术融合更加紧密。电商直播业务成为传统电商平台营收的重要方式，来自阿里巴巴集团的数据显示，2021年以来，天猫"双11"期间，都有超过50个淘宝直播间成交额过亿元，超过500个淘宝直播间成交额在千万元以上。抖音和快手参与"双11"活动的商家都有大幅度的增长。从技术角度看，人工智能、5G、VR等新兴技术为网络直播业态的未来发展注入新的动力。如百度智能云发布的数字人直播平台，实现超写实数字人24小时纯AI直播；运营商推出"5G直播背包"等商用级5G直播解决方案；运营商通过多台VR全景摄像机，将现场的真实环境完整地呈现出来，观众不仅能无死角地观看视频画面，还能自主调整观看视角等。

8.2　短视频营销

短视频营销指以短视频为载体,将品牌或产品信息融入短视频中,使用户对内容感兴趣,主动评论互动、传播分享、下单购买,从而达到裂变引流的目的。短视频营销的形式是逐渐演变而来的。最初,短视频媒体平台处于探索期,平台还在为流量努力,没有多少商业化考虑,头部网红自发性地带货成为主要营销形式;随着短视频媒体平台的爆发,用户流量也得到极大增长,平台硬广告和头部内容植入成为主要营销形式;伴随短视频媒体平台商业化和品牌方营销理念的成熟,短视频营销也逐渐走向规范化和专业化。快手、抖音、美拍等短视频平台相继推出自有商业平台,规范平台内各种短视频营销活动,促使营销规则和流程更加清晰。第三方营销服务商推出短视频数据平台微播易等,为广告主的营销决策提供更多的数据支持。

8.2.1　短视频的特点和用户洞察

实际上,短视频经历了一段时间的酝酿才有后来的增长,但还是给人留下"一夜爆火"的印象。相对于传统形式来讲,短视频能迅速普及,吸引到大家的注意力,和其自身的特点有很大关系。

1. 短视频的特点

1) 生动形象、短小精湛

短视频的时长一般为 15 秒～10 分钟。与文字和图片相比,视频能给用户带来更好的逻辑体验,在表现形式上也更生动形象,能把创作者想要传达的信息更真实、生动地传达给观众。在快节奏的生活中,用户的工作和休闲之间的界限越来越模糊,时间的连续性被打破了,被分割成一堆碎片。为适应这种快节奏的生活,单个娱乐内容所花费的时间越来越短。短视频正好适应这种碎片化的生活趋势,可以串联用户的日常生活场景,拼接"时光碎片",让用户更直观便捷地获取信息。

短视频的内容可以是技能分享、幽默娱乐、时尚潮流、社会热点、街头采访、公益教育、广告创意、商业定制等。丰富的内容需要在短时间内呈现,这要求内容必须精湛。短视频通常观点鲜明、内容集中、言简意赅、简单明了,这样容易被用户理解与接受。

2) 传播迅速,互动性强

短视频不是视频软件的缩小版,而是社交的延续,是一种信息传递的方式。短视频传播门槛低,传播渠道丰富多样,容易实现熟人之间的交流。借助短视频平台更能轻松分享自己制作的视频,实现力度更大、范围更广的裂变式传播。

在各大短视频应用中,用户可以对视频进行观看、点赞、评论、发弹幕,还可以给视频发布者私信,视频发布者也可以对评论进行回复。这加强了上传者和用户之间的互动,增加了社交黏性。

3) 制作流程简单、门槛低

传统视频的生产与传播需要专业团队来完成,门槛极高。短视频则大大降低了视频生产和传播的门槛,能够做到即拍即传、随时分享。短视频实现了制作流程上的简单化,一部手机就可以完成拍摄、制作、上传和分享。在主流的短视频软件中,更是添加了现成的滤镜、特效等功能,使制作过程更加简单化,软件的功能简单易懂,使用门槛较低。通过智能手机的简单处理就可以上传至网络,收获流量,收获关注。当人人都可以是创作者时,大家的兴趣就会被调动起来,很多人甚至用短视频的方式记录生活。

4) 富有创意,高度个性化

短视频从民间生长出来,是具有"草根"性质的传媒形式。庞大的用户群体,既是使用者也是创造者,无数优秀的创意从他们中涌现出来。现在的短视频创作百花齐放,吸引着人们去观看,如果想在其中脱颖而出,就需要有大量的想法和创意。许多充满创意的视频,会让人一遍一遍反复观看,这正是短视频的独特之处。

短视频能传达更多、更直观的信息,表现形式更加多样,更符合年轻人个性化和多样化的审美需求。用户可以运用充满个性和创造力的制作与剪辑手法创作出精美、震撼的短视频,以此来表达个人想法和创意。

2. 短视频用户分析

1) 短视频使用时间和场景

短视频已成为用户生活中必不可少的媒介形式,持续渗透用户生活的多元场景,黏合起用户的起床、出行、排队、吃饭、上卫生间、睡前等碎片化时间。用户使用短视频产品普遍集中于睡前和各种间歇场景,与使用场景相对应的时间段是 18:00 至 22:00,这是短视频产品使用最多的时间,同时 12:00 至 14:00 午休时间也是活跃的观看和使用场景(图 8-4、图 8-5)。从营销角度来看,高峰使用时段代表用户的需求集中时段,此时短视频企业的营销信息投放将更可能满足用户的需求,扩大用户的产品选择空间,有效提升营销效果。

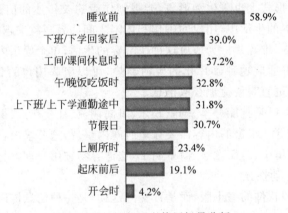

图 8-4　短视频用户使用场景分析

资料来源:中国短视频企业营销策略白皮书,艾瑞咨询(www.iresearch.com.cn)。

使用频次和使用场景高度吻合。用户一般会同时使用 2~3 个短视频产品作为日常使用,近三成用户每天使用 2~5 次短视频产品,与睡前、通勤、间歇等使用场景相对应。

在使用时长上,5~10 分钟时长成为用户最爱。用户使用时长普遍集中于 5~10 分钟的碎片化时间和 10~30 分钟的消遣时间,在 30 分钟以上与 5 分钟以内的用户仅为20%左右。碎片化时间使得用户难以进入沉浸式体验,但累积单日总体使用时间却在增

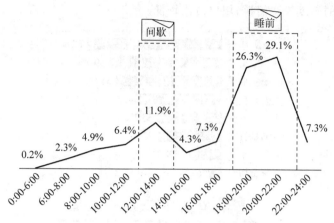

图 8-5　短视频用户产品使用时段分析

资料来源：中国短视频企业营销策略白皮书，艾瑞咨询(www.iresearch.com.cn)。

加。日均观看 1 小时以上的短视频用户占比超过 50%；其中，日均观看时长在 2～3 小时的用户占比连续多年保持增长。

2）使用动机与产品选择影响因素

用户观看短视频的动机趋向多元化，其中"浏览有趣的内容"是大多数用户选择短视频产品的主要原因，"分享生活中的精彩瞬间"排名第二位，"学习知识技能"也是选择短视频产品的一项重要原因。如何使短视频产品的内容更受欢迎，出色的视频编辑功能是关键，通过有趣和富有创意的编辑，能更加有效地吸引用户，增强产品的竞争力。

关于观看的主动性，大约七成短视频用户习惯主动发现感兴趣的内容，只看别人分享的内容的用户比例很小，近三成短视频用户更偏爱"刷到什么看什么"。对于主动选择内容观看的用户来说，他们更偏向看感兴趣的频道/垂直类内容、查看热榜内容。

在短视频用户产品选择的影响因素中，短视频内容丰富性与趣味性仍是最大竞争力，有趣的内容将更能吸引用户使用，优质的内容将有效增加用户黏性。社交属性也成为一款短视频产品增加用户黏性的重要因素，用户发布的生活分享得到社区的人的积极回应，对用户形成正面的鼓励作用，有效实现"观看—互动—参与"的正向循环。

3）短视频用户偏好及评价

在内容偏好方面，幽默、美食生活、技巧知识为最受欢迎的三大品类短视频，对于碎片化时间而言，这三类短视频是用户首选的消遣方式。短视频对于学习技巧知识来说，具有简练、快捷、生动的特点，用户对于知识内容的接受性会更强。

在时长偏好方面，随着生活节奏加快，碎片化内容得以有效填补其休闲娱乐内容的消费，同时用户注意力也在降低。在内容时长上，用户更喜欢观看 1～3 分钟的短视频，与 30 秒到 1 分钟的短视频相比，其更具有内容浓度，同时也在用户注意力时限的合理范围内。3～5 分钟内容过长，对剧情节奏等要求较高，用户接受程度一般。

在互动性偏好方面，在互动行为上，点赞、分享、收藏是大部分短视频用户最常进行的行为，占比均在半数以上(图 8-6)。此类一键操作功能，使用户较为容易地表达其对短视频内容的喜好态度。相比之下，留言与私信功能需要更强烈的喜好态度以文字形式表达情感,存在一定的态度表达门槛,用户占比较低。

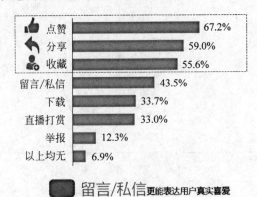

样本:*N*=1 000.于2019年11月通过艾瑞iClick社区调研获得。

图 8-6 中国短视频用户互动行为偏好

资料来源:中国短视频企业营销策略白皮书,艾瑞咨询(www.iresearch.com.cn)。

在产品代言偏好方面,知名度较高的社会名人具有更强的号召力,其产品代言更容易被用户接受。娱乐明星、内容著称的网红则更贴近于视频内容本身,其"现身说法"也能使相应代言的产品获得更高的接受度(图 8-7)。

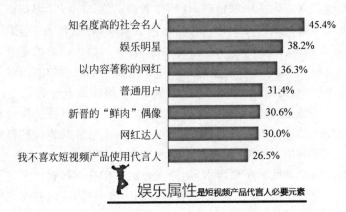

图 8-7 中国短视频产品代言偏好

资料来源:中国短视频企业营销策略白皮书,艾瑞咨询(www.iresearch.com.cn)。

在平台的整体评价方面,用户对短视频平台的整体评价为满意,其中,用户对内容、功能和购物体验的满意占比最高。在抖音、快手、微信视频号、央视频上看过短视频的合计用户占比超过 70%。对于用户最经常使用的短视频平台,"更新速度快""内容更丰富""内容更接地气"是用户对平台评价最重要的三个因素。

4)短视频平台消费

短视频平台中的消费主要集中在内部电商与直播打赏两方面。在商品购买上,点击链接跳转至外部电商平台仍是用户主要的消费方式,占比超过 50%,高于短视频产品内嵌的电商平台购买。用户对短视频内部电商渠道购买商品的信心在逐渐增强,随着短视频平台自身电商功能的完善,会形成在短视频产品内查看商品到购买的闭环运营。在直播打赏上,在短视频对直播内容有过"打赏"经历的用户占比为 40% 左右,产品内嵌的直播功能使得用户"打赏主播"的消费习惯得以迁移,较为有效地刺激了用户消费。

短视频平台中的消费行为仍以小规模消费为主,频率以每周 2~3 次为主,1/3 的用户月均消费 50~80 元。高额消费用户占比较少,消费市场仍有较大增长空间。在短视频平台消费中,购买商品或服务排名前 5 位的品类为日用百货、食品饮料、休闲娱乐、运动健身、服饰服装。用户正在养成内容付费消费习惯,知识付费的商业链路逐渐打通,未来用户对内容付费的意愿有望大幅提升。

也有近三成用户表示未在短视频平台进行过消费,其中尚未形成短视频付费的习惯、缺乏短视频付费意识的用户占比超过 60%,有的用户认为内容质量不值得付费,或者是商品质量未能激起用户购买欲望。看来无论是保证内容或商品的质量,还是培养消费习惯,都需要有个过程。

5) 用户广告内容和推荐形式的偏好

用户喜欢短视频广告的简洁、真实、新颖、沉浸等特点。简洁内容将有效降低用户对广告的抵触情绪,而真实性较高的广告内容将增加用户的信任;形式新颖的广告得以增加用户对产品的好奇心与探索欲望,而沉浸展现的广告将尽量减少妨碍用户对产品正常功能的使用,增加用户对短视频品牌宣传广告的好感。

从引起用户关注并购买方面看,在各类商品推荐形式中,短视频内容中出现商品、开箱种草、达人/明星直播带货位列更易引发用户关注及购买排名的前 3 位,用户占比均超 40%(图 8-8)。短视频内容呈现丰富多样,易与用户需求和情感建立联系,成为更强的种草方式。观看短视频时弹出广告、内容植入广告和主播店铺展示都一定程度吸引用户的关注与购买。随着带货人群规模持续扩大,网红、头部达人竞争日趋激烈。在"粉丝经济"的加持下,明星入场带货更是增加了竞争的强度。

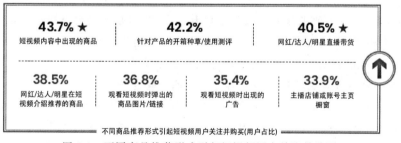

图 8-8 不同商品推荐形式引起短视频用户关注并购买

资料来源:CSM 短视频用户价值研究报告(2018—2022)。

未来一段时间,短视频用户的增速趋缓,但观看时长保持增长,观看更趋高效、社交更为活跃、购物更加频繁。短视频承载的社会、文化及经济功能将更深嵌入数字化生活,更多用户将通过短视频成为数字生活的深度参与者。

8.2.2 短视频营销产业链

短视频营销产业链构成并不复杂,主要包括广告主、平台方、内容方(网红/KOL)、

MCN(多频道网络)和营销服务商(图 8-9)。短视频平台刚刚步入规范发展阶段,平台的参与各方都在不断探索和变化之中,产业链各方彼此间的合作方式也未完全固定下来。目前,各方的话语权排序为:广告主>平台方>内容方>MCN>营销服务商,各方在产业链中的话语权的不同,其诉求和定位也不尽相同。

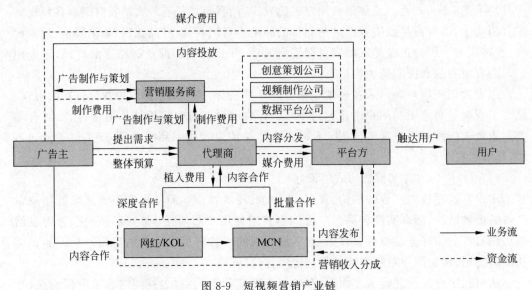

图 8-9　短视频营销产业链

资料来源:中国短视频企业营销策略白皮书,艾瑞咨询(www.iresearch.com.cn)。

拓展阅读 8-1
MCN 简史

1. 广告主倾向于直接与平台方合作

广告主作为需求方和资金流的源头,其更加追求整个产业的规范化和稳定。当前广告主在进行短视频营销时,通常有三种合作模式:直接和网红/KOL 合作、直接和 MCN 合作、直接和平台方合作。广告主愈加倾向直接与平台方合作,背后在于平台方通过自建商业平台、整合营销上下游资源,规范合作流程等方式,为广告主提供了更加稳定、专业的短视频营销环境。其中,直接和平台方合作逐渐成为主流合作模式

2. 短视频平台方开始不断推进内容生态和商业化布局

一方面,平台方不断推出内容生产者补贴计划和 MCN 扶持计划,稳固平台的优质内容供给;另一方面,当头部平台跨过用户增长和内容生态搭建两个阶段后,其积极搭建自有商业化平台,将平台内所有营销活动进行统一管理。对于 MCN 和第三方营销服务商来讲,平台商业化的发展对其造成生存空间的挤压,但对于短视频的整个产业来说,直接推进了短视频营销趋向规范化和专业化。

3. 短视频内容方迫切需要转型

平台方越来越成为广告主最青睐的合作对象,内容方变现渠道前景不明朗。用户会对平台产生使用习惯和偏好,但是不会对单一的内容产生长久的偏好,即使做到头部的网红/KOL,如果不能继续产出爆款内容,很快也会被新一批的内容创作者所淹没。对内容方来说,在保持优质内容生产能力的同时,寻求商业模式的扩张较为迫切,其中以转型做

MCN 和内容电商的最为普遍。

内容方和平台方在商业模式上依存共生,在利益空间上相互博弈。从平台方来看,短视频要建立竞争壁垒,持续的优质内容和头部的网红资源是其核心竞争力。因此,头部平台方愈加倾向于将平台已有内容和网红转化为独家资源,形成差异化竞争优势。从内容方来看,其商业价值与流量直接挂钩,在一家平台上孤注一掷风险过大,在多家平台共同发展,甚至实现内容全网分发,更能保证未来的发展空间和稳定性。目前,头部平台方本身具有稀缺性,并且不断通过搭建商业平台提高自身话语权,通过扶持补贴搭建自有内容生态以减少对头部内容方的依赖,因此在这场博弈中平台方暂时占据主导位置。同时内容方也在不断变化和转型,扩张业务,双方在不断博弈中保持着动态平衡。

4. 营销服务商和 MCN 谋求突围

MCN 和营销服务商所服务的对象与立场不同。MCN 的定位是服务于内容方,其业务的根基在于更好地帮助网红/KOL 等内容方进行内容生产和商业变现等活动;营销服务商的定位是服务于广告主,其业务的根基在于更好帮助品牌进行短视频营销活动,实现营销目的和效果。因此,二者很难兼顾双方利益,相互融合的可能性较小。

营销服务商从业务范畴上主要包括四类:创意策划、资源(KOL/网红)代理、视频制作和数据监测服务。头部平台方自建商业平台也为品牌主提供创意策划和平台数据支持等增值服务,同时平台方不断加大与 MCN 机构合作,垄断头部网红/KOL 资源。短视频第三方营销服务商需结合自身业务,通过提升营销创意策划专业能力,转型优化投放服务,探索视频制作的新商业模式,搭建全平台数据服务等方式突出重围。

由于团队和成本的限制,平台方不可能完全凭借自己对整个平台的网红达人及其营销业务进行精细化管理和扶持,同时内容生产者也迫切需要专业机构在商业资源、内容生产等方面的引导和支持,MCN 在整个短视频营销产业链条中具有不可取代的位置。但平台方始终具有抢夺优质内容和 KOL 资源的动机,优质 MCN 机构的不断涌现,头部内容生产者也有更多的选择空间。因此,MCN 只有通过在内容开发、网红孵化、数据积累、商业变现等专业能力上的不断提升,稳固机构优质网红资源,才能形成核心竞争力。

8.2.3　企业短视频营销策略

最近几年,短视频行业快速崛起,渗透到人们生活的各个方面,越来越多的个人及企业看到了短视频的商业价值。短视频能更直接地建立消费者与企业之间的连接,成为企业吸引客户、传播品牌价值、促进销售的重要手段。为实现企业的营销目的,人们总结了许多行之有效的短视频营销策略。

1. 选择合适的平台

短视频平台经过一段时间的演化,平台之间的差异很大,逐渐形成自己的“调性”和风格。企业需要了解不同平台的“调性”,在营销前,对各大短视频平台有一个整体认知,分析各个平台的用户喜好、推荐规则以及内容风向,调整自己的短视频的内容和形式适应平台的风格和管理机制。

 拓展阅读 8-2　国内主要的短视频平台简介

企业选择适合的短视频平台需要考虑多个因素。

(1) 不同的短视频平台,用户特征不同,企业需要分析自身的潜在客户群体与平台用户的吻合程度,选择两个群体重合度比较高的平台较为合适。虽然多数短视频平台都能适用多场景使用,但是随着平台的演进,侧重的场景还是会略有差异,如抖音的短视频通常是在日常生活中记录的,而快手的短视频通常是在户外拍摄的。企业需要根据自身产品的使用场景,来选择匹配的短视频平台。

(2) 企业需要在推广预算和效果之间权衡。如抖音的流量相对较大,推广效果较好,但相应的推广费用也较高;而快手的流量相对较小,但推广费用较为便宜。企业需要量体裁衣,选择推广预算和推广需求平衡的平台。

(3) 不同的平台产品,功能设计不同,有的短视频平台引入购物车的功能,即消费者只要对短视频感兴趣,只需单击一个按钮,就可以跳转到品牌官方商城,为品牌带来直接的转化效果。有的短视频能够直接跳转电商平台,有的则可以直播带货等,企业应根据自身的业务需求来选择平台。

(4) 选择平台要考虑平台管理机制,这些也会影响营销效果。如短视频平台的使用机制对于推广也很重要,要弄清楚平台的推送机制,尤其是平台的推荐和搜索机制。这些机制能决定你的短视频将推荐给哪些人、被哪些人搜索到、这些人是否是企业的潜在客户等问题。还要注意平台的监管机制,如违规的敏感词是什么,避免视频被限流。

总的来说,企业需要考虑这些因素,综合分析后选择最适合企业的短视频平台。

2. 重视短视频的创意和优化

企业的推广需要流量,除了平台本身的流量之外,用户的推广也是一种流量。想要得到平台和用户的关注,必须把视频的内容做好。优质的视频往往是有趣的、有创意的,让用户觉得有价值,这样用户才能感受到企业短视频的魅力。

1) 保证短视频的娱乐性

互联网思维下的用户总会把这个品牌是否有趣、是否能符合自己的兴趣预期放在首位,符合自己的兴趣才能享受与企业互动的体验。大多数人看短视频只是为了娱乐,而不是为了购物。因此,如果短视频内容缺乏娱乐性,营销效果就会大大降低。企业应加强短视频的趣味性,如采用一些独特的贴图、趣味游戏等,提升互动效果。也可以用一些热门音乐、热门的"梗"、蹭热度等技巧,提高娱乐性。

2) 优质的视频内容

(1) 营销目的清晰。企业选择短视频营销的目的可以是多元化的,可以借由短视频的短小创意增加产品的曝光度、提高品牌知名度,增加销量等。对于一个具体的短视频来说,营销的目的要清晰,比如是传播品牌,还是实现转化? 如果转化是下单,最终一定要体现在销量上的增加。如果是传播品牌,重点是让用户了解品牌,形成初步印象,认同企业的风格或价值观,不直接与视频营销的产品购买量指标挂钩。

(2) 内容策划要结合产品价值。根据产品的不同"调性",视频可能需要煽情的、无厘头的、魔性的、实用价值的、吐槽的等形式。但是无论采用哪种形式,都需要结合产品价值,策划需要有创意,思维发散,大开脑洞。在视频的内容中,企业可以加入一些产品的功能和特性,尤其是新品需要突出产品的特点,这样才能更好地去传达视频内容,让用户的接受度变高。

(3) 产品植入要巧妙。但凡广告明显的内容,很难得到大规模转发,除非你的内容价值大到可以抵消用户对广告的反感,实际上很难做到。最好的方式就是植入巧妙,润物细无声。

(4) 短视频制作要注重原创和高清晰度。抄袭是一个非常麻烦的问题,不仅得不到用户的认可,还可能引起法律纠纷。视频的清晰度最好是比较高的,这样平台会自动识别为优质视频,在推送的时候会增加流量。要注意的是有的平台会把一些滥竽充数的视频自动限流,也就是说,平台系统会自动地优化屏幕,将优质的视频放在推送的首页。

3) 优化视频形式

关于视频的优化有很多方法,一般认为调整标题是最有效的方法,尤其是对于企业来说,添加的标题必须和话题或者行业有关联,这样系统识别以后可以把视频推给目标客户,提高用户的点击率。短视频平台还会自动地识别标题,按标题的分类进行排版优化。在短视频平台上,一个优质视频创造者往往是容易被人记住的,所以企业在平台上起昵称的时候也要选择醒目一些的昵称,让用户在浏览的时候无形中记住企业的产品。企业在做短视频的时候,还要注意每天发布的视频内容形式不能相同。

视频长度最好是控制在 5 分钟以内,注意节奏,便于传播和无 Wi-Fi 的情况下打开。因为根据用户调查,超过 5 分钟的视频,绝大多数人不愿意用流量观看,但是 2~3 分钟的视频有超过一半的人还是可以接受直接用流量观看。短视频的节奏一定要快,"包袱"最好密集。时间太长容易让观众分心走神,导致根本看不到最后就关了。

采用短视频和直播的组合策略。短视频和直播都是当下流行的两种形式,二者相结合能发挥协同效应。二者结合的主要方式有以下两种。

一种是"短视频+直播",短视频内容输出,吸引粉丝,然后通过私信或者商家页面获取线索,辅助直播回馈粉丝,用小客单价获取线索。该种方式在教育、医疗、旅游等行业使用较多。

另一种是"直播+短视频",通过直播进行内容上的输出,直接变现,通过剪辑发布直播片段,作为短视频的内容输出为直播间引流;或拍摄短视频,为直播间引流,帮助直播间变现。该种方式比较适合化妆品、服装等行业。

3. 企业账号的运营与包装

当企业进行蓝 V 认证后,需明确账号定位。企业应该遵循长期营销战略思维,并将品牌理念贯穿于短视频拍摄中,尽量确保内容风格统一。企业在入驻平台前,需要全面剖析贯彻企业的品牌理念、平台的用户画像、账号人格、创意内容等。

1) 企业号的优势

个人号是通过个人 IP 打造吸引粉丝,从而实现变现。企业号做的是品牌,通过认证蓝 V,直接展示企业产品,进行内容输出。其优点是具有打造品牌效应,官方认证,具有权威性。企业号比较适合看重品牌的企业去做,这些品牌的影响力大、客单价高。企业短视频账号认证后,不必然有巨大流量的扶持,因为抖音的企业号与流量并没有什么关系。企业号最大的作用是协助用户做营销,保证账号不容易被限流、封号,这与视频本身的权重、流量并无关系。

2) 企业号本身的包装

首先定位账号名称,好的 IP 一般有一个简单而响亮的名字,让人们看到名字就知道账号会传播什么，名称一定要与内容符合，而且还有让人眼前一亮的头像，与文字相比，图像给视觉带来更多的视觉冲击，头部图像可以看到一个品牌的个性；还可以制造一个口号，通过重复这些单词来强化企业的印象，这样观众一看到或听到口号，就能想到企业。

3）运营企业号需要注意的几个方面

其一，准确找到切入点，内容要立足于自身产品的特性和目标用户的特性，从而与产品进行恰到好处的匹配融合，整体的内容风格既要符合短视频平台的"调性"，也要符合普遍的大众趣味。其二，内容可以涉及多个方向，包括展现公司文化、员工生活；挖掘与品牌相关的 UGC；抓住当下热点，表达品牌观点等；在这些内容中渗透企业的文化、传达品牌的优势。其三，展现形式上可以结合短视频当下流行的手段，如剧情、反转等，弱化企业的宣传属性，拉近与用户之间的距离。

4）注重人设打造

移动互联时代，随着短视频的兴起，每个人或者组织只需要 15 秒就能爆红。而持续爆火的唯一途径则是：打造专属人设，直击用户内心。在短视频平台创作作品日益同质化的今天，个人或企业想要在短视频平台持续走红，首先必须打造账号垂直度，打造短视频人设可以帮助创作者确立内容创作方向，为作品贴上专属标签，并保持稳定输出内容。

4. 借势明星/网红/KOL 的影响力吸引粉丝

由于互联网环境的特殊性，消费者无法直接体验到现实生活中的商品或服务。在这种情况下，一个合适的、值得信任的影响者不仅可以直接帮助产品曝光，还可以增加短视频中产品信息的可靠性。网络上大多数人认为有影响力的人的参与可以增加短视频广告的价值，这增强了他们的购买意愿。

1）借用明星/网红/KOL 在某一群体中的影响力

做短视频营销的核心在于找准目标客户群体，通过什么途径把你的视频信息传播到受众，即选择 KOL。在社媒环境下，尤其是短视频语境中，KOL 已成为信息的中转节点，对品牌传播起着重要的作用。针对不同的营销目标群体，品牌应该深入调查用户的兴趣偏好，并选择一个合适的明星/网红/KOL 作为视频的主角，吸引消费者的注意力。通过聚拢"达人资源"，让短视频话题发酵，实现病毒式营销（viral marketing），让更多人认知品牌，形成品牌圈层信任。

短视频可以借助 KOL 的影响力，以原生内容的营销方法来完成品牌的有效转化。这种方式是目前众多企业普遍选择、运用的一种营销手段。平时人们在刷短视频时，在不同 KOL 中的作品中，不难发现来自汽车、服装、美妆、视频、数码 3C、食品等品牌的身影。在轻松愉快的娱乐氛围中，人们不知不觉接受了 KOL 的看法。在潜移默化中收获用户对于品牌的认知度、好感度。

2）选择 KOL 进行广告投放需要注意两个问题

一个是只有找到合适的 KOL 才能为广告主带来相应的传播效果和带货力。因此在选择红人前，企业应该做好充分的调研和评估，综合考量 KOL 的商业价值，选择"调性"、气质、用户重合度等方面与企业品牌或产品均匹配的 KOL 进行投放。在众多的网红中，如何找到最适合自己品牌的 KOL，制定正确的媒介组合策略，对于资源和精力有限的企业来说是一件非常困难的事情，需要仔细研究、不断测试。另一个是在内容上给予创作者合适的创意空间。摆脱在传统媒体中甲方姿态下直白式的广告宣传形式，与创作者一起将产品与红人特点、视频一贯的风格特性完美融合在一起，打消用户心底对于广告的反感，最大限度地将客户对 KOL 的喜爱转化为对品牌或产品的喜爱。

3）孵化自有红人，打造达人矩阵

与其借助其他领域的红人力量，不如孵化更熟悉产品的自有红人，通过他们与粉丝之间建立起的信任感，来提高品牌的投资回报率。培养与产品"调性"、相关度契合的红人也成为一些品牌在短视频中获取更多话语权的有效手段。企业自主孵化出了表现优异的红人，也就意味着打造出了固有品牌以外的具有独立人格化的"新品牌"，这种"新品牌"显然能为企业带来更多的价值。

4）KOL 和用户互动

企业有了硬广实现广而告之，又有 KOL 带动热度，接下来怎样引发全民参与，加强用户互动。端着的品牌，一副高高在上的样子，不能得到消费者的喜爱。近几年，大多数品牌也在探索以一种接地气的方式"和消费者玩在一起"，让他们真正地参与到营销活动中，建立与品牌的情感链接，从而增强他们对品牌的认知度和忠诚度。

目前，品牌与用户互动的首选方式是在短视频平台上发起挑战赛。挑战赛一般由品牌发起，明星或 KOL 作为首发参与并输出优质内容，为挑战赛造势（creating buzz），为品牌带来更多曝光，引导更多用户关注并参与挑战赛，形成了一种"流量大咖示范＋圈层达人渗透＋素人领袖扩散"的模式。挑战赛活动很容易带动 UGC 用户的广泛参与，有较强的爆发性和互动性，引发全民参与并带来爆发式的传播，很容易形成口碑效应。

5. 洞察渠道特点，优化推广渠道

企业做短视频与个人账号不同，个人账号追求的是播放量，更加看重渠道分成比例，这些直接决定个人账号的收入。企业账号重点则放在提高曝光度、刷存在感、为品牌造势上。企业自身的定位不仅影响短视频内容，也影响短视频的推广渠道。推广渠道必须以内容作为依据，与内容相适应，才能达成好的营销效果。

1）短视频推广的渠道

目前，短视频推广主要有以下几种渠道。

（1）在线视频。在线视频指人们常用的影视剧播放软件，爱奇艺、优酷、腾讯、搜狐等。在这些平台插入短视频广告对于广告创意性要求较高，需要做一些更精细的内容，这样才具备观看价值，对于具备充足资金和一定品牌规模的企业来说是比较合适的。虽然在线视频渠道对企业推广的门槛也有一定要求，但是流量获取的效果比较好。

（2）短视频平台。短视频天然的推广渠道就是短视频平台，自然也是大多数企业商家最乐意去投入的渠道。常见的短视频平台有抖音、快手、小红书、B 站等。这些平台用户基数大、入驻门槛低、投入成本低、见效快。通过短期内高频率占据用户屏幕的推广等方式，往往会有意想不到的营销效果。

（3）社交平台。社交平台如人们常使用的微信朋友圈、微信公众号、QQ 空间、微博等平台，它们的传播性强，推广内容丰富，人们对它们的信任度也高。这些平台的受众属性明确，粉丝趋向年轻化，热点敏感度高，是企业进行宣传和活动重点需要铺设的渠道。

（4）资讯类平台。资讯类的推广平台如今日头条、天天快报、一点资讯、网易新闻客户端等,它们既可以发表图文动态,也可以上传短视频。资讯类平台的内容形式丰富多样,只要企业的短视频贴合时下热点,就可能获得较好的浏览量。资讯类平台是通过推荐算法来获得视频的播放量,它们将视频打上多个标签并推荐给相应的用户群体。这些渠道的受众多,通过智能的推荐算法可以获得更多的推荐量。

2)选择合适的短视频推广渠道

短视频推广渠道非常多,但用户不可能每个平台都投放资金与精力,要根据企业的行业特点、产品特征、品牌定位来综合考虑。可以去找一些专业的机构进行全案定制,通过组合优化选择合适的渠道,避免适得其反的效果。

(1)适当地改变策略,优化推广渠道。短视频虽然有很多的发布平台,但并不是所有的短视频都适合在所有的渠道推广。企业要做好短视频营销,首先就要找到合适的渠道来推广,看看哪些渠道中的受众比较有需求,能够对制作的短视频感兴趣,才会转化为企业的客户,能够真正带来效益。在推广的过程中,可以适当地改变策略,不断优化推广渠道。通过前后的对比看看是否有效益方面的变化。通过比较选择一个靠谱的渠道,有针对性地进行推广,效果会更好。

(2)选择专业营销机构进行推广。很多的同类企业都在做短视频来推广,竞争越来越激烈,如果短视频推广得不够精准,那么竞争力也就会下降,在市场中的地位也就不保。这时可以考虑专业短视频营销机构,这些机构对于如何制作短视频和企业如何做好短视频营销,都有专业的技术,而且对于推广渠道的选择也都非常精准,也会利用一些软件将短视频推广到有需求的人眼前,这样就可以让短视频的作用发挥出来。

6. 围绕数据指标,提升评估效果

数据分析并非仅仅对营销活动结果的分析,早在企业做账号定位,为用户画像的时候,就已经开始做数据分析。当确定了目标用户和合适的发布时间与场景,接下来就需要考虑短视频以什么样的方式呈现在目标用户的眼前,吸引客户的关注。短视频平台依赖算法和推荐机制分发视频,平台通过标签来推荐内容给企业的目标用户群体。企业可以通过对短视频的核心数据分析,及时调整内容的方向,优化标签,生产出更符合企业目标用户需求的内容。

1)短视频数据的核心指标

短视频营销的数据分析需要看哪些数据?数据的核心指标有哪些?平台给企业提供了相关的数据,可以在平台中随时查看。短视频数据的核心指标主要有四个:完播率、作品平均播放时长、互动率和吸粉率。

拓展阅读 8-3 短视频数据的核心指标

2)短视频的营销评估

短视频营销具有惊人的"肥尾效应"。这里的"肥尾效应"是指短视频的播放量远大于 KOL 的粉丝数。短视频传播可以实现多平台联动推广,形成多次传播,充分覆盖长尾人群。短视频还具备强社交属性,可以调动用户参与的积极性,甚至引发传播裂变。这给短视频监测评估带来困难,尤其是在遇到多平台投放、多视频达人制作的时候,企业更加难以对所有视频的投放时机、渠道选择、创意优化进行全程把控。这需要实现短视频的监测维度多样化,通过数据建模,解决短视频营销难题。

8.3　直播营销

网络直播是一种在实践中慢慢酝酿、突然爆火的网络应用形式。直播可以将产品销售、相关会议、网上调查、对话访谈等现场情况直接发布到互联网上,利用互联网的快速、交互性强、用户可区分等特点,增强活动现场的推广效果。现场直播完成后,还可以随时为读者继续提供重播、点播,有效延长了直播的时间、扩大了直播的空间,使得直播内容的价值最大化。

8.3.1　直播的特点

1. 实时＋互动

网络直播解决了网络平台上文字、图片和视频信息传播的时效性、完整性和逼真程度不足的问题。网络直播使得信息在传播过程中无须转述,减少了信息损耗,增强了信息的可信度。网络直播具有不可篡改的真实性,因此,获得了网络用户的推崇,保证了观众最真实和鲜活的体验。此外,直播能实时信息传递,在最大可能上缩短了直播现场和观众之间的距离,让观众仿佛置身于现场,更有意愿参与互动。用户在观看直播内容的同时,可以通过点赞、评论、弹幕、打赏等形式表达自己的意见和态度,营造出在场的氛围。观众不仅可以把弹幕作为表达惊喜、惊讶、愤怒、悲伤等感情的一个工具,更是形成了一系列独特的弹幕文化,增强了观众的群体认同感。主播在展现自我的同时,也特别愿意与观众互动,即时获得反馈,增强用户的黏性和归属感。

2. 大众化＋娱乐化

网络直播的录制和播放门槛很低,随时随地打开身边的便携式通信终端,通过网络连接,即刻就能创作或观看直播。直播已经不是自上而下的传播方式,而是将摄像头和麦克风交给了普通人,真正做到了平民化和大众化。直播让普通人也拥有话语权,可以表达自我。网络直播最初以才艺展示为主,现在的秀场直播、游戏直播,甚至是户外直播选择的内容往往都带有娱乐因素,能够让观众感受到快乐,带来愉悦。明星加入网络直播更是将娱乐化推向高潮,明星展现在镜头前的形象和气质很容易吸引观众,很多人气高的主播甚至能够达到数十万乃至数百万的"人气值"。

3. 自由创造＋快捷分享

许多网络直播的内容没有脚本策划,也不需要彩排,完全是主播天然的发挥,涵盖了社会生活的各个方面,从工作到学习,再到休闲娱乐。网络直播激发了每个人的创作欲望,人人都能创造出让自己获得满足感的内容。网络直播也赋予了不同的用户以空前的表达空间,用宣泄、表演、分享、交流等方式发起或参与直播活动,并从中获得社交快乐。当观众自己享受网络直播带来的愉悦时,也能通过发送链接或二维码的方式便捷地通过朋友圈、微博等社交软件将直播间分享到网络空间,观众不需要进行额外操作也能准确、迅速进入对应的直播间。

4. 碎片化＋持续性

网络直播不需要像上课一样一段时间内聚精会神观看,而是可以在零碎时间观看,如乘坐公共交通、睡前休憩,并且在有其他事情的时候随时可以停止观看。尤其是娱乐性直播内容,观众不论何时观看,都能从中获得快乐,不需要拘泥于固定的一段时间。网络直播的相关视频资料可以贮存在网络平台上,观众如果错过了直播观看,可以在任何时间通过网络平台点播录制的视频,这样的观看更加灵活、更加贴近受众。

但是平台推荐机制并不将观众平均分配给每个主播,鼓励那些有创意、能连续更新的主播。直播间要想聚拢粉丝,需要直播具有持续性,不能是一次性或是没有规律。持续性是网络直播获取粉丝非常重要的一点,粉丝每天都期待着主播直播,一旦几天未直播或直播无规律,粉丝就会断崖式地流失。

为适应网络直播的特点,直播营销也不断演化。目前,直播营销总体可被分为两种形式:一种是较为传统和常规化的广告模式,另一种是较为创新和定制化的直播电商模式。广告模式一般不需要太多的创意与内容制作,制作完成后可被复制并重复使用,但缺点是用户对于广告信息的接受度不高。直播电商模式不局限于展示和购买商品,也包括主播以品牌推广和产品宣传为目的,在直播中亲身试用产品或参与体验。或者在直播中让用户参与互动的环节加入营销,起到信息的双向交流传播作用,加深用户对品牌的印象。直播电商模式偏向定制化、需要制作内容且多为单次曝光的营销模式。虽然其每一次的营销形式无法被重复使用,但其丰富多元化的内容及较好的观看体验正在使其成为主流的直播营销形式。

8.3.2　直播电商重新塑造传统商业形态

来自中国互联网络信息中心的数据显示,2023年以来,我国各种直播形式都得到了发展,其中直播电商用户渗透率为54.7%,用户规模超过5.97亿,在直播分类中,用户规模占位第一。同时直播电商成交金额的增长率远高于其他电商形式的增长水平。消费者对直播的认识不断加深,直播电商的接受度正逐步提高,越来越多的人认可直播间购物的消费方式。同时直播电商服务企业与从业人数也快速增长,迅速培育出一个新型商业生态圈。

1. 直播电商是一种新业态

1) 直播电商形态分为达人直播与企业自播(店铺直播)两种形式

达人播是商家请拥有专业知识、较高人气和一定粉丝群的第三方达人,在其直播间挂链接,与其他品牌的产品一起售卖的直播形式。

企业自播(店铺直播)是商家面向自有受众,自建或请第三方代运营为店铺开设直播间,用一个或多个自有账号,对自有产品进行直播带货的形式。

店铺直播和达人直播的主要区别体现在以下几个方面。

(1) 从主播身份来说,达人直播是个人身份,店铺直播是商家身份。店铺直播主播必须是代表商家的身份,店铺直播大部分商家更倾向于企业品牌形象的塑造,直播的趣味性相对较差一些。其优点是直播安排具有自主性,能够根据自己的活动灵活地调配,能够多人直播一个账户。达人直播是个人身份,这些达人不是纯粹的推销商品,更多的是与粉丝互动,粉丝更加喜欢达人本身,进而爱屋及乌喜欢他推销的商品。其优点是货品每天都可以更新;缺点是直播时间有限,一个人一个直播账户。

（2）从粉丝和商品来说，店铺直播粉丝关注店铺商家，达人直播关注达人本身。店铺直播的主播努力的目的是吸引粉丝关注店铺，而非主播个人。店铺直播账户可以由多人直播，在某些情况下甚至能够做到 24 小时直播。达人直播特点是人格化，将粉丝积累到达人自己身上，需要有自己的粉丝基础，自己账号的粉丝群最好是精准且喜好鲜明的，这样便于与品牌合作。店铺直播是常态化直播，实现私域流量的转化，只卖自己店铺的产品。达人直播的商品不受限制，可以和多个商家或品牌合作，各品类都可以带货，但每个商品的直播时间是有限制的。达人直播比较适合商家的新品推广和新目标群体的开发。店铺自播与达人主播在行业类目上各有侧重，店铺自播在珠宝、女装、消费电子、美妆、母婴行业依次有更高的成交额；而达人直播侧重行业依次为女装、美妆、食品、消电、珠宝。

（3）从直播"调性"来说，店铺直播风格多元化，达人直播较为娱乐化。店铺直播是先有店铺、再有直播。店铺直播只是店铺运营的一个延伸，店铺直播的核心作用是利用直播这种手段全面提升店铺购买率。观众在直播间里能够更加清晰地看到和听到商品的款式与详细的讲解，有问题可以直接与主播进行沟通，因此能够明显提升店铺购买的转化率。店铺直播因为没有销量的包袱，所以内容可以更加多元。可以热热闹闹做促销，也可以安安静静仔细讲解单个产品，还可以耐心回答用户的问题。达人直播间的"调性"，往往为了快速提升销售而设定。达人直播间看起来特别热闹，甚至有一些浮夸的表演，动辄达到百万千万的销售额。但是也带来格调不高、退货率普遍比较高的问题。

（4）从合作方式和收益来说，店铺直播为长期合作，投资收益率高于达人播。达人播具有强烈的 IP 属性，以主播为中心进行混播，商家与主播按单场合作，属于短期合作，合作频次较低。达人播按场次收坑位费和销售佣金，一般收费高于店播。商家的主导权，如是否保证销售额，以及上播时间与顺序等需要根据谈判结果而定。同时由于受众不同，达人播主播的 IP 属性使其转化率与退货率均高于店铺直播。店铺直播模式下，商家与直播代运营机构是长期合作，以店铺账号为主全年进行常态化直播。全年高频直播涉及全年运营规划，会开展更深度的沟通合作，可以将直播持续化、规范化寻求沉淀与增长。店铺直播按场次收"固定服务费＋销售佣金"，或者按小时收费，一般单场收费低于达人播。

2）主播和组货模式

直播电商已经基本形成一套成熟的模式。根据主播的知名度和粉丝数量可以把主播分为头部主播、腰部主播和小主播。头部主播就是粉丝众多、名气很大的主播，基本上算是直播行业众所周知的大主播。腰部主播粉丝则是百万以上、小有名气的主播。腰部以下的主播统称为小主播，几十万粉丝与几万粉丝差别不大。主播的马太效应明显，头部主播与腰尾部主播的差异非常大，顶流主播在曝光和短期促成交易的实力上遥遥领先，往往议价能力更强。

（1）头部主播主要作用是新品引爆、品牌输出。头部主播雄厚的流量基础、极强的曝光能力适合品牌与爆款曝光。爆款指的是流量高、转化率高、销量高的商品。爆款通常是市场需求大、口碑好且热度高的大众商品，在同类产品中，物美价廉、性价比高。爆款在店铺的销量可能会占到全店的一半左右，为店内流量打下了稳定的基础。但爆款却不一定是利润的主要来源，因为利润较低的商品才可能做更多的促销活动、用户更容易下单，从而积累更多销量。

（2）腰尾部主播适合持续、精准地渗透目标群体。腰尾部主播在垂直领域的专业性与影响力强，主要作用是提升市场占有率、辅助分发、提升利润，同等成本换取更多面的消费者覆盖。腰尾部主播适合于引流款，引流款可以引流拉新，给店内带来流量的款式，会频繁出现在活动中。引流款是单价低且稳定，常备库存、颜色尺码齐全的商品，也是平台普遍热销、复购率高的商品。引流款利用较低的价格吸引消费者进入店内，进而增加其他利润款的曝光。这样不仅可以提升店内整体销量，还可以提高客单价。虽然爆款和引流款都是为店铺带来流量和曝光的商品，作用类似，但引流款相对爆款利润更低、引流效果更强。引流款和爆款在店内的占比不同，一般一个店铺有1~2爆款，而引流款需要5~6个。

腰尾部主播也可以做利润款，利润款是为店铺带来主要利润的商品。引流款负责给店内带来主要流量，从而促进利润款的销售。利润款针对客户中的特定小众人群，通过精准分析他们的偏好和需求，如款式、风格、价格区间、卖点等，确保产品让客户满意。利润款可以拉高直播间利润，适合于品质高、稀缺/IP产品、用户价格敏感度低、高利润的产品。

（3）头部主播逐渐弱化，腰部主播将成为中坚力量。头部主播拥有强大的销售能力，在供应链的谈判中处于强势地位，工厂的利润被大大压缩。直播电商的其他参与者如平台、机构、主播团队都需要有利润才能生存下去，这导致工厂的合作压力越来越大。此外，头部主播对于产品库存的冲击很大，可能一次带货就需要备几万件商品，只是偶尔卖一次，又不会持续，中小型企业无法承受这种库存压力。头部主播的直播时间有限，必须找到最大众化、价格最低、库存最大的产品，所以很多产品如果受众面不够大，头部主播几乎不会给机会。腰部主播在讨价还价能力、产品库存管理以及选品上对许多企业相对友好很多，逐渐得到一般企业的偏爱。

3）直播形式

主播会根据产品、粉丝和平台等因素决定不同的直播形式，主要如下。

（1）教程讲解：美妆时尚类、3C数码类产品，功效/功能类产品。

（2）好物分享类：回馈粉丝、高性价比的产品。

（3）上新预热类：新品宣传、品牌宣传。

（4）官方活动类：配合平台活动进行打榜。

直播电商的类型、形式、组货模式为适应品牌商家的认可正处于快速演变的过程中。商家对店铺直播的关注度明显提升，这样可以开拓长远稳定的出货渠道。来自淘宝直播2023年度报告的数据表明，淘宝平台拥有超过1 000个销售额过亿的直播间，其中商家直播间数量占比超过55%。达人播则可根据产品的品类、"调性"、功能/功效、价格等和不同品牌商议不同产品的出场顺序与曝光时间，具有很强的灵活性。店铺直播和达人播都在不断发挥自身的优势，扩展自己的生存空间。

2. 直播电商对供应链的变革

1）直播电商减少供应链环节，提升供应链效率

（1）减少产销之间的供应链环节。直播电商可以跳过中间商，直接连接工厂与消费者，与实体商业形态比减少了各个层级的代理，与传统电商比减少了品牌方的代理。环节

的减少缩短了用户信息的反馈时间,减少信息差,同时可帮助品牌发掘并覆盖潜在消费群体。直播是一种实时互动、灵活快速的销售方式,主播代表粉丝行使选择权,一个单品的直播结果可迅速反馈到生产端。同时主播需要丰富优质的 SKU(最小存货单位)来支撑直播频次与直播吸引力。这些都倒逼供应链加快响应速度,提高上新品的频次与数量。生产端快速调整的能力决定了直播行业的优胜劣汰。

(2) 履约中的仓配一体化需求增加。直播电商的出货特征是集中爆发的碎片化订单,这为高效的仓配一体化模式提供了适用场景。根据预期订单量提前在多地区域配送中心备货,就近快速周转发货,至少减少了 1 次转运与分拨。随着供应链数字化程度与需求端的预测精准度的提高,线下门店可以成为前置仓,仓配一体化模式将得到更多普及。同时,生鲜品直播订单的增长促进了冷链运输的发展,更多的直播间与仓库设在了原产地,保证产品的质量。

2) 销售与生产的深度合作与共赢

(1) 更迅速、准确、真实的前端消费者洞察。生产企业结合大数据洞察、企业经营经验、消费者需求反馈等手段来预测趋势与机会。通常从设计到销售的周期比较长,直播电商由于数据集中爆发,极大地缩短了数据收集与分析的周期(12~14 小时),数据的适用性更强。同时基于主播及运营的海量选品经验和直播间用户需求征集与真实反馈,可以更加灵活、精准地控制研发设计与产销匹配情况。

(2) 庞大而稳定的需求可以实现先销售再生产的模式。直播电商提供了最佳的售卖场景,尤其对爆品来说,直播间有主播作为信任背书,拥有高复购、高转化的固定粉丝群,可以短时间促成大量订单。有了销量的保证,虽然用户尚未下单,但直播前即可将订单量与排期向上游反馈,生产商倒推生产周期按需生产,同时以集约化订单与原料商议价压缩生产成本,最大限度降低库存风险、提高利润。

(3) 与上游产生更深度、更长效的合作,形成按需生产的正向循环与三方共赢。直播电商有更真实、快速、精准、稳定的需求反馈,且主播有高效的匹配团队帮助品牌商分担履约义务与售后跟踪。另外,主播有强议价能力,加之对行业成本结构的理解,可以作出更合理的定价调整。消费者享受到高性价比好商品,工厂保证了合理的利润率,惠及供需两端。直播电商与上游生产商的合作更加长效密切。

3. 需求端的消费决策结构化和品质效应升级

1) 直播间购物逐渐成为消费常态

线上直播电商成为人们越发"常态化"的购物方式。越来越多元的直播电商品类与场景,多样的主播类型、短视频与直播相结合的模式等成为当代消费者习以为常的商业形式。不同的群体特征在直播电商中表现出不同的偏好。从性别来看,男性更爱汽车、家装,而女性更爱女装、箱包;从消费者代际偏好差别看,60 后及以前的群体偏爱教育、鲜花、萌宠,70 后的群体偏爱鲜花、萌宠、汽车,80 后的群体偏爱文教、母婴,90 后的群体偏爱美妆、数字虚拟,而 00 后的群体更喜欢美妆;从地域来看,一线城市和二线城市喜欢生活、数字虚拟,三线及以下城市更喜欢汽车、母婴。

2) 用户决策结构的变化决定流量分发方式

"图文＋短视频＋直播"所形成的沉浸式浏览已经成为必备的线上导购场景。更加个性化和具有丰富内容的短视频与直播形式逐渐成为影响消费者信息获取、购买决策的关键因素。在消费者决策过程的不同阶段,三类内容形式的成本有较大差异。用户的购前成本(含访问成本和决策成本):直播<短视频<图文;购后成本:直播>短视频>图文。淘宝、快手与抖音三大直播平台也根据消费者决策结构的变化,在流量分发方式上不断调整。对于淘宝来说,内容生态成为重要板块,直播位置上移,直播呈现更分散,增加直播与短视频的呈现,并且淘宝直播升级为点淘App。而快手与抖音等短视频平台则是增加直播与图文电商的比重,不断缩短直播与商城的触达路径,增加搜索功能与评论功能,提供沉浸式体验的同时为用户提供更便捷亲民的购物转化路径。

3) 消费者追求极致性价比,推动带货品质效应升级

从用户端看,无论是高线城市用户还是下沉市场用户,货与价都是直播购物的主要驱动因素。网购用户中存在大量价格敏感型消费群体,减少溢价、物美价廉是其普遍诉求,由此为直播电商带来增量市场。直播电商的策略正从低价倾销转移到对高性价比产品的渗透,用户对大量成熟品牌的认知是空白的,未来单纯以清库存为目的进行直播带货的做法将失去竞争优势。未来培养用户的直播消费习惯,以及挖掘引致需求是关键,因此高性价比的商品存在较高的成长空间。

拓展阅读8-4 企业直播行业应用标准五力模型

4. 直播服务商的精细化运营

1) 企业直播能力和服务商类型

随着企业直播常态化布局后,直播不再仅仅是工具属性而存在,而是深入各行业各业的场景中,赋能企业整体业务。艾瑞咨询联合保利威直播高研院提出了"企业直播行业应用标准五力模型",即从直播展示能力、推广分发能力、执行能力、数据能力、合规能力五个维度助力企业应用直播标准化。企业直播的五力模型要求企业直播具备很强的综合能力,企业需要不断磨炼才能具备这些能力。

另外,随着直播电商行业生态圈的逐步完善,更多提供细分服务和擅长不同品类的服务商加入行业建设和竞争中,给企业提供服务,弥补企业直播能力上的不足。

根据服务商业务侧重的不同,服务商可分为以下几类。

(1) 招商服务商(供应链基地)为平台引入商家并进行合作对接,或者自有品牌/供应链工厂资源,能够为机构/主播提供货品支持。

(2) MCN机构(达人播)负责达人孵化运营、资源对接与人货匹配,同时结合品牌方需求策划实施直播以及提供其他增值服务,如供应链整合。

(3) 企业播代运营机构(店播)围绕商家提供长周期一站式的单品牌或单店铺的直播服务,包括直播间搭建、主播培养、选品组货、直播实施等。

(4) 培训服务商为品牌方或商家提供培训团队与直播电商需要的各类培训内容。

(5) 流量服务商通过广告投放工具为商家或品牌推广直播间、完成品牌的高效曝光、聚粉及转化。

(6) 工具服务商提供SaaS(软件即服务)等软件服务,以及大数据分析服务。

目前,除了达人播与店播机构,其他各类服务商的界限还是比较模糊的,一方面多数服务商提供综合性解决方案,如MCN机构在平台拿到牌照可以同时作为招商服务商与

培训服务商开展业务；另一方面，以后服务商会有不同的侧重，并且在垂直细分领域更有可能出现规模化的服务商。

2）直播带货基础作业链条

直播电商的流程（图 8-10）细节众多环环相扣，精细化运营是关键。直播简易版流程包括招商选品—制定策略—上播—复盘。这些流程门槛不高但是涉及多个细节，且环环相扣，因此对细节的把控与精细化运营成为必备的基础要素。例如选品环节，涉及机构货品池，关键点为专业团队对价格、品牌、品类款式的深入理解与市场分析，以及如何组合引流品、爆品、利润款与常规款。这些直接影响后面的促销策略、脚本编写和直播效果。

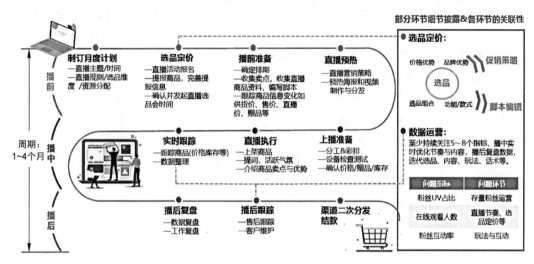

图 8-10　达人播完整流程与细节分析

资料来源：2021 年中国直播电商行业研究报告，艾瑞咨询（www.iresearch.com.cn）。

3）供应链管理能力成为直播服务机构的核心竞争要素

对于直播电商平台，大部分内容平台已经能够形成基本的交易闭环，最终平台之间的关键竞争是直播电商生态的建设，不仅为产业链各方提供最优的对接与整合，并且深入产业链变革，成为全链路赋能平台。对于 MCN 机构，供应链管理能力已经成为核心竞争要素，尤其对于拥有实力强大的主播矩阵的机构来说，选品与供应链聚合能力保证了货源供应与主播的品牌效应，同时对上游设计、生产、流通全环节的赋能与掌控已经作为供应链增值服务的下一个增长点。

8.3.3　直播电商的营销策略

企业做直播营销，需要介入多深，是仅仅做直播间的广告，还是直播电商？企业直播营销介入得越深，直播给企业带来营销方式的变革越大。前文已经分析了很多关于短视频的营销策略，对于直播来说，由于使用的平台相似，好多策略也同样适用，在此不再赘述，以下阐述主要是关于直播电商的其他营销策略。

1. 目标人群定位要与直播受众吻合

网络直播可以做到人群区分，不同平台的用户和达人主播的粉丝画像都很清晰。如果企业对自己的品牌、产品或服务的目标群体的定位不清晰,会导致企业在进行直播电商业态的选择和后续操作过程中出现偏差,难以实现自己预期的结果。企业必须将直播与自身的品牌、产品相结合,找到市场中真正会被直播营销吸引的人群。企业可以采用深入调研的方式分析消费者的基本特征,询问以下一些基本问题,如哪些人是企业客户?他们需要买什么?为什么买?哪些人参与购买?何时购买?怎么购买?对这些问题的回答有助于企业了解消费者的行为特点,完成消费者的画像和分析。这样无论是采用店铺直播还是达人直播,企业都可以保证固有客户与直播受众的重合度最佳。在开展直播电商时,能针对消费者的需求痛点,有效构建直播的看点、直播商品的卖点,避免直播的同质化现象,提高直播的商业价值。准确定位目标人群可以打造有趣、有料的直播内容、建立直播间特有的直播"调性",打造直播间的核心竞争力。接下来,企业可以对其直播客户的认知进行持续塑造,不断强化消费者的认可和偏爱。

2. 综合评判选择最佳的合作模式

直播电商行业日渐成熟,各种服务商专业化程度也不断提高。企业应该选择合适的直播平台、MCN 和主播来做直播电商。

(1) 选择合适的直播平台。从直播平台来说,主要集中在三大直播平台,快手、抖音、点淘(淘宝),他们各自的特点比较突出(表 8-2)。快手直播电商基于用户和达人之间的黏性与信任,正在形成新市井电商模式。抖音直播电商是一个多方汇聚的中心场域,力图实现货找人和人找货的双向驱动,不断完善自身的商城体系,延长消费链路,做到闭环。点淘是淘宝直播全新升级而来,重在提升购物体验,发力内容生态,扩展内容池,引导客户逛淘宝。当然还有其他直播平台,如京东直播、B 站、小红书、蘑菇街等可供选择,但是考虑的基本要素相似。

表 8-2 快手、抖音、点淘三大直播平台比较

要　素	快　手	抖　音	点　淘
直播 GMV	中	高	相对较低
人均消费	低	中	高
品类丰富程度	低	中等	高
品牌优势	快手品牌	二线新消费品牌 抖音品牌	一线大牌 原创设计师品牌
转化特点	达人>内容>品牌	内容>品牌>达人	品牌>内容>达人

资料来源:《2022 年直播电商发展研究报告》克劳锐指数研究院。

这些直播平台主要分为两类:一类是电商平台,如淘宝的点淘,京东直播和拼多多;另一类则是内容平台,如快手、抖音、小红书等。这两类平台的特点都很突出,彼此之间既有竞争也有合作,关系比较微妙。内容平台拥有庞大的用户体量和流畅的用户运营体系,正试图通过自建商城实现电商化。如果内容平台自成生态闭环,对电商平台会造成极大的威胁,但搭建新模式需要大量时间、资金与技术的投入,而且培养原有用户的消费习惯也不是短期内能完成的。电商平台为获得更多外部流量与更多渠道给消费者种草,也在努力与内容平台争夺主播的关键资源,向内容化方向不断扩展。双方都想自成"内容+商业"的闭环生态系统,但目前都未完成布局。因此,双方还处于通过合作相互赋能阶段,相

互成就才能保证各自平台的使用效率、收入等都得到提升。

目前,内容和电商都强的平台是不存在的,企业可以根据自身品牌、产品的特点,选择适合自己的直播平台,也可以采取多平台组合策略取长补短,实现营销效果的最大化。

(2) 洞悉各方利益关系,选择可靠的 MCN。直播电商的主要参与者有供货企业、MCN、主播、平台、用户,它们之间并非简单的线性流程关系,任何两者都可以相互联系,形成某种组合,同时每个参与者都有自身的价值,不可以完全被替代。从企业做直播电商的角度来看,企业可以跟 MCN 合作、跟主播合作,还可以直接与平台合作。企业不同的合作模式牵涉到合作方与其他参与者之间的关系,这些关系中影响最大的是利益分配关系。

目前,商家与 MCN 的佣金分成方式有坑位费＋CPS(按成交额收费),或二者取其一为主。佣金率多为交易额的 20%～30%,但可根据主播与品类品牌的不同变化,头部主播在擅长品类佣金可达 30%～50%,坑位费可超过 10 万元。品类中,美妆的佣金率最高,服装次之,食品较低。双方确定坑位费与佣金后,电商平台或内容平台先从佣金中收服务费,余下部分 MCN 与主播继续佣金分成。通常 MCN 与主播的分成最多,为佣金的50%～75%。内容平台可以走自建的交易平台,也可以走第三方电商平台,给第三方的分成固定且占比较大。总体来说,头部 MCN 与平台(尤其是交易平台)的定价权是最高的,其次是头部商家和普通 MCN 机构,中小商家与主播的议价权是较弱的。

企业如果需要与 MCN 合作,除了洞悉其与平台和主播之间的利益关系外,还可以通过以下指标来选择可靠的 MCN。

① MCN 的知名度和口碑。抖音、快手等平台都有对入驻的 MCN 按照不同维度进行排名的榜单,也可以公众号新榜、克劳锐等第三方数据平台公布的榜单和数据作为参考,还可根据不同赛道进行梳理,查找某 MCN 擅长的领域等。目前,国内直播行业处于前列的 MCN 有保利威、微赞、微吼、百家云和目睹直播等。

② MCN 的运营能力。MCN 的运营能力主要体现在是否有自己孵化 IP 的成功经验和成熟的模式。MCN 内部运营细节,外部很难发现,但是可以看看 MCN 自己孵化的现象级 IP 有多少、旗下有多少相应垂类领域的头部达人等,这些运营结果可以判断出 MCN 的运营能力的高低。

③ MCN 的营销推广能力。企业寻找 MCN 最主要的目的就是推广品牌和销售产品。优秀的 MCN 能够专注于内容营销创作,联合 KOL 的影响力为企业定制整合营销推广方案。拥有丰富的账号矩阵,既有带货能力优异的头部达人、粉丝黏性强的 KOL,也有粉丝基数大、传播能力强的中腰部账号。各类账号搭配使用,触发普通消费者的需求,最终达到产品或品牌的推广目的。还需要制作精良的短视频、广告、为品牌定制自己的 IP。MCN 旗下网红达人也需要更好、更快速地掌握平台动向,与粉丝互动,为企业增加流量、沉淀流量、提高转换率等。

3. 打造企业 IP 体系

企业与平台和 MCN 的合作是实现营销目的必需的选择,专业的事由专业的人来做,可以提高效率。但是长期来看,与外界的合作只能起到辅助作用,企业直播电商还需要以"我"为主,围绕企业自身的战略和营销目标来培养相应的能力。其中一个重要能力就是如何围绕直播电商打造企业 IP。

最近几年,在电商领域,IP 一词的出现频率极高。IP 原意是知识产权,而作为一个网络流行语,指有一定人气基础的文学、影视、游戏、动漫等形式的原创作品的统称。IP 可以进一步引申为能够仅凭自身的吸引力,挣脱单一平台的束缚,在多个平台上获得流量,进行分发的内容。在同一 IP 下,可以改编和衍生出其他各种形式的相关作品,以及周边创意商品等。企业 IP 是利用一种吸引人的标签化符号实现企业品牌价值的传递和变现。

1) 企业 IP 化可分为个人 IP、产品 IP、品牌 IP

(1) 个人 IP。个人 IP 是指在某一个领域中群体公认这个人为某一种特定的形象。像杰克 • 韦尔奇(Jack Welch)、比尔 • 盖茨(Bill Gates)、史蒂夫 • 乔布斯(Steve Jobs)、马斯克等人,他们丰富的阅历、卓越的经营能力以及独特的人格魅力早已成为企业的象征。直播火爆后,企业 CEO(首席执行官)可以通过直播向网友展现自己的亲和力、专业能力和人格魅力,打造个人 IP。其中格力集团的董明珠就走进直播间,亲自为用户讲解产品,进行直播带货,效果非常好。其实一个企业的个人 IP 不仅仅是 CEO,一线销售人员、技术开发人员、合作伙伴都可以算入个人 IP 中。直播电商可以帮助企业打造个人 IP,塑造持续的影响力,提升企业的知名度。

(2) 产品 IP。现在,市场越来越年轻化,为适应年轻人,企业产品要孵化 IP,通过产品 IP 打造自带流量、粉丝的产品。产品 IP 化能直接赋予产品可感知的情感价值,让产品自带流量和话题,更好地满足消费群对产品更好看、更好玩的需求。IP 化能大大缩短消费者对产品的认知过程,好的 IP 形象可以达到让用户一眼就记住的效果。有了 IP,消费者能更迅速建立信任,减少中间的沟通成本。消费者一旦由喜爱转变为信任,产品 IP 能吸引目标用户找到产品,更容易产生购买行为。IP 价值不一定是溢价价值,IP 化产品不一定更贵,拥有 IP 的产品推广成本远低于没有 IP 的产品,产品价格甚至可以更便宜。产品 IP 化最大价值体现在与用户建立独特情感联系,通过网络口碑,极大降低营销成本,同时形成竞争壁垒。

(3) 品牌 IP。品牌 IP 是品牌打造的一种新的方法。品牌为自身塑造鲜明的人格,通过内容与用户持续进行有价值的互动,并赢得越来越多用户的喜爱和追捧,这时品牌就变成了 IP。IP 化是一个体系,品牌 IP 化的形象可以很丰富,形成一个体系。品牌 IP 可以给形象不断进行换装来推陈出新,而不是以一个不变的形象用到底。品牌 IP 不易的是价值观和信念,变易的是形象着装和各种角色扮演。品牌 IP 化可以是形象的和场景的,品牌形象 IP 很容易识别,就是那些名字自带人格化、生物化属性的品牌,如天猫、猫眼、飞猪等。品牌场景 IP 不太被注意,是指那些自带人性场景属性的品牌,如良品铺子、气味图书馆、知乎、无印良品等。形象 IP 是通过突出形象来成为 IP 化品牌,场景 IP 是通过营造情境来成为 IP 化品牌。

2) 如何打造企业 IP

企业 IP 三大类型各有侧重,企业品牌 IP 侧重于表达品牌新特质和品牌 IP 新人格,构建品牌 IP 体系;CEO 人格 IP 侧重于彰显企业情怀,经营理念,人格化互动;产品 IP 侧重于界定优秀产品元素,打造爆款 IP,细分用户场景、增强垂直产品线。

此外,打造企业 IP 应注意用好以下几点。

(1) 在企业 IP 设定上,要与企业的品牌/产品/服务完美匹配,客户能直接建立 IP 与企业之间的联想,并符合客户的心理需求。

(2) 在形象设计上,要有辨识度,有独特性,拥有人格气质。无论哪种类型的 IP,在故事的原型中,都会深入用户的情感世界,塑造鲜活的人格气质,让 IP 形象具备人的温度,自己给自己代言,容易被大众接受。

(3) 在内容运营上,必须有趣、有态度、有共鸣。通过有趣的故事、有内涵的价值观念,为企业 IP 形象赋予更深的意义和情感,当客户体会到 IP 形象所传达的意义和情感时,就会引起客户的共鸣,与客户建立情感联系。这种情感联系吸引客户与企业互动,逐渐产生信任和归属感,从而更容易选择这个品牌,并成为品牌的忠实粉丝。企业 IP 以具有情感共鸣的人格形象创造自己的流行趋势,而不是追随别人。

(4) 在推广与曝光上,企业 IP 要应用于客户的每一个接触点,无论是线上还是线下,都要渗透到所有相关产品和服务环节里。直播是 IP 与粉丝交流的第一场景,还应善用评论区、微信群、微店商品、微信公众号、小程序等各个平台,盘活资源,互相导流才能多平台爆发。还需要在企业所有带有人际关系属性的活动中持续刷存在感,增加用户的黏性和好感度,为潜在用户带来更多的价值。

4. 直播预热引流和二次传播、数据复盘

1) 直播的预热引流

直播前的大力宣传和预热会提高直播间的关注度。许多有光环加持的主播也需要直播预热来吸引人气。企业直播的主播往往是新手,没有粉丝基础,做好直播引流推广,更是直播间吸引人气的保障。预热引流的方法很多,下面介绍几种。

(1) 利用文案预热引流。好的文案能起到画龙点睛的作用,戳中用户痛点,激起用户的好奇心。优秀的文案本身就可以成为吸引用户进入直播间的入口。站内直播前,更新个人简介信息及直播时间和内容。利用第三方平台,如微博、微信、小红书、今日头条等站外平台,为企业直播间预热宣传。

(2) 利用短视频引流推广。直播前发布短视频预热已经成为最基本的直播预热方式。可以发几个简短的预热视频,告知观众和粉丝你的播出时间与内容,引导用户进入你的演播间。发布预热短视频时可以采取以下方式:①留下一些悬念,引起用户的好奇心,吸引用户进入你的直播间;②对于陌生的观众,可以在视频里放诱饵,比如直播间会抽奖,奖品是名牌包、手机、护肤品等,引起用户的好奇心,让他们定点进入你的直播间;③每日视频发布时植入直播预览,让用户在不知不觉中记住你的直播间,还可以把直播预告海报定格在视频的最后,告诉用户你的播出时间和内容。拍摄现场视频花絮、趣事,发布短视频,为你下一次直播造势。

(3) 采用有偿引流方式。除了自然导流到直播间,还可以付费导流直播间。抖音短视频的内置功能 DOU＋可以帮助快速提升抖音视频的播放量,将视频推荐给更多的用户。对高曝光的短视频付费投放 DOU＋获得更多曝光,然后在 DOU＋投放的时间段开始直播。做直播的时候也可以直接把 DOU＋放入直播间,增加直播的推荐。

(4) 其他方式推广引流。开启同城定位,吸引更多同城粉丝进入直播间。保持直播频率,尽量每天直播或者每周直播 3～4 次,这样能增加直播的权重,获得平台对直播间的流量推荐。直播的时候,把自己直播间的二维码分享给粉丝朋友,鼓励他们再次转发,吸引更多人气。

2) 做好二次传播,进一步扩大影响

直播电商不能只关注直播现场的效果,还要做好二次传播。二次传播是相对于首次传播来说的,直播在首次开播结束后,会被另一些媒体多次转发、转播,这些都可以称为二次传播。在网络时代,一个有影响力的事件发生之后,通过各种传媒平台的转发,会产生一种爆炸性的传播效果。运作良好的直播的二次传播效果会出乎意料地好于首次传播,进一步影响后续直播的效果,形成良性循环。

直播区别于其他传播渠道最大的特点就是即时性,但是直播的整体时长较长,很少有客户能完整看完。直播结束后,以图文、短视频等形式进行二次传播,用户可以利用碎片化时间了解直播内容。做好二次传播需要企业在直播前做好传播的规划,直播时要拍摄现场照片、抓取直播视频截图、将直播片段整理成短视频、撰写相关的软文,在直播结束后第一时间发布在社交媒体上。二次传播要想产生轰动效果,需要内容吸引客户,尽量减少客户的记忆和传播的难度。通俗易懂、一学就会、滑稽可笑的内容都会促使人们主动去传播。如果能被大 V 转发,话题上热搜,在网络上持续讨论和发酵,就会吸引更多流量,增加曝光率。二次传播可以在直播已有效果的基础上进一步扩大影响范围,增加直播间的知名度,延长直播内容的生命周期,挖掘潜在客户和吸引粉丝参与互动,加入直播间。

3) 数据复盘,提升下一次直播效果

复盘是用来从过去的成功和失败中获取经验教训的一个简单而有效的过程。复盘的过程从回顾和澄清当初的目标开始,接着对照目标回顾过程、评估结果,然后刨根问底分析产生偏差的原因,最后总结经验并制订下一步行动计划。直播平台提供的数据是直播最真实情况的反映,企业可以筛选能反映整场甚至整月直播概况的数据源进行复盘分析。

(1) 直播间流量来源。通过后台数据分析,判断主要流量来源于哪个渠道。通过直播预热短视频、站外社媒引流、直播间用户分享、广告推广等不同渠道来源的百分比来判断。

(2) 平均在线人数。在线人数反映了直播间的人气,如果数量太低,根本没有变现盈利的可能。根据公式,成交额＝在线人数×转化率×客单价,在线人数较低意味着成交额不会很大,直播间盈利能力有限。现实中直播间的产品客单价比较低,较低的在线人数意味着转换率高也无济于事。因此,直播间在线人数成为反映直播电商变现能力的重要指标,增加人气是直播电商的首要任务。

(3) 平均停留时长。平均停留时长反映内容吸引力,平均停留时长越长,说明观众对直播间的兴趣越大。主播的个人魅力、与观众的互动技巧、吸引关注点击的商品、详细美观的产品介绍等都能增加平均停留时长。

(4) 带货转化率。带货转化率＝下单人数/总场观看人数,是衡量主播带货能力的最重要的一个指标。虽然沟通能力、催单能力、互动能力等都是主播能力的重要体现,但是转化率却是实打实的数据标准。明星的转化率一般都会偏低,一方面是明星自带粉丝流量,观看人数较多;另一方面,大部分粉丝是带着观赏的目的进入直播间,因此购买欲望不一定会很强。

5. 直播团队构成与关键岗位人员培养

直播电商竞争加剧,直播的内部运营和外部供应链管理也越来越复杂。直播已经不是主播一个人就能完成的,拥有一支高效的直播团队尤为重要。

1) 直播团队的构成

一个最简单的直播团队也需要包括三部分,即主播、直播运营、内容运营。直播运营是总负责人,负责直播相关的所有事情。一个优秀的运营,既要了解平台的算法,还要懂投放和选品。直播运营是直播间的核心,重要性要远远大于主播岗位。内容运营负责账号内容输出,包括脚本、拍摄、剪辑、设计、运营。

一个比较复杂的直播团队包括以下岗位。

（1）直播运营。直播运营相当于在摄制中导演的角色，统筹型各项工作，直播间的负责人。负责整场直播的运营，包括直播玩法设计、产品的组合销售、直播商品排款、直播的流程与脚本、主播的问题调整、直播场控、广告投放等；直播间内部和外部协调。针对前期制定的方案和目标进行详细的数据复盘，给出一个合理的总结和建议。

（2）主播。主播就是直播间的形象，所有的幕后工作，都需要主播呈现出来。主播负责讲解产品、活动介绍、统筹全场、粉丝互动。优秀的主播有强大的个人魅力和控场能力，把握直播间的节奏，需要经过大量的直播实战的磨炼才能胜任。

（3）副播/助播。副播/助播配合、补充、助力主播，负责带动气氛、促单配合、提示活动、引导关注、卖点提醒。

（4）场控/中控。场控/中控主要负责操作直播后台、控制整场直播节奏，负责现场产品上下架、改价格和库存、活动优惠设置等。

（5）视频运营。视频运营主要负责运营直播平台账号，拍摄剪辑发布视频，直播中拍摄素材，并且负责直播间视频流量推荐和后期复盘等。

有的直播间还专门设有：选品职位，主要负责筛选容易爆单的产品，全网商品调研、比价，完成产品信息采集；投手职位，主要的工作内容是为直播间引流；文案和客服等其他职位。

2）关键岗位人员培养

（1）关键岗位选人。主播和直播运营无疑是直播电商中关键岗位人员。

成为一名主播，需要具备多方面素质和能力：其一，良好的口才和表达能力。能够自如地用语言、微表情表达自己的想法和观点，也能听取观众的反馈和建议，及时作出回应和调整。其二，有创意和个人风格。从自己兴趣出发，吸收相关行业杰出人才的经验，挖掘独特的视角和话题，打造独特的个性化风格。其三，具有一定的专业知识。任何商品都需要具有一定的专业知识才能理解透彻，专业知识是主播展示自己的重要途径，也是吸引粉丝和观众的关键。其四，有耐心和毅力。直播带货的工作非常忙碌，一场直播少则 1～2 个小时，长则 5～6 个小时，还需要经常进行与观众互动，所以需要有耐心和毅力，持之以恒地坚持下去。

直播运营需要具备的能力：其一，筛选和培训主播。懂得选什么样的主播能和自己的货品匹配起来，自己的主播缺点在哪里，如何去训练主播改正缺点，提升主播在直播间的实力。其二，策划和执行。直播运营必须对整个直播结果负责，因此需要对每一场直播进行策划，准备直播间的人、货、场三个要素，负责直播整个过程的团队管理和具体工作的执行。其三，商品运营和打造爆款。电商直播运营需要根据对直播全流程的人、货、场的分析，有针对性地进行运营、选品、拍品，有序地对直播过程中的时间和顺序进行优化。直播运营必须有爆款思维，商家直播大部分还是靠爆款模式。一个直播间重点就是那一两款爆款，运营要有自己的一套方法会选款、测款、打造爆款。其四，学习和分析。一个优秀的直播带货运营必须会看数据、分析数据，通过数据找出问题，然后制订下一场的优化方案。直播带货更新迭代特别快，直播平台的规则变化更是以周为单位在改变。平台系统会经常调整算法和权重指标，竞争对手不断推出新策略，消费者也在不断进步，企业无法依赖一套方法，需要不断学习、不断去创新。

（2）关键岗位人员培养。目前，直播电商的主播来源比较多元，有职业主播，如电商运营、主持人;也有其他职业转型而来的,如颜值主播、达人、明星、老师、模特;还有企业主等。企业可以直接招聘以上人员成为主播。如果企业想用多个素人主播在多个直播平台轮番直播,流程化地去卖货,就需要培养多个主播。企业选择主播基本条件是能上镜,口头表达和逻辑思路顺畅。培养主播可以参考 MCN 的相关方式,从招聘选用、培训上岗、事后评估的流程入手。培训产品知识、互动技巧、应变技巧以及客服技巧等。直播的销售技巧虽然重要,但并非一朝一夕就能复制的,随着上播时长的积累,素人主播也能够学会巧妙地引导消费者去成交。最后是打造直播带货主播人设,要与主播真实的自己有所关联,形成自己的个性风格。

直播运营是导演,也是直播的负责人。虽然运营在直播的幕后,但是决定直播的顺利运行和销售效果。直播运营需要具有管理经验的团队负责人来担任,可以从管理者中选拔对直播有敏锐洞察力的人担任,也可以从有管理能力的主播中选拔,或者从有直播场控经验的人中培养。

不管是哪类关键岗位的负责人,都要具有团队精神。直播的即时性决定对犯错的容忍度较低,各项工作必须密切配合,按照时间线有条不紊地进行。各个岗位之间的配合要十分默契,没有大局意识、缺乏合作意愿的人无法胜任这项工作。这些关键岗位都是新职业,没有现成的人才可供直播电商企业使用,需要在实战中不断磨炼和培养人才。主播需要不断练习在直播间如何展现魅力和亲和力;练习直视镜头,与粉丝聊天,如何使用语言技巧介绍卖点、促进成交、催促下单,如何运用语调和语速来调动气氛;每天直播 6 小时,磨炼心态和意志;整体直播团队在每次练习或真实直播后必须复盘,总结整体直播效果,各个岗位要反思得失,制订改进方案,为下次直播积累经验。团队只有在一次次实战中不断地演练,不断地总结和改进,才能打造一个高效、有独特风格的直播团队。

本 章 小 结

本章介绍了与短视频营销和直播营销相关的内容。

本章 8.1 节介绍了短视频和网络直播的现状,这两种工具都在短期内爆火,短视频是抖音和快手"两强"的天下,而直播电商除了二者外还有淘宝。在"短视频营销"一节,主要介绍了短视频具有内容丰富、短小精悍、互动强等特点,分析了短视频产业链的构成以及各方之间业务关系,并归纳概括短视频营销策略为重视选择合适的平台、重视视频的创意和优化、借势吸引粉丝、利用数据提升评估效果等几个方面。在"直播营销"一节,主要介绍了直播具有实时+互动、自由创造+快捷分享、大众化+娱乐化等特点,分析了直播电商通过创造新业态、变革供应链、催生中介服务商、影响消费行为等方面重塑了传统电商行业,进一步总结直播电商的营销策略为目标人群定位、选择合适的合作模式、打造 IP 体系、重视二次传播和数据复盘、建设团队和培养人才等策略。

思 考 题

1. 短视频有哪些特点?
2. 短视频用户有哪些使用习惯? 这些对电商有什么影响?
3. 短视频推广有哪些渠道?

4. 直播的特点有哪些？为什么会快速兴起？

5. 直播电商营销策略有哪些？

实　践　活　动

1. 调查你所在学校或地区的短视频或直播的网络红人，通过访谈了解他们做短视频或直播有哪些经历，他们的视频或直播有哪些特点，为什么会"红"，他们的变现（赚钱）方式有哪些。

2. 全程观看一次头部达人的直播带货，留心观察头部达人直播中如何与粉丝沟通，如何抓住客户心理，介绍产品，如何催促客户快速下单，如何打消客户的迟疑。将达人主播的相应语言、表情、动作、助播的行为等记录下来，仔细分析，看看能总结出什么经验。

3. 在抖音或者快手上追踪一个企业电商中的短视频、直播和相关社交媒体的活动，并按照时间顺序记录下来活动的相关内容。然后分析，该企业是如何进行的商业策划的，操作中的利弊得失有哪些，可以作出哪些改进，效果会更好。

即　测　即　练

第 9 章

网络营销工具与方法——综合应用

本章学习目标

1. 掌握网站体验营销的基本概念与特点。
2. 掌握口碑营销的基本概念与特点。
3. 掌握事件营销的基本概念与特点。
4. 掌握病毒式营销的基本概念与特点。
5. 掌握私域流量营销的基本概念与特征。
6. 熟练掌握以上各种营销的设计思路、基本要求、操作步骤等。

Temu如何再造一个拼多多？

2022 年 9 月开始,拼多多推出海外版 Temu,大手笔烧钱买流量、大手笔补贴消费者,通过令人难以置信的超低价,在北美市场迅速打开局面,并引发海外网友"人传人"式的裂变传播。

Temu 上线一个月,就排到了海外电商 App 下载量第一名。有消息称,美国第二大电商平台、拥有 1.2 亿用户的 SHEIN,直接开启了红色预警,逼迫商家在 SHEIN 和 Temu 之间"二选一",并对"跳槽"去 Temu 的员工"永不录用"。正是靠着超低价和社交裂变,Temu 在 2022 年的"黑五"抢走了跨境电商全行业的风头。

拼多多 Temu 的三板斧:超低价、用户体验、病毒营销。

第一板斧:简单粗暴的超低价。

不论在哪个国家,低价总是让人上瘾。在美留学生明洁感叹,亚马逊 8.99 美元的数据线,Temu 只需 1.99 美元,还能新人七折、免运费,这么便宜,简直无法想象。据统计,Temu 平台家居、服饰、3C 数码等核心类目价格大概是亚马逊产品的 10%。Temu 销量排名前 4 000 个 SKU,累计 GMV4 800 万美元,平均单价 3.4 美元,销售额占比头部品类是蓝牙耳机。其中,单价 3.7 美元的联想无线蓝牙耳机是爆款。明洁说,她购买的耳机还享受了学生优惠,根据平台规则,符合条件的学生都可以获得 15% 的折扣。

第二板斧:用户体验。

在 Temu,"新人前三单全网订单免运费",还在产品低价的基础上享受"无门槛七折"优惠,甚至在"黑五"期间,部分产品低至 1～3 折,这教育美国用户到 Temu 要先学会用打折券,还有各种小任务,带用户入坑。而"90 天免费退货",直接告诉顾客未及时送达、不满意就退款,货品自己留着,尝试和顾客交个朋友。

Temu 的做法也影响到其他电商平台,有亚马逊的会员用户观察到,以前亚马逊是满35 美元免运费,最近 35 美元以下也开始免运费了。退货政策则是,如果是亚马逊内部错误,运费(包括关税)会由平台承担,全额退款。事实上,Temu 的退货政策效仿的是国内的拼多多,退货方便到未发货极速退款,不需要通过商家确认,取悦消费者。

第三板斧:病毒营销。

留学生小赵说,他最初知道 Temu 是 9 月份,拼多多在他们学校做地推,扫码下载App 就可以免费拿鼠标、帽子、运动手表等;线上,他则是看到过 Temu 在 YouTube 上投放广告。

Temu 用户增长团体为了实现业绩目标,开始把国内玩得炉火纯青的"拉新用户"和"砍一刀"等推介奖励机制搬到美国——在 Facebook、Twitter、Instagram 等主流社交平台,能看到非常多老带新的链接,每邀 3 位好友得 150 元,外国人开展了一场"薅羊毛"的集体行动。并且,新人下单时,只要绑定银行卡,还能用 1 美分在活动页面选 1 个产品包邮送到家。"其实官方完全可以免费送,但 1 美分意味着要绑定信用卡、填地址,很容易就把从社交平台买回来的用户转换掉,从而提高转换率。"Jam 表示。

"砍一刀"在国外更是受用。"黑五"期间,用户只要通过社交媒体向熟人分享 Temu界面,相互助力,就有机会抽取 50 美元的购物券。Facebook 用户"Maria Moni"11 月 20日进入 Temu 群组,每天都会往组里发链接,还呼吁大家发链接,相互助力。

由于裂变和口碑传播迅速,Temu 很快就收获了一批愿意主动分享的用户。在YouTube 拥有 6.8 万订阅者的网红 Melissa,主要做各购物网站产品的开箱测评,近期她发布了不下 4 次的 Temu 产品测评,播放量最高能达到 7.8 万,而关于亚马逊的测评视频播放量却不过 1 万。在 Temu 测评评论区,不少粉丝表示,因为 Melissa,他们才知道Temu 如此便宜。Melissa 在视频中透露,她分享的产品,只要有用户从链接下单,她还能获取返利佣金。

随着 Temu 的推出,以及在海外的表现,明显再一次捅破了拼多多的"天花板"。Temu 清晰的策略与规划,无疑给拼多多的未来带来了更大的想象力。

资料来源:极具"侵略性"的 Temu,如何再造一个拼多多?[EB/OL].(2022-12-02).https://zhuanlan.zhihu.com/p/588489672/.

网民的参与使互联网的营销手段和方法层出不穷,一些新的营销理念也不断涌现,如网站体验营销、口碑营销、事件营销(event marketing)、病毒式营销和私域流量营销等。本章将诸多网络营销理念进行梳理,这些理念往往借助前面讲过的工具和方法来发挥作用。在某一理念的指导下,这些工具方法之间相互作用,形成具有综合性的表现形式或是应用。

9.1　网站体验和网络口碑营销

9.1.1　网站体验营销

B. 约瑟夫 · 派恩(B. Joseph PineⅡ)和詹姆斯 · H. 吉尔摩(James H. Gilmore)在《体

验经济》一书中提出,所谓"体验"就是企业以商品为道具,以服务为舞台,以顾客为中心,创造出能使消费者全面参与、值得消费者回忆的活动。

1. 体验营销

体验营销是指通过看(see)、听(hear)、用(use)、参与(participate)的手段,充分刺激和调动消费者的感官(sense)、情感(feel)、思考(think)、行动(act)、联想(relate)等感性因素和理性因素,重新定义、设计的一种思考方式的营销方法。五种体验在使用上有其自然的顺序:感官—情感—思考—行动—关联。"感官"引起人们的注意,"情感"使体验变得个性化,"思考"加强对体验的认知,"行动"唤起对体验的投入,"关联"使得体验在更广泛的背景下产生意义。

此种思考方式并不是简单地把人假设为"理性消费者",体验营销认为消费者的消费行为除了包含知识、智力、思考等理性因素以外,还包含感官、情感、情绪等感性因素。体验使每个人以个性化的方式参与消费,在消费过程中产生情绪、体力、心理、智力、精神等方面的满足,并产生预期或更为美好的感觉。

拓展阅读 9-1 客户体验中的心流(flow)

1998年,派恩与吉尔摩在《哈佛商业评论》"体验式经济时代来临"一文中提出:体验式经济(experience economy)时代已来临。他们将经济价值演进划分为四个阶段:货物(commodities)、商品(goods)、服务(services)与体验(experiences)。所谓体验经济,是指企业以服务为重心,以商品为素材,为消费者创造出值得回忆的感受。传统经济主要注重产品的功能强大、外形美观、价格优势,体验式经济注重思维认同,以此抓住消费者的注意力,改变消费行为,并为产品找到新的生存价值与空间。当咖啡被当成"货物"贩卖时,一磅可卖300元;当咖啡被包装为"商品"时,一杯就可以卖一二十元;当其加入"服务",在咖啡店中出售,一杯要卖几十元至100元。如能让咖啡成为一种香醇与美好的"体验",一杯就可以卖到上百元甚至好几百元。增加产品的"体验"含量,能为企业带来可观的经济效益。

体验是复杂多样的,可以分成不同的形式。这些体验形式各自有所固有而又独特的结构和过程,是经由特定的体验媒介所创造出来的,能到达有效的营销目的。

2. 网站体验营销

网站体验营销指的是利用网络特性,为顾客提供完善的网络体验,提高顾客的满意度,从而与顾客建立起紧密而持续的关系。随着网络的普及,网络体验成为体验营销不可缺少的重要组成部分。网站体验营销包括以下几个方面。

1) 感官体验

对于网站来说,感官体验是呈现给用户视听上的体验,强调舒适性。

设计风格:符合目标顾客的审美习惯,并具有一定的引导性。网站在设计之前,必须明确目标顾客群体,并针对目标顾客的审美喜好进行分析,从而确定网站的总体设计风格。要确保网站 logo 的保护空间和品牌的清晰展示而又不占据太多空间。

页面设计:页面速度方面,正常情况下,尽量确保页面在5秒内打开。页面布局要重点突出、主次分明、图文并茂。将目标顾客最感兴趣、最具有销售吸引力的信息放置在最重要的位置。页面色彩可以与品牌整体形象相统一,"主色调+辅助色"不超过三种颜色,以恰当的色彩明度和亮度,确保浏览者的浏览舒适度。动画效果要与主画面相协调,打开速度快,动画效果节奏适中,不干扰主画面浏览。

图片设计:图片大小要适合多数浏览器浏览,图片展示要比例协调、不变形,图片清晰。图片排列既不能过于密集,也不能过于疏远。图标使用要简洁、明了、易懂、准确,与页面整体风格统一。广告位要避免干扰视线,广告图片要符合整体风格,避免喧宾夺主。

2) 交互体验

对于网站来说,交互体验是呈现给用户操作上的体验,强调易用/可用性。

会员申请要介绍清晰的会员权责,并提示用户确认已阅读条款。会员注册要流程清晰、简洁,待会员注册成功后,再详细完善资料。表单填写要尽量采用下拉选择,需填写部分要注明填写内容,并对必填字段作出限制。表单填写后需输入验证码,防止"注水",提交成功后,应显示感谢提示。

对于交互性的按钮必须清晰、突出,以确保用户可以清楚地单击。单击浏览过的信息需要显示为不同的颜色,以区分于未阅读内容,避免重复阅读。若表单填写错误,应指明填写错误之处,并保存原有填写内容,减少重复工作。用户提问后台要及时反馈,后台显示有新提问以确保回复及时。用户在使用中发生任何问题,都可随时提供反馈意见。

在线调查方面,可以为用户关注的问题设置调查,并显示调查结果,提高用户的参与度。在线搜索提交后,显示清晰列表,并对该搜索结果中的相关字符以不同颜色加以区分。确保资料的安全保密,对于顾客密码和资料进行加密保存。无论用户浏览到哪一个层级、哪一个页面,都可以清楚看到该页面的路径。

3) 浏览体验

对于网站来说,浏览体验是呈现给用户浏览上的体验,强调吸引力。

栏目的命名与栏目内容准确相关,简洁清晰,不宜过于深奥,令人费解。栏目的层级最多不超过三层,导航清晰,层级之间伸缩便利。

在内容的分类方面,同一栏目下,不同分类区隔清晰,不要互相包含或混淆。每一个栏目应确保足够的信息量,避免栏目无内容情况出现。尽量多采用原创性内容,以确保内容的可读性。确保稳定的更新频率,以吸引浏览者经常浏览。段落标题加粗,以区别于内文。采用倒金字塔结构。

在频道首页或文章左右侧,提供精彩内容推荐,吸引浏览者浏览。在用户浏览文章的左右侧或下部,提供相关内容推荐,吸引浏览者浏览。提供 RSS 或邮件订阅功能。标题与正文明显区隔,段落清晰。采用易于阅读的字体,避免文字过小或过密造成的阅读障碍。可对字体进行大、中、小设置,以满足不同的浏览习惯。对于长篇文章进行分页浏览。面向不同国家的客户提供不同的浏览版本。

4) 情感体验

对于网站来说,情感体验是呈现给用户心理上的体验,强调友好性。

顾客分类是将不同的浏览者进行划分(如消费者、经销商、内部员工),为顾客提供不同的服务。对于每一个操作进行友好提示,以增加浏览者的亲和力。提供便利的会员交流功能(如论坛),增进会员感情。定期进行售后的反馈跟踪,提高顾客满意度。定期举办会员优惠活动,让会员感受到实实在在的利益。根据会员资料及购买习惯,为其推荐适合的产品或服务。提供用户评论、投票等功能,让会员更多地参与进来。对用户提出的疑问进行专业解答。针对不同顾客,为顾客定期提供邮件/短信问候,增进与顾客间的感情。提供邮件好友推荐功能等。

5) 信任体验

对于网站来说,信任体验呈现给用户的是可信赖的体验,强调可靠性。

公司介绍要发布真实可靠的信息,包括公司规模、发展状况、公司资质等。将公司的服务保障清晰列出,增强顾客信任。为摘引的文章标注摘引来源,避免版权纠纷。提供准确有效的地址、服务热线电话等联系方式,便于查找。为顾客提供投诉或建议邮箱或在线反馈。对于流程较复杂的服务,必须设置帮助中心进行服务介绍。

3. 体验营销的操作步骤

(1) 识别目标顾客。识别目标顾客就是要针对目标顾客提供购前体验,明确顾客范围,降低成本。同时还要对目标顾客进行细分,对不同类型的顾客提供不同方式、不同水平的体验。

(2) 认识目标顾客。认识目标顾客就要深入了解目标顾客的特点、需求,知道他们担心什么、顾虑什么。企业必须通过市场调查来获取有关信息,并对信息进行筛选、分析,真正了解顾客的需求与顾虑,以便有针对性地提供相应的体验手段,来满足顾客的需求,打消顾客的顾虑。

(3) 顾客角度。要清楚顾客的利益点和顾虑点在什么地方,根据其利益点和顾虑点决定在体验式销售过程中重点展示哪些部分。

(4) 体验参数。要确定产品的卖点在哪里,顾客从中体验并进行评价,在顾客体验后,就容易从体验参数对产品(或服务)的好坏形成一个判断。

(5) 进行体验。在这个阶段,企业应该准备好让顾客体验的产品或设计好让顾客体验的服务,并确定好便于达到目标对象的渠道,以便目标对象进行体验活动。

(6) 评价控制。企业在实行体验式营销后,还要对前期的运作进行评估。评估总结要从以下几方面入手:效果如何,顾客是否满意,是否让顾客的风险得到提前释放,风险释放后多少移到了企业自身,企业能否承受。通过这些方面的审查和判断,企业可以了解前期的执行情况,并可修正运作的方式与流程,以便进入下一轮的运作。

9.1.2　网络口碑营销

1. 口碑和网络口碑营销

1) 口碑的定义

口碑源于传播学,口碑传播指的是用户个体之间关于产品与服务看法的非正式传播。口碑传播被市场营销广泛应用,所以有了口碑营销。口碑营销是指企业在品牌建立过程中,通过顾客间的相互交流将自己的产品信息或者品牌传播开来。也就是通过购买者以口耳相传的方式将商品的有关信息传递给购买者的家人、朋友和生活中交往的人,从而促进他们购买决策的形成的一种营销方式。

口碑具有如下特征:①口碑是一种非正式的、人际关系的传播;②口碑的内容不仅涉及与产品、服务、品牌、公司相关的购买和消费过程,还包括与受众消费态度相关的理念和流行创意；③口头传播被受众看作基于非商业目的的交流，具有很强的真实性和影响力。口碑传播的信息对于受众来说，具有可信度非常高的特点。这个特点是口碑传播的核心，也是企业开展口碑宣传活动的一个最佳理由。

2）网络口碑营销的定义

网络口碑营销，英文为 internet word of mouth marketing（IWOM）或 electronic word of mouth（eWoM）。网络口碑营销是口碑营销与网络营销的有机结合。网络口碑营销指通过网民在网络渠道（如论坛、博客、播客、微信和视频分享网站等）分享对品牌、产品或服务的相关讨论，来影响其他网民对品牌、产品或服务的认知和行动的一种营销方式。

传统的口碑传播相对于企业的传播方式而言，具有可信性高、具有针对性和互动性、易于形成流行、传播成本较低等特点。但是口碑传播过程难以准确掌握，而且口碑传播效果也不易测量。在信息时代，网络口碑传播除了上述基本特征之外，还具有一些新特性。

（1）网络口碑传播的效率更高。传统口碑传播主要表现为面对面的人际传播，受到口耳相传的限制，不仅参与者数量有限，而且信息扩散的速度也比较慢。但网络口碑传播则不同，它以互联网为依托，传播的内容可以通过网民浏览、复制和转载，在短时间内传播范围迅速扩大，真正做到无时不在、无处不在。所谓"处处皆中心，无处是边缘"，其分享与影响范围从日常人际关系圈扩展到广泛虚拟空间的无数网民，广度和速度是传统口碑传播所不能比拟的，传播效率极高。

（2）网络口碑传播的影响力具有双面性。现实的人际的口碑传播一般使得口碑交流的双方有一定关系，无法做到匿名性，但在虚拟的互联网社会中，尽管实名制越来越普遍，但除非网民主动暴露自己，否则网民的身份难以被证实。传播的匿名性使得网民更能毫无顾虑地真实表达自己，尤其是主动地吐露出不满和抱怨。但是这种匿名和受到虚拟世界保护的行为很可能使言论失去严格的制约。在法不责众的心理下，网民很可能制造出一些言论和意见，从而使网络口碑失去真实性，变得难以捉摸，甚至会给公司的品牌带来巨大的破坏。

（3）网络口碑传播的持续性更强。网络口碑的传播渠道比传统口碑传播更加丰富，如即时通信工具、论坛、博客、微博、微信、电子邮件和社交网站等。此外，传统口碑传播渠道主要通过声音来传达信息，要求当事双方同步参与到整个传播过程；但网络口碑的信息主要以文字形式出现，也可以以图片、音频、视频甚至 Flash 等多媒体形式呈现，内容可以存储和查阅，便于阅读、参与讨论和传播。而且网民的大范围传播，以及互相激发创造性，会使信息内容不断丰富，常常使得讨论的热情长时间维持，网络口碑的内容因此不断累积，造成了网络口碑在数量上有了前所未有的规模，并吸引更多的眼球。

（4）网络口碑传播的效果容易测量。相对于传统口碑的传播方式来说，网络口碑比较容易测量。在互联网出现之前，口碑大多是消费者之间的口耳相传，是无形的，很难予以把握和实现精确测量。企业或者研究者无法进行测量，就更谈不上对口碑信息作出快速反应。而在网络口碑传播的时代，网络口碑内容存储、查阅和追踪的方便，为企业测量口碑提供了极大的可能，对于网络口碑的传播机制的理解将更加透彻。

2. 网络口碑营销的优势

1）宣传费用低

不少企业以其良好的服务在消费群体中换取了良好的口碑，带动了企业的市场份额。

同时也为企业的长期发展节省了大量的广告宣传费用。一个企业的产品或服务一旦有了良好的口碑,人们便会不经意地对其进行主动传播。口碑营销的成本由于主要集中在教育和刺激小部分传播样本人群上,即教育或开发口碑的意见领袖,因此成本比面对大众人群的其他广告形式要低得多,且结果也往往能事半功倍。口碑营销基本上只需要企业的智力支持,不需要其他更多的投入,节省了大量的广告宣传费用。所以企业与其通过不惜巨资投入广告、促销活动、公关活动等方式来吸引潜在消费者的目光,以产生"眼球经济"效应,还不如通过口碑这样廉价且简单奏效的方式达到这一目的。

2) 可信任度高和具有亲和力

一般情况下,口碑传播都发生在朋友、亲戚、同事、同学等关系较为亲近或密切的群体之间。在没开始口碑传播的过程时,他们之间已经建立了一种特殊的关系和友谊,相对于纯粹的广告、促销、公关、商家的推荐等而言,可信度较高。从消费者的角度看,相比广告宣传,口碑传播者传递的信息被认为是客观和独立的,被受传者所信任,从而使其跳过怀疑、观望、等待、试探的阶段,并进一步促成购买行为。另外,一个产品或者服务只有形成较高的满意度,才会被广为传诵,形成一个良好的口碑。因此,口碑传播的信息对于受众来说,具有可信度非常高的特点。这个特点是口碑传播的核心,也是企业开展口碑宣传活动的一个最佳理由。同样的质量,同样的价格,人们往往会选择一个具有良好口碑的产品或服务。况且,因为口碑传播的主体是中立的,几乎不存在利益关系,所以也就更增加了可信度。

3) 针对性强,沟通效果好

口碑营销具有很强的针对性,它不像大多数公司的广告那样千篇一律,无视接收者的个体差异。人们日常生活中的交流往往围绕彼此喜欢的话题进行,这种状态下,信息的传播者就可以针对被传播者的具体情况,选择适当的传播内容和形式,形成良好的沟通效果。当某人向自己的同事或朋友介绍某件产品时,他绝不是有意推销该产品,而只是针对朋友的一些问题提出自己的建议而已。例如,朋友给你推荐某个企业或公司的产品,那么一般情况下,会是你所感兴趣甚至是你所需要的。因此,消费者自然会对口碑相传的方式予以更多的关注,因为大家都相信它比其他任何形式的传播推广手段更中肯、直接和全面。

4) 发掘潜在消费者,并影响其决策

专家发现,人们出于各种各样的原因,热衷于把自己的经历或体验转告他人,譬如刚去过的那家餐馆口味如何、新买的手机性能怎样等。如果经历或体验是积极的、正面的,他们就会热情主动地向别人推荐,帮助企业发掘潜在消费者。以空调为例,在购买过程中,消费者较多地关注使用效果、售后服务、价格、品牌和用电量等因素。而潜在用户中对于产品的使用效果、售后服务、价格、品牌和用电量等因素的信息主要来自第一次购买的群体;第一次购买群体的口碑,是最值得潜在用户信赖的传播形式。在作出购买决策时,尤其是在使消费者决定采取和放弃购买决策的关键时刻,口碑的作用更不能被忽视。

5) 打造品牌忠诚度

运用口碑营销策略,激励早期使用者向他人推荐产品,劝说他人购买产品。随着满意顾客的增多,会出现更多的"信息播种机""意见领袖",企业赢得良好的口碑,拥有了消费者的品牌忠诚,长远利益自然也就能得到保障。

3. 网络口碑营销的技巧

良好的口碑营销效应需要经过获得关注、收集信息、深入了解、购买体验、感受分享等步骤。在这个过程中,口碑营销成功有几个关键点需要注意。

1) 寻找意见领袖

如果你的企业是生产农作物种子,那么找农业科技人员、村主任来讲述你的品牌故事和产品质量,就是个很好的主意。在 Web 2.0 时代,每个人都可能是一个小圈子里的意见领袖,关键是营销人员是否能慧眼识珠,找到这些意见领袖。意见领袖是一个小圈子内的权威,他的观点能被广为接受,他的消费行为能为粉丝狂热模仿。

2) 制造"稀缺",生产"病毒"

"病毒"不一定是关于品牌本身的信息,但基于产品本身的口碑可以是"病毒",这就要求你的产品足够酷,有话题附着力,这样才容易引爆流行,掀起一场口碑营销风暴。苹果公司就擅长"病毒"制造和口碑传播。一提到 iPhone 这个名字,它就能让无数"苹果粉"抓狂,让营销业内人士羡妒不已。这样一款产品虽然价格昂贵,但它提供了众多个性化的设计,并且带有鲜明的符号,不让它的消费者讨论似乎都很难。在这里,消费者的口碑既关乎产品本身,又是传播速度极快的"病毒"。重要的是,它总是限量供应,要购从速。拥有它的人就是"时尚达人",仿佛一夜之间便与众不同、身价倍增,他们当然更愿意在亲朋好友间显摆,高谈阔论一番。

3) 多媒体营销传播

口碑营销可能充满偏见、情绪化的言论,具有很强的不可控性。因此,口碑营销并不是解决眼下传播效果差、投资回报率低这一顽疾的救命稻草,它只是营销人员的传播工具之一而已。互联网为消费者的口碑传播提供了便利和无限时空,然而,要让众多消费者关注某个产品,传统广告的威力依然巨大。口碑营销必须辅之以广告、辅助材料、直复营销、公关等多种整合营销方式,相互取长补短,发挥协同效应,才能使传播效果最大化。

4) 实施各类奖励计划

天下没有免费的午餐,这个道理或许每个人都明白,但人性的弱点让很多人在面对免费物品时总是无法拒绝。给消费者优惠券、代金券、折扣等各种各样的消费奖励,让他们帮你把网站推荐给朋友,和朋友分享网站购物体验,完成一次口碑传播过程,你的口碑营销进程也会因此大大提速。让大家告诉大家,消费者就这样不由自主地成了商家的宣传员和口碑传播者。

5) 放低身段,注意倾听

好事不出门,坏事传千里。营销人员当然可以雇用专业公司来做搜索引擎优化服务,屏蔽掉有关公司的任何负面信息。但堵不如疏,好办法是开通企业博客、品牌虚拟社区、微信公众号等,及时发布品牌信息,收集消费者的口碑信息,找到产品服务的不足之处,处理消费者的投诉,减少消费者的抱怨,回答消费者的问题,引导消费者口碑向好的方向传播。值得注意的是,消费者厌倦了精心组织策划的新闻公关稿、广告宣传语,讨厌你说我听、我的地盘我做主的霸道,他们希望与品牌有个平等、真诚、拉家常式的互动沟通机会。再不放低身段,倾听来自消费者的声音,历史性的口碑营销机遇也会与你擦肩而过。

9.2　事件营销和病毒式营销

9.2.1　事件营销

事件营销是指企业通过策划、组织和利用具有新闻价值、社会影响以及名人效应的人物或事件,吸引媒体、社会团体和消费者的兴趣与关注,以求提高企业或产品的知名度、美誉度,树立良好品牌形象,并最终促成产品或服务的销售的手段和方式。简单地说,事件营销就是通过把握新闻的规律,制造具有新闻价值的事件,并通过具体的操作,让这一新闻事件得以传播,从而达到广告的效果。

1. 事件营销的特点

(1) 针对性。事件营销的最主要特点就是针对性。从某种意义上说,事件营销就是在每一个时间段最热门的事件上捕捉商机,然后利用这件事情来产生新的创意,创造与这事件完全相关的事件。除此之外,就是自创事件,针对性地营销。

(2) 主动性。不论是创意性营销还是借助事情营销,事件营销的主动权永远都是归营销者所有的,所以营销者具有充分的主动权。在做事件营销时一定要主动,要善于去发现事件,不要等到事件都出来很久了,你才去做营销。

(3) 保密性。在做事件营销时,主动权就决定了事件的隐秘性,在我们没有做营销之前,一切数据都是保密的,而且要有很高的保密性。

(4) 不可控的风险。最新社会新闻往往突发性强,时间紧迫,传播掌控难度大。借力用力本来就是事件营销的核心所在,那么事件营销也就存在被别人借用的可能,存在一些不可能预测到的风险。

(5) 成本低。事件营销是利用现有的新闻媒体来达到传播的目的,由于所有的新闻都是免费的,在所有新闻的制作过程中也是没有利益倾向的,所以制作新闻不需要花钱。事件营销应该归为企业的公关行为而非广告行为。虽然绝大多数的企业在进行公关活动时会列出媒体预算,但从严格意义上来讲,一个新闻意义足够大的公关事件应该充分引起新闻媒体的关注和采访的欲望。

(6) 趣味性。每一天都有很多的事件发生,但是不可能每一件事都成为热点。而言论自由,让事件呈现出百家争鸣的势态,从一般的心理角度来说,事件具有一定的可观性和趣味性,那就可以作为我们事件营销的素材。

2. 事件营销的作用

1) 形象传播

对于那些默默无闻的企业,如何快速提升知名度、迅速传播品牌形象是一个较大的难题。而通过事件营销,就可以攻克这个难题。事件营销的裂变效应,可以在最短时间内帮助企业树立形象,传播知名度和影响力。如涂料品牌富亚涂料,之前只是个名不见经传的小企业,但是因其老板当众喝自家生产的涂料而一夜成名,其产品安全环保的形象跃然纸上、深入人心,富亚涂料也因此迅速成为国内知名品牌。

2）新闻效应

最好的传播工具和平台是新闻媒体。事件营销最大的目的就是可以引发新闻效应。一旦引发媒体的介入,有了媒体的帮助及大力传播,那效果及相应的回报是巨大的。

3）广告效应

不管使用什么营销手段,其实最终的目的都一样,就是达到广告效应。而事件营销的广告效应要高于任何其他手段,效果可以说是最好的。这是因为一个热门事件往往都是社会的焦点,是人们茶余饭后的热点话题,而由于人们对事件保持了高度的关注,自然就会记住事件背后的产品和品牌,广告效果无法估量。

4）公共关系/顾客关系

事件营销可以极大地改善公关关系。例如在封杀王老吉的营销事件中,王老吉的正面公众形象一下就树立起来了,用户对于王老吉的认可程度达到了史无前例的高度。在用户追捧的过程中,王老吉的知名度和销售量也被推向一个新的高潮。

3. 事件营销的切入点

事件营销的切入点归结为三类,即公益、聚焦和危机。这三类事件都是消费者关心的,因而具备较高的新闻价值、传播价值和社会影响力。

1）支持公益活动

公益切入点是指企业通过对公益活动的支持引起人们的广泛注意,树立良好企业形象,增强消费者对企业品牌的认知度和美誉度。随着社会的进步,人们对公益事件越来越关注,因此对公益活动的支持也越来越体现出巨大的广告价值。

2）"搭车"聚焦事件

这里的聚焦事件是指消费者广泛关注的热点事件。企业可以及时抓住聚焦事件,结合企业的传播或销售目的展开新闻"搭车"、广告投放和主题公关等一系列营销活动。随着硬性广告宣传推广公信力的不断下降,很多企业转向公信力较强的新闻媒体,开发了包括新闻报道在内的多种形式的软性宣传推广手段。

3）危机公关

企业处于变幻莫测的商业环境中,时刻面临不可预知的风险。如果能够进行有效的危机公关,那么这些危机事件非但不会危害企业,反而会带来意想不到的广告效果。例如,生产家庭卫生用品的威露士在"非典"期间大力宣传良好卫生习惯的重要性,逐渐改变了人们不爱使用洗手液的消费观念,一举打开了洗手液市场。在通信企业也不乏这样的案例。在数次自然灾害中,手机成为受害者向外界求助的重要工具。事后,中国移动利用这样的事件,打出了"打通一个电话,能挽回的最高价值是人的生命"的广告语,其高品质的网络更是深入人心。

4. 事件营销的操作要点

(1)事件策划。营销人员最主要的就是策划事件内容,如何让帖子在平台上蹿红,建议大家多看下那些成功案例,如王老吉等当初蹿红的帖子可以拿来借鉴下,但是不要模仿。从他们的帖子中可以看出一个共同点,就是诉求和争议,如王老吉就是利用国人的良心、情感做文章等。

(2)账号准备。要想做事件营销,当然要选择好的社交平台,在该平台要有大量的账号。

（3）发到社交平台。当事件和账号都准备好后，就可以将内容发布在平台上了，发布的时候一定要图文并茂，大家看看网络红人哪个帖子不是图文并茂？

拓展阅读 9-2　马桶盖事件营销

（4）炒热事件。若刚开始你发布的帖子几乎没有人关心，那就需要自己将帖子炒热，将这些炒热事件分享到 SNS 社交网站上，以利于事件传播。

（5）媒体曝光。当事情已经发展到一定阶段，可以找主流媒体曝光，让信息在互联网最大限度曝光。

（6）事件维护。现在一般帖子红不过几天时间，需要团队整体策划和规划，多加维护，以让事件持续更久一点，让企业信息和知名度最大化曝光。

9.2.2　病毒式营销

病毒式营销是指通过用户的口碑宣传网络，信息像病毒一样传播和扩散，通过快速复制的方式使受众产生几何级增长速度。简单来说，病毒式营销就是通过提供有价值的产品或服务，"让大家告诉大家"，通过别人为你宣传，起到"营销杠杆"的作用。

历史上，最成功的以服务为基础的病毒式营销先驱是 Hotmail。一开始它很少有促销活动，但它在发出的每封邮件底端都使用一个收尾线，该收尾线包括一个短小的玩笑以及它的网址。公司由此获得显著发展。现在设想一下每天发出去的 E-mail 的数量，以及这些 E-mail 如何帮助 Hotmail 获得更多用户——这些用户又导致更多的 E-mail 发出去。

相比其他营销、广告推广的手段，病毒式营销所需花费的成本接近于零，效益却要显著得多。企业借助病毒式营销不仅能促进大量的一次销售，而且能"俘获"为数众多的忠实顾客，也就是如今网友们常说的"脑残粉"，为多次、持续营销奠定基础。病毒式营销已经成为网络营销最为独特的手段，被越来越多的商家和网站成功利用。

1. 病毒式营销的特点

病毒式营销存在一些区别于其他营销方式的特点。

1）有吸引力的病原体

天下没有免费的午餐，任何信息的传播都要为渠道的使用付费。之所以说病毒式营销是无成本的，主要指它利用了目标消费者的参与热情，但渠道使用的推广成本依然是存在的，只不过目标消费者受商家的信息刺激自愿参与到后续的传播过程中，原本应由商家承担的广告成本转嫁到了目标消费者身上，因此对于商家而言，病毒式营销是无成本的。

目标消费者并不能从中获利，他们为什么自愿提供传播渠道？原因在于第一传播者传递给目标群的信息不是赤裸裸的广告信息，而是经过加工的、具有很大吸引力的产品和品牌信息，而正是这一披在广告信息外面的漂亮外衣，突破了消费者戒备心理的"防火墙"，促使其从纯粹受众转变为积极传播者。

2）几何倍数的传播速度

大众媒体发布广告的营销方式是"一点对多点"的辐射状传播，实际上无法确定广告信息是否真正到达了目标受众。病毒式营销是自发的、扩张性的信息推广，它并非均衡地、同时地、无分别地传给社会上每一个人,而是通过类似于人际传播和群体传播的渠道,产品和品牌信息被消费者传递给那些与他们有着某种联系的个体。例如,目标受众读到一则有趣的视频,他的第一反应或许就是将这则视频转发给好友、同事,无数个参与的转发大军就构成了呈几何倍数传播的主力。

3) 高效率地接收

大众媒体投放广告有一些难以克服的缺陷,如信息干扰强烈、接收环境复杂、受众戒备抵触心理严重。以电视广告为例,同一时段的电视有各种各样的广告投放,其中不乏同类产品"撞车"现象,大大降低了受众的接受效率。而那些可爱的"病毒"是受众从熟悉的人那里获得或是主动搜索而来的,在接受过程中自然会有积极的心态;接收渠道也比较私人化,如手机短信、电子邮件、封闭论坛等。以上优势使得病毒式营销尽可能地克服了信息传播中的噪声影响,增强了传播的效果。

4) 更新速度快

网络产品有自己独特的生命周期,一般都是来得快,去得也快,病毒式营销的传播过程通常是呈 S 形曲线的,即在开始时很慢,当其扩大至受众的一半时速度加快,而接近最大饱和点时又慢下来。当病毒式营销传播力衰减时,一定要在受众对信息产生免疫力之前,将传播力转化为购买力,方可达到最佳的销售效果。

2. 有效病毒性营销战略的六个要素

美国电子商务顾问 Ralph F. Wilson 博士将一个有效的病毒性营销战略归纳为六个基本要素。一个病毒性营销战略不一定要包含所有要素,但是,包含的要素越多,营销效果可能越好。这六个基本要素如下。

1) 提供有价值的产品或服务

大多数病毒式营销计划提供有价值的免费产品或服务来引起注意,如免费的 E-mail 服务、免费信息、具有强大功能的免费软件。"便宜"或者"廉价"之类的词语可以使人产生兴趣,但是"免费"通常可以更快引人注意。病毒式营销的回报具有滞后性,它们短期不能盈利,但是如果免费服务能刺激高涨的需求兴趣,后期会获利。"免费"吸引眼球,然后消费者会注意到其他东西,如带来了有价值的电子邮件地址、广告收入、电子商务销售机会等,于是就可以赚钱了。

2) 提供无须努力就可以向他人传递信息的方式

"病毒"只在易于传染的情况下才会传播,因此,携带营销信息的媒体必须易于传递和复制,如 E-mail、网站、图表、软件下载等。病毒式营销在互联网上得以极好地发挥作用是因为即时通信变得容易而且廉价,数字格式使得复制更加简单,从营销的观点来看,必须把营销信息简单化,使信息容易传输,越简短越好。

3) 信息传递范围很容易从小向很大规模扩散

为了像野火一样扩散,传输方法必须从小到大迅速改变,Hotmail 模式的弱点在于免费 E-mail 服务需要有自己的邮件服务器来传送信息,如果这种战略非常成功,就必须迅速增加邮件服务器,否则将抑制需求的快速增加。如果"病毒"的复制在扩散之前就扼杀了主体,就什么目的也不能实现了,只要你提前对增加邮件服务器做好计划,就没有问题。你的病毒式模型必须是可扩充的。

4）利用公众的积极性和行为

巧妙的病毒式营销计划可以利用公众的积极性和行为。通信需求的驱动产生了数以百万计的网站和数以十亿计的 E-mail 信息。为了传输而建立在公众积极性和行为基础之上的营销战略将会取得成功。

5）利用现有的通信网络

人是社会性的,每个人都生活在一个 8～12 人的亲密网络之中,网络之中可能是朋友、家庭成员和同事。根据在社会中的位置不同,一个人宽阔的网络中可能包括几十、几百或者数千人。例如,一个服务员在一星期里可能定时与数百位顾客联系。网络营销人员早已认识到这些人类网络的重要作用,无论是坚固的、亲密的网络还是松散的网络关系。互联网上的人同样也发展关系网络,他们收集电子邮件地址以及喜欢的网站地址,会员程序开发这种网络作为建立允许的邮件列表。学会把自己的信息置于人们现有通信网络之中,将会迅速地把信息扩散出去。

6）利用别人的资源

最具创造性的病毒式营销计划是利用别人的资源达到自己的目的。例如会员制计划,在别人的网站设立自己的文本或图片链接,提供免费文章的作者,试图确定他们的文章在别人网页上的位置,一则发表的新闻可能被数以百计的期刊引用,成为数十万读者阅读的文章的基础。别的印刷新闻或网页转发你的营销信息,耗用的是别人的而不是你自己的资源。

3. 病毒式营销的设计思路

第一,需要确定此次推广活动的营销目的是什么。是收集目标群体详细信息,扩大品牌知名度,提升品牌美誉度,还是增加销售量? 一般来讲,病毒式营销比较适合做信息的收集和品牌知名度的提高。

第二,需要确定传播到达的目标群体。虽然病毒式营销在整个传播过程中,是由参与者自发进行的,但是我们在源头上的选择,要和我们的营销目的相贴切,这样才能做到传播渠道的预测。

第三,我们要清楚在营销活动的传播过程中,需要利用和借助的工具或平台有哪些。QQ、微信、微博、抖音、社区论坛,还是其他? 一般来讲,微博、抖音具有受众广、传播快、传播方便等优势,是较理想的平台。

第四,需要确定营销活动的传播方式。About. me 让使用者可以建立一个页面,汇总用户网络上的各类足迹。在 About. me 页面得到最多投票的用户,将出现在时代广场的宣传广告牌上,另外还会得到一次纽约之旅,亲眼看一看有着他们头像的广告牌。而苹果公司则用一支 30 秒的电视广告向消费者展示了个人智能助理 Siri 的主要功能,从协助家庭主妇到帮助公司 CEO 安排生活,并且向消费者展示了苹果公司一直以来所努力的目标:令人们的生活更轻松。由此可见,在设计自己的传播方案时,需要结合传播者的心理特征及传播的方便性等多方面综合考虑,确定合适的传播方式。

第五,设计好营销活动的传播途径,即选择好病毒式营销的传播源头。这个很重要,因为它直接影响到后面整个传播过程中的目标群体及这些人对活动的参与度、热情度,进而影响到整个活动的传播率和传播范围。

拓展阅读 9-3　百雀羚的病毒营销

第六,要设计效果监控系统。活动在执行的过程中和结束后,我们需要有客观的、可统计的数据对这次活动进行效果分析。如页面的流量、目标群体的精准资料数量与质量等。

4. 病毒式营销和口碑营销的区别

病毒式营销和口碑营销都旨在提高品牌及销售,两者都是以人为渠道,从不同角度发挥人的主动性,提供有价值的产品、服务、信息,并通过有效方式进行传播,实现品牌与销售的成功。

(1) 从传播动机和观点看,病毒式营销基于有趣主动传播,传播的内容几乎是传播者不了解的,出于新鲜有趣,不对内容负责;口碑营销基于信任主动传播,传播的内容几乎是传播者了解并认可的,对内容负责。

(2) 从传播效果看,病毒式营销满足的是知名度,通过高曝光率达成广泛认知,不代表认可;口碑营销满足的是美誉度,通过推荐现身说法达到信任认可。

通俗说,口碑主要解决美誉问题,如日本车省油、美国车耐撞,都是美誉度问题,没人会听完这些问"什么是日本车"。而开心网和 Hotmail 为人所知的方式就是通过"病毒",解决的是知名度问题。什么时候用"病毒",什么时候上口碑,取决于怎样的方式更能满足我们当前的营销需要。

9.3　私域流量营销

9.3.1　私域流量及优势

2020 年被认为是私域元年。此后,私域流量经历了爆发式的增长。私域流量从一个概念逐渐成为一种经营手段、一种思维方式。目前,私域流量已经成为仅次于社会化营销、最值得关注的数字营销形式。

1. 私域流量营销的产生背景

1) 公域平台流量红利增长趋缓,用户维护及获取成本升高

来自中国互联网络信息中心的数据显示,截至 2023 年底,中国网络购物及移动网络购物渗透率都已高达 80% 左右。高渗透率代表线上渠道的重要性,同时也意味着进一步发展的空间有限,流量红利增长趋缓。电商平台的营销费用主要用于广告、促销、优惠活动等,目的是提升用户规模、塑造品牌影响力。近些年来,电商平台用户维护及获取成本不断升高。在高渗透率和高成本的共同作用下,企业亟须提升存量运营能力,培养用户黏性。企业搭建私域流量池、长期经营用户、讲好企业的故事,把增量转化为存量、用存量进一步带动增长,这成为每个商家迫切需要解决的问题。在此背景下,私域流量营销应运而生。

2) 企业直接连接消费者模式兴起

传统销售模式下,企业通过分销商、门店等渠道完成产品销售,通过营销媒体对消费者进行宣传,建立品牌优势。营销媒介与销售渠道各自独立运行,企业实现二者之间的协同很困难。企业过度依赖营销媒介和销售渠道也导致企业与消费者间直接互动变弱。随着互联网对社会各个领域渗透率的增加,线上与线下的消费场景、企业与客户沟通渠道也全面被连通,企业网络销售触点逐渐丰富,可以灵活、直接、高效地触达消费者。网络营销

媒介与网络销售渠道逐渐实现统一,并赋予企业通过互联网来进行引流、变现和转化的可能性。企业直接连接消费者的模式日渐兴起。

3) 数字化转型,企业私域布局

新冠疫情从供给及需求两侧助推数字化转型。从供给侧看,疫情加速数字化基础设施、数字化工具的升级迭代,涌现出一批为企业数字化提供支撑的技术服务商。这些技术服务商为企业提供渠道上云、数据分析、营销策略优化等相关服务,加速了企业内部数字化转型。从需求侧看,疫情冲击下生产、生活线上化,激发各行业新需求,企业的数字化转型意愿强烈、需求广泛。疫情期间,私域流量布局成为企业发力线上的新风口,实现多端数字化业务协同成为企业关注的重点。企业私域流量布局能推动产品、营销、运营与技术的迭代,解决增长瓶颈。供给和需求的相互加持促进了企业私域流量运营的快速成长。

2. 什么是私域流量

私域流量是相对于公域流量来说的,我们把任何人都可以接触到的流量视为公共资源,因此叫作公域流量,常见的公域流量获取渠道有:电商平台(淘宝、京东),内容聚合型平台(门户网站、今日头条),社区平台(百度贴吧、微博、知乎),视频内容型平台(抖音、视频号),搜索平台(百度、搜狗)等。公域流量是属于大家共有的资源,不属于某一个具体企业。企业要想让公域里面的群体关注自己,需要花钱购买流量,或者用资源互换流量。

私域流量是指企业能够与用户直接连接,并且低成本、反复触达的流量。私域流量主要渠道是个人微信、企业微信、小程序、企业 App 等。企业的私域流量主要由现有的用户构成。企业长期经营积累的用户是企业最重要的私域流量来源,这些用户已经成为企业的忠实粉丝,可以通过定期推送优惠信息、活动信息等方式直接互动,进一步提升用户黏性和忠诚度。私域流量和商标、域名一样都属于企业私有的数字化资产,可以精细化运作为客户服务。

公域流量和私域流量之间的区别并非泾渭分明。对于自媒体平台,如微信公众号、百家号、搜狐号、抖音号等,一方面,这些流量可以留存在企业的私域中,属于私域流量;另一方面,这些流量很难直接触达,中间还隔着平台,需要不断输出优质内容去维护,不能像微信群那样直接和群里任意一名会员交流,因此,也具有某种公域流量的属性。现实中,还是存在大量介于公域和私域之间的混合模式的流量。

公域流量和私域流量之间并不是对立的,可以相互补充和协同。私域流量并不是独立于公域流量存在的,而是公域的延伸,它们本身并不是割裂的。通常企业在公共平台上进行广告投放,购买流量。对于企业来说,这些流量大部分都是一次性的流量,仅有一小部分能进入企业的私域流量池,可以进行用户管理和转化,沉淀为私域流量。从公域流量转化为私域流量并不是自动完成的,需要企业运营管理。此外,私域流量也可以通过自身规模效应和口碑传播等方式对各种公共平台产生影响,给企业带来更多的公域流量的输入。当然,真正的私域流量,需要自身带有成长特性,可以源源不断地自我补充新的流量,帮助企业实现更高的增长。企业可以从私域流量的运营当中实现更大、更长远的利益。

3. 私域流量的优势

在私域里,企业和用户不是进行一次性的交易,要与用户建立关系,这种关系具有社会情感属性。面对私域流量,企业需要从卖货思维转变为用户思维。企业作为某个行业中的专家,用户就像好友一样信任你,自然就会把部分需求交给你来完成。私域流量的本质不是收割用户,而是长期经营和维护用户关系,挖掘用户的终身价值。

私域流量对比公域流量来说,有着一些独特的优势(表 9-1)。

表 9-1　私域流量与公域流量的区别

项　　目	私 域 流 量	公 域 流 量
代表平台	微信个人号、微信群、企业微信、企业 App	淘宝、京东、美团、门户网站
流量逻辑	运行维护、价值开发	付费广告等方式推广
获客主要方式	线下宣传、活动等吸引关注 朋友圈、公众号等私人渠道沉淀 用户分享社交裂变	购买广告位 智能算法推荐 搜索引擎优化
获客成本	较低(如优惠券等营销工具)	较高(如广告推广)
用户归属	企业所有	平台所有
使用费用	免费使用	付费使用
流量	稳定、可控	不稳定、不可控
用户触达	灵活触达、重复利用	付费触达、单次利用
用户连接	强关系	弱关系
IP 化效果	IP 化效果强	IP 化效果弱
变现和转化	变现容易、转化率高	变现难、转化率低

(1) 流量稳定、可控。私域流量是企业自主拥有和掌控的流量,比公域流量更加稳定和可控。企业从其他公共平台引入的流量,由于推荐算法的不可预测性,一般波动比较大。私域流量为企业固有用户,流量波动小,比较稳定,而且流量池中用户的喜好和需求也是可预测的,便于更好地满足用户的需求,增加结果的可控性。

(2) 灵活触达、重复利用。私域流量的所有权归企业所有,企业可以根据经营需要,自由灵活地直接接触到流量。微信是私域流量运营的天然渠道,可以一对一地信息推送、一对多地社群运营。但是对于某些平台如微信公众号、微博、抖音等,自由是有限度的,但是仍然可以实现流量的重复利用。而纯粹的公域流量则需要通过付费等形式来购买触达用户的自由和重复利用的机会。

(3) 形象 IP 化的效果强。私域流量的客户对企业形象有着共同的认知,可以实现品牌的 IP 化。IP 化可以使企业变成有温度的形象渗透到社交网络,可以是借助购物助手、行为引领者、智能客服等实现。品牌形象上的 IP 化是社交网络里的有效节点,便于引发私域流量的共鸣,通过社交网络吸引更多公域流量关注本企业。而公域流量中的 IP 化往往针对性不强,难以触动用户内心的情感,没有私域流量中 IP 化的效果明显。

(4) 更精准、黏性高。私域流量能够和粉丝建立强关系,通过持续输出内容和社交互动了解粉丝需求,提供的产品和服务更加精准。精准的服务可以提高用户的满意度和忠诚度,进一步保证连接的稳固性,流量不会轻易离开。精准和黏性的双重作用将使社交裂变更容易发生。企业作为"朋友",他的推荐很容易得到流量(用户)认可,用户更有可能将其分享给自己的朋友。每个人都是各种社会关系的一个节点,借助社交软件,也会成为互联网传播的节点,快速、大规模的网络传播很容易发生。

（5）变现容易、转换率高。私域流量的经营是有商业目的的，流量一定要能变现。公共平台的流量是买来的，并且采用大众式推广方式，转化也是漏斗式的层次递减严重。私域流量的变现不需要对外支付高额的推广费用，转化率高，变现更加容易。企业可以根据客户的特点，控制私域流量进入的渠道和流向，运用用户数据进行精准推荐，提升用户购买转化率，保证较高的投资回报率。

9.3.2 私域流量的运营策略

私域流量的运营并不是专注于某个孤立的环节，如公域流量的导入，而是要实现从私域流量到私域电商的全链路闭环营销。全链路营销是指在流量获取、内容运营、用户运营、交易闭环等全过程中，发掘私域流量的价值，进行精准营销，提高用户转化率，从而实现私域电商的转型。

1. 流量获取

私域流量的来源可以是多种多样的，不拘泥于某一种方式或某一个平台。概括起来，主要由以下几种来源可以获取流量，沉淀为私域流量池。

其一，通过付费引流获取流量。这也是最普遍的获取公域流量的方式。企业在百度、淘宝、京东、主流社交媒体平台或 KOL 的自媒体平台上投放广告，将流量从公域流量池引到自己的私域流量池。各大平台都有自己的付费投放方式如粉丝通、DOU＋等，平台会基于大数据，通过智能算法把品牌的内容推荐给更精准的人群，为企业获取潜在客户。

其二，通过线上和线下的店铺获取流量。企业无论是线上经营，还是线下经营，或是二者兼有，店铺或网店都会有许多机会接触到客户，不放弃每一个与客户的接触点，通过各种促销活动、宣传信息吸引客户关注。最简单的方式是扫描微信二维码加为好友，就可以与客户建立直接的连接。这种来源比较直接，客户对企业店铺和产品有了直观的了解，如果有好感，愿意建立连接，沉淀为流量池的可能性很大。日积月累，通过类似的客户接触点获取的流量对流量池也具有很大的补充作用。

其三，自建社交媒体账号获取流量。目前，互联网上产生了大量的社交媒体平台，企业可以在这些社交平台上建立自己的账号，通过分发有价值的内容，吸引客户关注。账号的内容本身具有筛选用户的作用，对企业分发的内容感兴趣的客户，通常和企业的品牌或产品具有内在的契合点。企业保持与客户畅通的交流渠道，就可以源源不断地获取流量，然后转到私域流量池中。

其四，通过员工和产品获取流量。私域流量天然依托在个人身上，企业能够调动的人越多，私域流量池也就越大。每个员工都代表企业的形象，都是私域流量的入口。他们的朋友圈都有着庞大而复杂的社交关系网络，对社会产生潜移默化的影响。一个有情感、有温度的员工天然符合客户对交往的期望。如果把每个员工的流量都充分利用起来，进行全员营销，将成为获取私域流量的最经济的方式。好的产品要会说话，自带传播属性。企业可以把产品做得自带话题、自带流量，让其具有媒介属性。就像餐厅的送餐机器人、商场的引导机器人那样，可以与客户进行沟通。

其五，通过自身裂变，用存量带增量。现在做增量成本高、不容易，企业更愿意做私域流量。投入资金获取公域流量再多，如果留不住，那也无济于事。所以首先要维护好存量,但私域流量并不意味着只做存量,也需要用存量带增量。企业对私域流量精细化运营,自然会获得客户的认同,自然产生社交网络分享,通过社交裂变产生新传播,带来新客户,产生新的私域流量增量。

2. 内容运营

从流量获取环节能看出,内容是连接企业与用户间的桥梁。实际上,内容运营贯穿于品牌认知、巩固用户、促进转化等私域营销的全链路。私域营销核心是以内容为中心,最终将实现重塑用户关系、培养用户心智。因此,企业内容运营能力已经成为私域流量营销的核心竞争力。

其一,构建内容媒体矩阵。企业向用户推广和传播的内容形式多种多样,如文章、图片、音频、视频,或者这几种形式的任意组合。媒体是内容的土壤,媒体平台也很多,如自有 App、网站、微信、微博、今日头条、搜狐网、搜索、短视频等。甚至大型媒体平台拥有自己的生态布局,企业可以在同一平台下的多 IP 垂直纵深运营,如在微信平台布局订阅号、服务号、社群、个人号及小程序等。不同媒体平台的优势领域各有不同,这些领域包括专业类、新闻类、咨询类、娱乐类、问答类、财经类等。如此复杂的媒体属性要想和内容匹配,需要依据企业私域营销目的,构建内容媒体矩阵。内容媒体矩阵的作用体现在,它可以保证内容的多元化,不同平台或相同平台的不同频道的内容风格不同,贴近平台的受众,更容易吸引受关注;也可以扩大信息传播的覆盖面,吸引更多的受众,提高品牌或产品的曝光度。还可以分散风险,运营起来更有灵活性,避免单一平台被封号后,没有补救措施,导致崩溃。

其二,分层次渗透用户。为保证内容的针对性和有效性,企业需要以用户为中心,对用户进行画像,按照私域流量运营的发展的不同阶段,对用户进行分层次渗透。

第一层次是产品展示,需求激发。此时,企业应选择以公域媒体平台为主,传播内容以日常推送、客户服务等形式,内容要高频率出现,向最广泛的用户群体介绍企业产品和服务,提高品牌曝光率。

第二层次是认知构建,知识服务。内容是构建客户认知的关键。在该阶段,内容需要同时在公域和私域场景传播,直播、专栏、各种适合的社交媒体都要启用。内容推送的频率要适中,围绕核心内容打造知识服务,通过互动加强用户对品牌的认知。

第三层次是认同信任和价值提升。内容的传播应以私域场景为主,频次可以降低,内容需要具有系统性。传播形式以微信等私域方式进行,可以延伸至线下的培训课、训练营等。与客户进行定期交互,形成情感认同,提升品牌的忠诚度。利用高净值内容与核心用户群体建立稳固的联系,提升品牌价值。

通过内容媒体矩阵的层层递进,可以实现用户价值与品牌价值的双向增长。

其三,专注内容运营,引入第三方服务商。内容的创作模式覆盖范围很广,如普通用户生成内容为主的 UGC 模式、专业身份(专家)生成内容的 PGC 模式,还有媒体职业人士或机构生产内容的 OGC(职业生产内容)模式。企业自身可以作为内容创作者,也可以委托其他机构或个人创作内容。内容分发涉及各类平台和诸多环节更加复杂。为降低内容生产、管理、分发的门槛,提高全链路的数字化、智能化,企业可以考虑引入第三方服务商,自己专注于更高附加值的内容运营工作。

3. 客户运营

客户运营包括获取客户、留存客户、分析客户、增值客户。在私域营销中,客户运营是基石,支撑了公域引流、客户转化和交易变现等活动。前面提到的公域流量获取的过程,从客户运营角度看,同时也是企业获取客户的过程。内容运营贯穿私域营销始终,内容运营和客户运营都得围绕客户展开,二者相辅相成。在内容运营的基础上,为进一步将流量变现,企业还需要进行以下几项客户运营工作。

首先就是留存客户。企业将公域流量引入私域空间,需要同步提供具有吸引力的活动,促成用户最终产生购买行为。可以采用优惠促销方式,如拼团活动、限时秒杀、定向优惠、积分兑换、分享海报等;也可以配合内容营销,如种草笔记、直播互动等。这个过程需要企业根据品类与场景的特征,采用有效的营销工具,制定不同的转化方式和留存策略。

其次是分析客户。当客户能留存于私域流量池时,通过分析用户从浏览、注册、登录、预约、使用、付费等一系列行为数据,给客户画像分群、进行标签自动化管理,可以做到千人千面的个性化服务。企业对全场景数据不断更新监测,按照用户分层标签设置,制定分类触达策略,实现精准服务和产品推荐。

最后是增值客户。私域用户运营涉及客户的体验价值、情绪价值、社交价值等诸多附加价值。深入了解客户、有效的互动,加上产品试用,能让用户产生良好的体验、增进情感,提升用户信任和品牌认可度,实现购买转化。还可以开展体验分享、好物推荐等口碑传播活动,在实现用户社交价值的同时快速获客。设置分级会员体系,面向高净值用户推出高附加值的产品,增加客户对品牌社区的归属感。

4. 交易闭环

私域营销需要做到全链路闭环运营。从客户角度看,私域营销先后经历客户产生购买需求,企业提供的产品满足需求,并且体验较好,进入下单流程,若用户满意度高,则成为优质私域流量,客户复购或社交网络分享。从企业角度看,先后经历以内容为基础获取流量,开展营销活动促进交易,订单管理、客户反馈和互动,客户成为分销商,以口碑营销促成流量裂变,获得新流量。在私域营销中,客户和企业的经历是相互交织、同步演进的,要能保证该过程顺畅进行,企业与用户的互动要贯穿于完整链路,包括早期的触达、核心的交易与转化,以及后续的裂变与复购。内容具有的创造性和吸引力,成为全链路互动的黏合剂和催化剂,在保证链路运行中发挥着关键作用。

私域营销要想保证闭环,必须实现公域与私域之间的良性循环,以及线上和线下场景的全方位触达。在全链路运营完成后,企业变现不能仅局限私域流量的运营和社交裂变,其他公域流量,如平台搜索、直播带货和短视频带货等仍然可以成为交易的途径。不断获取新的公域流量才能保证私域流量成为源头活水。通过将用户在公域和私域内的行为数据打通,汇总线上和线下各种场景的信息,才能更深入地了解客户,延长用户生命周期,提升最终的商业化效果。

本 章 小 结

本章并不拘泥于某一种具体方法,而是介绍了多种营销方式,这些营销方式都是前面几章所讲的工具和方法的综合应用。9.1 节介绍了网站体验营销、口碑营销,网站体验包括的内容和体验营销的操作步骤。口碑营销可以通过网民所在网络渠道来影响其他网民对品牌、产品或服务的认知和行动。9.2 节介绍了事件营销、病毒式营销。事件营销是通过事件的价值来增加品牌的知名度、美誉度,树立良好品牌形象。病毒式营销就是通过提供有价值的产品或服务,"让大家告诉大家",通过别人为你宣传,发挥"营销杠杆"的作用。对以上两种营销方式都分析了设计思路或者操作要点。9.3 节介绍了私域流量营销。公域平台流量红利增长趋缓,用户维护及获取成本升高是私域流量兴起的直接原因。私域流量有着一些独特的优势,如流量稳定、可控,灵活触达、重复利用,更精准、黏性高,变现容易、转换率高等。私域流量营销需要做到全链路闭环营销,在流量获取、内容运营、用户运营、交易闭环等全过程中,发掘私域流量的价值。

思 考 题

1. 当网民浏览某网站时,会有哪些方面的体验?
2. 网络口碑营销的特点有哪些?
3. 事件营销有哪些作用?
4. 有效病毒式营销的六个要素有哪些?
5. 私域流量的全链路闭环营销包括哪些环节?

实 践 活 动

1. 组织本班同学登录联想商城(https://www.lenovo.com.cn),选择各自喜欢的产品,并记录网站体验,然后讨论归纳出联想商城网站的体验还有哪些地方需要改进。

2. 登录天猫网站(https://www.tmall.com)搜索知名品牌的运动鞋店(如Skechers),查看网店中的所有评论,并分析这些评论的口碑效应。

3. 选择本年度或者之前最有影响的网络事件营销案例,首先梳理清楚事件的来龙去脉,然后分析商家是如何实施整个营销过程的。

4. 选择近些年兴起的果茶品牌,如沪上阿姨,分析它是如何实现私域流量营销的各个环节之间的相互配合。

即 测 即 练

第四篇

管理篇

第 10 章

网络产品与品牌

本章学习目标

1. 了解网络产品、在线顾客价值、在线品牌等基本概念。
2. 掌握网络环境对产品决策的影响。
3. 掌握如何在新产品开发中进行价值共创。
4. 掌握如何制定网络新产品开发战略。
5. 熟练掌握网络产品的品牌决策和在线品牌建设。

卡萨帝与用户共创生活方式

传统观点认为企业是卖方,是价值的创造者;用户是买方,是价值的享有者。企业要不断地识别用户的需求,并为用户提供真正的价值。然而,核心问题是,企业如何才能够知道用户的真正需求在哪里呢?企业如何才能够满足用户的个性化需求呢?企业保持竞争力的核心手段是必须进行持续性创新。在消费个性化的时代,唯有与用户共同创新才能真正满足他们的个性化需求。

海尔是"与用户共创价值"的先行者,其旗下高端品牌卡萨帝(Casarte)更是体现了与用户共创生活方式。卡萨帝是海尔自主打造的国际高端家电品牌,寓意"家的艺术"。自2006 年品牌创立以来,卡萨帝像做艺术品一样做家电,洞察消费升级趋势,保持技术创新引领,始终追求科技、精致、艺术的融合,已成长为实至名归的国际高端家电品牌,高端市场份额第一,产品平均单价第一。

用用户思维搭建智慧场景。从创牌至今,卡萨帝从品质家电到高端智慧场景,最核心的就是站在用户的立场思考问题。过去,卡萨帝可能更关注一个家电质量是否可靠,但是如今,便捷、舒适也成为大部分人的核心需求。比如自由嵌入式冰箱。由于冰箱散热需要间隙,最早是 10 厘米,2017 年,卡萨帝将其做到了 2 厘米,大幅领先行业。然而即便如此,卡萨帝依然没有放弃对极致的执着追求。如今,卡萨帝做到了冰箱与橱柜完美融合,零嵌、平嵌、底部散热、90 度直角开门。技术不断迭代,引领行业的同时,也改变了传统装修思维。今天,如果要装一套高端卡萨帝家电,那么"家电不定,水电不走;橱柜不买,装修不搞"。这与以往房屋装修的逻辑大相径庭,科技让家电从最末位走到了最前端。消费者认知持续改变,卡萨帝也依托这样的用户思维高速成长。在消费升级过程当中,人们对高端家电的认知也在改变,通过与客户的互动,卡萨帝看到了高端生活方式是与用户共同创造出来的。

用户是卡萨帝最好的设计师。2020年,海尔智家推出了行业首个智慧家庭场景品牌三翼鸟,为用户开启一站式定制智慧家时代。目前,三翼鸟已拥有400多个智慧场景解决方案,包含了1000多个生活场景,用户可以根据自身需求,定制属于自己的智慧家。同时,作为三翼鸟智慧家的核心,智家大脑已掌握2000多个专业生活技能,涉及生活方方面面。渠道方面,2023年三翼鸟将累计布局3300多个智慧生活体验馆,覆盖304个核心城市,加速智慧家庭入户。

物联网时代,用户需求变得更加碎片化、多元化,仅仅依靠对用户的调查反馈做产品,并不能真正满足用户需求。卡萨帝在诞生之前,海尔历时5年对米兰、伦敦、柏林、巴黎、纽约、东京、上海等12个城市的8万余名高端用户深度消费调查,系统掌握了高端消费者对高端产品的期望值,同时卡萨帝基于海尔30多年构建的庞大用户数据库,链接成海尔亿级用户大数据系统,并每年对各种数据进行核对和优化,不断地更新。

海尔在全球拥有6000多万会员,其中活跃的卡萨帝高端会员100多万,通过这两个用户体系的零距离交互,卡萨帝可以及时、精准地把握各种高端用户的潜在需求,进而可以精准开发超越客户价值的产品。例如,卡萨帝在用户访谈中发现,用户家中有老人,风直吹在身上,会导致老人关节疼痛。针对该痛点,卡萨帝在迭代创新的云鼎空调送风技术,通过结合空气动力学与人体舒适学,创新推出独创的双涡流增压系统,实现3倍增流效应,多吸收20%的自然风,为用户带来了"凉而不冷,暖而不燥"的舒适享受。同时云鼎空调发明干湿自控技术,采用创新蒸发式纯净加湿技术,打造52%恒定黄金湿度,保持恒湿环境,给用户带来精致、舒适的体验。

卡萨帝是用户思维的践行者,正是通过深度互通互动,卡萨帝与用户共创高端生活方式,才能获得高端消费者的持续认可。从用户对传统冰箱"容积大、空间小"的抱怨中,卡萨帝找到破题思路,发明了法式对开门冰箱;从用户对衣物混洗的抱怨中,卡萨帝发现了单筒洗衣机的短板,以"分区洗"开创了洗衣机"一机双筒"的先河,从此,用户可以将深浅衣物、内外衣、成人儿童衣物分区洗护;从用户对"空调病"的抱怨中,卡萨帝看到了传统空调在送风科技上的瓶颈,最终研发出双塔软风科技,带来舒适送风体验。

一直以来,卡萨帝都在与用户进行共创,从以往共创高端产品,到如今深入场景,共创高端生活方式。从高端家电到高端场景、再到高端生活方式,卡萨帝在不断地超越自己。用户的需求持续在变,卡萨帝智慧生活的场景也会继续迭代,下一站永不停歇。

资料来源:海尔徐萌:卡萨帝与用户共创生活方式[EB/OL].(2023-02-21).https://baijiahao.baidu.com/s? id=1758393662162103 2139&wfr=spider&for=pc.

互联网自诞生以来,产生了大量的、纯粹的网络新产品,如Google和Facebook等,这些新产品在传统市场上是不可能出现的,它们的成功,证明企业可以利用网络资源建立成功的品牌。当然其他一些网络产品(如歌曲)则是利用网络作为一种新的渠道,也有的是将网络当成虚拟门店。在网络环境中,无论提供什么样的产品,只有根据顾客的需求,同时顺应网络营销发展的趋势,制定产品策略,努力为顾客创造价值,才能从竞争中脱颖而出。

10.1　网络产品与在线顾客价值

10.1.1　网络产品

对网络产品的定义与对传统产品的定义并没有什么本质区别。现代营销将产品定义为任何能够提供给市场关注、获得、使用或消费，并可以满足需要或欲望的东西。广义而言，产品也包括服务、事件、人物、地点、组织、创意或上述对象的组合。所以从华为手机、比亚迪轿车、一个应用软件、一次欧洲旅行、新浪网页到一项投资服务都可以称为产品。

近年来，服务作为一种特殊形式的产品受到了关注。据世界银行统计，服务业在世界经济中的地位越来越重要，发达国家如美国服务业产值占 GDP 将近 65%，服务行业的就业机会占全美国工作职位的 80% 左右。服务作为一种无形产品，本质上是不会带来任何所有权转移的可供出售的活动、利益或是满意度。我们通常将服务的这一特征概括为四个特点。

（1）服务的无形性。服务的无形性指在购买之前服务无法被看到、尝到、摸到、听到或者闻到。为了降低不确定性，购买者会寻找表明服务质量的"信号"，他们将从可见的地点、人员、价格、设备和沟通中得出关于质量的结论。

（2）服务的不可分性。服务的不可分性指服务不能与其提供者分离，不管服务的提供者是人还是机器。有形产品先被生产，然后存储，接着被出售，再被消费。而服务是先被出售，然后在同一时刻被生产和消费。服务生产时消费者也必须在现场，供应商和消费者的互动是服务营销的一个独有特征，二者都会影响服务结果。

（3）服务的易变性。服务的易变性指服务的质量取决于由谁提供服务以及何时、何地、如何提供。服务的质量受到许多因素的影响，不同的情境、不同的人员、同一人员不同的精力和心情服务的质量都会有所变化。

（4）服务的易逝性。服务的易逝性指服务不能被存储以备将来出售或使用。因此，服务企业往往设计能够将需求和供给更好匹配起来的战略，如酒店和旅游胜地在非旺季制定较低的价格来吸引更多顾客。

一家公司的市场供应品往往同时包含有形商品和无形服务。在极端情况下，供应品可能由纯粹的有形商品组成，不包含与产品相关的服务。另外一个极端是纯粹服务，其供应品主要是由服务构成。当然多数情况是在两个极端之间存在多种商品和服务的组合。对于二者兼而有之的公司，有形商品和无形服务的地位各不相同。有的公司以提供有形商品为主，无形服务为辅助作用；而有的公司则相反，以提供服务为主，用信息和服务来捆绑销售。如强生公司利用互联网的双向、适时、互动和超越时空限制等特性，为顾客提供详细、有针对性的信息和服务，吸引消费者，然后再推出相应的产品。

随着产品和服务越来越商品化，公司意识到，消费者真正购买的不仅仅是单纯的产品和服务，他们购买的是那些产品能够带来的体验。公司应该创造并管理顾客对其产品或企业的体验。正如宝马公司的广告所宣传的那样："我们很早就意识到，你带给顾客的感受和你的产品一样重要。"

产品或服务的供应者需要在三个层次上考虑产品和服务,每一个层次都增加更多的顾客价值。

(1) 核心价值。这是最基础的层次,它体现消费者到底要购买什么,即顾客寻找的解决问题的利益或服务是什么。一个购买苹果 iPad 的消费者购买的不仅仅是一个平板电脑,他们买的是休闲娱乐、自我表达以及与朋友和家庭的联系,一个面向世界的移动个性化窗口。

(2) 实际产品。将核心价值转变为实际产品,它们需要开发产品或服务的特色、款式设计、质量水平、品牌名称和包装。

(3) 附加产品。围绕核心价值和实际产品建立附加产品,提供额外的消费者服务和利益。如交付和信用、产品支持、担保、售后服务等。

10.1.2　在线顾客价值

顾客经常从网上大量令人眼花缭乱的产品和服务中作出选择。顾客最终购买的产品或服务一定提供了最高的顾客价值,即与其他竞争品相比,顾客对某一种市场提供物的总收益和总成本之间差异的整体评价。

顾客价值有以下几个基本特征。

1. 顾客价值是全方位的产品体验

它始于顾客对产品的知晓,然后是顾客与产品的所有接触点,结束于顾客实际使用产品,以及得到公司为顾客提供的售后服务,从而完成了顾客与产品接触的全过程。在线产品或服务的浏览网站的体验,电子邮件售后服务提醒,以及网站个性主页设置等都构成在线顾客的重要价值。

2. 顾客价值是顾客对产品或服务的一种感知价值

顾客通常不能准确或是客观地评价价值和成本,它往往基于顾客的个人的感知判断。对一些消费者来说,价值可能意味着以合理的价格获得合适的产品;但对另一些消费者来说,价值可能意味着支付较高的价格获得更好的产品。在企业为顾客设计、创造、提供价值时应该从顾客导向出发,把顾客对价值的感知作为决定因素。顾客价值是由顾客所持有的观念和态度决定的,而不是由供应企业决定的。网络口碑的传播很容易影响到其他顾客,尤其是当顾客不能准确评价产品时,口碑的影响会更大。因此在线顾客价值更多的是单独顾客之间感知价值传播的交互作用累积的结果。

3. 顾客感知价值的核心是一种所得和付出的权衡

顾客感知价值是顾客所获得的感知利益与因获得和享用该产品或服务而付出的感知代价之间的权衡,即所得与所失之间的权衡。感知利失包括顾客在购买时所付出的所有成本,如购买价格、获取成本、交通、安装、订单处理、维修以及失灵或表现不佳的风险。感知利得则包括物质形态因素、服务因素以及与产品使用相关的技术支持、购买价格等感知质量要素。如此一来,提升顾客价值可以经由增加感知利得或减少感知利失来实现。

4. 顾客价值还包括不同层次的期望

如果使用产品后顾客发现没有达到预期,就会感到失望。顾客价值是从产品属性、属性效用到期望的结果,再到顾客所期望的目标,具有层次性(图 10-1)。

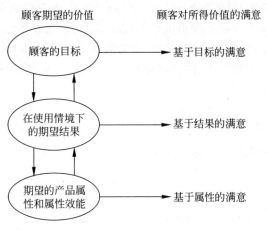

图 10-1　顾客价值层次模型

伍德鲁夫(Woodruff)认为顾客以途径—目标的方式形成期望价值。从最底层往上看,在购买和使用某一具体产品的时候,顾客将会考虑产品的具体属性和属性效能以及这些属性对实现预期结果的能力。顾客还会根据这些结果对目标的实现能力形成期望。从最高层向下看,顾客会根据自己的目标来确定产品在使用情景下各结果的权重。同样,结果又确定属性和属性实效的相对重要性。伍德鲁夫同时强调了使用情景在顾客价值评价中的关键作用。当使用情景发生变化时,产品属性、结果和目标间的联系都会发生变化。该层次模型还指出,顾客通过对每一层次上产品使用前的期望价值和使用后的实际感受价值的对比,会产生每一个层面上的满意感觉。

10.2　网络对产品决策的影响

从营销的角度来说,重要的产品决策包括产品属性、品牌、包装、标签和产品支持服务等。网络环境下,除了包装外,其他都可以为实现网上交易而发生从实体到虚拟的转变。因此,网络产品的决策要有相应的调整,这种调整要符合既涉及产品的核心价值又涉及产品的附属层次。

10.2.1　改变核心产品的选择

核心产品体现在消费者希望从网络上获得的收益或服务。网络改变核心产品的选择主要体现在以下两个方面。

一方面是网络的普及和使用本身就意味着巨大的产品商机。网络用户希望获得较好的网上浏览体验、较快的下载速度、清晰的网站结构、美观和实用的页面设计。网络用户希望进行安全交易、得到隐私保护、获得免费的信息和服务、有界面友好的浏览器和电子邮件、详细准确的价格比较等。这些需求导致数以千计的相关网站和产品产生,满足顾客需求,实现了顾客价值。随着网络的发展,顾客的需求还会不断地变化,大量的网络产品也会应运而生。

另一方面是将产品本身转变为提供数字服务。网络使营销活动发生了巨大的变革，最基本的变化就是从实体世界到虚拟世界的转变，所以它为媒体、音乐、软件和其他数字产品提供了在网上展示的窗口。这种数字产品服务可以灵活提供一系列产品的购买选择。如订阅费用分时段区别定价，即时或延期付费收看，内容组合捆绑销售，网站广告或点击付费等收入。

10.2.2　改变实际产品的选择

网络环境下最重要地改变实际产品的选择是产品定制，体现在两个方面，即大规模定制和个性化定制。

1. 大规模定制

大规模定制可以是有形产品，如笔记本电脑，通过调研了解批量消费者的需求，采用网络预订的方式规模化定制产品。有形产品能规模化定制也得益于大规模定制的柔性制造技术的发展。大规模定制可以以低价出售，也可以以较高价格与其他附带软件、硬件或服务一起出售，提高附加值。无形产品也同样可以大规模定制，而且形式更为灵活。可以根据批量消费者的需要去组合产品或是服务，通过灵活的捆绑销售增加收益。

2. 个性化定制

拓展阅读 10-1
AMAZON 个性化
推荐系统

对于客户来说，在网络环境下往往可以通过敲击键盘或单击自动地对产品或是服务进行个性化设计。如顾客根据自己的偏好，选择不同配置的戴尔电脑。信息产品的个性化设计往往根据顾客的需要重新组合就可以完成。服务类的用户个性化往往是用网上注册和其他技术手段接触用户，可以直接向用户问候，然后按照用户以前购买产品的记录为用户提供感兴趣的产品。

大规模定制和个性化的产品使顾客在产品设计中扮演更为主动的角色，从而向专业消费者（prosumer）靠近。"专业消费者"一词由未来学家阿尔温·托夫勒（Alvin Toffler）在 1980 年《第三次浪潮》一书中提出，用来说明未来会再次将生产与消费联合起来。后来人们对专业消费者进行了分类。

(1) 在特定领域是业余爱好者，但对该领域基本设备的专业特性具备足够知识的消费者。（专业人员＋消费者）

(2) 能参与设计或定制自己所要购买产品的人。（制造者＋消费者）

(3) 能自己创造满足自身需要的产品，并可能对其进行销售的人。（生产者＋消费者）

(4) 能设法解决消费者与公司或市场之间的困难，并参与到待解决问题中的人。（主动＋消费者）

当然，网络还改变了公司产品范围和产品组合。有些公司只在网上提供一部分产品，如在线时装零售商；有的公司在线提供的产品目录会比离线得到的产品信息小册子内容更全。还有如捆绑销售可以通过网络将相关互补的产品组合出售，如低成本航空公司就提供与旅行相关的互补服务，包括航班、酒店套餐、汽车租赁保险以及一系列的其他产品。

10.2.3　改变延伸产品的选择

从公司产品决策的角度说,许多 O2O 的产品并没有发生什么深刻的变化,它只是交易的订单、支付等发生在网络上,而实际的生产和供货以及售后服务完全是在线下进行的。网络实际上改变的是产品的附加层次或者延伸层次的选择。人们挑选产品的时候愿意在线获取信息,网站复制的关于产品选择的信息,在其他渠道都是由工作人员与顾客通过电话或者面对面这样的互动方式来提供的。如顾客想购买一台新电脑,延伸的产品可能包括售货员所提供的信息、使用说明手册、包装、保修书和后续技术服务咨询,这些都可以从网上获取。

10.3　网络营销的新产品开发战略

优秀的企业无疑都是善于开发和管理新产品的企业。每个新产品都是有周期的,都要经历诞生、成长等阶段,随着能为消费者创造新的或更大价值的新产品的出现而最终衰亡。应对产品的生命周期,企业既需要解决产品开发问题,善于开发新产品替代老产品,又需要管理产品生命周期的各个阶段的营销策略问题。

互联网环境提供了多种机遇,也催生了许多新产品和新企业。互联网作为一个信息均衡的平台,企业之间、企业与消费者之间的信息充分沟通,这就意味着激烈的竞争、产品的相互模仿及极短的产品生命周期,这些都对产品的生命周期管理提出更严峻的挑战。

10.3.1　新产品开发中的价值共创

管理学家普拉哈德等提出企业未来的竞争将依赖于一种新的价值创造方法——以个体为中心,由消费者与企业共同创造价值。传统的价值创造观点认为,价值是由企业创造通过交换传递给大众消费者,消费者不是价值的创造者,而是价值的使用者。随着互联网兴起,消费者的角色发生了很大转变,消费者不再是消极的购买者,而转变为积极的参与者。消费者积极参与企业的研发、设计和生产,以及在消费领域贡献自己的知识技能,创造更好的消费体验,这说明价值不仅仅来源于生产者,而是建立在消费者参与的基础上,即来源于消费者与企业或其他相关利益者的共同创造,且价值最终是由消费者来决定的。

现实中,互联网环境下出现许多不同以往的商业合作关系,消费者和企业双方的协同设计模式更是层出不穷。许多公司把将要推出的软件放到网上供用户直接下载,并鼓励用户传递反馈意见,然后根据反馈意见不断进行调整和改进, 拓展阅读 10-2　价值共创

最后新版本应运而生。许多公司允许顾客加入网站内容的制作中,在网络零售平台上,商家欢迎顾客对产品进行评价。在有的公司的网络社区中,都有顾客参与的论坛,讨论和公司有关的话题。社交媒体的兴起,尤其是博客、微博和微信等都方便了企业与顾客的合作和交流,增进价值共创。

企业和消费者的价值共创或者顾客协同设计客观上使得新产品以更快的速度被开发出来。新的想法和概念可能由消费者提出来,被企业采纳后,消费者积极参与测试,很快

就能产生不同的产品选择。互联网技术还方便了超越国界的企业与企业之间的虚拟化合作,增进了企业之间的价值共创。

10.3.2　网络新产品战略

1. 新产品开发过程

新产品的开发一直有着很高的失败率。因此,企业需要制订强有力的新产品开发计划,并建立系统的、顾客导向型的新产品开发流程来降低失败率。

图 10-2 阐述了新产品开发流程的八个阶段。

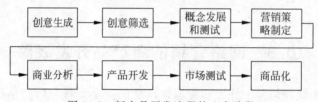

图 10-2　新产品开发流程的八个阶段

(1) 创意生成。创意生成是对新产品构想的系统化的搜寻。新产品的构想来源广泛,可以来自企业内部,也可以来自企业外部,如顾客、竞争对手、分销商和供应商。一家公司通常需要生成数百甚至数千个构想才能找到一些好的构想。

(2) 创意筛选。后期的新产品开发的成本上升很快,所以大量的构想需要通过筛选机制逐步减少,以便发现优秀的构想,尽快淘汰那些较差的构想。营销人员提出 R—W—W(real,win,worth doing)新产品筛选框架,回答三个问题:第一个问题是这个产品构想现实吗? 消费者对该产品是否真正有需求和购买欲望? 是否会真正购买? 该产品是否有一个清晰的产品概念? 能令市场满意吗? 第二个问题是我们能胜出吗? 该产品能提供持续的竞争优势吗? 企业有资源使该产品成功吗? 第三个问题是值得去做吗? 该产品是否符合企业的总体发展战略? 它能提供足够的利润潜力吗? 企业进一步开发新产品构想之前,应该能够对 R—W—W 的三个问题全部给出肯定的答案。

(3) 概念发展和测试。产品构想只是企业希望为市场提供的一个可能产品的构思,有吸引力的产品构想需要发展成为可测试的产品概念。产品概念是用对消费者有意义的语言对新产品构想进行详细的描述。一个构念可能转化为几种产品概念,通过文字和图描述或者实物来对目标消费者进行测试。

(4) 营销策略制定。接下来是基于产品概念为新产品设计最初的营销策略。营销策略计划包括三个部分:第一部分描述的是目标市场、计划产品定位、开始几年的销售量、市场份额以及利润目标。第二部分将描述第一年的计划价格、分销策略和营销预算。第三部分将描述预计的长期销售目标、利润目标和营销策略组合战略。

(5) 商业分析。商业分析是指对某个新产品的销量、成本和利润进行分析,以便确定这些因素能否满足企业目标。如果分析通过,那么新产品概念就可以进入产品开发阶段。

(6) 产品开发。在产品开发阶段,研发部门或工程部门要将产品概念转化为实体产品。这需要更多的投资,它决定新产品构念能否转化为可行的产品。研发部门将开发并测试新产品概念的一种或几种实体形式。研发部门希望设计一个令顾客满意,并且能在预算成本里快速投产的样品。开发一个成功的样品可能需要花费数日、数周、数月甚至数年的时间,这取决于产品本身和制造样品的方法。通常情况下,新产品要经过严格的测试以确保它全面有效地执行其功能,同时消费者可以在新产品中发现价值。

(7) 市场测试。新产品通过了概念测试和产品测试,下一个阶段就要进行市场测试。在市场测试阶段,企业在接近现实的市场环境中对产品及其营销方案进行测试。这样可以检验产品和整个营销计划,如目标市场和定位策略,4P 营销组合等。测试的方式可以选择大规模和昂贵的标准市场测试,还可以进行控制市场测试和模拟市场测试,后两者会减少市场测试的费用并且加快测试进程。

(8) 商品化。市场测试为管理层提供了足够的信息,以便最终决定是否推出新产品。如果企业决定将该产品商品化,即将新产品导入市场,企业将面临高成本如购买或租赁制作设备和第一年高额的广告、促销与其他营销费用。商品化也要注意推出时机和市场范围的大小。

2. 新产品组合策略

企业应该如何将新颖的产品构思融入当前的产品组合中呢? 兰姆和海尔等学者认为可以采用的新产品组合策略有六种。

(1) 非连续创新产品。非连续创新产品指的是开发一种以前从来没有见过的新产品。在互联网领域,第一个网页制作软件、购物代理、搜索引擎等都属于这一类。社交网络也属于非连续创新产品,社交网络使网络用户拥有大量的沟通对象,既可以是为了娱乐,也可以是为了获得经济利益。非连续创新产品的风险极大,但是成功的回报也很丰厚,采用非连续创新产品战略的网络经营企业必须懂得顾客了解和接受新产品需要一个过程,因为这是他们从未做过的事。企业面临风险是因为顾客需要在充分熟悉产品、能够驾轻就熟、感觉物有所值以后才会转变他们的消费行为。

(2) 新产品线。产品线是一组由于功能类似而关系密切,通过同类渠道销售给同一顾客群体,或处于特定价格范围内的产品。如果企业用一种现有的品牌,为不同的产品命名,就形成了新产品线。例如微软公司介绍和推广 IE 浏览器时,就创造了一种新产品线,因为网景公司已经开发出了浏览器,所以微软的浏览器并不能算是非连续创新。

(3) 产品线的延伸。如果企业只是增加现有产品的花色品种,那只能算是产品线的延伸。谷歌公司有五条产品线,即搜索引擎、广告、网络应用、企业版产品和移动通信产品,总计几十种产品。如许多纸质媒体的网络版,实际上是原来纸媒的产品线的一个品种,也是产品线的延伸。

拓展阅读 10-3　传音手机"非洲手机之王"

(4) 对现有产品的改进和调整。对现有产品的改进和调整也会形成一种新产品,它可以替代旧产品。像某网站的网络服务提供商允许用户不经过注册就能使用现有的电子邮件账户发电子邮件,这与 Hotmail 和雅虎公司的服务大不相同。在互联网上,企业不断地促进品牌发展,以增加顾客价值,保持竞争优势。

(5) 重新定位的产品。重新定位的产品是将现有的产品定位于不同的目标市场,或者提供新的用途。如雅虎公司总是在不断重新定位,开始定位于网络搜索引擎,接着将自己定位为门户网站,后来将自己重新定位为搜索引擎。

(6) 低价格的相同产品。这种战略用低价格与现有的品牌展开竞争,赢得价格上的优势。互联网发展过程中产生过许多的免费产品,这是因为企业希望先抢占市场,赢得客户群,然后再推出其他产品。

10.3.3 新产品传播

新产品推向市场的过程也是新产品传播的过程。企业需要回答以下几个问题:消费者对新产品的反应过程是什么样的? 如何根据消费者接受程度的不同来制定营销策略? 网络环境下新产品的传播特征是什么?

1. 消费者采用过程

创新产品的采用过程包含潜在消费者决定尝试或不尝试一个创新产品所经历的几个阶段。

(1) 知晓(awareness):消费者知道创新产品的存在。

(2) 兴趣(interesting):消费者对创新的产品或服务产生兴趣。

(3) 评价(evaluation):消费者对创新产品进行"精神试用"。

(4) 试用(trial):消费者试用创新产品。

(5) 采用(adoption):如果试用满意,消费者会决定重复使用这个产品。

2. 新产品采用的消费者分类

随着时间的推移,积极的口碑会提高满足需求、质量水平高以及有价值的产品的使用率。然而,并非所有的消费者都会同时采用新产品。埃弗雷特・M.罗杰斯(Everett M. Rogers)根据消费者第一次采用新产品的时间的相对位置关系把消费者分为五种类型:创新者、早期采用者、早期多数者、晚期多数者和落后者(图 10-3)。在营销领域,每一类代表一个细分市场,企业要有针对性地采取不同的营销策略。一般假定各种类型消费者的人数总体服从统计学上的正态分布。

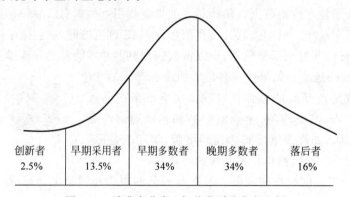

| 创新者 | 早期采用者 | 早期多数者 | 晚期多数者 | 落后者 |
| 2.5% | 13.5% | 34% | 34% | 16% |

图 10-3 消费者分类:每种类别消费者比例

(1) 创新者。创新者是新产品的最早期消费者。他们愿意冒险购买有可能存在问题、不合适或者很快会被淘汰的新产品,同时为新产品支付更高的价钱,因为他们希望成为第一个拥有新产品的人。

(2) 早期采用者。早期采用者是指在新产品上市后紧随创新者购买新产品的消费者。他们喜欢冒险,有可能进行口碑传播,也有可能帮助其他人做购买新产品的决策。针对这部分消费者,广告应该展示出他们对新产品的高度评价。

(3) 早期多数者。早期多数者是指紧随早期采用者购买新产品的消费者。这部分消费者的数量大于前两种消费者的数量之和。早期多数者会等着产品价格下跌,在一部分人购买之后,他们才决定购买这款产品。针对这部分消费者,广告要保证产品很受欢迎,并且提供给他们购买的动机。

(4) 晚期多数者。晚期多数者是风险厌恶者,并且对新产品的接受很慢。他们会等到大多数消费者都使用新产品之后才会购买。

(5) 落后者。落后者是最后采用新产品的消费者。当他们购买时,创新者和早期采用者已经转换到最新的版本了。落后者是高度风险厌恶者,并且也是最后承认新产品价值的消费者。

3. 新产品的传播速度

借助互联网的放大效应,新产品的传播速度会更快。马斯登(Masden)的《引爆点》对此有很好的总结。马斯登认为营销人员在多米诺效应触发时,或者某种需求像传染病毒一样横扫大众时,应该建立一种产品或服务的"引爆点"。马斯登强调与此相关的三条主要法则。

其一,少数人法则。这一法则认为,新产品或服务的普及取决于"连接器"的最初采纳。所谓"连接器"是指具有社会联系并通过口碑和模仿行为来鼓励人们采纳新产品的人。在线情境下,这些"连接器"可能通过博客、微博、播客和电子邮件来传播他们的想法。

其二,黏性因素。这一法则指我们对某一产品或品牌的特点或特性的忠诚度。学者总结这类特质为以下方面。

优秀:被认为是同类产品中最好的	独特:清晰的独一无二的差别
美学:感知到的审美情趣	联想:能让人产生积极的联想
参与性:促成情感参与	表达价值:可见的用户价值标志
功能价值:强调功能需求	怀旧价值:触发情感联系
人格化:有特点,标榜个性	成本:可感知的货币价值

其三,情境的威力。产品和行为就像病毒一样,投放时只有让它们适合物质环境、社会环境和精神环境才能得到广泛的传播。

10.4　网络环境下的品牌建设

10.4.1　在线品牌

品牌包括一个产品名称(如麦当劳)、一个产品标识(如 M 形的金色标记)和其他的识别信息。与品牌密切相关的是商标,商标可以是一个词、一个短语、一个标识或是一种设计,或者是词、短语、标识及设计的组合,用来区别其他公司的产品或服务。商标需要到政府部门注册,受到政府的保护,避免他人的模仿。商标更强调法律意义,营销中品牌更强调"个体对各种信息和体验的综合感知,用来区分一个企业的品牌和产品与其竞争者的品牌和产品之间的差异"。所谓"产品形成于工厂,品牌形成于人们的心智",品牌是对顾客的一种承诺。通过传递这种承诺,可以在顾客中建立信任,使他们的风险降低,帮助顾客减小因转换产品产生的决策压力。

1. 在线品牌的重要性

在线品牌包括两个部分。一个是在网络上兴起的品牌,这类品牌又可以分为两类:一是与互联网直接有关的如搜索引擎、社交网站等,它们只存在于线上的虚拟世界中;二是与网络技术不直接相关,没有线下的销售渠道,只是存在网络渠道的新品牌,如新兴的网络服装品牌。另一个是原有品牌,通过网络渠道影响网民,如纸媒转换为数字媒体、现有品牌网上销售等。

网络对现有品牌来说是一把"双刃剑",消费者对已有品牌会更信任一些。然而,这种忠诚度也会有所下降,因为网络会促使消费者尝试其他品牌。这种尝试很可能带来对于之前没有考虑过的品牌的购买行为。有经验的网络使用者会比没有经验的网络使用者更倾向于更换品牌。消费者的购买率决定于他们对于零售品牌或产品品牌的了解程度。对于很多顾客来说,如果他们对于零售品牌比较熟悉的话,那么即使是一个不知名的制造商的品牌,他们也会购买;而如果他们不了解零售商品牌的话,就不会购买了。如果他们既不了解零售商又不了解品牌的话,那么他们是肯定不会购买的。

年轻一代是伴随着互联网成长起来的,网络上新兴品牌对于他们来说更熟悉,很多品牌正是为了迎合他们而产生的,所以很容易被他们接受。原有的品牌即便是一些知名品牌在网络上对他们的影响也要小得多,这也促使许多线下的原有知名品牌在进行网络销售时更换品牌,以网络新兴品牌的形象重新面对消费者。

2. 品牌资产

品牌资产是一个品牌的无形资产,可以按货币单位来计量。很多关于全球最有价值品牌的排名就是品牌资产计量的一种表现。正如"品牌存在于顾客的心智中"一样,品牌资产可以定义为顾客的品牌知识所导致的对营销活动的差异化反应。这一定义包括三个重要组成部分。

(1)品牌资产源于顾客的差异化反应。若没有差异产生,该品牌就会被看作普通商品或者是该产品的同类产品,竞争则更趋于建立在价格的基础上。

(2)差异化反应来源于顾客的品牌知识。顾客品牌知识是顾客在长期的经验中对品牌的所知、所感、所见和所闻。品牌知识包括品牌认知和品牌形象。品牌认知反映了顾客在不同情况下辨认该品牌的能力;品牌形象反映了顾客记忆中关于该品牌的联想。尽管品牌资产受到公司营销活动的影响,但最终还是取决于顾客对品牌的认知程度。

(3)顾客对营销的反应。顾客对品牌资产的差异化反应,表现在与该品牌营销活动各个方面有关的顾客观念、喜好和行为中(表 10-1)。

表 10-1　强势品牌的市场营销优势

对产品性能的良好感知	顾客对降价富有弹性
更高的忠诚度	更多的商业合作和支持
受到更少的竞争营销活动的影响	增强营销沟通的有效性

续表

受到更小的营销危机的影响	有特许经营的机会
更大的边际收益	具有品牌延伸的机会
顾客对涨价缺乏弹性	—

在网络上获取品牌资产的方式需要具备以网络为媒介的环境的独有特点。表 10-2 总结了在线情境下很重要的品牌资产的额外测量指标。它们包括：交互活动和用户定制这类数字媒体的特点，这些与创造公司顾客之间的关联度和良好的在线品牌体验是联系在一起的。用户的体验质量是重要内容。

表 10-2　品牌资产的传统测评和品牌资产的在线测评

品牌资产的传统测评 （阿克，乔基姆赛勒，2000）	品牌资产的在线测评 （克里斯托利德兹，彻纳东尼，2004）
溢价	在线品牌体验
满意度/忠诚度	互动
感觉质量	用户定制
领导潮流	关联度
感知价值	网站设计
品牌个性	顾客服务
组织协会	订单交付
品牌意识	品牌关系质量
市场份额	社区
市场价格和分销覆盖率	借助网络分析的接触测量

10.4.2　网络产品的品牌决策

无论是线上企业还是线下企业，品牌决策都有相似的地方，如当考虑品牌名称和产品类别两个维度时，可以通过一个四象限矩阵来描绘企业可能的品牌选择（图 10-4）。

图 10-4　品牌策略组合

1. 原有品牌

沿用原有品牌就是仅做产品线延伸，在既定的产品类别中推出新的产品形式、颜色、口味或是附加形式等。产品线延伸是一种低成本、低风险地推出新产品的方法，但同时过度延伸可能使品牌面临失去特定内涵的风险。还有就是产品线的延伸不能与原有产品构成竞争关系，产品线延伸的理想效果应该是抢走竞争品牌的市场份额，而非抢走自己品牌的市场份额。

2. 品牌延伸

品牌延伸是指将一个现有的品牌通过新产品或改进产品延伸至一个新的产品类别。如星巴克通过超市包装的咖啡甚至是咖啡机延伸其品牌。品牌延伸使新产品能够迅速识别和更快接受,还节省了创立一个新品牌时的高额广告费。但是品牌延伸可能会混淆主品牌的形象,有时一个品牌名称可能对一个特定的新产品是不合适的,尽管该产品本身没有什么问题。

3. 多品牌

企业通常在同样的产品类别中引入多个品牌。百事可乐在美国市场至少有五种软饮料品牌(Pesi、Sierra、Slice、Mountain Dew 和 Mug Root Beer),四种瓶装茶饮料和咖啡品牌,两种瓶装水品牌和两种水果饮料品牌。多品牌策略可以通过不同特性吸引不同的消费者细分市场,通过多品牌定位于多重细分市场,品牌组合可以获取的市场份额要比任何一个单一品牌可以获得的市场份额更大。多品牌的主要缺陷是企业资源分散在众多品牌上,每个品牌可能只占有很小的市场份额,很难建立一些高盈利水平的品牌。

4. 新品牌

企业在感受到现有品牌趋于衰落的时候可能会觉得需要新品牌。或者企业进入一个新的产品类别,但现有的品牌名称都不合适时,就可能创立一个新品牌。与多品牌相似,推出新品牌也会使企业的资源分散,因此,有的包装消费品企业实施大品牌战略,即放弃弱小的品牌,将资金专门投资于可以在其产品类中获得领先市场份额和成长性的品牌。

当一个企业有产品在线上销售时,通常会面临使用已有品牌和创造一个新的品牌之间的选择问题。如果原有品牌具有足够的知名度和价值,应用于新产品将很有意义。但是很多公司不愿意对其在线产品和离线产品使用相同的品牌,原因如下。

首先,如果一个新产品或者营销渠道具有较大的风险,公司就不想将好的品牌与失败的产品联系在一起,使品牌受到损害。

其次,有时一个强有力的、成功的网络品牌也会对离线品牌进行重新定位。大多数在线产品具有高科技、"酷"、年轻的形象,这样的形象会渗透到离线品牌。如果企业还采用原有品牌,需要对离线产品形象重新定位。在这种情况下,公司必须谨慎行事,确保在线品牌为离线品牌带来预期的效果,并且延伸的产品系列不会使产品形象变得模糊。

最后,由于在线品牌和离线品牌有不同之处,公司有时候也想为一些新市场和渠道稍微改变一下名字。品牌的改变有利于对两种产品进行不同的定位。

5. 联合品牌

联合品牌是指两家公司将自己的品牌合在一起,为一个产品和服务命名。这种做法在网上十分普遍,只要两家企业的目标市场相似,合作的企业就可以通过声誉和品牌识别发挥协同优势。全球最大的互联网服务提供商 EarthLink 公司,早在 1998 年就与 Sprint 电话公司合作,用 EarthLink-Sprint 这个联合品牌作为公司的标识。它们不仅用联合品牌向 Sprint 公司的顾客提供互联网服务,还用这个联合品牌去吸引美国在线的顾客。

6. 互联网域名

统一资源定位符就是网站地址,有时也叫作 IP 地址或者域名(表 10-3)。域名也具有品牌属性和商业价值,它是企业网络市场中商业活动的唯一标志。

表 10-3　戴尔域名

http://	www.	Support.	Dell.	com
超文本传输协议	万维网	三级域名	二级域名	一级域名

域名的命名除了按照国际标准选择顶级域名外,还要考虑到以下几个方面。

(1) 与企业已有的商标或名称具有相关性。企业域名与企业名称统一,就可以营造一个完整的企业形象,便于消费者在线上和线下准确识别,两边的宣传相互补充和促进。如果企业名称与域名不相关,企业往往会丧失对其品牌的价值利用。例如时代华纳公司的 Pathfinder 是该公司的第一个网站,在该网站上用户可以浏览到很多公司非常有名的期刊,如《人物》(*People*)、《财富》等,但是 Pathfinder 不能很好地利用时代华纳品牌知名度,通过搜索 www. Pathfinder.com,出现的只是公司所有的杂志的网页。

(2) 简单、易记、易用。域名作为一种地址,如果过于复杂,存在拼写困难,则会影响消费者使用域名的积极性,不利于顾客与企业网站之间进行信息交流。

(3) 多个域名。申请时很容易出现多个类似域名,减弱了域名的独占性,导致顾客识别错误。为防止类似域名被其他企业注册混淆,企业一般要同时申请多个类似相关域名以保护自己。如可口可乐公司注册的域名包括 cocacola.com、coca-cola.com、coke.com 等。

(4) 国际性。由于互联网的开放性、国际性,使用者可能遍布全世界,因此域名的选择必须使国外大多数用户容易记忆和接受,这样更有利于开拓国际市场。

(5) 公司名称被抢注。如果公司名称被抢注了,该怎么办?一种方法是被迫使用其他域名,另一种方法是从目前域名持有者手中购买名称,还有就是通过法律途径解决问题。

10.4.3　在线品牌建设

1. 品牌建设的步骤

凯文·莱恩·凯勒(Kevin Lane Keller)强调创建强势品牌需要按照如下四个步骤,其中的每一步都是建立在前一步成功实现的基础之上的(图 10-5)。

(1) 确保消费者对品牌产生认同,确保在消费者的脑海中建立与特定产品或需求相关联的品牌联想。

(2) 战略性地把有形、无形的品牌联想与特定资产联系起来,在消费者心智中建立稳固、完整的品牌含义。

(3) 引导消费者对品牌认同和品牌含义作出适当反应。

(4) 将消费者对品牌的反应转换成消费者和品牌之间紧密、积极、忠诚的关系。

这四个步骤体现了消费者普遍关心的以下基本问题。

(1) 这是什么品牌?(品牌识别)

(2) 这个品牌的产品有什么用途?(品牌含义)

(3) 我对这个品牌产品的印象或感觉如何?(品牌响应)

(4) 你和我的关系如何?(品牌关系)

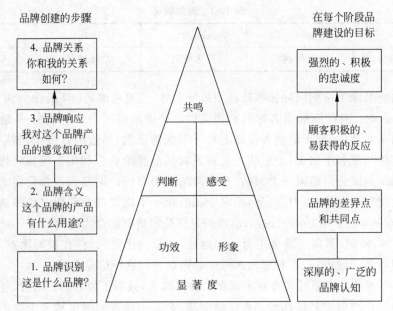

图 10-5　基于顾客的品牌资产金字塔

资料来源：凯勒.战略品牌管理[M].卢泰宏,译.5版.北京：中国人民大学出版社,2020：59.

在图 10-5 中,只有当品牌处于金字塔塔尖时,才会产生具有深远价值的品牌资产。金字塔左侧倾向于建立品牌的"理性路径",右侧则代表建立品牌的"感性路径"。绝大多数强势品牌的创建是通过这两个路径"双管齐下"来实现的。

2. 创建品牌的六个阶段

（1）品牌显著度。品牌显著度测量了品牌的认知程度,如在不同情形和环境下,品牌出现的频率如何？品牌能否很容易地被回忆或认出来？需要哪些必需的暗示或提醒？品牌的认知程度有多高？品牌认知是在不同情形下顾客回忆和再认出该品牌的能力,并在记忆中将品牌名称、标识、符号等元素与具体品牌联系起来。

（2）品牌功效。品牌功效是指产品或服务满足顾客功能性需求的程度。如品牌何种程度上满足了消费者实用、美学和经济方面的需求。

（3）品牌形象。品牌形象是指人们如何从抽象的角度,而不是从现实的角度理解一个品牌。一个品牌会有许多种无形资产：用户形象,购买及使用情境,个性与价值,历史、传统及体验。

（4）品牌判断。品牌判断主要是指顾客对品牌的个人喜好和评估。它涉及消费者如何将不同的品牌功效与形象联想结合起来以产生不同看法。这些判断类型包括品牌质量、品牌信誉、品牌考虑和品牌优势。

（5）品牌感受。品牌感受是指消费者在感情上对品牌的反应。品牌感受与由该品牌激发出来的社会流行趋势有关,这种感情可以在购买或使用该产品时强烈地感受到。

（6）品牌共鸣。品牌共鸣指的是这种关系的本质,以及顾客感受到与品牌同步的程度。品牌共鸣是通过顾客与品牌的心理联系的深度和强度来衡量的,同时也通过行为的忠诚度来体现,如重复购买和顾客搜寻品牌信息的程度等。品牌共鸣位于品牌资产金字塔的塔尖,是影响决策的焦点和重点。在创建品牌时,营销者应该以品牌共鸣为目标和手段,来诠释与品牌相关的营销活动。

3．品牌定位

品牌定位是指设计公司的产品服务以及形象,从而在目标顾客的印象中占有独特的价值地位。通俗点说,定位就是在顾客群的心智或者细分市场中找到合适的"位置",从而使顾客能以"合适的"、理想的方式联想起某种产品和服务。

品牌定位需要确定以下几个方面。

1) 目标顾客

目标市场细分在前面的章节中已经介绍过了,这里不再赘述。需要指出的是,行为性细分通常在理解品牌建设问题上更有价值,因为它具有更清晰的战略性暗示。例如一个基于利益细分市场确定后,确立品牌定位的理想品牌的差异性就会相当清楚。以牙膏市场为例,一项研究表明,整个牙膏市场存在四个主要的细分市场(表 10-4)。

表 10-4　基于利益的牙膏市场细分与产品定位

细 分 类 型	利　　　益	Close-Up	Aquafresh	佳洁士	高露洁(全效)
感觉型细分市场	追求香型和产品外观	√	将牙膏设计为三种不同类型的结合体,每种都具有不同的产品优势		√
交际型细分市场	追求牙齿的洁白	√			√
忧虑型细分市场	希望预防蛀牙			√	√
独立型细分市场	追求低价格				√

2) 竞争特性

当企业决定以哪类消费者为目标市场时,通常也就决定了竞争的特性。因为其他企业可能早已或是将要以这类消费者为目标市场。消费者在购买时也会注意到其他品牌。在进行竞争分析时要考虑很多因素,包括资源、能力、其他公司的可能动向等,以确定为哪一个市场的消费者提供服务能够得到最大的利润。

公司定义竞争时不要过于狭窄,通常竞争会发生在利益层次上,而不是属性层次。因此提供享乐利益的奢侈品不仅与其他耐用品之间存在竞争,还可能与"度假活动"发生竞争。

产品在消费者的脑海中通常按等级层次反映,因此,竞争也可以划分为许多不同层次。以 Fresea(一种葡萄汁——特色软饮料)为例,在产品类型层次,它与非可乐、特色软饮料竞争;在产品种类层次,它与所有软饮料竞争;在产品等级层次,它与所有饮料竞争。目标市场及竞争参照框架的选择,将决定品牌认知的广度以及品牌暗示的情景和类型。认清不同层次竞争的性质,对理想的品牌联想具有重要的启示作用。

3) 品牌的异同点

品牌竞争参考框架的确定使品牌有了定位的基础,接下来则需要确立适当的差异点及与之匹配的品牌联想。

(1) 差异点联想。差异点是消费者与品牌相关联的属性和利益,消费者对这些属性和利益具有积极、正面的评价,并且相信竞争者品牌无法达到相同的程度。品牌的差异点可能包括性能属性或性能利益,此外差异点可以来自形象联想。

（2）共同点联想。共同点是那些不一定为品牌所独有而实际上可能与其他品牌共享的联想。这些类型的联想有两种基本形式：品类型和竞争型。品类型共同点联想是那些在某一特定产品大类中消费者认为任何一个合理的、可信任的产品所必须具有的联想。竞争型共同点联想是那些用以抵消竞争对手差异点的联想。换句话说，如果某一品牌能在其竞争对手企图建立优势的地方与之打个平手，而同时又能在其他地方取得优势，那么该品牌就会处于一个稳固的同时也可能是不败的竞争地位。

任何品牌都不可能与其竞争者完全等同，消费者必须感觉到此品牌在某些特定的属性和利益方面非常优异，以至于他们不会从负面角度来考虑。即便他们从负面角度来考虑，他们也会基于其他潜在的对品牌有利的因素进行评价或决策。建立共同点比建立差异点更容易，因为建立差异点需要清晰地展示其优势方面。品牌定位的关键，与其说是建立差异点联想，还不如说是建立必要的竞争型共同点联想。

4. 品牌网站的成功要素

品牌网站是用来提供体验、支持品牌的。产品并不仅限于典型的网上销售，它们的焦点在于通过开发在线体验来支持品牌。对于网站本身，访问者的数量并不是最重要的，质量才是关键，因为品牌网站最可能吸引的是品牌倡导者，它们对于影响其他人形成品牌意识或者尝试品牌都是很重要的。品牌所有者应该决定品牌网站的内容，鼓励品牌忠诚者和品牌中立者来访问与重复访问品牌网站。为实现重复访问，提供高质量网站体验包括以下几方面。

（1）创造一个引人注目的、互动的体验经历，包括能够反映品牌的多媒体体验。传递了不愉快的体验经历的网站对于品牌意识的形成是很不利的，即便是视觉参与的可用性或者下载速度较差。

（2）考虑网站应该如何通过鼓励试用来影响销售周期。试用通常是在离线情境下开展的，因此如果试用装、优惠券或者奖励都能够使用，这些反应催化剂应该进行整合。

（3）在网站上开发一个交流程序，用于开启与最有价值顾客的对话历程。被用户许可的电子邮件、短信或其他社交网络媒体方式，能够用于向顾客推介新的产品或促销信息。

（4）应该强调实现顾客与品牌网站互动的重要性，以鼓励共同创造价值。例如，品牌能够鼓励用户分享和发表他们的评论、故事、照片或者视频，一旦参与了，访问者便可能重复访问网站，因为他们想要看别人作出什么评论。

本 章 小 结

本章介绍了网络营销中的网络产品和品牌策略。在"网络产品与客户价值"一节，强调对网络产品的定义与对传统产品的定义并没有什么本质区别，都是可以满足需要或欲望的东西。在线顾客价值是产品体验，一种感知价值，所得和付出的权衡，包括不同层次的期望。在"网络对产品决策的影响"一节，分三个层次阐释，核心产品体现在消费者希望从网络上得到的收益，可以通过将产品本身转变为提供数字服务来实现；改变实际产品的选择方法是大规模定制和个性化定制；改变延伸产品的选择可以通过交易的订单、支付等发生在网络上,而实际的生产和供货以及售后服务完全是在线下进行的。在"网络营销的新产品开发战略"一节,主要阐述了网络价值共创,从创意生成、创意筛选到商品化的新产品开发过程,然后论述新产品传播的过程和传播速度。最后一节是关于网络环境下的品牌建设。在线品牌包括网络上兴起的品牌和现有品牌网上销售等。通过品牌名称和产品类别两个维度形成四种品牌决策选择。最后介绍了品牌建设的四个步骤和创建品牌的六个阶段,以及品牌定位等。

思　考　题

1. 网络上的服务具有哪些特点?
2. 在线顾客价值与线下顾客价值有哪些区别?
3. 网络对不同层次产品决策有哪些影响?
4. 网络新产品开发中的价值共创的内涵是什么?
5. 网络新产品开发的过程包括哪些?
6. 网络产品的品牌决策有哪些?
7. 在线品牌建设的过程有哪些?

实　践　活　动

1. 做一次调查,在网络上收集最近 5 年关于网上销售产品类别排名的数据,归纳这 5 年各种类别排序有什么变化,分析为什么会有这种变化。

2. 在网上收集以下产品和服务的资料:数控机床、数字电视、新闻资讯和理财产品,分析这些产品由线下销售到线上销售需要作出哪些产品决策的改变。

3. 在淘宝网站上搜寻顾客参与设计的服装的项目,组织网友积极参与设计开发,并记录企业与顾客沟通的过程,然后分析这种价值共创方式的优点。

4. 在网上查找当当网的相关资料,分析其品牌兴起和衰落过程中品牌建设的问题。

即　测　即　练

第 11 章

网络定价

本章学习目标

1. 了解价格及价格特征,基本的定价策略。
2. 掌握网络买方的交易价值,动态定价策略。
3. 熟练掌握免费定价策略和电商价格战。

亚马逊推出免费新功能——自动定价

在运营亚马逊店铺的过程中,商家总是会碰到各种不同的问题。很多卖家在挑选完产品后会犹豫怎么给产品定价。如果想要去修改商品的价格,就要对商品的 SKU 重新操作等。为了帮助卖家产生更好的营收,亚马逊更新了自动定价(automate pricing),让亚马逊定价变得简单。

店铺可以创建定价规则、设置规则参数,然后选择规则适用的 SKU。这是因为自动定价仅适用于店铺指定的 SKU,而不是整个目录。店铺可以随时启用和停用自动定价规则,还可以随时更改规则或调整应用这些规则的 SKU。店铺可以通过定义规则参数、设置最低价格和最高价格(可选)以及选择要自动定价的 SKU 来控制价格。为了让店铺最有机会在最低和最高价格范围内获得推荐报价资格,自动定价还会将你的报价与亚马逊的商品高价格限制进行比较,以防店铺将价格设置得明显高于亚马逊或其他渠道提供的最近销售价格。如果店铺未设置最高价格,自动定价将会确保店铺的商品定价不会显著高于最近的价格,从而使店铺的报价仍有资格成为推荐报价,以此代表店铺维护买家的信任。

亚马逊为什么更新自动定价功能?也许是因为多个跨境电商平台通过"价格战"优势迅速崛起,让亚马逊也感受到很大的威胁。亚马逊官方指出,新功能自动定价除了让卖家的价格保持竞争力之外,卖家还可以配置自动定价规则来提高价格。亚马逊发布的最新公告对这项新功能做了详细解释,通过配置价格规则,卖家的产品价格在与亚马逊商店外零售商的价格进行比较时,一旦外部价格上涨,亚马逊将提高卖家的产品价格,使该类型的产品在市场上的价格维持在一个相对稳定且良好的竞争环境中。开通这个功能,亚马逊后台可以根据市场竞品的主流价格变化进行迅速调整卖家的产品售价,卖家们不仅节省了管理商品的时间与精力,而且还有更多的机会可以提高利润。目前,这项自动定价新功能向卖家免费开放,想要开通的卖家可以在设置自动定价时将自己的 SKU 注册到有竞争力的特色优惠规则或最低价格规则中。

值得卖家们注意的是,这并不是亚马逊第一次对价格定价规则做调整。例如,2020 年亚马逊宣布取消自动定价功能的上传次数限制,同时还提高了单次上传的 SKU 数量限制;2021 年亚马逊卖家可以根据"商业价格"和"数量折扣"创建自动定价规则;2022 年卖家们还能够批量设置 SKU 的最低和最高价格等。亚马逊这些花式改规则,无外乎就是为了让卖家们能根据外部环境变化以及市场竞争情况及时调整商品售价,更好地实现销售利润最大化,让亚马逊市场环境维持在一个相对平稳且公正的环境中。不难看出,电商平台对商品定价规则和流程的一再优化,最关键的目的是保持卖家的商品价格竞争力,保证平台的价格优势。

去年年底,电商分析公司 Profitero 发布了一份关于电商平台价格战的研究报告。结果显示,亚马逊在美国市场连续 6 年当选价格最低的在线零售商,在英国市场连续 3 年当选价格最低的在线零售商,多个品类的商品价格远低于竞争对手。能够保持价格竞争优势,一方面是由于亚马逊不断优化的定价策略和高效的运营模式流程,另一方面是众多亚马逊卖家的多次让利。为了保持在一些品类中的价格竞争优势,亚马逊一直在刻意引导和降低卖家的商品售价。电商市场陷入低迷,消费者对价格飙升的敏感性增强,电商平台的价格战愈演愈烈,卖家的日子也更加难过。

价格越低越有竞争力,为了冲排名、冲销量,很多人选择先低价亏本卖,价格极度内耗,再加上涨价后的广告费、运费等各种成本,大部分卖家根本玩不起这种价格拉锯战。这样的低价恶性竞争近年来越来越频繁,卖家为了生存别无选择,而亚马逊的收费标准也在不断提高,卖家卖货成本飞涨,利润压力倍增。

新的一年,相信去年一直观望其他跨境电商平台的卖家也会开始出手。不把鸡蛋放在一个篮子里,这样的选择或许能带来不一样的收获和体验。当然,无论选择哪个平台,竞争无处不在! 只能在运营、选品上多下功夫了!

资料来源:跨境知道快讯:亚马逊企业卖家可创建自动定价规则[EB/OL].(2021-06-07). https://www.sohu.com/a/470913312_120856245.

如果说合适的产品开发、分销以及促销播下了成功的种子,那么有效的定价策略则是收获。企业如今正面临残酷和快速变化的定价环境,追求价值的顾客给众多企业施加了日益增长的定价压力。信息技术的发展,使得网络市场中商品定价更加复杂,同时也改变了网络经营者的定价方式。

11.1　价格及价格特征

价格是营销组合中产生盈利的唯一因素,所有其他营销工具都代表成本支出。价格同样也是营销组合中最灵活的因素之一。不同于产品特性和渠道合同,价格可以很快变动。价格在创造顾客价值和建立顾客关系上扮演了关键角色,聪明的管理者会把定价作为创造和获取顾客价值的关键战略工具。

1. 什么是价格

狭义上说,价格就是为了获得某种产品或服务所付出的货币数量。广义上讲,价格是消费者为了换取拥有和使用某种产品或服务的收益而支付的所有价值的总和,包括货币、时间、精力和心理成本等。尽管近些年来在商业活动中非价格因素对消费者行为的影响变得越来越重要,但是价格仍是决定企业市场份额和盈利水平的最重要因素之一。

2. 价格的特征

国内外的研究标明,网上商品的价格具有以下几个特征。

1) 价格水平

随着网上商业的发展,网上的价格经历了一个由比传统市场价格高到比传统市场价格低的发展过程。互联网使商品定价增加了价格透明度(price transparency),厂商和消费者都可以通过网络了解一种商品所有生产厂商的售价。价格透明度引发的竞争以及竞争者数量的大幅增加,是价格水平降低的主要原因。资料显示,1997 年 5 月 19 日,当美国最大的离线书刊零售商(Barnes & Noble)上网卖书后,亚马逊一下子就降价近 10% 以对付竞争对手。网络经营本身也倾向于压低商品的价格,因为只做网络生意的零售商不需要做有形展示,没有运营店面和零售分销网络的开销。这意味着,在线公司能够相对于离线竞争对手在运营方面拥有更低的价格水平。

2) 价格弹性

需求的价格弹性评估了价格变化对于产品需要的影响程度。它的计算公式是用需求数量的变化(百分比)来除以价格变化的百分比。不同的产品本身就会有不同的需求价格弹性系数。需求价格弹性系数公式为

$$需求价格弹性系数 = \frac{需求量的变化(\%)}{价格的变化(\%)} = \frac{\Delta Q/Q}{\Delta P/P}$$

具有弹性(价格弹性系数 > 1)。这里需求量变化的百分比比价格变化的百分比要大。对于具有弹性的需求,需求曲线相对平缓,价格上的小幅增长会导致收入的降低。总体而言,当价格上涨时,生产商或零售商的收入会下降,这是因为收入的上涨不能够补偿需求下降所带来的损失;而当价格下降时,总的收入会增加,因为额外顾客带来的收入能够弥补价格下降所造成的收入的减少。

不具有弹性(价格弹性系数 < 1)。这里需求量变化的百分比比价格变化的百分比要小。对于不具有弹性的需求,需求曲线相对陡一些,价格上的小幅增长仅会导致需求上的小幅降低。总体来说,当价格上涨时,总体收入会增加;当价格下降时,总体收入会减少。

单位弹性(价格弹性系数 = 1)。说明需求量变动幅度与价格变动幅度相同,即价格每提高 1%,需求量相应地降低 1%,反之亦然。

一般来说,需求价格弹性的影响因素有三个。

(1) 是否具有替代品。有的产品有很好的替代品,它的价格弹性就会大于那些几乎没有合适替代品的产品(如电影)。

(2) 在收入中所占的比重。有些物品或服务的花费在人们的总支出中只占很小的比例,这种物品或服务的需求价格弹性就较小(如食盐)。

(3) 时间的长短。长期的需求弹性往往比短期的大。原因是时间长消费者就可以有很多机会来调整自己以适应价格的变化(电的长期弹性比短期大 10 倍左右)。

3）标价成本

标价成本是指商家改变定价时产生的费用。在传统市场上标价成本主要是对货品重贴标签的材料成本、印刷成本和人工成本。较高的标价成本会使价格比较稳定，因为每一次价格变动所带来的利润至少要超过价格变动所产生的费用，所以传统商家就不太愿意做小的价格变动。而在网上的标价成本则很低，仅仅是在数据库中做一下修改。因此，网上商家做价格变动的次数要远远大于传统商家，但调价的幅度则是比较小的。

4）价格差异

价格差异指在同一时间对同一商品在市场上有不同的价格。分析发现，与传统市场相比，网上的价差并没有缩小。例如网上的书籍和 CD（激光唱片）价差最大可达 50％，书籍和 CD 平均价差分别为 33％和 25％。导致网上价差的原因主要是以下几个方面。

其一，商品的不可比较性。商品的不可比较性可以体现在商品的物理属性上，也可以体现在不同的场合和时段，还可以体现在附加在它身上的商业服务。

其二，购物的便利程度及购物经验。较易浏览的网页、赏心悦目的网店装饰、好用的搜索工具、客观的购物建议、详细的商品信息尤其是样品、方便的结算手续和快捷的交货，这些都会使商家在定价时有优势。

其三，商家或品牌的知名度和信任度。网商的知名度可以吸引消费者的注意力，获取网络溢价。网上有不少价格比较、价格搜寻或购物蠕虫（Shopbots）软件专门替代寻找最低价格商品，但是消费者并不是购买比较软件中价格最低的商品，尤其是购买小额商品时，如果价差不大，他们宁可选择自己较信任的网站成交。具有公众信任度的网站或商家可以降低网络交易风险。

其四，锁定顾客。网上商家有一些锁定顾客的手段。消费者一般愿意在熟悉的购物环境中购物，如果他已熟悉了某个浏览网站，再去其他网站进行类似活动时就会感到不适应。有些网站对提供交易所需的注册会员实行"一键成交"制，使交易环节大大简化。现在大多数电子商务网站都对会员进行评级，累计积分，都能提供个人的主页，向用户提供个性化服务和推荐量身定制的商品信息。这些服务都极大方便了消费者，锁定了顾客，导致消费者转换到其他商家或网站的成本很高。

其五，价格歧视。价格差异是指不同的商家对同一商品制定不同的价格，而价格歧视则是指同一商家在不同时间对同一商品制定不同的价格。网络的跨时空、开放和共享的特点决定网络价格歧视要比传统商业领域更难。面对同样的网络消费者采用价格歧视很容易被发现，但是不同时段（店庆、节日等）、不同身份（如是否是会员等）的价格歧视，还是可以采用。有些领域也可以通过消费者在省钱但麻烦和不省钱但方便之间作出选择，如许多视频网站可以付费免看广告，使观看更流畅，不总被广告打断。有的电商网站为了保证它的价格最低，标价旁边有一个价格比较按钮，按下可以自动让网站比价，如果有低价可以自动调低价格。反复询价操作起来很是耗费时间，即便便宜也只是很小的价差，消费者需要在时间和价差间进行权衡。

5）价格变化

价格变化包括两个部分：一个是变化的频率；另一个是变化的幅度。

网络市场比实体市场价格变化更灵活，主要有以下几个方面的原因：第一，网上零售商必须制定具有吸引力的价格来赢得竞争优势;第二,购物代理网站提供给消费者的价格信息也可能会促使参与竞争的企业调整价格,目的是使自己的排名靠前;第三,厂商可以利用网站数据库随时调整商品价格;第四,网络市场中的厂商可以提供多种数量折扣(如联邦快递公司按照运送量的多少为消费者提供多种折扣价的价目表);第五,网络上厂商很容易见机行事,厂商会根据需求在网站上随时调整商品价格以应对竞争。

网络市场比实体市场中价格调整的幅度小。首先,对价格敏感的消费者会对竞争对手细微的价格调整迅速作出反应;其次,购物代理网站会根据价格差异将厂商划分为不同等级,只要比竞争对手低一点就会处于更高的等级;最后,因为实体市场价格调整相对比较困难,所以零售商不会轻易、频繁调整价格。

11.2 在线买方和卖方的交易价值

网络上的交易一定是通过买方和卖方协商来完成的,双方协商一致确定价格达成交易。由于买方和卖方所处的立场不同,对价格的认识也不同,提出的合理价格也可能存在差异。协商的过程就是交换看法、讨价还价的过程。

11.2.1 买方的交易价值

买方对价值的界定是收益减成本,用公式表示为

$$价值＝收益－成本$$

从收益角度来说,互联网给买方带来很多具体的收益,如价格的透明度带来的低价位、个性设计和服务、互动交流等,这些在前面都阐述过,这里不再赘述。实际上,互联网给买方的最大收益是使其掌握了交易的主动权。交易过程中的控制力从卖方转向了买方,这对营销策略产生了深刻的影响。在反向拍卖中,由买方确定新商品的价格,然后由卖方来判断能否接受这样的价格。在 B2B 市场上,交易中由买方来对企业积压的存货出价,或者对一些公司的产品报价。在 B2G(企业对政府)市场上,政府采购人员列出商品或劳务的需求计划,然后由厂商投标,最终政府采购人员与报价最低的厂商达成交易。实际上,政府采购人员控制着整个交易过程。

卖方也认识到信息技术有利于他们更好地管理库存,自动地频繁调整商品价格。现在,与面对面的市场交易相比,消费者更愿意与营销人员在网上交易。在网络市场中,经营企业与消费者通过谈判协商商品价格的意愿比实体交易也更强,这有利于消费者在交易中掌握主动权。当然消费者掌握主动权是有前提条件的,那就是网站上要有丰富的信息和充足的商品供应。随着电子商务的快速发展,这些条件在大部分网络市场中都日渐成熟。网络消费者已经掌握各种与厂商博弈的消费技术,变得越来越精明。

从成本角度来说,买方成本包括货币、时间、精力和心理成本。

在网络交易中,了解实际成本也并不是一件简单的事。哪怕是仅仅要了解产品的货币成本,也要学习很多东西。卖方开出的价格往往并不包含一些隐性的要素。卖方会把这些要素有意隐藏起来,直到交易的最后一个环节才显示出来(表 11-1)。表 11-1 中价格的差异很清楚,但是影响最终交易价格的因素非常复杂,消费者不能仅仅靠表面价格的比

较做决策,需要权衡多种隐藏的因素,弄懂它们,才能作出正确的比较。

表 11-1　MySimon 网站上 *The South Beach Diet Cookbook* 一书的零售价比较

图书零售商	星级/评论人数	价格/美元	消费税/美元	运费/美元	含运费价/美元
DeepDiscount. com	** /19	19.46	见网站	免	19.46
Alibris	*** /283	5.00	0.37	3.99	9.36
Books-A-Million	**** /40	8.99	无	3.98	12.97
Tower. com	** /10	17.28	无	3.99	21.27
Boomj. com	无	17.19	1.27	6.65	25.11
Barnes & Noble	*** /253	20.76	1.53	3.99	26.28
Half. com	*** /469	7.75	无	3.99	11.74

资料来源:www. mySimon. com for book by Arthur S. Agatston,M.D.

当竞争激烈时,也会表现为商品的价格差异不大,尤其是消费者购买该类商品的主要网站上价格基本相同。差别在于其他优惠措施(如积分、包邮、返券等),以及消费者对网络的偏好和信任(表 11-2)。

表 11-2　中国主要购物网站上图书《自控力》的销售价格比较

图书零售商	星级/评论人数	折　扣	其 他 优 惠	免 运 费	价格/元
当当自营	五星/239 974	7 折	加价换购	满 59 元	27.50
京东自营	40 840	7 折	满 105 元送 6 元券	满 99 元	27.50
亚马逊自营	4 星半/6 468	7 折	满 100 元减 20 元	满 99 元	27.50
天猫中信书店	3 314	6.6 折	送 5 元优惠券	满 58 元	33.00

除了货币成本以外,消费者还要支付时间成本、精力成本和心理成本。受制于消费者的网速、搜索能力和其他技术问题,消费者未必能轻而易举地作出选择,有时不得不花费更多的时间和精力去搜索信息,甚至最后灰心失望,付出很大的心理成本。网络购物代理试图通过众多网站的某商品的价格对比,方便消费者发现最低售价。但是这种比价很难包括影响价格的一些隐性的因素,要想作出满意的决定,还是需要不断搜索信息。搜索信息的时间成本和精力成本有时要远大于节约的费用。而且每个人的价值观和风险偏好不同,对时间、精力和财力的估价也是不同的。有的消费者会选择价格高一点但信用好的网站购物;有的消费者会选择价格高但是送货速度快的网站购物。

尽管买方的实际成本并不像我们想象的那么简单,消费者的网络购物还是能节约许多成本,具体如下。

(1)网络的便利性。网络 24 小时、365 天全天候处于运行状态。通过各种终端,如智能手机、平板电脑、PC 和数字电视等,消费者随时可以上网搜索、购物、娱乐或浏览网页。便利性还体现在网络交流上,电子邮件、即时通信软件等都可以实现消费者随时随地和企业沟通,不受企业工作时间和所在地域的限制。

(2)网络的快捷性。尽管消费者下载网页可能要花费不少的时间,但是消费者可以方便地登录网站,预订货物,也许第二天就能收到货物。即使消费者在旅途中,也仍然可以这样做。

（3）自助服务节约时间。消费者可以随时追踪运输的货物，或者在线支付账单、买卖股票、查询账户余额，还可以做许多其他事情，并不需要等候销售代表上门。此外，网络技术便于消费者随时查询商品信息，而原本这些活动都是要花费很多时间的。

（4）一站式购物可以节约时间。企业借助互联网可以实现一站式购物，这为消费者提供了便利。如美国的 AutoMall 网络公司已经与许多公司合作，使得消费者可以在该网站对比了解汽车售价、款式以及汽车制造商的信息，还可以了解贷款、保险和服务等信息。该公司有一个由许多汽车经销商组成的巨大网络，顾客可以在网上商定价格，随后网站会为顾客提供一份购车证明，凭借证明上的报价，顾客可以在任意一家经销商那里按这个价格购车。AutoMall 网络公司的跟踪记录表明有 50% 以上的网络用户会在接受公司网站服务的 45 天内购买新车，90% 的用户在 6 个月内买了车，这说明顾客是欢迎这样的服务模式的。

（5）网站互相融合有利于节约时间。一些门户网站为消费者搜索信息提供了便利，消费者可以利用各种上网工具链接网络。一些网站允许消费者建立自己的个性化网页，网页内容可以包括新闻、股票行情、天气预报和其他购物信息。

（6）自动化使消费者购物更轻松。顾客一般都喜欢简单、便捷。尽管网络购物很复杂，但是技术可以帮助解决问题。例如，网站为消费者保留登录密码和购物记录，这就节省了消费者购物时间和精力。

11.2.2 卖方的交易价值

价格对卖方来说就是消费者为获得商品而付给他们的货币。厂商为生产产品或提供服务支付的成本，就是商品的基本价格（最低价）。低于这个最低价，厂商就无利可图。为在激烈的竞争中处于有利地位，厂商会以最低价为基础定价。成本和价格之间的差额就是利润。

厂商在定价时，会考虑影响定价的内部因素和外部因素。内部因素包括：通过 SWOT 分析得出的优势和劣势，厂商总体的定价目标、营销组合策略、生产和销售成本等。外部因素包括市场结构、消费者的观点，它对网上定价影响尤其大。

1. 影响网上定价的内部因素

（1）定价目标。定价目标需要考虑利润、市场和竞争等因素。最普遍的定价策略是以利润为目标，追求利润最大化。该策略主要考虑眼前的利润最大化，而不是长远利益。厂商还可以选择各种以市场为目标的定价策略。消费者数量的不断增加有助于降低公司成本，取得较大的长远利益，低价格有助于公司占领市场。还有就是以竞争为目标的定价策略是指厂商根据竞争对手的价格而不是自己的生产费用和市场需求来定价。互联网的透明度使得厂商能更快地了解竞争对手的价格变化，并随时作出价格调整。

（2）营销组合策略。成功的厂商都有自己的一套完整、合理的营销组合策略。如沃尔沃公司利用在线和离线的渠道大力宣传公司的高端品牌，因此汽车销售商能够以较高的价格销售沃尔沃公司的汽车。该公司的营销人员知道，80% 以上沃尔沃的消费者在买车之前会浏览公司网页。接受过高等教育的城市居民喜欢在网站上选择沃尔沃车型，为自己喜欢的车定价，最后，用电子邮件等网络通信工具来通知经销商。网上销售占沃尔沃公司销售额的 10%～15%,沃尔沃公司只是依靠互联网来完成销售的前期工作,因为它知道顾客一般不会直接通过网络购买价值很高的商品。互联网只是一种媒介和渠道,必须与其他营销手段配合使用。营销经理必须考虑将网上销售和实体销售结合起来,为商品制定合理的价格。

(3) 信息技术。信息技术代价昂贵,但是一旦应用于实践,将大大提高效益,其结果是商品价格上涨或是下降。

互联网促使商品价格上涨,企业遭受网络定价压力。

其一,网上顾客服务。戴尔电脑公司和亚马逊公司等由于能通过网络提供顾客服务,形成竞争优势。现在,提供网络顾客服务已经不是竞争优势而是参与竞争的必要手段。消费者都希望公司销售人员能及时回复电子邮件,增加网络"帮助"和"常见问题回答"等功能,但提供这些服务势必增加成本。

其二,商品递送。网上零售商递送问题与传统的邮购业务一样,那就是成本巨大。网络零售商递送要求每件商品必须分装送达目的地,而不是装进一个大箱子,直接送到实体零售店或者仓库。网上零售商一定会将运输费用转嫁给消费者,从而抬高价格。消费者在结算时发现邮递费用如此高,就可能放弃购物。

其三,推荐活动的佣金。许多网站开展会员活动或是与其他网站联盟,只要会员或是联署的网站向他人推荐该网站,并产生销售额,就可以得到佣金。这样的网站向那些主动推荐,并且最终达成交易的推荐者支付一定比例的佣金。这种佣金的形式与向中间商支付的佣金其实是相似的,它使商品的价格抬高、公司利润降低。

其四,网站的开发和维护。开发和维护网站的费用很高。Forrester 市场调研公司的研究表明,一个"保守"的网站开发花费是 1 万～10 万美元,而一个"大手笔"的网站开发花费在 100 万美元以上。加上网站的维护费用,如硬件和软件购置、网络月租费也不低,长期看网站的维护费用远高于网站的开发费用。

其五,开发新顾客的成本。网站开发新顾客的成本也很高,为了抵销这些成本,公司必须得到更多的订单,商品的价格必然提高。

网络促销使商品价格下降,有利于网络经营者降低成本。消费者获得较低价格的商品,形成较高的顾客价值。若成本降低,无形中就相对提高了价格,最终会提高厂商的利润。厂商借助网络技术降低成本的方法有以下几种。

其一,自助服务的订购过程。互联网环境下,消费者自己填单,厂商节省了订单输入和票据处理的人工费用,这些费用是相当可观的。生成和处理一张电子货物清单的平均成本远低于实体交易,网上零售过程中的银行转账平均费用也比实体交易中低很多。全球最大的网络设备零售商思科系统公司的消费者都在网上订购商品,日常文书工作的减少为公司节省了几亿美元的成本。

其二,实时库存。一些生产商运用电子数据交换系统,通过协调价值链和产品的实时制造(JIT)递送服务来降低库存。有些零售商甚至实现了零库存,节省了大量的融资成本。有些生产商按照顾客订单进货,甚至要求合伙人直接将产品送到顾客手中。

其三,企业管理费用。网上商店不需要租赁销售门面,也不需要雇用员工站柜台,从而节约了管理费用。与传统的大卖场相比,亚马逊公司的仓储费和人工工资要低许多,而且网络企业的仓储往往设在租金低、人员工资低、税收低、运输便利的地方。

其四,顾客服务。尽管顾客服务会增加企业成本,但是若厂商用自动化顾客服务代替过去的员工客服就可以节省大量费用。

其五,印刷和邮寄费。厂商不必为网上寄送的商品目录支付邮递和印刷费用。将商品目录放置在网站上,网络用户上网浏览就不会再发生其他费用。对于电子邮件促销也是如此。

其六,数字化商品的销售成本。网上销售数字化商品的成本是非常低的,数字化商品如电子书,不会产生印刷书的成本,可以零成本复制,也不需要邮递费用,通过网络直接发送给消费者即可。

2. 影响网上定价的外部因素

外部竞争、市场环境、价格—需求关系(弹性)以及消费者行为等因素都会影响在线和离线的定价策略。下面主要从市场效率来看外部因素的影响。

在有效市场中,商品处于完全价格竞争中,消费者能平等获得商品、价格和渠道的信息。消费者面临的情况是商品价格较低、价格弹性大、价格频繁变动且变动幅度较小、价格离差小。一般认为股票市场是有效市场的典型例子。

网络市场确实具有某些有效市场的特征:网上购物代理为消费者以最低价购买所需商品提供了方便,网络商品价格弹性大、调整幅度小、变化频繁,网络销售免税,风险资本的长期支持等。

另外,网络市场中价格差额(离差)甚至比实体市场还大。其原因可能是与公司品牌、网上商品的定价方式及递送方式相关,还有可能与消费者对时间的敏感度、产品差异化、转化成本和二代购物代理商(可以根据消费者对不同利益的重视程度分配权重)有关。

互联网虽然不能成为一个完全有效的市场,但已经具备了有效市场的很多特征,这些特征将会影响厂商的定价策略。因此,网络经营企业应密切关注互联网的这种发展趋势。

11.3　网络定价策略

消费者对某类产品的价值感知一般具有价格上限:如果消费者认为产品价格高于产品价值,他们不会购买产品。而产品成本则是价格下限:如果企业制定的价格低于成本,企业将无法盈利,长期来看也没有办法生存。因此,企业需要在价格上限和价格下限之间制定价格。与此同时,企业定价必须综合考虑其他一系列内部因素和外部因素,包括竞争者战略和价格、企业总体营销战略和组合,以及市场性质和需求。

11.3.1　基本定价策略

1. 顾客价值导向定价法

所有的营销工具组合决策必须从顾客价值开始,只有顾客才是产品价格是否合适的最终决策者。有效的顾客导向定价需要了解消费者对产品利益的价值评估,并通过价格来反映这个价值。顾客导向定价法以消费者的感知价值为基准,而非企业成本加总。企业首先获得顾客需求和感知价值,并在顾客的产品感知价值的基础上确定目标价格。目标价值和价格决定着产品成本与产品设计决策。因此,定价起始于分析消费者需求和感知价值,制定的价格要与消费者感知相匹配。

企业衡量顾客的产品感知价值比较困难。感知价值是主观性的,不同的顾客在不同的情况都有不同。例如,计算一家豪华餐厅的原料成本是相对容易的,但衡量其他因素的价值就比较困难,如味道、环境、地位象征等。而且不同价值观、兴趣爱好的人,评价也不一样。但是顾客感知价值也并非不可衡量,可以通过一些方法来估计。例如,企业可以询问消费者愿意为基础产品支付的费用和为每项增值价值愿意额外支付的费用。也可以通过实验来衡量不同产品的感知价值。

市场上普遍存在以下两种类型的价值导向定价。

(1) 物有所值定价。物有所值定价是以合理的价格获得恰当质量的产品和服务。很多情况下,知名品牌会推出低价产品。如麦当劳的超值套餐、小型廉价的汽车型号等。在其他情况下,可以是重新设计现有品牌,在给定价格下提供更高质量,或者以较低价格提供相同质量产品。有的企业为了更具灵活性,采用高低定价法,也就是在平时制定一个比较高的价格,但在特定商品上进行频繁的促销活动以降低其价格。许多百货商店通过频繁的促销、新品折扣和商店信用卡持有人红利等活动来实践高低定价法。

(2) 增值定价。增值定价不是通过降价适应竞争,而是通过增加增值特征或服务以实现差异化,并以此支持其相对更高的价格。例如,即便节俭顾客的消费习惯一直存在,一些连锁影院还是会增加舒适度并提高价格,而不是为了保持低价而削减服务。

2. 成本导向定价法

成本导向定价法是在产品生产、配送和销售成本基础上考虑回报率和风险的一种定价法。最简单的定价方法是成本加成定价法,即在产品成本上增加标准的毛利率确定售价。这种利润在网络时代正在逐步减少。另一种是以成本为基础的盈亏平衡定价法,或者叫目标利润定价法,即企业尽力制定能够达到盈亏平衡或目标利润的价格。以成本为导向定价最大的问题是没有把价格—需求关系考虑在内。在使用这两种方法时,企业必须同时考虑价格对实现目标销售量的影响,以及预期销售额在不同价格水平中实现的可能性。

3. 竞争导向定价法

竞争导向定价法根据竞争者的战略、价格、成本和市场供应量确定价格。消费者会将产品价值的判断建立在竞争对手相似产品价格的基础上,这在网络上非常普遍,比价网站的出现加剧了价格竞争。企业需要制定在线定价战略,这种战略既要有足够的弹性以适应市场竞争,又要保障企业在这一渠道中获得足够的利润。不管企业制定比竞争对手高或低或处于它们中间的价格,都要确保能在那个价格水平上为顾客提供出众的价值。

4. 市场导向定价法

市场导向定价法指以作为市场组成部分的消费者对价格变化的反应,即所谓的"需求弹性"为定价基础的定价法。市场导向定价法有溢价法和渗透定价法两种。溢价法(或称为撇脂定价)是制定一个高于竞争对手的价格,以显示产品高品质的市场定位;渗透定价法是制定一个低于竞争对手的价格,以刺激需求或增加渗透。渗透定价法常被网络公司用来赢得顾客,但其弊端在于如果消费者对价格敏感,那么企业必须维持低价,否则顾客就会转向其竞争对手。如果希望消费者更换供应商,则消费者必须对服务质量等其他方面感兴趣,并且能创造一个较大的价格差异刺激消费者。

5. 产品组合导向定价法

如果某产品是产品组合中的一部分,那么它的定价策略通常需要改变。在这种情况下,企业会寻求一组价格组合使产品组合的总利润最大化。由于各个产品需求、成本以及面对的竞争程度各不相同,所以定价的难度较大。表 11-3 列出了常用的几种产品组合导向定价法。

表 11-3 常用的几种产品组合导向定价法

定 价 策 略	描 述
产品线定价	为一整条产品线定价
可选产品定价	为与主产品配套的可选产品或附加产品制定价格
附属产品定价	为必须与主产品一起使用的产品定价
副产品定价	为低价值的副产品定价,以摆脱这些副产品或从中获利
捆绑定价	为共同销售的捆绑产品定价

在产品线定价中,管理者必须确定一个产品线中不同产品之间的价格差别,价格差别应考虑产品线内不同产品的成本差异,更重要的是,还需要考虑顾客对不同产品的感知价值差异。

许多企业在销售与主体产品配套的可选产品或附件时采用可选产品定价法。为这些可选产品定价是件棘手的事,企业必须决定哪些产品包括在基本价格内、哪些产品作为可选择的。

拓展阅读 11-1
OTA(在线旅游)平台捆绑销售的花式操作

企业生产必须与主体产品同时使用的产品时会采用附属产品定价法。主体产品的生产商通常为主体产品制定较低价格,但为附属产品制定较高价格。如亚马逊的 Kindle Fire HD 平板售价为 199 美元,但每销售一台要亏损大概 8 美元,亚马逊希望通过卖电子书、音乐、电影、定制服务以及其他附属产品来弥补损失。

生产产品和服务的过程中经常产生副产品。如果副产品无价值且处理成本较高,则会影响主体产品价格。通过副产品定价法,企业可为副产品寻找市场来尽可能覆盖处理成本,使主体产品的价格更具竞争力。如可口可乐生产橙汁产生大量的橙子皮,它们从这些橙子皮中提取香精油,把它们装瓶作为食品佐剂或者家用清洁剂的添加物进行出售。

在使用捆绑定价法时,企业通常把产品组合在一起出售,售价低于这些产品单独计价的总和,如当当网将同一作者的几本书组合销售。捆绑定价法可以帮助企业销售顾客在其他情况下可能不会购买的产品,但是捆绑产品的组合价格必须足够低,以吸引顾客购买整个组合。

11.3.2 动态定价策略

动态定价是指价格不是约定好不变的,可以持续调整以迎合顾客特点和需求以及环境特征。动态定价在互联网上尤为盛行,并为营销人员提供了很多优势。零售商、航空、酒店甚至体育业等企业每天每时都会根据需求、成本或竞争者价格来随时调整其产品的价格。很多营销者会随时关注库存、成本和需求并进行即时价格调整。甚至一些企业会通过挖掘个体顾客的网络浏览记录、购买历史和支付能力来分析其特征与行为，进而制定自己的产品和价格。

动态定价策略中买方和卖方都可以定价，动态定价有两种形式：差异定价和谈判定价。

1. 差异定价

差异定价是指厂商不仅根据成本，还会根据消费者差异对商品和服务制定不同的价格。差异定价可以利用互联网进行规模定制，根据订单规模、交货时间、供求关系和其他因素自动定价。按照网络差异定价策略，公司根据既定的规则对一群顾客甚至单个的消费者进行差异定价，即只要是这样的顾客提出这样的要求，定价即为多少。随着信息技术的发展，厂商可以在线收集大量消费者行为信息，这使厂商可以根据不同的顾客行为制定不同的价格。

企业使用先进的软件和大型数据库制定相应的规则，并随时调价，这使厂商可以随时实行差异定价，甚至消费者正在浏览网页时就可以进行。这种功能深受厂商的青睐，因为它们可以利用互联网的差异定价，有针对性地进行营销沟通、产品实现个性化。

差异定价有效运作需要具备以下几个条件。

其一，市场是细分的，差异定价才会非常有效。不同的价格反映了产品价值的差异性，这种差异性反映的是消费者不同的需求层次。

其二，差异定价带来的收益增加大于因市场细分产生的成本，差异定价就是一种有效的策略。

其三，厂商必须保证差异定价策略符合法律规定和行业规则。

其四，厂商必须保证当消费者知道他所买的商品与别人的价格不同时，不会对该厂商感到失望。网络经营者在进行差异定价时要言之有理，并能被消费者接受。

在对网络用户进行细分的标准中，区域和价值是进行网络差异定价的两个至关重要的因素。

（1）区域差异定价。区域差异定价是指不同地方的商品售价不同。网络经营者可以参照用户注册的 IP 地址得知用户的居住地。一级域名反映用户所在的国家。区域定价有助于厂商更好地考虑不同国家或地区之间的差异，如竞争程度、当地消费水平、经济条件、法律法规和市场环境等。这些差异会导致商品在另一国家或地区销售的价格包括运输费用、关税、进口商利润及其他销售费用等。

（2）价值差异定价。价值差异定价是指厂商认为顾客对公司价值并不相同，有高低差别。帕累托法则（Pareto principle）认为，80％的公司业务来自 20％的顾客。这 20％的顾客为公司创造了很高的收入和利润。这些人是忠诚的消费者，他们向其家人和朋友宣传公司品牌。他们对价格不敏感，他们认为公司品牌或者其他的延伸服务能给他们带来更大利益。而对于公司价值比较低的大多数顾客，他们更关注低价商品、折扣商品，不可能提升顾客的忠诚度，他们会根据价格的不同而转向其他品牌。处于价值中间的顾客要保持顾客的品牌忠诚度，并使其向上一级靠拢。给予这类顾客一些优先权有助于提升他们的忠诚度。营销人员可以利用互联网技术建立数据库，提升顾客价值。

2. 谈判定价

谈判定价是指公司会与消费者个体协商商品价格，从而实现差异定价。差异定价是一次定价，不同的顾客有不同的价格，而谈判定价则会变化多次，销售人员和消费者可能要经过多次的谈判协商才能确定价格。通常，谈判定价一般是由买方发起的，而差异定价则由卖方确定。随着网上拍卖方式的普及，谈判定价已经很普遍了。

根据供需关系，网上拍卖竞价方式有下面几种。

（1）竞价拍卖。竞价拍卖是指卖方交易商向交易市场提出申请，将拟出卖商品的详细资料提交给交易市场，确定商品拍卖的具体时间，通过交易市场预先公告后，挂牌报价，买方自主加价，在约定交易时间内，无人继续加价后，商品拍卖结束，以最高买价成交，双方通过交易市场签订购销合同，并进行实物交收的交易方式。竞价拍卖交易量最大的是C2C的交易，包括二手货、收藏品，也可以是普通商品以拍卖方式进行出售。如惠普公司也将一些库存积压产品放到网上拍卖。

（2）竞价拍买。竞价拍买是竞价拍卖的反向过程，消费者提出一个价格范围，求购某一商品，由商家出价，出价可以是公开的或隐蔽的，消费者将与出价最低或最接近的商家成交。

（3）集体议价。集体议价是多个购买者联合购买同一类商品而形成一定购买规模，以获得优惠售价的交易方式。集体竞价模式是一种由消费者集体议价的交易方式。在互联网出现以前，这种方式在国外主要是多个零售商结合起来，向批发商（或生产商）以数量换价格。互联网的出现使得普通的消费者也能使用这种方式购买商品。团购是普通消费者使用最多的集体议价方式。

11.3.3　免费定价策略

免费定价策略在互联网上流行是与互联网的开放、自由和平等精神相契合的。同时，互联网上各种平台的快速发展和增长潜力，也让网络商家看到网络市场的成长机会。网络商家从战略角度来考虑定价策略，先聚集流量、抢占市场，然后再挖后续的商业价值。如Yahoo公司通过免费建设门户站点，经过4年亏损经营后，在2002年第四季度通过广告等间接收入扭亏为盈。

1. 免费定价策略及其表现形式

免费价格策略是企业的产品或服务以零价格或近乎零价格的形式提供给顾客使用，满足顾客需求的一种定价策略。在传统营销中，免费定价策略一般是短期和临时性的促销措施。网络营销中，免费定价策略是指一种长期性且行之有效的企业定价策略。

免费定价策略主要有四种表现形式。

（1）产品或者服务完全免费，即从购买、使用到售后服务的所有环节都免费。

（2）限制免费，即产品和服务可以限制使用次数或时间，超过一定的时间限制或次数则开始收费。如很多新推出的软件都允许顾客免费使用若干次。

（3）部分免费。如某些调研机构发布完整调研报告的一部分内容或报告的简单版，如要获得全部成果必须付款。

（4）捆绑式免费，即购买某产品或者服务时赠送其他产品或服务，如国内一些 ISP（互联网服务提供商）推出上网免费送 PC 的活动。

2. 采用免费定价策略的产品特性

在网络营销中实施免费定价策略会受到一定的制约，并不是所有的产品都适合免费定价策略。一般来说，适合免费定价策略的产品具有如下特点。

（1）制造成本为零。它是指产品开发成功之后，只需要通过简单复制就可以实现无限制的生产，边际成本为零。或者制造成本会被一个海量的用户群体摊薄，接近于零。这样企业只需要投入研发费用即可，至于产品生产、推广和销售则完全可以通过互联网实现零成本运营。

（2）营销效果具有冲击性。采用免费定价策略会对原有市场产生巨大的冲击，如改变消费者的消费观念、快速集聚大批忠实用户等。以免费价格推行颠覆式创新，其效果会被不断放大，这也是互联网对整个社会改造的最令人惊讶的方式。

（3）产品无形化和传输数字化。通常采用免费定价策略的大多数是一些无形产品，只有通过一定的载体才能够表现出一定的形态，如软件、信息服务、音乐制品、电子图书等。这些无形产品可以通过数字化技术实现网上传输和零成本配送。企业通过较小成本就可以实现产品推广，可以节省大量的产品推广费用。

（4）具有成长性和间接收益。采用免费定价策略的产品所面对的市场必须具有高速成长性，利用免费定价策略占领市场，然后通过其他渠道或方式获取收益。如 360 安全卫士是免费使用的，因此吸引了庞大的用户群体，然后再向具有支付能力和意愿的高端顾客群体提供高附加值的服务收取费用。

3. 免费定价策略成功的关键要素

一般来说，公司提供免费产品的动机有两种：一种是培养用户使用习惯，然后开始收费；另一种是发掘后续的商业价值。历史上，Netscape 把它的浏览器免费提供给用户，开了互联网上免费的先河。其背后动机是在用户使用习惯之后，就开始收费。后来微软也如法炮制，免费发放 IE 浏览器。这迫使 Netscape 公布了浏览器的源码，彻底免费。可以说 IE 的竞争者的出现打碎了 Netscape 的美梦。许多公司认为为用户提供免费服务，商业利润自然在后面。但并不是每个公司都能获得成功，要承担的风险仍然很大。

免费定价策略一般与企业的商业计划和战略发展规划紧密关联，企业要降低免费定价策略带来的风险，提高免费定价策略的成功性，应思考以下几个关键要素。

第一，免费定价策略是否与商业模式吻合。网络市场是高速成长性的市场，获取成功的关键是要有好的商业运作模式。因此，采用免费定价策略时必须考虑是否与商业运作模式吻合。如我国专门为商业机构之间提供中介服务的网站 Alibaba.com，它提出了免费信息服务的 B2B 新商业模式，与其电商平台的运作模式吻合，并且具有巨大市场成长潜力。

第二，免费定价策略是否能获得市场的认可。企业提供的免费产品（服务）是否是市场迫切需求的。通过免费定价策略成长已经获得成功的网络公司都有一个特点，就是提供的产品（服务）受到市场极大欢迎。如新浪网站提供了大量实时性的新闻报道，满足用户对新闻的需求。谷歌搜索引擎给网络用户提供免费的搜索,满足了人们获取和筛选信息的需要。

第三,免费定价策略推出时机是否合适。在互联网上,游戏规则是"Winner take all(赢家通吃)",只承认第一,不承认第二。因此在网上推出免费产品是抢占市场,如果市场已经被占领或者比较成熟,则要审视推出产品(服务)的竞争能力。

第四,免费定价策略是否与产品(服务)匹配。目前国内外很多提供免费 PC 的互联网服务提供商,对用户也不是毫无要求:它们有的要求用户接受广告,有的要求用户每月在其站点上购买多少钱的商品,还有的要求提供接入费用,等等。此外,ISP 在为用户提供免费 PC 这一事件中,PC 制造商的地位非常尴尬。首先这种 PC 的出货量虽然很大,但是基本上没有利润,食之无味,弃之可惜;最后是角色错位,以前是买 PC 搭上网账号,而现在是上网账号搭 PC,角色的转变使得 PC 提供商的地位尴尬。

第五,免费定价策略需要周密策划。互联网是信息海洋,对于免费的产品(服务),网上用户已经习惯。因此,要吸引用户关注免费产品(服务),应当与推广其他产品一样有周密的营销策划。在推广免费价格产品(服务)时,主要考虑通过互联网渠道进行宣传,如在知名站点进行链接,发布网络广告;同时还要考虑在传统媒体发布广告,利用传统渠道进行推广宣传。发挥整合营销的作用,协调各种媒体才能取得成功。

11.4　网络价格变动策略

市场环境是不断变化的,已经制定好的价格结构和策略,经常面临需要改变的情况。例如,成本上升挤压到了利润空间,经济衰退,消费者价格敏感度增高,主要的竞争对手提高或降低自己的价格。企业需要根据面临的复杂情况进行价格调整。

11.4.1　对价格变化的回应

在有利可图的情况下,企业会主动改变价格。无论是涨价还是降价,企业都必须预测顾客和竞争者的反应。但如果是竞争者改变价格,企业该如何应对?企业必须思考以下几个问题:竞争者为什么要改变价格?价格变动是暂时性的,还是永久性的?如果企业不做任何回应,对自己的市场份额和利润可能会产生什么影响?别的企业可能会作出什么反应?除了这些,企业必须考虑自身的情况和战略以及消费者对价格变动可能作出的反应。

图 11-1 说明一家企业评估和应对竞争者降价的几种方法。如果企业确定竞争者已经降低了价格,并可能影响自身的销售量和利润,但是判断市场份额和利润的丢失不会太大。企业希望保持现状,等获取更多的竞争者价格变动后果的信息后,再做决策。但是,长时间的等待可能导致竞争对手随着销量的提高而变得更加强大和自信。

如果企业认为应该采取有效的回应,它可能有四种做法。

其一,降低价格。企业可以降低价格来与竞争者的价格相匹配。企业可能认为市场是价格敏感型的,不这样做会被低价格的竞争者抢占太多的市场份额。但是,降价在短期内会降低企业的利润。一些企业可能会决定降低产品的质量、服务、营销费用,以保持原

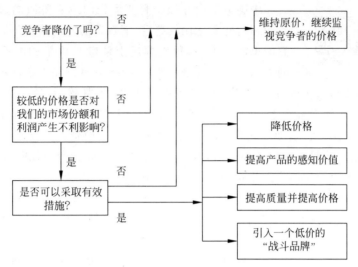

图 11-1　对竞争对手的价格进行评估并作出反应

资料来源：阿姆斯特朗，科特勒.市场营销学[M].赵占波，王紫薇，等译.12 版.机械工业出版社，2016：218.

来的利润率，但这最终会损害企业长期的市场份额，企业在降价时也应该努力保持原来的质量水平。

其二，提高产品的感知价值。企业维持原来的价格，但提高它所供应产品的感知价值。它可以加强市场宣传，强调产品在相对价值上优于价位较低的竞争产品。企业可能会发现相比降价后以较低的利润率运营，维持原价并提高产品的感知价值是一个更为有效的方法。

其三，提高质量并提高价格。企业可以提高质量和价格，把其品牌转移到一个更高价值—价格的定位。更高的质量创造了更好的顾客价值，这能够支持较高的价格；反过来，较高的价格又可以使企业保持较高的利润率。

其四，引入一个低价的"战斗品牌"。企业在现有的产品线上增加一个低价产品或者创造一个独立的低价品牌。如果企业正在失去的细分市场对价格敏感且对高质量诉求不敏感的话，这个措施就是很有必要的。如宝洁公司将其一系列品牌转变为战斗品牌。Luvs 牌纸尿裤给父母传递"更严密的渗透保护，更低价的品牌"的信息。但企业在引入战斗品牌时必须谨慎，因为这些品牌可能会拉低主品牌的形象。另外，尽管战斗品牌可能会吸引到其他低价品牌的顾客，但也可能会丢失自己的高端品牌的顾客。

11.4.2　电商价格战

价格战通常会发生在同一个行业中的企业之间，因某个企业降价而其竞争者也跟着降价。在电子商务兴起以前，价格战只发生在传统实体经济领域，如中国市场上的制造商之间的彩电价格战、电器销售渠道领域的国美和苏宁价格战等。电商价格战是指电子商务企业通过竞相降低产品价格进行的一种商业竞争行为，其本质上与实体领域的价格战一样，只是发生在线上。

拓展阅读 11-2　京东发起的两次价格战

中国电子商务处于野蛮生长向成熟阶段的过渡期,电子商务网站的同质化比较严重,消费者的电商消费体验无差别,对电商的忠诚度不高,很大程度上依赖于价格的高低来选择商品。网络销售规模的增长速度很快,竞争格局未定,各家都有机会拓展市场空间和开拓新领域,所有电商企业都想抓住时机,不甘落后,这必然会导致价格战的爆发。另外,投资者客观上起到了推动价格战的作用。电商企业在快速成长期,需要大量向外募集资金来进行基础设施的建设以及技术研发。电商企业一般是向风险投资者募集资金,为保证风险投资的获益和退出,电商企业需要向风险投资者证明自己的地位和市场价值。这客观上会加剧企业以价格战的形式快速掠夺市场的行为。

1. 电商价格战的动机

一般来说,企业发起价格战的动机主要是增加市场份额、增加销售量和利润、提高在行业中的地位和提升企业知名度等几个方面。

(1) 增加市场份额。价格战具有简单、见效快的特点,因此,电商企业纷纷以它作为增加市场份额的主要手段。迅速增加市场份额,获取更多行业利润是大多数发动价格战企业的最直接动机。

(2) 增加销售量和利润。企业采取低价竞争手段的目的就是希望通过增加销售量来获取更多利润。目前,中国电商市场还没有饱和,通过降低商品的价格,可以刺激消费者购买或是吸引更多的消费者从线下转移到线上。假定商品富有弹性,虽然这样会使企业的单位商品利润减少,但由于销量增加,企业所获利润的总额实现了增长。

(3) 提高在行业中的地位。价格战一般都是由行业的领导者或挑战者发起的,行业内力量相对弱小的企业只能是应对价格战,采取降价策略,以保住仅有的市场份额。行业的领导者发起价格战,其目的可能是进一步提高行业集中度,巩固自己的市场地位和排名。它们可以凭借自身的规模优势和成本优势,通过降价行为掠夺行业内其他企业的市场份额,淘汰生产成本较高、无法承受长期低价的企业,迫使它们退出市场。行业挑战者发动价格战往往是为了进入某个细分市场,如京东商城为了进入图书市场与当当进行的价格战,或者仅仅在原有市场领域为了抢占行业领导者和弱小者的市场份额,提高自己在行业中的地位。

(4) 提升企业知名度。电商企业可以通过在线口碑影响消费者,也就是说有口碑就会有销量。由于网购本身透明度较高,价格透明度更高,各种比价软件更使各家网站的商品价格一览无余。电商企业经营的同质化加上网购群体普遍偏好低价商品,导致在线口碑更多地聚焦于低价格。价格战一经发起,很容易触发在线口碑传播,在短期内爆发轰动效应,成为网上热议的话题。因此,价格战可以帮助电商企业的在线口碑宣传,提升企业的知名度、扩大企业的影响力。电商价格战也可以通过竞争者之间在网上你来我往地联手炒作,创造出巨大的广告效应,提高所有参战企业的知名度和点击率,出现一种多赢的结果。

2. 电商价格战对企业的影响

如一枚硬币有正反两面一样,价格战对企业的影响也可以从两个方面来进行分析。

(1) 积极影响。第一,企业间通过"价格战",可以促进社会资源的合理配置,实现市场的优胜劣汰。在强有力的竞争下,产品性价比较低的电商企业将被淘汰出局。行业集中度提高了,可以促使电商消费的聚集,实现规模经营。第二,通过竞争,提升电商企业的综合竞争能力。电商企业紧盯竞争对手的价格,可以更好地掌握市场动态,有助于企业自身的市场定位,实现差异化竞争。同时通过科学管理策划和营销手段,增强企业的综合竞争实力,从单一价格战变为综合实力竞争。第三,消费者的需求得到满足。短期内,消费者买到了心仪的产品。长期看,适度价格战能够促使电商企业加强监督管理,进行技术创新,降低成本消耗,提升整个行业的服务水平,使消费者得到更好的服务。

（2）消极影响。第一,过度价格战使市场秩序混乱,资源被浪费。市场经济核心就是价格机制,价格促使资源配置得到优化。适度的价格战像兴奋剂一样对企业起到积极作用,但长期的价格战,势必导致市场混乱,逐渐将企业之间的正常竞争演变为企业之间的恶性竞争,使整个行业的市场发展受到损害。第二,价格战使产品价值与价格匹配不合理,供应商负担加重。价格战的让利大多是由产品的供应商来买单,产品供应商利润降低,甚至没有利润或亏损,企业无法积累资本,从而使企业的长远发展受到阻碍。第三,价格战过度使消费者对企业满意度和忠诚度降低。电商企业为了追求低价,往往采用一些不诚信的方式来降低成本。而且短期销量的增加使商品售后服务存在各种问题,消费者的满意度下降,忠诚度降低。

本 章 小 结

本章介绍了网络营销中的网络定价策略。在"价格及价格特征"一节,指出价格是营销组合中产生盈利的唯一因素,也是最灵活的因素,同时阐释了网上商品具有价格水平、价格弹性等特征。"在线买方和卖方的交易价值"一节,首先阐释了买方对价值是收益减成本,价格对卖方来说就是消费者为获得商品而付给他们的货币。然后重点分析了信息技术对成本的影响,一则互联网促使商品价格上涨,企业遭受网络定价压力;二则厂商借助网络技术也有许多方法来降低成本。在"网络定价策略"一节,主要阐述网络定价的一些方法。基本定价策略有顾客价值导向定价法、成本导向定价法等;动态定价策略包括差异定价、谈判定价;免费定价策略主要介绍了采用免费定价策略的产品特性,以及免费定价策略成功的关键要素。最后一节是"网络价格变动策略"。在有利可图的情况下,企业会主动改变价格。但如果是竞争者改变价格,企业该如何应对?企业可能有四种做法:降低价格、提高产品的感知价值、提高质量并提高价格、引入一个低价的"战斗品牌"。最后分析了电商价格战的动机,以及价格战对企业的影响。

思 考 题

1. 网络价格有哪些特征?
2. 网络购物对消费者的成本有哪些影响?
3. 网络技术对厂商降低成本有哪些影响?
4. 网络环境下差异定价需要具备哪些因素?

5. 网络免费定价策略成功的关键要素有哪些？

6. 企业对价格变化可采取哪些有效的回应方法？

实 践 活 动

1. 跟踪调查本年度"双 11"购物狂欢节的某产品的价格变化,将本班级的所有数据汇总,分析"双 11"优惠的力度有多大,各个网站有没有差别,产品的不同种类之间有没有差别。

2. 互联网企业被称为轻资产企业,请以苏宁电器的实体店和苏宁易购(网店)为例,分析网店和实体店的成本结构的差异,预测这种成本结构上的差别会怎么变化。

3. 在淘宝网站上搜寻正在进行拍卖的产品,观察拍卖过程,分析不同拍卖形式之间有什么差异。

4. 收集京东商城和苏宁易购关于大家电的价格战的相关材料,并分析这次价格战的背景、动机,以及价格战对企业和行业的影响。

即 测 即 练

第 **12** 章

网络渠道

本章学习目标
1. 了解网络中间商和网络渠道分类。
2. 掌握网络渠道的去中介化和中介重构。
3. 掌握网络渠道结构和渠道选择。
4. 熟练掌握分销渠道的各项功能、网络渠道的管理。

银泰百货的数字化转型

2014 年阿里巴巴入股银泰商业,2017 年银泰商业私有化,阿里巴巴已成为银泰商业的控股股东。阿里巴巴对银泰百货的新零售改造类似于旧城改造,传统零售商业的基础设施需要在线化升级,然后完成人、货、场的数字化重构。经过多年的改造,银泰百货取得的成绩也是有目共睹,这些都要归功于实现数字化转型三大招。

1. 直播成银泰百货拉新获客的新增长点

直播已成百货商超不可错过的流量入口。银泰百货是最早把直播作为公司重要战略的百货公司,2019 年中就已启动直播项目,目前有超过 6 000 名导购成为淘宝主播。直播为什么能让银泰的增长"坐火箭"?一方面,在空间和时间上突破实体门店的曝光限制,在银泰尚未入驻的城市,如上海、广州、深圳、重庆等,银泰百货也通过直播吸引到了相当一部分的观众,并且全天候都有直播,日均 200 场直播。另一方面,获取新访客和挖掘潜在顾客。年轻人市场是所有商家的必争之地,2020 年的暑期,也成为新零售直播观看高峰期,数百万 00 后在淘宝直播"云逛银泰百货"。

2. 搭建喵街 App,让"人货场数字化",触点摸得见、看得着

什么是喵街?喵街是银泰百货的专属购物 App,能够基于用户当前地理位置,汇集周边商场及其品牌门店优惠、打折和新品信息,同时提供一键 Wi-Fi、室内导航、停车找车、停车缴费、在线排队等智慧逛街服务,是实体商业构建"互联网+"的平台。

银泰百货打造的是能够不断提升消费者忠诚度的自由生态。银泰百货推出了中国首个百货业付费会员体系——INTIME365。"每天一块钱,365 元/年,即可享受银泰购物折上 9 折优惠,黄金、进口手表享受 98 折等。"

喵街 App 和 365 会员就得到了初步的验证:365 卡用户的消费额和客单价几乎是普通会员(免费会员)的 2 倍以上,消费频次和金额明显高于普通会员。

3. 强大的数据中台,赋能"人货场"的全新互动

以 App 为载体和打通线上线下的接触点,银泰已经在 2020 年将会员体系、交易系统、营销系统、数据库等底层核心系统全部"上云"。

银泰 INTIME365 会员的一天可能是这样的:

起床发现爽肤水快用完了

收到 App 通知推送,点开

落地到活动折扣页

找到附近最近的银泰商场,下单

提货,顺便逛逛

......

当客户(人)在逛商场的时候,人和商品(货)、商场(场)进行的交互基本上都可以被数据中台捕捉:这件衣服被摸过多少次,库存还有多少件,本月是否登上整个银泰百货的热销榜前 10,卖了多少件…… 所有信息都能汇集到中台。每个商品都有自己的二维码,每个商场也有自己的数据标识,每件货物在到达顾客手里之前,供应链的每个环节,都能被记录、追踪。顾客可以线下扫码浏览收藏,等待折扣活动或其他优惠再"下手",也可以直接在 App 上下单,选择提货或送达。

背靠阿里大数据的银泰百货,已经不满足于实现 LBS(基于地理位置的服务),进一步提供更智能的 CLBIS(基于地理位置的即时服务)。LBS 会基于你既有的位置,如收货地址等,为你推荐周边服务;而 CLBIS 在体验上会更加"无缝""智能"。比如一到早/晚护肤时间,银泰的喵街 App 就给用户主动推送附近商场百货的优惠商品或是最新的热销商品、停车信息、就餐信息等,根据你的位置而实时变化。对用户来说,他既能基于位置去主动搜索自己需要的服务,也能被动地接收相关周边信息。

银泰百货新零售的发展路径是首先从"人货场"中的"人"切入,完成了数字化会员累积,使得对这些客户可触达、可识别、可运营,同时对货品实施数字化,而银泰百货最终要完成的是对整个商业场景的数字化重构。强大的数据中台 = 更精准、更符合顾客需求的决策判断。数字化转型没有退路,也不可逆。一旦尝到了"甜头",就不可能放弃以用户为中心的数据自动化运营。

资料来源:案例分析|疫情期间,银泰百货如何做数字化转型的?[EB/OL].(2021-04-27). https://baijiahao.baidu.com/s? id=16981624451828103282&wfr=spider&for=pc.

通常来说,制造商通过逐步建立分销渠道,让渠道中的组织参与提供产品或服务,以供消费者或企业用户使用。企业的渠道决策直接影响着其他任意一个营销决策。如企业的定价情况要看是否使用大型经销商和高质量的专营店。企业的销售队伍和广告决策依赖于经销商被说服、培训、刺激和支持的程度。企业是否开发或购置新产品要看这些产品是否与现有的渠道成员的销售能力相适应。分销渠道决策常常涉及对渠道成员的长期承诺。其他营销策略组合要素如定价、广告或促销等很容易改变。只要市场需要,它们就能撤掉旧产品、推出新产品,用新广告和新的促销方案。如果它们通过合同与特许经销商、独立经销商或大型零售商建立分销渠道,那么,即便是市场情况发生变化,它们也不能随意使用公司自有的商店或网站去替代它们。因此,渠道决策需要慎重,要考虑长远发展的

需要,必须认真设计。

12.1　网络渠道成员分类

分销渠道是指一群相互独立的企业,它们通过合作,将产品和信息从供应商处传递到消费者手中。渠道成员如下:①制造商,指产品的生产者或服务的提供者;②中间商,指将买方和卖方撮合在一起,促成交易的企业;③购买者,指产品和服务的消费者和使用者。从企业生产产品和服务并将其提供给消费者的整个过程看,分销渠道只涉及了整个供应链的下游部分,是联系企业和其顾客之间至关重要的纽带。供应链的上游部分是指那些供应生产产品和服务所需的原材料、零部件、信息、资金、技术等的企业组合。

但是从创造、传递顾客价值的角度来看,供应链的"采购—生产—消费"的行为线性思维,还是存在局限性。现在许多大公司已经着手建立和管理一个可持续的价值传递网络。价值传递网络由企业自身、供应商、分销商和最终顾客组成,这些伙伴通过"合作"改进整个系统的绩效。在阿迪达斯公司的价值传递网络中,制造商和营销只是很多链条中的一部分。阿迪达斯内部管理着一个巨大的人群网络,而且协调着数以千计的供应商,以及各种线下和线上的零售商,还有广告代理商和其他营销服务公司。这些组织必须紧密合作以创造顾客价值并保证"集结原创"生产线的定位得以实现。

12.1.1　网络中间商

1. 传统中间商的功能

营销渠道通过消除产品和服务与消费者之间在时间、空间和所有权上的差距而获取收益。传统生产领域一直追求生产的规模化,而消费者的消费却是少量和差异化的,协调供给和需求之间的矛盾成为渠道的重要作用。在传统营销渠道中,中间商是其重要的组成部分,狭义的中间商指联系生产商和消费者的第三方,如批发商、分销商、零售商[图 12-1(a)]。由于每一层次的中间商都要获取一定的收益,这些收益最终会转嫁给消费者,因此,中间商层次越多,从生产商到消费者的价格差就会越大。中间商之所以在营销渠道中有着重要地位,是因为它们在为特定市场提供产品方面具有更高的效率。通过中间商的关系、经验、专业化和经营规模为公司创造的利润通常高于自营商店所能获取的利润。

在将产品和服务从制造商那里送到消费者手中的过程中,营销渠道成员承担了许多关键职能,有些可帮助完成交易。

信息:收集和发布关于营销环境中相关者和相关因素的市场研究和情报信息,用于制订计划和帮助交易。

促销:开发和传播有说服力的供应信息。

联系:寻找潜在消费者并与之进行联系。

匹配:根据购买者的需求进行匹配以提供合适的产品,包括生产、分类、组装与包装等行为。

谈判:达成有关价格及其他方面的协议,完成所有权或使用权的转移。

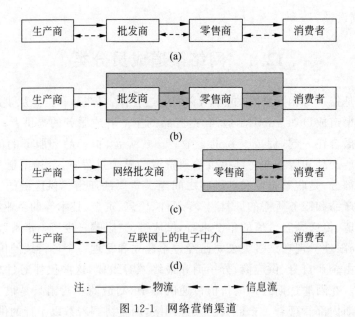

注：───────▶ 物流　◀ ─ ─ ─ ─ 信息流

图 12-1　网络营销渠道

(a) 传统多层次营销渠道；(b) 网络直接营销渠道；(c) 网络间接营销渠道；(d) 网络混合营销渠道

其他可用来帮助达成交易的功能如下。

实体分派：运输和储存货物。

融资：获得和使用资金，补偿分销渠道的成本。

风险承担：承担渠道工作中的风险。

这些职能由制造商执行，必然导致成本增加和价格上涨。中间商来做也会提高价格，以补偿它们的工作成本。因此，在进行渠道设计时一定要保证每项职能都是由相对最迅速有效的渠道成员来完成，从而以令人满意的方式将各种产品送到目标消费者手中。

2. 网络渠道去中介化和中介重构

互联网对传统营销渠道造成很大的冲击。借助互联网，生产商和消费者可以直接沟通，而且信息交换可以双向互动，因此，许多传统营销渠道的中间环节是可以省略的。去中介化的好处是降低渠道成本、提高商品交易的效率。现在已经发展比较成熟的 B2C 电商模式就是网络直接营销渠道[图 12-1(b)]。传统营销中间商为适应网络交易，也从线下转移到线上，成为网络批发商，形成了网络间接营销渠道[图 12-1(c)]。即便是互联网取代了传统中间商，为适应互联网的交易，网络市场上同时也出现了各种类型的电子中间商，如比较购物代理等。网络中介的数量相比传统渠道不是少了，而是多了。不管是从线下转到线上的中介，还是新产生的中介，实际上是被重新构造了，形成网络混合营销渠道[图 12-1(d)]。总体来说，互联网并没有，也不可能消灭传统的分销渠道，二者并存、互相补充的局面长期存在。

12.1.2　网络渠道分类

对网络渠道进行分类的最好方法是根据商务模式(表 12-1)。尽管网络新名称不断出现，但实际经得起市场检验、行之有效的商业模式并不多。对于数字产品，分销渠道的

所有组成部分都可以在互联网上形成。而非数字产品可以在网上购买,但是要用其他的
交通工具递送,递送的具体位置可以通过网络界面追踪到。

表 12-1　按照电子商务模式划分的渠道中介

内容赞助商	
信息中介	
中间商	
经纪人	在线交易
	在线拍卖
代理商	代表卖方的代理商模式
	卖方代理(协同合作项目)
	制造商代理(商品目录聚集商)
	代表买方的代理商模式(采购代理)
	购物代理
	反向拍卖
	买方合作
在线零售商	数字产品
电子商务	实体产品
	直接配送

资料来源:斯特劳斯,弗罗斯特.网络营销[M].时启亮,孙相云,刘芯愈,译.5 版.北京:中国人民大学出版社,
2013:267.

1. 内容赞助商

内容赞助商(content sponsorship)的商业模式是企业创建网站以吸引网络用户来浏
览,借此销售广告。这种商务模式在传统媒体上就存在,如电视、杂志或者其他的一些媒
体销售版面或者时段。由于互联网有助于制造商和消费者之间的沟通,内容赞助商可以
采用单细分市场营销战略(如 iVillage.com),吸引的是一个特定消费群体。

有些企业则是吸引普通受众。许多著名的企业都采用这种模式,其中包括几乎所有
的大型门户网站,如谷歌、新浪,还有许多杂志、报纸的网站也采用这种模式。现在许多音
乐网络广播也采用这种模式,它们提供基于用户偏好的、免费的流媒体广播,听众只要输
入自己喜欢的歌曲或者歌手的名字,网站就会为其创建一个个性化的音乐广播电台。网
站在用户听音乐的网页中投放广告,从中获益。

内容赞助商的收益主要是依靠付费网络广告来支撑,而广告空间的销售取决于网站
流量的大小。内容赞助商这种模式还可以与其他的商务模式混合使用,企业可以从多种
渠道获取收益。在实际运营中,我们发现广告收视率最高的网站类型是门户网站和搜索
引擎、大众新闻或大众社区、金融、娱乐和购物网站。

2. 信息中介

信息中介(infomediary)是一个在线机构,它将信息整合在一起再传递出去。信息中
介的一种形式是市场调研机构。一般通过网络跟踪器追踪用户的上网信息的企业不支付
任何报酬作为补偿,而其他类型消费者与中介分享信息的,都需要给予消费者一定的
回报。

还有一种信息中介与内容赞助商的商务模式相似。企业按照许可营销的模式，在顾客的计算机显示器上购买一个空间，并对其支付报酬。报酬的形式可以是多种多样的，如货币、购物点数、免费的互联网服务等。这种模式的价值在于，注意力在虚拟市场上是一种极度稀缺的资源，消费者让渡显示器上的一个空间，实际上是在让渡自己的注意力。信息中介把显示器上的空间转售给广告商，以此来获得利润。作为交换条件，消费者要将自己的人口统计信息和消费心理信息告知开展许可营销的厂商。当然，一般情况下消费者的个体信息是不会披露给广告商的。在操作过程中，消费者在自己的计算机上安装软件，保证信息中介有一个展示广告的永久窗口，这样，消费者在自己的计算机上就会看到两种广告：一种是网站上的普通广告，另一种是信息中介广告窗口里的广告。

除了获得相应的报酬以外，消费者还能收到有针对性的广告，这对消费者也是有利的。信息中介这种商务模式的初衷是让消费者对营销信息拥有控制权。对信息中介来说，收益是消费者提供的信息，因为这些信息使信息中介的数据库增值了。利用这种商务模式，广告商可以精确地定位广告受众，因为这些受众都是主动选择加入系统的。这种形式的许可营销使得广告商在消费者浏览竞争对手的网站时插入自己的广告，这在过去是不可思议的。

3. 中间商

1）经纪人

经纪人为买卖双方的谈判和交易提供一个市场。在这种商务活动中，经纪人会向买卖双方中的一方或者双方收取交易费，但是在交易和谈判中，经纪人并不代表任何一方。离线经营中，最典型的经纪人模式是证券交易经纪人公司，它们把买卖双方撮合在一起。在互联网环境下，无论是 B2B 市场，还是 B2C、C2C 市场，都存在经纪人。经纪人提供的服务是一种增值服务，因为其帮助吸引顾客，促成交易的达成。对于买方来说最大的收益是方便，订单执行和交易处理速度较快，容易找到卖家，价格低，搜索速度快等。对于卖家来说，它们能集中有意购买的顾客，还能降低开发新顾客的成本和交易成本。在线交易和在线拍卖都是在线经纪人模式最常见的例子。

（1）在线交易模式，即顾客可以通过这些网络经纪人在互联网上开展交易，而不必打电话或者登门寻找经纪人。由于交易费用降低了，买方能降低成本。依靠网络经纪人，顾客可以加快交易进程，获取相关的信息，还可以开展程序交易。这样的网络经纪人很多，如在线人才招聘平台、在线汽车销售经纪人等。

B2B 市场上衍生出了各种各样的经纪人商务模式，而且运行得很成功。美国Converge 公司（www.converge.com）是全球电子产品市场上一家知名交易经纪人公司。该公司在网站上将几千家制造商、批发商和零售商撮合在一起，在电子设备和零配件方面互通有无，它所使用的模式与股票交易相似。顾客在交易所与 Converge 公司的经纪人接触，提出自己的要求，经纪人设法寻找到供应商，购入商品，其所得到的利润是买卖双方的差价。Converge 公司还要收取一些固定的费用。交易是匿名的，供应商将商品运送到Converge 公司的质量控制中心，由公司派人对商品质量进行测验，然后再将商品递送到买方手中。Converge 公司对商品的质量提供担保，并承诺无条件退货。Converge 公司的网站所提供的服务是多种多样的，如每位顾客的买卖记录、与经纪人的即时信息沟通，还提供各种求购方式。

（2）在线拍卖模式。对于卖方来说，在线拍卖模式的好处是可以按照市场价格销售商品，且可以处理库存。对于买方来说，它们可以用较低的价格获得商品，还可以从中得到乐趣。当然也有不利的方面，那就是购买者在竞拍的过程中要消耗许多时间，有时竞拍的价格可能会更高。

网络市场上，不仅在 B2B 市场上存在拍卖这种模式，B2C 市场和 C2C 市场也有拍卖模式。如果厂商自己拍卖则不能称为经纪人模式，那是直接销售中的动态定价。只有请第三方开展拍卖活动，才是经纪人中介这种模式。一些拍卖网站所提供的商品和服务多种多样。如 eBay 网是专门进行 C2C 拍卖活动的，网站上参拍的商品非常多。eBay 网的一项服务是提供第三方担保，通过贝宝进行电子支付、交易评价等，不仅加速了拍卖流程，也方便了网站用户。

2）代理商

与经纪人不同，代理商是代表买方或是卖方参与商务活动的，问题是看由谁来向其支付报酬。

第一类，代表卖方的代理商模式。该模式有许多种类，如卖方代理、制造商代理、中介代理、虚拟卖场等。卖方代理只代表一家企业，帮助该企业销售产品，它们的报酬形式一般就是佣金。亚马逊公司是协同合作项目（affiliate programs）首创者之一，1996 年公司推出"亚马逊联盟"计划，合作销售代理的网站上都会展示可链接到亚马逊网站的图片。只有推荐的顾客最终交易成功，才能得到佣金。制造商代理代表的是多个卖方。在虚拟市场中，制造商代理会建立网站，帮助整个行业来销售产品，实际上是一个"卖方集成"。旅游预订网站一般就属于制造商代理，它们得到的佣金是由航空公司、宾馆、饭店支付的。在 B2B 市场上，人们一般把制造商代理称作"商品目录聚集商"，它们代表的买方一般都拥有多种产品。比较先进的制造商代理能够保证产品目录的定制化，而且能够和买方的企业资源计划系统整合在一起。

第二类，代表买方的代理商模式。在该模式下，购物代理是代表买方利益的。在传统营销中，买方代理一般会与一家或几家企业结成长期的代理关系，但是在互联网上，它们可以为任意多家的买方顾客进行代理，一般是匿名的。购物代理方便了买家按照自己的意愿出价。由于多个买家可以结成联盟，因此增加了采购量，同时降低了采购价格。

提供反向拍卖的网站也是一种购物代理，它们为个别的购物者提供服务。在反向拍卖这种商务模式中，由购物者参与竞拍。买方表示在某一价位上愿意买入商品或服务，而卖方则设法去满足买方的出价条件，或者至少应该接近这一价格。Priceline 公司是第一家主要按照这一商务模式开展经营活动的公司。有些卖家提供的商品是不可储存的（如航班的座位、宾馆的客房等），因此销售方会设法减少多余的库存，但是又不影响正常的销售渠道经营，这对卖方是有利的。反向拍卖带给买方的利益是低价，还有自主定价的愉悦。但是对品牌、供应商以及产品特性的选择面缩小了，所以与渠道伙伴之间的冲突并不是很激烈。

买方合作（买方团购）模式是买方聚集在一起，就某一种产品把价格谈下来。由于采购量大，每一位买家都能从低价中受益。一般来说，参与买方合作的人越多，价格就越低，它们之间呈现一种负相关关系。

3）在线零售商

在线零售商是最普通的电子商务模式。厂商建立自己的网络店铺,然后将商品或者服务销售给企业或个体消费者。数字产品可以直接通过互联网递送,实体产品则由物流服务企业(如顺丰速运、中通等)负责递送。在网络上销售实体产品的企业有的涉水很深,开展纯粹的网络经营,有的则浅尝辄止。绝大多数有一定规模的实体企业都或多或少地将一些产品放在网络上销售。多数大型的传统零售商通常采取的是多渠道策略,即采用网络渠道、实体渠道和邮购等,多种销售渠道开展业务。

在直接销售商务模式中,制造商将产品直接销售给消费者或者企业顾客。这在离线的商务活动中很普遍,互联网的出现使制造商很容易跨过中间商直接与消费者或企业顾客接触。在 B2B 市场上,直接销售节约了销售费用(如人工费、产品拣选费、订单处理费等),可以为企业节约大量的资金。在线销售系统中的专家系统方便了顾客自行将产品合成一个和谐的整体(如戴尔电脑公司的专家系统帮助顾客在线订购)。在 B2C 市场,如果销售的是数字产品,也可以采用直接销售的商务模式,因为数字商品不需要库存,也没有拣选、包装和运输的问题。有些不易存储的商品(如鲜花)也可以采用直接销售的形式,不经过中间商,有利于保鲜,也更便宜。

12.2　分销渠道的功能

分销渠道的主要功能是将产品从制造商那里传递到消费者手中。在这个交易过程中,要完成企业与顾客的信息沟通,产品与货币的价值交换,以及实物的产权交割。不同的分销渠道完成任务的方式不同,如网络零售商一般是建立一个仓库储存商品,然后根据顾客的订单进行拣选、包装、递送。网络零售商也可以将这些工作外包给物流公司,零售商将订单传递到物流公司的仓库,由物流公司来实施拣选、包装、递送等工作。无论选择哪种方式,整个分销渠道要完成的功能都可以划分为交易功能、物流功能和促进功能。

12.2.1　交易功能

交易功能指的是与购买者接触,利用各种营销沟通的手段让购买者了解产品的功能。如果采用网络渠道处理采购订单,每笔交易的过程处理费用将大幅度降低。交易功能包括寻找符合购买者需要的产品、商议价格、完成交易环节的各项工作。

1. 与购买者接触

企业与购买者接触的渠道有实体店销售、人员推销、邮购目录销售和电话销售。互联网提供了一个新的非常有效地与购买者接触的渠道。互联网为与购买者接触和交易流程带来的增值主要表现在以下几个方面:第一,利用网络进行接触可以更多地满足购买者的个性化需要。如戴尔电脑公司的网站可以帮助顾客自助选择自己喜欢的电脑配置和外观颜色等。第二,消费者可以在网络上寻找到许多相关的参考信息,如搜索引擎、购物代理、聊天室、电子邮件、网页、协同合作项目等。第三,互联网提供了一个全年无休息的经营场所。

2. 营销沟通

营销沟通活动包括广告和其他各种产品促销活动。营销沟通的工作一般是由渠道成员分工合作来完成的。如制造商启动一个产品广告的活动,由零售商来提供折扣券。分销渠道是由不同成员构成的,渠道成员都有各自的利益和增值功能,只有共同开展营销沟通的工作,才是最有效的。

互联网为营销沟通工作带来的增值主要表现在如下几个方面:第一,过去要由人员来完成的一些工作如今可以由计算机自动完成。以前的邮购目录,需要印刷、折叠信纸、打印地址、装信封、贴邮票以及盖邮戳章等一系列烦琐的工序。现在,利用公司的数据库向百万会员传递信息,也只是单击一下“发送”,就完成了一切。第二,企业可以时刻关注营销沟通的效果,并对其进行调整。公司可以对自己的各种广告的点击率进行实时监控,发现运营效果不佳的广告可以及时更换。许多网络广告形式都提供类似的监控功能,并提供相应的统计分析机制,以便企业对广告的效果及时评估,选择合适的策略。第三,有些企业利用软件来跟踪用户的网络行为,这样就能有针对性地开展营销沟通活动。第四,互联网有助于渠道中介相互之间的协调,更好地开展促销活动。企业可以通过电子邮件、微博、即时通信软件等相互传递广告和其他营销资料,还可以实时浏览其他企业在网站上的促销信息。

3. 使产品满足顾客的要求

网络零售商通过技术手段帮助消费者进行产品或服务的选配,使消费者获得与自己的需求相吻合的产品。网络购物代理可以罗列出一个与消费者需求直接相关的清单。协同过滤购物代理(collaborative filtering agents)软件甚至可以通过消费者以往的购物行为来预测他们的偏好。亚马逊公司网站就是利用这样的代理软件来向顾客推荐图书和音乐制品。这样的系统一旦建立,这一类的服务就可以迅速扩张,因为所有的操作都是自动的。数据库中信息越多,协同过滤购物代理系统的效率就越高。企业能同时面对几百万个用户,而边际成本几乎可以忽略不计。

4. 价格协商

交易价格是买卖双方讨价还价的结果。传统的人员销售、电话销售和电子邮件销售的价格协商都需要双向沟通。网络营销提供许多新形式方便买卖双方协商。购物代理在价格协商中代表消费者的利益,它将企业出价按照从低到高进行排列。企业的动态定价(灵活定价)形式是由买方提出价格,然后由供应商在公平的条件下竞争。许多企业开展的网络采购竞价,通过增加供应商的数量、增加竞争来降低价格。

5. 支付和结算

消费者在作出购买决策后,可以通过多种方式方便地进行付款,商家也应该向顾客提供多种结算方式,目前国外比较流行的有信用卡、电子货币、网上划款等。中国电子支付的发展起步比较晚,最初的消费者支付方式还是以邮局汇款、货到付款等为主。后来,电子支付有了长足的进步,中国大部分商业银行都开通了网络银行,支持网上支付。以支付宝、财付通、微信支付为代表的互联网支付和移动支付的第三方支付发展迅速。主要的第三方支付机构都覆盖了整个 C2C、B2C 和 B2B 领域,交易总额和交易量都有很大的提升。渠道中间商提供的结算方式越来越多,消费者支付的方便程度越来越高。

12.2.2　物流功能

物流功能指的是产品的运输、储存和收集等工作。物流工作一般是外包给第三方物流企业。无线射频识别（RFID）标签是在配送过程中对产品进行跟踪的重要新型设备。人们可以利用无线射频识别将信号传递给扫描仪，扫描仪能识别到产品、信用卡等标签上的信号。

1. 产品递送

一些数字产品，如文件、图片、音频和视频等，可以以较低的成本通过互联网传递到消费者的手中。而大多数通过网络销售的产品依然是通过传统的实体渠道递送的。

2. 产品的整合

供应商为了提高生产效率，愿意生产的产品品种少些，单个品种的产量大些。而消费者希望购买的品种多些、数量少些。渠道中介可以从多个供应商那里进货，方便消费者在一地购买多种产品。网络市场同样需要这种传统的产品整合方式，如亚马逊公司在网络上销售各种产品。

3. 第三方物流（物流外包）

在B2B市场上，企业既要降低库存量，又要做到及时向顾客送货，这两者往往是冲突的，所以许多企业把存货委托给第三方物流企业保管，有的甚至由第三方来管理供应链，提供产品加工和整合等增值服务。物流企业还可以帮助处理订单、补充库存、编制订单跟踪号码，这样就方便了顾客的订单跟踪。在B2C市场上，消费者退货（逆向物流）时遇到的问题比较突出。顾客常常抱怨退货不方便、代价高。有些网站承担退货的费用，但是顾客仍然不满意，因为他们需要称量邮寄包裹、垫付邮寄费用、安排取货时间，或者自行将包裹送到投递集散中心去。在C2C市场上，eBay公司与实体的Mailboxes邮政服务连锁店合作。网络用户在eBay公司的网站上完成了网络竞拍以后，只要将销售的商品送到附近的Mailboxes邮政服务连锁店，它们会负责包装和递送。

4. "最后一公里"问题

对网络零售商和物流公司来说，还有一个大问题就是如何将小件商品挨家挨户地递送到普通消费者或企业顾客手中，这是一项成本不菲的工作。传统制造商将大件商品递送到批发商或者零售商的手中，然后再由它们零卖给顾客，这样的成本并不高。但是，网络零售商和物流公司若直接将小件商品递送给消费者，将面临多次才能完成和包裹遗失的问题。随着网购包裹量的增加，网络经营者都在设法降低递送成本，解决"最后一公里"问题。

拓展阅读12-1　中国消费者偏好的快递接受方式

一些有创意的公司提供了几种解决方案：第一种是智能投递箱技术。消费者、网络零售商或物流公司购买一个小型的金属投递箱，上面有与互联网连接的数码键盘。包裹递送人员的每一笔业务都能得到一个代码，用这个代码开锁，把货物放置在金属箱内完成投递。这一动作通过互联网传递，而且存储在数据库中。消费者则使用自己的代码开启金属投递箱取件，也会存储在数据库中。第二种是与零售商合作。消费者可以要求将递送的包裹放在就近的参与合作的零售商处，然后自行取件。第三种则适用于多渠道经营零售商。它们让顾客在线订购商品,然后由离线的零售商负责递送。实际执行该方案时也有意外惊喜,许多顾客到零售店取货,还会临时产生购物欲望。

12.2.3　促进功能

渠道成员发挥的促进功能包括市场调研和支付保障。

1. 市场调研

市场调研是分销渠道的主要功能之一。市场调研就是要确切地了解目标受众的规模和特征。渠道中介收集的信息有助于制造商规划产品开发和营销沟通活动。这里重点分析网络市场调研的成本收益问题。

互联网对市场调研的价值主要表现在五个方面:第一,网络上许多信息都是免费的,尤其是公共部门的信息可以很方便地得到;第二,企业的管理人员和普通的员工可以在自己的办公室里开展市场调研,而不需要花费不菲的交通费到图书馆或者通过其他的渠道去获取信息;第三,互联网上的信息往往更加及时,如广告顾客可以实时地了解消费者与旗帜广告的互动情况;第四,网络上的信息都是数字化的,网络经营者可以方便地将信息复制到表格或者相应的软件中;第五,网络经营者可以通过网络了解到消费者的行为数据,所获得的信息更细致。

2. 支付保障

为一笔交易提供支付保障是网络中介的一项重要的促进功能,不管对消费者市场还是企业市场都是如此。中介总是希望消费者能方便地支付,以完成一笔交易。大多数网络消费者的交易活动都是通过信用卡、网银或者其他的支付保障系统完成,这与实体店铺的交易是相似的。消费者会担心自己的信用卡或网银密码被盗,因此,安全问题成为人们最关注的问题之一。厂商和消费者都通过第三方支付来验明身份,同时为交易提供保障。这种沟通是自动进行的,对于商家和消费者不存在技术障碍。有了这种信用的保障,网络购物的交易风险大大降低,网络渠道的吸引力也更大了。

12.3　分销渠道设计与管理

“渠道设计”一词使用非常广泛,我们所谓的分销渠道设计是指创建以前不存在的、新的渠道的发展决策和现有渠道的调整。“设计”这一术语意味着营销管理者有意识地、积极地分配任务,试图建立高效的渠道结构。在设计渠道时,制造商要在理想的分销渠道和实际可行的分销渠道中作出选择。如果做得成功,企业可以通过现有的中间商向新市场扩展。为了达到最佳效果,企业应当进行目标性更强的渠道分析和决策。渠道设计需要分析渠道设计决策的需求,设定分销目标,识别主要的渠道,选择并对所有选择进行评估。

12.3.1　网络渠道设计

1. 分析不同情境下渠道设计决策的需求

对于网络营销来说,当企业面临如下情境时需要进行渠道设计决策。

第一,经营环境的变化。这些变化可能发生在经济、社会文化、竞争、技术或法律领域,是企业无法控制的部分。这些变化往往会改变企业经营战略,分销渠道自然也要相应地改变。当然,传统企业面临最大的变化就是互联网的兴起给企业带来的冲击,这种冲击要求企业必须开辟新的网络渠道。

第二,企业营销组合中的其他组成部分有了巨大变化。例如,强调低价的新定价策略要求公司转向更低价格的经销商,如大量商品折扣经销商、大型网络销售平台。

第三,开发一种新产品或一条产品线。如果现存的分销其他产品的渠道不适用于新产品或新产品线,就必须建立一条新渠道,或者按照某些模式对现有渠道进行调整。网络创造出了很多新的中间商类型。假如新开发的产品档次和价位明显提升,那么企业可能选择高端人群的社区作为赞助商、选择品牌店的在线零售商模式等。

第四,企业想要将现有产品投入新的目标市场。例如,企业原来在工业用品市场(B2B市场)上出售,现在想将其引入消费品市场(B2C市场)。企业现在要开拓 B2C 市场必然要选择新的在线零售商。

第五,开辟了新的营销地区(领域)。如果要开拓国际市场,就需要选择跨境电商平台为中介来运营。

第六,建立一个新网络公司。无论是白手起家还是兼并收购,都要对企业网络渠道进行设计。

第七,来自渠道管理方面的需要。这可能是渠道冲突很激烈,不调整渠道就不能解决问题,如有的品牌线上和线下渠道可能存在激烈的冲突;也可能是角色的改变和交流困难需要对渠道进行调整;还有可能是公司对渠道商的检查和评价的结果导致渠道调整。

拓展阅读 12-2　跨境电商"出海四小龙"

无论是公司内部或外部,经营问题还是管理问题,导致渠道设计决策的情境是罗列不完的。当涉及的是调整渠道而不是新建渠道时,渠道设计决策不一定是显而易见的,需要时刻监控和思考以上情境的出现。

2. 设定分销目标,说明分销任务

分销目标是为描述人们期盼分销工作在完成公司的整体营销目标过程中所起的作用而作出的实际性陈述。当确定需要渠道设计决策之后,原有的分销目标也需要调整。分销目标的调整应该力图弄清公司里哪一个现有目标和战略对将要设立的分销目标会产生影响,对各种营销目标和政策的相互关系进行全盘思考。

分销目标的设定需要进行一致性检验。一致性检验涉及检验分销目标与营销组合(产品、定价和促销)其他领域的目标是否冲突,或者是否与公司的整体营销及总目标和战略冲突。营销组合的目标和战略之间是相互关联的,其中任何一个方面所追求的目标和战略,都必须与其他方面的目标和战略相一致。例如,产品方面的高质量目标,可能要求定价目标弥补产品的高成本,并提升它的质量形象。促销目标要同目标市场进行交流,以宣传产品的优良质量为中心。同时,分销目标还应当以便于顾客在市场上买到产品为原则进行制订,该市场应当有各种类型的销售网点,都是目标顾客喜欢光顾的。一致性检验同样暗示着目标和战略的等级性,营销组合的每一方面的目标和战略也必须与其上一层的目标和战略一致,这些高层的目标和战略又必须与更高的企业整体目标和战略一致。

要实现经过协调后建立的分销目标,需要完成大量的分销任务(职责),因此渠道管理者应该详细地说明这些任务的性质。渠道管理者描述的分销职责或任务中的工作,是具体的、因地制宜的,各种需要满足具体分销目标的任务必须明确地表述。通常消费品制造商需要说明如表 12-2 所示的具体分销任务,便于消费者购买产品。B2B 渠道和 B2C 渠道的电子商务企业更不能忽视将它们与顾客有效连接的分销工作。它们的分销工作包括日常的分拣、包装、仓储和追踪上千乃至上万笔订单的接收情况等,这些工作并不能因为高科技的网络而取消。亚马逊也不得不建立一批具有最新技术水平的仓库,并雇用成百名员工来从事这看起来简单而又低技术含量的分销工作。

表 12-2　消费品制造商需要说明的分销任务

1. 收集有关目标市场购买方式的信息	7. 处理具体的消费者订单
2. 提高产品在目标市场上的可获得性	8. 产品运输
3. 保持存货水平,确保及时供应	9. 安排信用条款
4. 收集有关产品特征的信息	10. 提供产品保证服务
5. 提供产品试用服务	11. 提供维修和重新安装服务
6. 销售竞争性的产品	12. 建立产品退换程序

3. 开发可供选择的渠道结构

通常,渠道管理者会选择多渠道结构,以便经济、有效地接触目标市场。可供选择的渠道结构应该以下面三个维度为依据。

(1) 渠道层级的数目。通常渠道层级不超过 5 层,2 层是最直接的渠道,即制造商→用户。渠道层级的限制源于诸多因素的制约,如特殊行业的惯例、市场的性质和大小、渠道成员的可获得性等。很多情况下,渠道的层级数在某个具体行业都是相同的,并具有一定的稳定性,但是也并不是不可以变化,尤其是网上渠道的出现,使得消费品和工业品的众多制造商在现存的 3 层、4 层级渠道之外,又多了一种 2 层级渠道可供选择。

(2) 各个层级的密度。密度指营销渠道每一层级渠道成员的数目。这一维度可分为三类:密集型、选择型和排他型。密集型是在渠道的每一层级使用尽可能多的营销网点;选择型是并不使用所有可能的渠道成员,而是仔细地选择渠道成员;排他型是在一个特定的营销地区只使用一个渠道成员,特殊品通常属于这一类型。

分销密度反映公司的整体目标和战略,强调产品的大众吸引力,它就可能采用密集型分销的渠道结构,而强调细分市场的营销战略,则可能要求更多地使用选择型渠道结构。分销密度还可以反映公司对待渠道成员的整体战略,一些公司愿意慎重地选择其渠道成员或"伙伴"来紧密合作;另一些公司习惯于通过"几乎每一个人"来销售的方法,很少关心产品是怎样卖出去的。

(3) 每一层级渠道成员的类型。前面阐述了对渠道成员的分类,公司只能选择要使用的各级层次的特定类型渠道成员。对于网络市场来说,网上拍卖公司和电子商城都是较为常见的渠道成员类型。

渠道结构有三个维度,可能有多种选择。但在实践中,每一个维度可以选择的数目通常有限,所以不会有那么多可供选择的渠道结构。

4. 评估主要的渠道选择

当存在几种可供选择的渠道结构时,渠道管理者应该评价大量的变量,以确定它们如何影响多种渠道结构。这些变量大致可以分为六种类型：市场变量(如市场规模、密度和行为等)、产品变量(如产品的体积重量、易腐蚀性标准化程度等)、公司变量(如公司规模、资金、管理专长等)、渠道成员变量(如可获得性、成本和所提供的服务等)、环境变量(如经济、政治、社会、文化、技术等)和行为变量(渠道中的冲突、权力和角色等)。运用一些科学的方法能够帮助管理者提升评价影响渠道结构变量的能力。掌握这些方法,能为管理者选择渠道结构做好准备,至少,运用这些方法选择的渠道结构能够很好地完成分销工作。这些方法包括财务指标法、交易成本分析法、权衡因素法等。

5. 选择渠道成员

公司对渠道成员的选择是渠道设计的最后一个步骤。不过,即使是渠道结构没有发生变化,也需要频繁地作出选择决策,如最常见的原因是需要更换渠道中的现有成员。渠道成员的选择过程包括以下三个基本步骤：发掘未来的渠道成员；根据选择标准进行评价；赢得渠道成员。

(1) 发掘未来的渠道成员。发掘未来的渠道成员的途径和来源是广泛的,如行业、实地销售组织、转售商调查、顾客、行业出版物上的广告、行业展销会。

(2) 根据选择标准进行评价。拟定了未来的渠道成员名单,下一步就是根据选择标准进行评价。不管标准制定得多么仔细,没有一个标准在所有的情况下都是完全适合的。有些情况下,环境的变化要求公司改变其重点。因此,渠道管理者要在变化的条件下灵活应用选择标准。图 12-2 中的十个方面是对评价标准的一个总体性概述。这些标准大多数较好理解,不用多介绍。

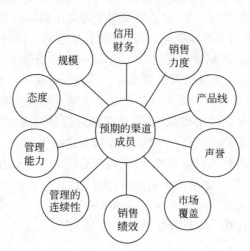

图 12-2　选择渠道成员的主要标准

资料来源：罗森布洛姆.营销渠道：管理的视野[M].宋华,等译.8 版.北京：中国人民大学出版社,2014：224.

其中,产品线是指制造商通常要考虑渠道成员产品线的四个方面：竞争性产品、相容性产品、补充性产品和产品线质量。通常制造商会尽可能地避免选择同时经营直接竞争性产品的渠道中间商。很多渠道中间商对此也持有同样的态度,特别是那些已对目前供应商有一定忠诚度的渠道成员。制造商更希望渠道成员经营相容性的产品,这些产品并不直接与制造商的产品相竞争。消费者希望渠道成员经营补充性产品,因为经营了这些产品,中间商能为他们提供更好的产品线。制造商还经常寻找这样的渠道成员,即所经营产品的质量相似于或优于自己产品的质量;如果可能的话,它们不希望自己的产品和劣质、不出名或蹩脚的产品线在一起。

管理的连续性指很多渠道成员都接受公司所有者/创立者的管理,它们当中很多是独立的小公司。如果这些小公司的主要负责人去世,管理的连续性就会受到怀疑。有的公司甚至劝说现有分销商的子女在其父母退休或去世后继续经营其业务。

尽管上述标准并非适用于所有条件下的公司,但仍然有其价值,因为它们给出了选择渠道成员需要注意的方面。每一家公司都必须以其自身标准和政策为基础,制定一套适合自身的选择标准。以上中间商选择标准提供了一个很好的起点,同时能降低这项任务的难度。此外,如果公司在发展过程中将所有的标准全部考虑在内,它的个性化选择标准将有更高的综合性。

(3)赢得渠道成员。选择是一个双向的过程,不仅生产者或制造商需要选择中间商,作为批发和零售的渠道成员也要作出选择。那些规模比较大、建设良好的公司也要慎重选择它们的供应商。制造商可以使用大量的激励方式来传达公司愿意支持渠道成员的意愿。制造商应该让未来的渠道成员明白,双方相互依赖,组合在一起,便形成一个整体,团队合作能使双方同时受益。制造商可能提供多种具有诱惑力的优厚条件,这些条件可以归纳为四种类型:完善盈利的产品线,广告和促销支持,管理支持,公平的交易政策和友好的关系。大多数生产者或制造商都需要开展有效的销售服务,确保渠道中间商提供优质的服务。

12.3.2 网络渠道管理

渠道管理是指在完成企业分销目标的过程中为确保渠道成员的合作而对现有渠道进行的管理,也是在渠道结构不变的情况下对现有渠道的管理。在发掘未来的渠道成员的部分我们曾经说过,即使渠道结构没有发生变化,出于渠道管理的需要也会频繁地选择渠道成员。有时跟强大的经销商打交道,即便是知名品牌也难以达成合作意愿,只好被迫选择其他渠道成员。除了渠道成员选择之外,渠道管理的内容还包括激励渠道成员、解决渠道冲突和评估渠道成员。

1. 激励渠道成员

激励渠道成员首先需要通过调研发现渠道成员的需要和问题,然后制订相应的激励方案。这些激励方案可以分为三种类型:合作型、伙伴关系(战略联盟)、分销规划。

在批发、零售环节,生产商和渠道成员之间的合作方案是用来刺激传统、松散地结合在一起的渠道成员的一种最常用的方法。合作方案多种多样,如共同付费广告补贴,支付内部展览费用,赠券处理补贴,自由退货权,培训销售人员,多种多样的促销补贴,支付部分销售人员薪水,存货价格调整,等等。公司所使用的每一种方案以及具体安排和特征,都随着行业的不同而各异。从生产商的观点看,所有这些合作方案的目的都是给予产品促销的激励,以使渠道成员加倍努力。

伙伴关系(战略联盟)强调在生产商和渠道成员之间建立一种持续的、相互支持的合作关系,并为提供一个更高积极性的团队、网络系统或渠道伙伴联盟而努力。索南伯格

(Sonnenberg)提出了建立成功的渠道合伙关系的基本原则(表 12-3)。

表 12-3　建立成功的渠道合伙关系的基本原则

原　则	描　述
合伙双方都应从中受益	双赢的结构关系使双方都能取得成功
每一方都应受到尊重	重点是理解每个合伙人的文化(而不仅仅是资产),所有的承诺都应兑现
只承诺能够做到的	合伙人应当兑现建立的预期
在关系紧密建立之前应当确定具体的目标	如果关系无目标地波动,将不可避免地产生问题
努力实现长期承诺对双方都很重要	有些行动可能不会使合伙人立刻受益,但会长期受益
每一方都应当花时间理解对方的文化	理解对方的需求,了解内部运作,理解各自的优缺点
每一方都设有关系的维护者	双方公司应该指派一个主要的联系人以负责配合与合作方的工作
应当保持沟通	在产生冲突前讨论不同的观点
最好的决策是共同制定的	应当避免单方面决策,强迫一方接受决策将产生不信任
保持关系的连续性	合伙企业的重大人事变动不利于合伙的生命力,因此,确保平缓的人事变动是至关重要的

在电子商务的背景下,伙伴关系面临环境的动态性和多变性。渠道成员的联盟关系还需要谨慎地对待诸如明确的退出战略、短期的承诺、相互信任的迅速改进、管理工作的便捷化和高效化等问题。

分销规划是为促进产品在渠道中分销而使用的一系列综合的政策。由于分销规划处理了渠道关系的各个方面,它是让人更满意的一种方法。该方法实质是开发一条有计划、专业化管理的渠道。这一规划是把生产商和渠道成员二者的需求结合在一起的联结点。如果做得好,就能提供给所有的渠道成员垂直一体化的好处,同时允许它们保持独立业务公司的地位。制定一个综合的分销规划的第一步,是生产商要分析营销的目标,以及为达到这样的目标需要从渠道成员那里得到的支持的种类和水平。然后针对这些需要制定具体的政策。这些政策选择可以分为:为渠道成员提供价格让步(如商业折扣等)、提供资金支持(如合同贷款等)、提供某种类型的保护(如价格保护等)。

2. 解决渠道冲突

当营销渠道中的一个成员认为其他成员的行为阻碍了其目标实现的时候,就会产生冲突。渠道冲突在营销领域十分普遍,如生产商将产品分销给独立分销商时,就计算了收益和利润,而分销商的庞大库存却反映为生产商良好的收益和利润,它们不断推动分销商订购产品。从分销商的角度看,如此庞大的库存在销售减缓的时候就是巨大的财务负担。分销商认为,生产商的行为阻碍了它们控制费用;而生产商认为,分销成为销售更多产品的阻力,从而抑制了它们的销售额和利润的增长。双方相互抵触,并成为对方的阻碍时,冲突便产生了。

容易混淆的是渠道中的冲突和竞争,二者的本质区别在于是否存在干涉和阻碍行为。竞争是一种以目标为中心的间接和非个人的行为,而冲突是一种直接的、个人的和以对抗为中心的行为。竞争通常是以市场为中心的行为,不包括目的在于损害对方利益、让顾客接受其品牌这种直接的阻碍行为。

研究表明,产生冲突的原因多种多样,但是事实上我们可以将产生渠道冲突的原因归纳为如下七个方面。

(1) 角色不协调。角色是对特定成员所应采取行为的一系列规定。每个渠道成员都占据了渠道中的某个位置,扮演不同角色。扮演不同角色的渠道成员应该做出与自己位置相应的可接受的行为。例如,对于批发商而言,特定制造商的品牌只是其经销的众多品牌中的一个,因此,批发商的角色被规定为与其他的批发商相竞争,这种角色决定了其可以经销零售商强烈需要的任何品牌的产品,以扩大自己的销量。如果批发商停止从某个制造商那里进货,并转向其他制造商进行采购,那么制造商就不可能与这个批发商共处下去。

(2) 资源稀缺。有时,冲突来自渠道成员之间为达到它们各自的目标而在所需的价值资源的分配上产生的分歧。常见的情形是,制造商经常决定某些大规模经营零售商作为企业重点控制顾客(制造商直销顾客),这会招致批发商的反对,它们认为这是资源偏向了零售商一方的不公平分配。这类纠纷经常导致冲突。又如,特许经营中的市场区域也是稀缺资源,在任何既定的市场中,如果特许方在已经存在受许方的市场选择新的受许方,将会使现存的受许方的业务蒙受损失,就会使现存受许方与特许方产生冲突。

(3) 观念上的差异。观念是个人选择和解释环境刺激的方法,然而,这种对刺激的理解方式受个人经验、知识背景等因素的影响,往往与客观存在大相径庭。各渠道成员可能看到的是相同的刺激,但是所赋予的解释则可能千差万别。例如,购买时点展示(point-of-purchase,POP)的运用,制造商提供 POP 并认为这是帮助零售商销售商品的一种有价值的促销工具。而零售商常认为 POP 材料是没用的垃圾,占用了它们宝贵的店铺空间。

(4) 预期的差异。每个渠道成员对其他渠道成员的行为作出预期。在实践中,这些预期表现为对其他渠道成员未来行为的展望和预测。有时这种预测是不准确的,但是作出这种预测的渠道成员却是根据这种预测结果作出反应的。这实际上是建立一种自我实现的预期。例如,阿姆克公司(AAMCO)是美国一家变速器维修公司。汽车制造商提供的广泛的产品保障预期,严重威胁着阿姆克公司受许方的未来变速器的维修业务,受许方强烈要求特许方将特许费从 9% 降到 5%,并且扩大受许方的经营领域。而阿姆克公司认为,在面对预期未来变速器维修业务降低的情况下,为采取积极主动的广告和促销策略,公司应该进一步提高特许费,这样就产生了冲突。

(5) 决策领域的分歧。渠道成员往往明确或含糊地确定了它们认为应该属于自己决策的业务领域。尤其是在传统的由独立企业组成的松散的连接渠道中,决策领域有时是有争议的地方,围绕着哪方成员拥有什么样的决策权力,常常发生冲突。例如,价格的决策权到底属于谁,很多零售商认为,价格决策属于它们的决策范围。而生产商则认为,它们应该在价格决策上拥有发言权。

(6) 目标上的不一致。营销渠道中的每一个成员都有自己的目标。当两个或者多个成员的目标不一致时,就可能产生冲突。不一致的目标常常发生在渠道成员之间。例如,以二手商品为特色的亚马逊卖场极大地提升了它的销售量和利润,但是亚马逊减少新商品供应商的销售,却阻碍了供应商通过网络渠道增加自己的销量和利润的目标。

(7) 沟通上的问题。沟通上的紊乱或是中断将导致良好的合作关系迅速转化为冲突。渠道成员间目标上的差异、语言上的差异、理解上的差异、保密行为以及沟通频率不足等,都会扭曲沟通过程,从而降低沟通效率。密切关注可能约束渠道中信息流效率的行为,在冲突发生之前解决这些问题。

实际上,合作中冲突是不可避免的,但是在中等水平以下冲突的效应是正向的,只有当冲突处于高水平状态时才产生负效应。解决冲突最好的方法是不让高水平的冲突产生,将冲突控制在无害的水平上。其具体的做法有以下几种。

(1) 确立共同的目标和价值观。适当的交流机制可以帮助渠道成员确立目标,明确它们的主要责任,减少成员之间观念上的分歧。

(2) 聘用咨询专家。需要聘用行为学家作为咨询专家,制定培训战略,帮助渠道成员应对可能引起冲突的变化。

(3) 协商共议程序。通过协商共议活动,建立专业化的讨价还价和协商程序,让每一个成员明确自己的权利、义务和责任。同时让渠道成员参与商议,能反映渠道成员的需求和偏好,面对面的直接接触也有利于沟通,这些都是解决渠道冲突的有效方法。

(4) 外部团体(第三方)介入。当冲突涉及大额投资、复杂或重要的政策问题,而且受许方对特许方的依存度高时,渠道冲突的解决则需要外部团体的介入,如仲裁机构等。

3. 评估渠道成员

企业利用独立的渠道成员来为其目标市场服务,并且依赖其渠道成员的高绩效,因此,渠道成员绩效评价是渠道管理的一个非常重要的部分。渠道评价的重点是找出有关绩效评价的适当标准,以及这些标准的应用,还有就是提出纠正措施以减少渠道成员的不恰当行为。

可用于评价渠道成员绩效的标准有很多,但最基本和最重要的是以下几项。

(1) 渠道成员的销售绩效。销售绩效无疑是最重要和最常用的指标。体现销售绩效的有两个指标:一个是制造商对渠道成员所实现的销售额,另一个是渠道成员所经销的制造商的产品对渠道成员的顾客所实现的销售额。这两个指标仅当销售循环特别快的时候才相似。多数情况下,二者可能存在实质性的差异。在任何情况下,渠道管理者都应试图获取渠道成员所经销的制造商产品对渠道成员的顾客实现的销售额方面的资料。当然,制造商获取这种信息的能力受到其对渠道成员的控制能力的影响。

不管使用这两个指标中的哪一个,渠道管理者都必须从以下几个方面评价销售数据:第一,渠道成员的现有销售额与历史销售额的比较。数据能具体到特定产品是最好的,因为按产品进行描述的数据越详细,就越能帮助渠道管理者为它们的产品找到合适的销售方式。第二,某一渠道成员与其他渠道成员销售额的交叉比较。当一小部分渠道成员实现一个很大比例的销售额时,这种比较通常是非常适用的。第三,渠道成员销售额与预定配额的比较(如果已经指定配额)。进行比较时,渠道管理者不应该只看到比率本身,还应该根据其他渠道成员在销售配额上所实现的绩效来横向比较。如果对大部分渠道成员来说,这个额度的完成率普遍较低,就证明这可能是一个脱离实际的销售配额,而非一个较差的渠道成员绩效。这种比较对于网络渠道来说相对容易,因为各种网络渠道的销售额都有比较详细的记录,有的网站本身就会直接提供相应的比较数据和结果。

(2)渠道成员维持的存货。维持适当的存货是渠道成员绩效的另一个重要指标。一个单独的存货需要协议,往往是根据对该地区的销售潜力的估计,由制造商和渠道成员共同制定出来的。然后期望渠道成员遵守这项协议,依据这项标准对渠道成员进行评价。如果渠道成员违背协议,经常被制造商视为非常严重的问题。即便没有正式的存货协议,存货维持对于评价来说,仍旧是一个重要的标准,只不过执行起来困难。

(3)渠道成员的销售能力。销售绩效是销售能力的体现。通过评价渠道成员的销售人员来比较直接地评价其销售能力。如果获得渠道成员的每个销售人员的销售记录,制造商就有了一个极好的信息源。但通常渠道成员不愿意向制造商提供这些信息。如果获取这类信息,要注意以下因素:其一,渠道成员为销售制造商产品安排的销售人员的数量。这可以直接反映制造商产品对顾客所达到的普及程度和市场覆盖程度。其二,渠道成员的销售人员的技术知识和能力。如果销售人员表现出在技术知识方面的能力正在逐渐变弱,最终就会从将来比较差的销售绩效数据资料中反映出来。其三,销售人员对制造商产品的兴趣。这可以通过参加讨论会和教学活动次数、来自渠道成员顾客的报告和现场调查销售人员的意见等来测量。渠道成员如果对这些方面的兴趣呈现下降趋势,这可能就是渠道成员的高层管理者对这些方面不大感兴趣的一个很好的反映。这预示着将来渠道成员的绩效一定会更差。

(4)渠道成员的态度。通常在分销商销售状况良好,其兴趣和合作情况又可以接受的前提下,渠道成员的态度很少被关注。只有当渠道成员表现为较差销售绩效时,制造商才会想到去深入地探究引起这种不良迹象的态度原因。为了在渠道成员的态度影响绩效之前就发现这些消极的渠道成员态度,这些态度应独立于销售数据资料进行评价。制造商可以利用自己的调查部门或外部调查公司来进行正式调查,也可以利用来自销售人员和小道信息的非正式反馈信息,对渠道成员的态度进行跟踪。

(5)渠道成员面临的竞争。渠道管理者应考虑两种类型的竞争:一种是来自其他渠道成员的竞争;另一种是来自制造商自己的渠道成员所支持的其他产品的竞争。对来自其他渠道成员的竞争进行评价有助于对渠道成员的绩效进行横向的深入考察。通过比较来真实地呈现渠道成员在某个市场中的业绩,还有助于为增加新成员或是替换现有的渠道成员提供比较性信息。如果渠道成员给予制造商的竞争者太多的支持,而对制造商的产品支持太少,一般都会反映在制造评价的其他绩效标准,特别是销售额上。

(6)总体成长前景。这个标准集中在对渠道成员绩效的未来期望上,在进行这种类型的评价时,制造商应该回答的基本问题是过去的实际业绩与计划是否一致,与区域内的经营活动一般水平是否一致,以及一些与渠道成员发展和应对市场变化相关的指标。

 拓展阅读 12-3 亚马逊收购全食(Whole Foods)

在建立一套渠道成员绩效的评价标准之后,渠道管理者应该根据这些标准对渠道成员加以评价。可以使用一个或多个指标进行独立的评价,也可以进行多重标准的组合评价。然后,根据评价结果,制造商应该尽力向那些尚未达到最低绩效水平的渠道成员提出纠正措施,以提高和改善它们的绩效。取消这些渠道成员的资格只能作为最后的措施。

本 章 小 结

本章介绍了网络渠道策略。在"网络渠道成员分类"一节,首先定义了分销渠道是指一群相互独立的企业,它们通过合作,将产品和信息从供应商处传递到消费者手中。传统中间商具有信息、促销、联系等功能,在网络环境下,网络渠道出现去中介化和中介重构的现象。根据商务模式,渠道中介可以分为内容赞助商、信息中介、中间商等。在"分销渠道的功能"一节,主要介绍了分销渠道的功能是将产品从制造商那里传递到消费者手中,具体可以分为交易功能、物流功能和促进功能。交易功能包括寻找符合购买者需要的产品、商议价格、完成交易环节的各项工作。物流功能指的是产品的运输、储存和收集等工作。渠道还发挥市场调研和支付保障等促进功能。在"分销渠道设计与管理"一节,首先分析了企业面临什么情境时需要进行渠道设计决策开发,可供选择的渠道结构有哪些,以及渠道成员的选择过程。网络渠道管理的内容包括渠道成员选择、激励渠道成员、解决渠道冲突和评估渠道成员。

思 考 题

1. 网络渠道如何进行去中介化和中介重构?
2. 内容赞助商、信息中介、中间商三种渠道的商务模式有什么区别?
3. 网络渠道的交易功能包括哪些?
4. 当企业面临什么情境时需要进行渠道设计决策?
5. 渠道成员的选择过程包括哪些?
6. 如何对网络渠道进行管理?

实 践 活 动

1. 调研当地的类似银泰百货这样经过数字化改造的百货商场,看看与传统百货商场有什么差别。
2. 参观某电商企业,通过技术人员介绍后台操作,了解分销渠道的所有功能是如何实现的。
3. 参观当地顺丰速运或其他大型快递公司的某配送中心,了解它们是如何解决渠道"最后一公里"的问题的。
4. 通过调研,了解当地某企业的网络渠道面临的问题,为其重新设计网络渠道,并作出网络渠道管理方案。

即 测 即 练

第 13 章

网络营销传播

本章学习目标

1. 了解数字媒体和营销传播决策。
2. 了解网络广告的发展趋势和类型。
3. 掌握网络广告、网络公关关系、网络促销的含义。
4. 熟练掌握网络广告媒体策划、网络广告效果测量。
5. 熟练掌握网络公共关系实践。

互联网的广告是如何匹配到你的？

可能你有过这样的体验，朋友给你推荐一款产品作为减脂早餐，因为热量很低，你去搜了一下，然后你打开了淘宝，发现首页赫然出现了同款。这些广告是如何匹配到你的呢？从广告主的角度来看，他们希望看到自己的广告可以精准地推送给目标用户，这样转化率更高。例如，我是一家奶粉企业。数据显示，孩子出生之后喝的第一口奶往往决定了之后接受的奶粉品牌，此后更换奶粉品牌的概率只有 10%～20%，因此孩子出生前 1～2 个月的营销十分重要。所以，我的奶粉广告希望只投放给距离预产期 1～2 个月的孕妇，这样的转化效果更好。那么，如何把奶粉广告定向推送给孕妇群体呢？

1. 用户定向

我们可以在母婴杂志、网站上投放广告，因为这些平台的用户主要是孕妇群体。我们也可以买搜索关键词广告，如"宝宝""奶粉""月子"等。搜索这些关键词的用户很有可能就是孕妇。但是这种定向方式依然存在很大的误差，可能有一些单身男性就是随手搜索了这些关键词，他们并不是奶粉的目标用户。所以要做到真正的精准定向，必须采集到用户足够的数据，进而分析出这个用户的准确特征。互联网的出现使得对全量用户数据采集和分析成为可能。对于流媒体广告，平台可以知道每一个用户到底完整地看了哪些广告、哪些广告是中途跳过，以及是什么时间点跳过的。一个奢侈品牌来某平台投放广告，明确表示我的目标用户是高收入人群，你找出你平台中那些高收入的用户，把广告推送给他们。

平台如何才能获取到用户的收入呢？非政府部门是不可以调取客户的纳税记录和银行存款的。直接查肯定不行，可以通过一些相关数据进行侧面判断。例如，收集用户的晚上 11 点到清晨 6 点的地理位置。这些时间点的位置，理论上就是用户的家庭住址。再根据外部数据匹配，可以获取到所在小区的平均单价，进而就能预测出这个用户的收入水平。当然这里的匹配会有误差,如这个用户可能只是小区的租户,或者是小区的门卫。还需要更多的数据来提升用户定向的准确性。

2. 用户身份标识

商家采集到用户数据,需要给用户一个身份标识,将这些数据和用户关联起来。例如,用户去购物,店家会利用价码去区分会员与非会员的差距,来诱导用户注册成为会员。你要成为我的会员,我会给你分配一个编码,比如9527,9527就是你的身份标识。根据9527,就可以查询到你的联系方式、邮寄地址和购物记录,包括每次购买的商品、时间和金额。通过这些数据,商家就可以判断出你的价值,计算出你可能购买的商品和时间。

可是这些数据属于企业内部数据,又称第一方数据。要精准地定向用户,需要综合多个平台的信息。比如你在社交媒体上的发言、在电商平台的购物记录。你在微博上发了一条动态:"五一假期要到了,想去云南自驾行",又在小红书里查看了很多云南自驾游的攻略。那么可以看出你对于五一去云南自驾游有着很高的期望值,应该给你推荐云南旅行相关的服务。

那么问题又来了,我的微博ID(身份标识号)是"王M争",小红书ID是"金州拉文",怎么知道这两个不同平台的ID其实是一个人呢?这就必须有一个跨平台的用户身份唯一标识,数据匹配就是收集同一个用户在多个平台的客户识别码,通过打通这些客户识别码来拼合数据。把你在网络中不同平台的行为串联起来,知道这几件事是一个人完成的。

3. 准确匹配

客户的识别码很难做到准确地匹配,首先因为目前的客户识别码是基于不同体系的(如终端、浏览器、路由器、操作系统等)。其次客户的识别码在同一系统也并非唯一。例如,你可能有多个微博账号、多个微信号。就算你只有一个微信号,可以有无数个微信公众号/小程序里的身份标识。微信号是用户在微信中的全局唯一标识,微信没有提供方法获取用户的微信号。

比较常用的连通方式是手机号,因为基本上每一款App都要求输入手机号才能完成注册。可以通过手机号来打通不同平台的用户数据。例如我用iPad看了NBA(美国职业篮球联赛)比赛,那么当你用手机打开某个电商平台,就可以看到某款篮球鞋的优惠券。因为这两个平台你都绑定了手机号。手机号属于非常敏感的隐私信息,具有较高的风险。当然我们也可以通过基于设备来标示用户,如安卓的IMEI(国际移动设备标志)和iOS的IDFA(广告标识符),这种方式是默许同一个设备的使用者是同一个人。有些广告主直接把目标用户的设备号信息提供给媒体平台,媒体平台看这些用户哪些在自己的平台上匹配上了,那么广告就会被推送给这部分的重合用户。

不管是IDFA或者是将来其他的什么技术,其目的就是将用户在不同平台的独立信息流进行整合,你看了哪些书、跟朋友聊了什么、看了哪些电影等。将你在互联网上的所有行为整合关联,用于身份识别,将与你需要契合的广告匹配给你。

资料来源:互联网的广告是如何匹配到你的?[EB/OL].(2021-05-10).https://36kr.com/p/1218361719918979.

对于营销来说,企业开发一项好的产品,给产品制定有吸引力的价格,使目标顾客可以买得到产品,这些是否足够了呢?其实还有一项重要的工作没有做,那就是企业必须向顾客传播其价值主张,并且不应该浪费任何一次进行传播的机会。网络技术可以提供便利的营销传播工具,改善顾客的产品体验,增加顾客价值。网络营销传播有助于吸引顾客的注意力,建立长期的顾客关系。

13.1　数字媒体与传播决策

过去几十年,营销人员已经积累了大量关于大众营销的经验,在如何把高度标准化的产品卖给消费群体的大众传播技术和方法方面已经非常成熟了。但网络时代,营销面临巨大的变化,为应对这些变化,所有的营销传播都应该进行良好的规划,形成整合营销传播(integrated marketing communication,IMC)计划。

13.1.1　数字媒体

1. 数字媒体概述

根据维基百科的解释,数字媒体是指用于存储、传递和接收数字化信息的电子工具。数字媒体也称非传统媒体、网络媒体,它们可以是付费的,也可以是免费的。传统媒体主要是指报纸、杂志、电视、广播和户外广告等。表13-1列出了多种媒体,并按照是否收费对传统媒体和数字媒体进行了分类。

表 13-1　媒体分类

分　类	付费媒体空间	免费媒体空间(仅有生产成本)
传统媒体	报纸 杂志	直邮广告 广告传单、海报、宣传册等
传统媒体	户外广告(如广告牌、车体广告和体育赛事广告) 其他(如洗手间广告)	街头蜂鸣(street buzz)营销活动 其他(如公共宣传与推广)
数字媒体	网页或博客/微博广告 付费模式搜索(如关键词购买) 付费式搜索排名 电视节目广告 电子邮件广告 赞助式移动内容 视频游戏插播广告	网站/博客/微博 电子邮件列表 自然搜索 免费垂直搜索目录 社交网络 网络社区 虚拟世界

表13-1数字媒体中包括一些新型的数字媒体,如博客/微博、网络社区和社交网络等,它们被称为社交媒体。社交媒体是指一种网络工具和平台,网络用户可借此共同研究网络内容,分享各自的见解和经历,为商业活动或者娱乐活动建立联系。社交媒体复制了真实世界,但没有地理上的藩篱,使人们得以在虚拟空间聚会、讨论和分享各自感兴趣的东西。这种前所未有的连接个体的方式,促使各大主流网站都在自己的网站中吸收社交媒介的因素,吸引顾客、提高黏性。

现在实体媒体和数字媒体之间的界限不像想象中的那么清晰。我们已经可以用任何一种渠道浏览报纸广告和新闻报道。插播广告的媒体可以是电视台和广播电台,也可以在计算机网络中插播,广播的声音可以通过各种设备播放。在这种情况下,只要企业能够整合各种营销传播工具,有效地接触目标市场,不管沟通的渠道如何,都是最有效的策略。

2. 数字媒体的优势

企业应当了解各种媒体的优势和缺点,尤其是数字媒体,以便在购买广告空间时能作出合适的选择。表 13-2 选择主要的参考指标对各种媒体进行了比较。

表 13-2　主要媒体的优势和劣势

指　　标	电　　视	广　播	杂　　志	报　　纸	直邮广告	互联网
参与度	被动	被动	主动	主动	主动	互动
媒体丰富度	多媒体	音频	文字/图像	文字/图像	文字/图像	多媒体
地域覆盖范围	全球	本地	全球	本地	多种类型	全球
CPM	低	最低	高	中等	高	中等
接近程度	高	中等	低	中等	各种类型	中等
定位性	好	好	极好	好	极好	极好
追踪有效性	一般	一般	一般	一般	极好	极好
信息灵活性	差	好	差	好	极好	极好

我们可以综合概括数字媒体有如下优势。

(1) 个性化。个性化是指网络用户可以控制信息流,主动去搜寻和选择自己需要的信息,从而使消费者锚定与自己相关的广告和促销。传统媒体的交流方式是一对多,即由一个企业对许多消费者,通常向不同的细分市场传递相同的信息,缺乏针对性。数字媒体的一对几,甚至是一对一模式使得利基市场、微型市场的细分具有实践意义。借助大规模定制和个性化营销,向不同的受众传递不同的网址内容和邮件,即可以向不同的细分市场传递不同的信息,真正做到目标市场细分到每一个消费者。

(2) 交互性。交互性是与个性化交织在一起的,它使用户能够选择那些他们自己认为与自己相关的信息,使品牌经理能够通过相互交流与消费者建立联系。

传统媒体以一种相对被动的方式吸引消费者,消费者听到或者看到关于品牌的信息,但他对接收到的信息的控制是有限的。营销传播的行动是单向的流动,即从广告者到消费者,而互动需要有相互的行为,互惠能体现互动媒体的性质。互动数字媒体使用户能够控制他想要从一个广告中获取的信息的数量和比率。用户可以选择花 1 秒钟或是 15 分钟的时间去看一个广告,如果需要额外的信息,可以按一下按钮、触摸屏幕或单击鼠标来完成。在所有的情况下,用户和广告信息提供者都在参与信息的交换,相互交流而不只是传达和接受。

社交媒体的兴起,使信息互动不是在发送者和接收者之间,而是在媒体本身发生。企业能够提供媒体环境,人们在社交媒体中聚会、讨论和分享各自感兴趣的东西。在彻底离开传统媒体环境之后,消费者能够向媒体提供商业导向的内容。

(3) 丰富性和灵活性。数字媒体具有多媒体属性,表现形式丰富多样,可以通过视频、音频、动画、图像等多种元素组合来传播信息,能传送多种感官信息,有效增强网络广告等的表现力和冲击力,给顾客留下深刻印象。尤其是社交媒体和无线网络的发展更是延伸出更多的网络传播模式,在内容和形式上都有空前的提高。

传统媒体从策划、制作到发布需要经过很多环节,制作成本高、投放周期固定,一旦发布,信息内容就很难改变,即使可改动,往往也需要付出很大的经济代价。而数字媒体的网络广告制作周期短,能按照需要方便地、及时地变更内容。而且可以将营销传播信息的监测结果实时反馈给企业,使企业的营销传播决策适应市场的变化。

(4) 跟踪传播效果。传统媒体传播存在信息跟踪、评估和控制比较困难的问题。传统媒体往往无法确切知道有多少人接收到广告信息、接收到信息后有什么反应,以及接收者的习惯等。在数字媒体上,借助网站分析和广告追踪系统,可以便捷、及时地统计出每个广告被多少个用户看过,这些用户查阅的时间分布、地域分布和看后的反应情况,以及真正做出购买行为的消费者的媒体浏览习惯是什么。广告主和广告商可以实时评估广告效果,对其广告策略作出适当调整。此外,网络广告收费还可以选择根据有效访问量进行计费,广告发布者可以有效评估广告效果并按照效果付费,避免广告费用超过预算,或者做了大量无效广告而又不知道哪部分广告有效的尴尬处境。

(5) 克服时间障碍和空间障碍。网络传播的范围广,不受时间和空间的限制。无论何时、何地,只要你能上网,就能实现 24 小时的直接、同步的交流。在传统媒体中,时间(电视和广播媒介)和空间(印刷媒介)都是宝贵稀缺的资源。电视广告平均时长 30 秒,这只是一个非常小的窗口,但价格不菲,动辄售价上千万元,相反,网络上的空间巨大且售价低廉,企业想在网站上存储多少信息,就可以存储多少信息。对于那些想在决策前了解大量事实的消费者来说,可以 24 小时打开层层网页,阅读海量信息,确实物有所值。

3. 整合营销传播

顾客每次品牌接触都会传递一个信息,无论该信息是好是坏。企业的目标是在每次接触时都传递一致且正面的信息。整合营销传播会将企业所有的信息和形象融为一体,使企业的电视广告、印刷广告、邮件、人员推销、公共关系活动、网站、在线社交媒体及移动营销等都传达相同的信息、形象及感受(表13-3)。通常,不同的媒体在吸引力、告知和说服消费者等方面会扮演不同的角色,而这些角色必须与整体的营销传播计划协调一致。

表 13-3　营销传播工具

1. 媒体广告	5. 经销商和消费者导向广告
电视	交易折扣和折让
广播	陈列和广告折让
杂志	展销
报纸	合作广告
2. 直接反应和互动式广告	免费样品
直邮	优惠券
电话推销	奖励
在线广告	退款/返还
3. 地点营销	竞赛/抽奖
广告牌和公告	促销游戏
海报	包装附赠
交通运输广告	促销降价
电影院广告	6. 事件营销和赞助
4. 店内标识和销售点营销	赞助体育活动
店外招牌	赞助艺术展、义卖和庆典
店内货架站牌	事件营销
购物车广告	7. 营销导向的公共关系
店内广播电视广告	8. 个人推销

资料来源: KELLER K L. Mastering the marketing communications mix: micro and macro perspectives on integrated marketing communication programs[J]. Journal of marketing management,2001,17(7-8): 819-847.

现在营销正在逐步向数字媒体转变,但传统的大众媒体仍然占据营销企业促销预算的最大份额,大多数行业看到的是一个新旧媒体逐步整合的趋势。当然,无论传播什么,关键性的问题是如何最优地整合所有媒体,以达到吸引顾客、传播品牌信息、增强顾客品牌体验的目的。整合营销传播把顾客与企业的所有接触点作为信息传播的渠道,以影响顾客的购买行为为目的,整合和协调所有的传播手段,传递企业及其产品的清晰、一致、令人信服的信息(图 13-1)。

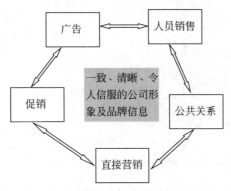

图 13-1　整合营销传播

资料来源:阿姆斯特朗,科特勒.市场营销学[M].赵占波,王紫薇,等译.12 版.北京:机械工业出版社,2016:283.

原有的营销传播是由广告、公共关系、人员销售、促销和直接营销工具的特点构成的。每一项促销活动都包括具体的促销工具,而且往往是由不同的企业职能部门来完成的。当然,营销传播远不止于这些具体的促销工具,产品的设计、价格、包装的形状和颜色以及销售的商店等都向顾客传播了某些信息。但整合营销传播要求促销组合必须协调一致,产生最佳传播效果。

13.1.2　营销传播决策

我们已经讨论了将所有营销传播要素紧密整合的重要性,以确保无论何时消费者或潜在消费者在接触品牌时获得的都是统一的信息。图 13-2 用来说明营销传播者的实际决策过程,以及这些决策期望得到的结果。

1. 营销传播决策的基础

营销传播决策的基础需要经常思考和回答以下几个问题。

(1) 我们的沟通是直接指向特定的目标群体吗?确定目标市场使得营销传播更精确地传递信息,防止因覆盖不在目标受众范围内的人群所带来的浪费。对于 B2B 和 B2C 公司来说,选择目标市场细分是进行有效的和节约的营销传播的关键步骤。

(2) 我们的品牌是否有清晰的定位?品牌的定位代表了该品牌在消费者脑海中的关键特征、好处或形象等总体印象。定位主张概括了品牌的意义和其相对于同类商品竞争品牌的独特性。定位与目标市场决策密不可分,定位需要基于目标市场而作出,而目标市场的选择也要考虑到品牌的定位和与竞争品牌的区别。

(3) 我们的营销传播所要达到的具体目标是什么?这些目标内容会根据所使用的不

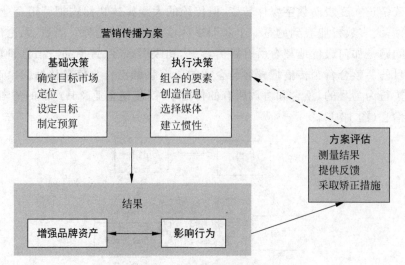

图 13-2 营销传播决策过程

资料来源：辛普，张红霞.整合营销传播：广告与促销[M].北京：北京大学出版社,2013：18.

同形式和营销传播而不同。如大众传播有利于消费者对一个新品牌的知晓及提升品牌，个人销售则在 B2B 顾客领域和告知零售商产品改进方面是最合适的。重要的是营销传播想要做的或实现的是什么？这一问题的答案决定选择怎样的营销传播工具和媒体。

（4）我们营销传播计划在预算的范围内可行吗？需要将财务资源分配到各个营销传播要素中以实现预期目标。公司使用不同的预算程序将资金分配给营销传播经理和其他的组织单位。目前最为广泛使用的方法是由上而下预算和由下而上预算的联合使用。

2. 营销传播决策的实施

营销传播经理必须制定各种执行策略，以达成品牌层次的目标和品牌定位以及确定目标市场要求。

（1）怎样准确地将资源分配给各个营销传播工具，或者说如何整合传播要素，在预算范围内完成任务？由于各种传播工具之间往往具有替代关系，同时多种工具还有协同效应，所以很难找到最佳组合。一个恰当的组合是，在促销方面投入足够的资金以在短期内获得足够的销量，同时在广告方面也进行足够的投入，保障品牌资产的保持和增长。

（2）创造信息。通过广告、公开宣传、促销等营销传播信息形式来创造要传达的信息。

（3）选择媒体。所有的营销传播信息都需要通过工具或者中介来进行传播。媒体与所有的营销传播工具都相关。如个人营销信息可以通过面对面的沟通或电话营销进 行，不同的媒体选择有不同的成本和优势。

（4）建立惯性。营销传播中的惯性是指每一种信息的有效性不但取决于足够的努力，还需要持续的努力。惯性的关键内涵是需要持续的努力而不是断断续续、走走停停。只有不断提醒消费者品牌的名称及其优势，才能够使这些品牌变为更可能被购买的候选品牌。尤其是在经济不景气时广告投入往往是最先被削减的项目之一，因此继续做广告可以使公司从暂时或永久削减广告预算的公司手中夺取市场份额。

3. 营销传播结果

营销传播方案的结果包括两部分：增强品牌资产和影响行为，这两个部分之间相互影响。如果说一个新品牌的广告活动产生了品牌知晓度并创立了积极的品牌形象，那么消费者可能会尝试购买这一新品牌。在这种情况下，品牌的价值被提升了，反过来影响到消费者对品牌的行为。同样一个对新品牌的促销活动会鼓励消费者最初尝试和后续购买。消费者对这一新品牌的积极体验将会导致对这一品牌的积极感知。在这种情况下，促销影响了消费者的行为，进而又提高了促销品牌的价值。

4. 方案评估

评估是通过衡量比较营销传播活动的成果与最初设定的目标来实现的。在业界，对于可信赖的结果有越来越多的需求，这就要求必须有研究数据来证明营销传播的执行是否完成了既定的目标。结果可以用来对行为产生影响，如销量的上升，或者给予沟通成果来衡量。沟通成果的衡量指标包括品牌知晓度、信息理解性、对于品牌的态度和购买意向等。

监测结果如果没有达成目标成果，则需要矫正行动。矫正行动可能会需要更大的投资、不同传播要素的组合、重新修改的策略、不同媒体配置以及大量其他的改变。只有通过系统地设定目标并衡量结果，才可能知道营销传播方案是否按计划顺利进展，才能知道未来的行动如何基于过去的经验进行改善。

13.2　网　络　广　告

我们每天都会接触到成千上万条商业信息，有的会给我们留下深刻印象，有的甚至没有引起我们注意。这些五花八门的信息以各种各样的形式出现，如电视广告、短信、微信、优惠券、电话营销、电子邮件等。这些形式仅仅是企业用来吸引现有顾客及潜在顾客，并维护与他们之间关系的众多传播手段中的很小一部分。我们一般统称以上工具为营销传播，广告只是营销传播中的一种活动。互联网具有多方面的营销功能，它既可以作为一种开发需求、实施交易、填写订单，为消费者提供服务的途径，又可以作为一种多功能的广告媒体。网络媒体的出现极大丰富了传播的工具，网络广告也出现了许多新颖的形式和内容。

13.2.1　网络广告概述

1. 广告的定义

到底什么是广告呢？不同职业的人有不同的见解，新闻工作者可能将广告定义为一种传播过程、公关过程或劝服过程；商务人士可能将广告视为一种营销过程；经济学家和社会学家可能更侧重于广告的经济、社会和道德影响。如果从功能性的角度来定义广告，可以认为广告是由可识别的出资人通过各种媒介进行的有关产品的、有偿的、有组织的、综合的、劝服性的非人员的信息传播活动。

我们可以将广告的定义分解为以下几个部分来理解。

首先，广告是一种传播活动，它实际上是一种非常有组织的传播形式，由文字和非文字元素构成,以填充由资助人所指定的特定空间和时间。

其次,广告针对的是群体而不是个体,因此广告是非人员的或者大众的传播。这些群体既可以是购买产品来消费的消费者,也可以是大批量购入产品再分销零售的经销商。除了公益广告是免费发布外,大多数广告是付费的,由赞助人出资,并标明其出资人。大多数广告的目的是劝服消费者使用某一产品、服务或相信某一观念。

最后,广告通过一种我们称为媒介的渠道到达受众。广告媒介是一种有偿的、用以向其目标受众表现广告的手段,有广播广告、电视广告、报纸广告等。如果你告诉周围的人某种产品很好,这种叫口碑广告(WOM advertising)。口碑广告也是一种传播媒介,但不是广告媒介,它没有组织,也没有公开的出资人,也不是有偿的。过去的广告主要是通过大众媒介,如广播、电视、报纸和杂志来传递信息。今天的科技进步可以让广告通过各种网络互动媒介直接有效地到达受众。

网络广告作为一种新的广告形式,与传统广告的最大区别是:网络广告依赖数字技术而产生,通过网络媒介传播。网络媒介赋予网络广告许多新形式和内容,我们在数字媒体中所阐述的数字媒体的特点也能体现为网络广告特点。

2. 广告的功能

(1) 提供信息。广告最主要的功能之一是宣传品牌,即广告使消费者知晓新品牌,将品牌独有的特征和好处告诉他们,促进正面品牌形象的塑造。广告能以相对较低的单个接触成本到达广大受众,是一种有效的传播方式。

(2) 影响行为。有效的广告影响消费者,使他们尝试广告中的产品和服务。有时广告影响一级需求,即建立对整个产品类别的需求。通常广告试图建立二级需求,即对公司品牌的需求。

(3) 提醒和增加显著性。广告使消费者始终保持对公司品牌的新鲜记忆。增加显著性是指丰富品牌的记忆轨迹,使得面临相关选择情境时,品牌能够浮现在消费者脑海中。有效的广告还能增强消费者对成熟品牌的兴趣,进而增加其购买品牌的可能性,否则消费者不会选择该品牌。此外,广告还被证明可以通过提醒那些最近没有购买某品牌的消费者有关该品牌的可得性及其所拥有的更好的属性来影响品牌转移。

(4) 增加附加值。公司通过三种基本的方式为它们提供的产品和服务增加附加值:创新、提高质量及改变消费者感知。三者是相互依赖的,如果只是为了创新而创新,缺乏产品质量的保证,那充其量只能算是新奇。没有质量保证和新意的消费者感知,则仅仅是吹捧。如果有了创新和质量,而没有转化为消费者感知,将不会对消费者产生触动。广告通过影响感知为品牌增加附加值。有效的广告使品牌看起来更优雅、更时髦、更有声望、质量更高等。通过增加附加值,广告能为品牌带来更多的销售量、收入和利润,降低不可预知的未来现金流的风险。

(5) 相互提携。广告是营销传播的一种方式,它最基本的功能是不时地推动其他营销传播努力。广告帮助销售代表向潜在顾客介绍产品信息时的销售努力、时间和成本都降低了。广告还提高了其他营销传播工具的有效性,如与零售商在没有任何广告支持下的降价相比,降价并进行广告宣传时,消费者对降价更容易作出反应。

13.2.2 网络广告的现状和发展趋势

1. 网络广告的起源

美国最早的互联网广告出现在 1994 年 10 月 27 日的 Hotwired 网站上(www. Hotwired.com)。当时的广告是比较有代表性的旗帜广告,是为 AT&T、IBM、Sprint、MCI、Volvo 等 14 家公司做的广告,这是广告史上里程碑式的一个标志。这个广告发布了 12 周,花费了 3 万美元,点击率令人惊讶,达到 30%。而同类的旗帜广告目前的平均点击率则仅为 0.04%。有趣的是:一半的点击率来自 6% 的网络用户,人们称他们为"频繁点击者",他们的年龄为 25~44 岁,上网时间为其他用户的 4 倍,家庭收入在 4 万美元以下,并非在线零售商的最佳客户类型。

1997 年 3 月,中国出现了第一个商业性网络广告,即比特网(www.chinabyte.com)上 IBM 投资 3 000 美元为新产品 AS400 发布的宣传广告,其形式为 468 像素×60 像素的动画横幅广告。它标志着中国网络广告的诞生,虽然这条广告的形式现在看来非常单调,但对于我国互联网行业的发展却起到了至关重要的作用。

2. 网络广告的现状

艾瑞咨询 2021 年中国网络广告年度监测报告数据显示,中国五大媒体广告收入规模达 8 729 亿元,其中网络广告的占比进一步提高,占五大媒体广告总收入规模的 87.8%,达到 7 666 亿元。受疫情的影响,受众的户外活动减少,媒介接触习惯发生了一定的变化,互联网的使用率明显提高。而包括电视、广播、报纸、杂志广告在内的线下广告收入规模则继续保持缓慢下降的趋势。受网民人数、数字媒体使用时长、网络视听业务等因素快速增长的推动,未来几年,报纸、杂志、电视广告将继续下滑,而网络广告收入增长空间仍较大。

来自 EMARKETER 的数据显示,2008 年金融危机以来,美国网络广告支出一直以每年近 15% 的速度增长。2019 年美国数字广告支出首次超过传统广告支出。但是疫情期间美国网络广告市场增长仍大幅放缓,数字广告行业进入"过冬"阶段已经成为业内的共识。但是网络广告的增长率保持略低于 10% 的水平,预计到 2025 年,总体规模将突破 3 000 亿美元(图 13-3)。数字广告进入"过冬"阶段,其他媒体渠道的表现更差,电视广告、平面广告和电台广告支出都在大幅度下降。

另外来自美国互动广告局的数据也显示,在过去 10 年左右的时间里,美国互联网广告收益复合年均增长率(CAGR)接近 20%,超过了所有其他的媒体,而且增长主要贡献来自移动领域。近几年,桌面媒体收益的增长率很低,基本是维持原有的规模。而移动广告的增长率均保持在 30% 以上,占总体数字广告收益的比例超过 70%。

近些年来,美国网络广告市场投放渠道向头部企业集中,其中大部分集中在 Facebook 和 Google 的双寡头垄断上。但随着亚马逊的崛起,三足鼎立的局面已开始形成。截至 2022 年,来自 EMARKETER 的数据显示,三大巨头的市场份额分别为 Google (29.4%)、Facebook(23.4%)、Amazon(9.5%),而其他为 37.8%。前三者在美国网络广告市场份额占比达到了 62% 左右,行业集中度很高。

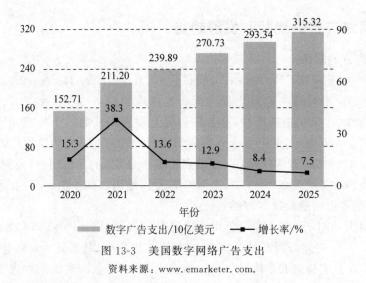

图 13-3　美国数字网络广告支出

资料来源：www.emarketer.com.

3. 网络广告的发展趋势

（1）从广告形式看，原生广告、内容营销及创新互动营销等，更加获得广告主青睐。网络广告强调公众参与和顾客体验，企业营销策划和产品功能展示可以吸引用户直接参与营销策划活动，从而大大增强了广告的效果。通过与社交媒体相结合，发挥病毒式营销优势，"把广告变成口碑""让大家告诉大家"。

当前流行的用户生成广告往往就是设置一定的奖金或其他奖励，吸引用户制作商业广告，吸引更多的网络用户登录网站观看广告并投票选出最喜欢的广告。用户生成广告逐渐流行的原因是：消费者之间的信任程度远远大于他们对企业的信任；同时消费者认为拥有用户生成广告的企业要比只使用专业广告的企业更具有亲和力、创造性和创新精神。

（2）定向广告和精准传播。定向广告是在网络和数据库系统支撑下，对目标顾客群体进行分析、数据挖掘和准确定位。然后在此基础上，针对目标顾客的特点、爱好，定向推送个性化的广告。这种定向广告由于针对性强，相对于传统的大众广告来说，不会引起受众的反感。

精准传播是根据网络访问行为、主题、渠道，分析消费者的动机和意向，然后根据关键词和相关性来精准匹配并推送相应的广告内容。例如，顾客浏览旅游主题栏目文章时，推送旅游产品、景点、服务和酒店等相关广告，以增强广告效果。

（3）从媒体终端看，移动端渗透不断加深，主要媒体移动端收入占比不断提升，移动端价值凸显。通过上面的数据分析可以看到，无论是美国还是中国，大家普遍预期移动终端广告逐年增加，在网络广告中的占比将处于优势地位。

（4）从媒体融合看，现代广告从依托单一的互联网转向互联网、电脑、移动通信、数字电视、平面媒体、智能手机等相结合的综合网络环境。当下流行的微博助力的台网联动、微信与电视节目的互动就是很好的体现。

13.2.3　网络广告的类型及在市场中的表现

从 1996 年到现在的 20 多年的时间里,伴随着网络技术的进步,数字广告的类型不断涌现。

1. 网络广告的类型

广告主总是希望能找到新鲜而有趣的办法使广告能到达那些处在传统广告场所之外的目标受众。从营销的角度来说,网络媒体恰好具有直接引导销售的独树一帜的能力,而且具有可计量性。借助网络媒体,网络广告可以用文字、图片、声音、超链接等各种格式来显示,这极大丰富了广告主向消费者传递价值的形式。表 13-4 列出了互联网广告形式。

表 13-4　互联网广告形式

• 网站、子网站和引导页 • 展示或旗帜广告 • 富媒体广告 　弹出式广告 　插播式广告 　富邮件 　视频广告 • 博客、播客与社交网络 　博客 　播客 　社交网络	• E-mail 广告 　许可式电子邮件与垃圾邮件 　电子邮件杂志 • 移动网络广告 • 赞助式广告 • 搜索引擎广告 　关键词匹配广告 　内容导向广告 • 新兴广告 　行为锚定广告等

1) 网站、子网站和引导页

从技术层面讲,网站是由一个或多个网络服务器作为主机的若干网页、图像、视频或数据的集合,一般经由互联网接入。优秀的企业家知道:一家公司的网站本身就是它的一个广告。网站可以被视为公司互联网广告中最重要的部分,其他广告形式只是为增加公司网站的浏览量服务的,网站是成功整合互联网广告计划的关键。网站是品牌的延伸,它可以传达关于品牌形象、品牌特征以及促销的信息等,消费者在网站的体验就等同于品牌体验。网站与其他互联网广告形式的另一个区别在于,用户浏览网站的方式是目标导向的(如获得更多对公司或品牌的了解、玩游戏或注册一个比赛等),而其他形式的互联网广告,用户一般则是"偶然遇到"的。但是并非所有的网站都具有这种品牌延伸能力,所以许多商家才运用子网站(microsite)和引导页(landing page)来提供消费者所渴望的这种体验。

子网站是网站的补充。对于广告主来说,子网站通常非常专注并发布最新的广告信息。通过创建一个活跃的子网站,给用户有价值的信息,并引导顾客不断打开更多的内容,获得丰富体验。

任何一个网页都可以充当引导页,之所以用这个术语,是因为这个页面与网站更深入的领域直接链接,而广告主正是在这里驱动消费者深入它们的主页 的。广告主通过引导页给消费者提供与广告信息关系更密切的体验,使广告主的销售和信息收集过程更加流畅。相关调查研究发现,人们在网上的注意力是有限的,而且缺乏耐心,因此在他们在线时,给他们提供任何帮助都是明智之举。

2) 展示或旗帜广告

旗帜广告是横跨网页上方或下方的小公告牌,用户单击旗帜时,鼠标就会将他们带到广告主的网站。旗帜广告是最常见的网络广告单位,但其价格却相差巨大,从免费到数千美元一个月不等。与旗帜相似的是按钮(button),它是旗帜的小型版,看上去就像一个图标,通过它便可以与广告主的引导页链接,这是一个营销性网页,其功能是将人们引向购买或与广告主建立关系。由于按钮占用的空间比旗帜小,因此价格也更低。

旗帜广告的点击率非常低,平均不到0.3%,效益也快速衰退。广告行业现在使用传统的广告术语来描述旗帜广告和其他类型的广告,即展示广告或者叫图片广告。为什么点击率很低还有那么多的广告顾客选择使用展示广告来刺激消费者的直接回应呢?研究发现,点击率是关于品牌熟悉度的函数,消费者最了解的品牌获得的点击率大大高于不熟悉的品牌。但是当旗帜品牌广告接触次数增加时,熟悉品牌和不熟悉品牌的情况不同:熟悉品牌的点击率下降,不熟悉品牌的点击率上升。所以对于新品牌和相对不知名的品牌需要制订一个允许多次接触的旗帜广告媒体计划。相反,已有品牌旗帜广告的多次接触不能使点击率上升。展示广告并非对已有品牌一点好处没有,如果展示广告能和整合营销传播中的其他要素发挥协同作用,不仅能够促进品牌知名度的增加,而且对消费者的购买也有正面影响。

现在,美国互联网广告行业协会的互联网广告局(IAB)正努力使网络广告领域最终像传统媒体一样使网上广告尺寸标准化,为网络广告的设计与销售接轨铺平道路。互联网广告局已经颁布了旗帜广告的七种标准形式,每一种都有相应的大小(像素和尺寸)。但这样的标准化并未成为现实,因为更新的尺寸和广告模式不断问世,它们比标准的展示广告更好地抓住了用户的注意力。

3) 富媒体广告

富媒体广告包括覆盖或浮在网页上的平面动画以及带视频和音频元素的广告。Adobe公司的Flash技术的进步极大地改进了过去静止不动的旗帜广告和按钮广告。现在立体动画和平面动画都已成为司空见惯的东西。常见的富媒体广告类型有以下几种。

(1) 弹出式广告。弹出式广告指在当前窗口或者整个页面之前跳出的新窗口中显示的广告。弹出式广告会出现在屏幕上一个单独的窗口中,似乎不知道是从什么地方弹出的。直到手动关闭,弹出式广告才会消失。

(2) 插播式广告(interstitials)。所谓的插播是指出现在两个网页之间的播放。插播式广告不像弹出式广告那样出现在页面内部,它是以计算机Java程序为基础,在网页内容下载时出现的广告。虽然弹出式广告和插播式广告都是强加于人的,但方式不同。插播式广告不会打断用户的互动体验,因为它们是在用户等待网页下载时出现的。但用户对插播式广告的控制更少,因为不存在能够停止广告的退出选项,也就是说,用户必须等待插播式广告播放结束。延长了用户等待时间,使用户产生不好的印象。

超级插播式广告(superstitials)是在网页上方或顶部播放的短的动画式广告。超级插播式广告看起来像迷你视频,使用 Java 技术和 Flash 技术来增强娱乐性与速度。超级插播式广告既不会减慢页面下载的速度,也不会给用户造成下载过慢的印象。

(3) 视频广告。增长最快的互联网广告形式之一是视频广告,包括所谓的网络短视频。网络短视频是在网站上以系列剧集形式播放的视频广告。视频广告是被压缩为易处理文件大小的视听广告,它们的长度在 15 秒到几分钟之间。

其他形式的富媒体还有:用 5～8 秒的 Flash 动画的浮动广告,包含图片、视频和音频的富邮件广告等。

4) 博客、播客与社交网络

博客和播客都是普通人与他人进行交流并建立数字化社区的方式,人们可以在社区里交流自己对私人相关问题的看法。博客是书面文档的形式,播客是博客的音频或视频版。博客主要的吸引力在于公司能够直接与潜在顾客交流,而这些顾客可以通过发布评论成为积极的交流者,能够很好地体现网络的交互性。此外,个人博客也经常对公司或品牌进行评论,有时是正面的,但更多是负面的。通过监测和分析博客上的对话,公司能够了解大量关于它们品牌的讨论。博客是否能成为一种独立的网络广告媒体,人们的认识还有些矛盾。对于消费者而言,博客的价值在于创建了一个社区,并提供了一个自由和诚实地交换想法的机会。而人们认为广告不完全客观,而且具有侵入性,与创立和使用博客的目的冲突。

社交网络是虚拟世界的社会关系,人们与朋友进行互动,分享意见和信息,并为有着相似兴趣并愿意与他人分享经历的人创建在线社区。营销人员利用著名的社交网络或创建自己的社交网站作为与消费者对品牌交流的工具也就不足为奇。主要的社交媒体见表 13-5。

表 13-5　主要的社交媒体

英 文 名 称	中 文 名 称	代表媒体(国际)	代表媒体(中国)
Social Networking Sites	社会关系网络	www.facebook.com www.myspace.com	www.weixin.qq.com(微信) www.qzone.qq.com(QQ 空间)
Video Sharing Sites	视频分享网络	www.youtube.com	www.douyin.com(抖音)
Photo Sharing	照片分享网站	www.instagram.com	www.weixin.qq.com(微信-朋友圈)
Collaborative Directories	合作词条网络	www.wikipedia.com	www.baike.baidu.com(百度百科)
News Sharing Sites	新知共享网站	www.reader.google.com	www.zhidao.baidu.com(百度知道)
Content Voting Sites	内容推选媒体	www.digg.com	www.tianya.cn(天涯社区)
Business Networking Sites	商务关系网络	www.linkedin.com	http://maimai.cn(脉脉)
Social Bookmarking Sites	社会化书签	www.twitter.com	Weibo.com(新浪微博)

5) E-mail 广告

传统的直邮广告是产生需求、引发并完成销售的最有效的媒介,但是单位成本高。现在由于互联网的出现,直邮广告通过电子邮件的形式出现,变得更加有效,而成本却大大降低了。电子邮件广告被认为是最便宜的网络广告。虽然电子邮件广告趋向于包含更多的HTML和富媒体模式,甚至可以是免费的电子邮件杂志等出版物,但是用户仍然青睐以文字为主的电子邮件,因为下载速度很快。

6) 移动网络广告

移动网络广告是一个全新的领域,发展潜力巨大。总体来说,移动设备具有四种有潜力的营销沟通技巧:免费的移动内容传输(公共关系营销)、内容赞助式广告,以及两种直复营销技巧即定位营销和短信息服务。移动互联网的高速发展为移动广告的发展提供了巨大的空间,移动广告产品的创新和成熟也进一步吸引广告主向移动广告市场倾斜。

7) 赞助式广告

赞助式广告(sponsorships)也称社论式广告,它将内容和广告整体整合在一起。大多数传统媒体明确将内容和广告分开。广告商在广告中提及它们的产品,使其产品有了额外曝光的机会,并产生了公众认可它们产品的印象。但是这种内容和广告混合的模式在网站上的使用正逐步减少,现在只占网络广告总支出的3%。

目前赞助式广告越来越多的是通过合作伙伴关系来提供有价值的内容,如某一服装品牌向另一个游戏网站提供了赞助,站点上每一个链接都导向一个游戏,这个游戏出某品牌服装的另一个产品提供赞助。这样使得赞助式广告更具有互动性。值得一提的是,网络用户能清楚地辨别广告中的赞助商,甚至把整个网络视为一个巨大的广告。然而,如果把广告混杂在普通的内容中,就会降低用户对网站的信任,损害网站自身的品牌形象。

8) 搜索引擎广告

搜索引擎是一种信誉度聚合器,是指根据特定的评分系统对网站、产品、零售商或其他的内容进行排名的网站。搜索引擎也是一种网站,它可以让人们在文本框内输入单词或短语,然后很快便能在搜索结果页列出这个信息的查找结果。实际上存在两种形式的搜索引擎广告可供选择:一种是关键词匹配广告(AdWords);另一种涉及将广告放置在内容导向网站上(AdSense),这种网站提供适合宣传特定类型产品的环境。关于搜索引擎广告在第7章中有详细论述,这里不再赘述。

9) 新兴广告

行为锚定广告的本质是令互联网广告恰好针对那些最可能有兴趣(通过其在线网站选择行为表现出来)对特定产品类别作出购买决策的个体。行为锚定只有那些已知对特定产品或服务感兴趣的消费者才会从使用行为锚定的营销者那里收到广告。随着追踪技术的进步,广告商可以更加了解关于互联网消费者行为特征的信息,然后将特定广告呈现在消费者面前。行为锚定的最大缺陷是可能被视为对人们隐私的一种侵犯。

拓展阅读13-1 原生广告介绍

此外,一些网络公司推出3秒钟快闪广告、半透明的视频覆盖广告。谷歌公司推出小工具广告,它具有互动媒体、富媒体的功能,使用户能以前所未有的方式进行互动。随着互联网技术的进步,网络广告还会不断推陈出新。

2. 各种类型数字广告在市场中的表现

1) 中国情况

2022年，中国网络广告在细分领域市场份额变化仍在继续，搜索广告早已失去了份额最大的广告类型的地位，占比仅为10.2%，而且有继续下降的趋势（图13-4）。门户及资讯广告、在线视频广告、垂直行业广告、分类信息广告等市场份额持续受到挤压，占比也在逐渐减小。电商广告份额有所上升，占比为40.8%，成为市场份额最大的广告形式。短视频广告份额占比达到了25.3%，市场份额占据第二。社交广告随着社交网络进入成熟期，份额相对稳定，维持在10%左右。电商广告直击用户购买诉求，满足了广告主的销售目标。短视频广告成为增长最为显著的形式，主要原因是各类媒体纷纷开始深化短视频内容布局，进一步扩大了短视频广告的商业化空间。嵌入在内容中的短视频广告提升了用户的体验畅度，某种程度上抵消了用户对广告的逆反心理。短视频广告的增长趋势将会持续一段时间，未来几年就会成为市场份额最大的广告形式。目前来看，电商广告和短视频广告形式都在基于核心壁垒去做差异化的壁垒拓展，试图打造"销售＋内容壁垒"的营销组合拳。

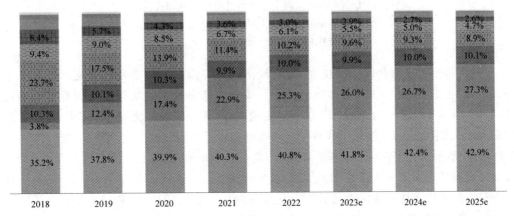

图13-4　2018—2025年中国不同媒体类型网络广告市场份额占比

数据来源：艾瑞咨询. 2023年中国网络广告市场研究［R］. 2023.

除最早兴起的公开竞价（RTB）方式以外，私有市场（private marketplace，PMP）、优先购买（preferred deal）、程序化直接购买（programmatic direct buy，PDB）等非公开竞价交易的程序化购买方式在需求方平台（demand side platform，DSP）、媒体、BAT（百度、阿里巴巴、腾讯）等巨头的共同推动下被各方了解和接受的程度不断提升。未来更多中高端资源将逐步开放，并且提升整体收益。未来品牌广告主的传统预算将会通过PDB的方式逐步向程序化购买倾斜，为程序化购买市场带来新的增长点。但是应该看到程序化广告还有许多不规范的环节，如投放渠道和竞价等黑箱，这些问题不解决很难保证其健康地发展。

2) 美国情况

美国网络搜索广告仍然排在首位，占有40%以上的市场份额；展示广告包括赞助广告、富媒体广告和横幅广告,占网络广告支出的 30%,展示广告仍然是很受欢迎的渠道和广告形式。但是网络展示广告支出增长将依赖于跨设备的能力、程序化购买和不断努力解决广告曝光率欺诈等;数字视频广告占网络广告支出份额占 20.9%,增长很快;其他类的占 7.8%(图 13-5)。

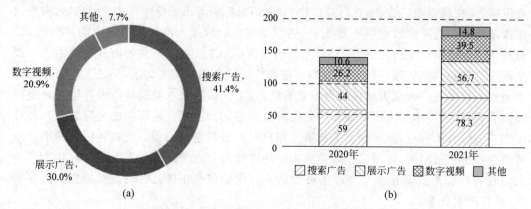

图 13-5　美国不同类型广告的市场份额和规模
(a) 不同类型广告的市场份额;(b) 不同类型广告的规模(单位:10 亿美元)
资料来源:美国互动广告局(IAB)。

目前,美国由于隐私保护的加强、宏观经济逆风等因素导致企业广告支出恢复正常化,数字广告支出也在下降,整体市场放缓。关于隐私和数据收集等政策面临着不确定性,广告商对社交平台持谨慎态度,社交媒体广告收入无疑陷入困境。根据EMARKETER 的研究,并非所有数字广告类别都将受到同样的打击,联网电视(CTV)和零售媒体状况良好。零售媒体呈上升趋势,其中沃尔玛和 Instacart 增长速度最快,但广告收入规模较小。沃尔玛的广告收入超过 30 亿美元,Instacart 的更低,为 10 亿美元以上。与同是零售媒体的亚马逊接近 350 亿美元的广告收入相比,还是相差很远。未来一段时间,零售媒体的繁荣已经到来,它将在数据收集和隐私不确定的时期蓬勃发展。未来五年,美国 CTV 广告继续保持两位数的增长,市场规模将增长 1 倍以上,大约 1/3 原有的电视广告支出将流向 CTV 领域。

13.2.4　网络广告媒体策划

媒体策划是有关广告时间和广告空间上的投资,以最大化实现营销目标的战略过程。媒体策划所面临的挑战是如何在一个特定的策划期内,将有限的预算用于不同的广告媒体、媒体内的不同载具以及不同时间内。媒体策划包括协调三个层次的战略:营销战略、广告战略和媒体战略。整体营销战略(包括目标市场确定和营销组合选择)为广告和媒体战略的选择提供了动力与方向。广告战略包括广告目标、广告预算、信息战略和媒体战略,广告战略是整体营销战略的延伸和扩展。媒体战略本身包括四组互相联系的活动(图 13-6)。

1. 选择目标受众

从媒体战略目的出发进行目标受众分类需要使用四种主要类型的信息:产品购买信

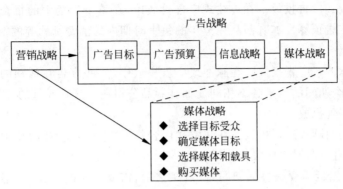

图 13-6　媒体策划过程

资料来源：辛普,张红霞.整合营销传播：广告与促销[M].北京：北京大学出版社,2013：270.

息、地理信息、人口信息和生活方式/心理信息。通过这四种信息共同来确定目标受众。

2. 确定媒体目标

在确定向哪些目标受众传递广告信息后,下一个媒体策划考虑的是确定在策划的广告期间内广告计划要实现的目标。媒体策划在确定目标时会面临下面的问题,每一个问题对应一个目标。

(1)到达率。到达率要解决的问题是"在特定的时间内想要我们的广告信息到达多大比例的目标受众"。到达率代表在广告信息被投放到载具中的特定时间内接触到的目标受众的比例。

(2)频率。频率要解决的问题是"在这段时间内需要我们的广告信息以多大的频率接触到目标受众"。频率是指在媒体策划期内目标受众接触到承载品牌广告信息的媒体载体的平均次数。频率实际上是媒体策划的平均频率。

(3)广告量。广告量要解决的问题是"为实现前两个目标需要总计多少广告"。我们介绍一种简单的方法确定一个特定广告期间内的广告数量。

收视率是指受众中有机会看到在载体中刊登的广告的比例。比如电视收视率,2009 年美国大约有 1.145 亿的家庭拥有电视。因此一个期间内的一个收视点代表拥有电视的家庭的 1%,也就是 114.5 万家庭。假如某一周某个节目有 1 000 万的家庭收看了,那么在这一周该节目的收视率就是 8.7(1 000 万除以 1.145 亿)。简单说就是这一周有大约 9%的拥有电视的家庭收看了这一档节目。收视率的概念适用于所有媒体和载具,不仅仅适用于电视。

总收视率反映了一个特定广告计划的总覆盖率,或者说接触到一个广告的重复受众。总收视率、达到率和频率之间的关系可用以下公式表达：

$$总收视率＝到达率×频率$$
$$到达率＝总收视率÷频率$$
$$频率＝总收视率÷到达率$$

(4)连续性。连续性要解决的问题是"随着时间的推移我们如何分配预算"。一般广告者有三种关于在广告活动期间内分配预算的方法。

一种是连续式广告投放。在连续式广告投放中,在整个活动中的每个时期投入相等或基本相等的广告预算。如乳制品在全年的每个时期内的消费都均等的情况下才可能使用这种方法。

另一种是脉冲式广告投放。在脉冲式广告投放中,一些广告在活动的每个期间内都被使用,但是每个期间的数量各不相同。如乳制品公司在5月到8月的广告投放量最高,但在全年都有广告投放。

还有一种是间歇式广告投放。在间歇式广告投放中,广告者在活动中的每个时期内的投入不同,并且一些月份中投入为零。

(5)新近。新近需要解决的问题是"购买之前,需要多长时间让广告到达客户"。近期原则也叫货架模型,它建立在三个相互联系的观点之上:一是消费者对某一品牌广告的首次展露是最有力的;二是广告的基本作用是影响品牌选择,广告的确影响了处于该品牌市场中的消费者的子集的产品选择;三是获得一个品牌高水平的到达率应该比获得高频率更加被强调。

(6)成本。成本要解决的问题是"实现这些目标的最经济的方式是什么"。媒体策划者试图通过一种成本优化的方式来分配广告预算从而为实现其他的目标留有余地。一种最重要的和普遍使用的衡量媒体效率的指标是每千人成本(cost per million,CPM,M 指的是罗马数字的 1 000)。每千人成本是达到 1 000 人的成本。

$$CPM = 广告的成本 \div 到达的接触点的总数(以千为单位)$$

例如某一节目 30 秒广告的 CPM:

$$总收看 = 18\ 273\ 600(家庭)$$
$$30\ 秒广告的成本 = 780\ 000(美元)$$
$$CPM = 780\ 000 \div 18\ 273.6 \approx 42.68(美元)$$

3. 选择媒体种类和载具以及购买媒体

因为每种媒体有其优势和限制,网络媒体和传统媒体的数量众多,广告主必须有所选择。媒体规划者希望选择的媒体能将广告信息切实高效地传递给目标消费者,围绕着媒体目标选择一个媒体组合,形成整合营销传播活动。媒体组合确定后也不是一成不变的,需要定期重新审核。尤其是互联网变化速度极快,新的媒体不断涌现,要密切关注。

媒体规划者要选择一个最好的媒体载体,即每个媒体大类中的特定媒体。例如,电视媒体载体包括《花千骨》和中央电视台的晚间《新闻联播》,在线和移动媒体载体包括微信、Facebook、微博和新浪等。媒体规划者必须考虑某一特定媒体触及每千人成本,还要考虑为不同的媒体设计广告的成本。选择媒体时,媒体规划者必须平衡媒体成本和几个媒体效度因素的关系:首先,规划者要评估媒介载体的受众质量的高低;其次规划者应该考虑媒体受众的注意力,哪个载体更吸引受众注意广告;最后规划者还需要评估媒体的编辑质量,哪种媒体可信度更高而且更有声望。

拓展阅读 13-2　程序化广告介绍

广告人还要决定如何安排全年的广告。有时在相互抵触的目标之间作出明智的权衡是一个困难的任务。从差不多成千上万个可供选择的广告排期方案中做选择,电脑模型会帮我们寻找对目标函数的优化(如选择一个能够产生最大水平的到达率或最高的频率的排期方案），并满足不要超过广告预算上限之类的限制。

媒体购买则更加适合作为新闻传播等工作人员处理。但是随着互联网的发展，广告的交易中出现了程序化广告。媒体可以程序化售卖跨媒体、跨终端的媒体资源，并利用技术实现广告流量的分级，进行差异化定价。

13.2.5　网络广告效果的测量

网络广告者关心的一个主要问题是广告效果和广告投资回报率，尤其是在经济萧条的环境中，广告预算紧张，人们更加关心广告效果。以传统媒体作为基准，互联网广告者同样关注测量问题：多少人点击了特定的互联网广告？这些人的人口统计学特征是什么？多少人访问了特定网站？点击或访问网站后又有什么行动？这种网络广告形式产生了适当的投资回报吗？这些问题评估的是广告的两种效果：传播效果和销售盈利效果。

1. 网络广告传播效果

传播效果的衡量告诉人们广告或媒体有没有很好地传播广告信息。单个广告可以在广告播出之前或之后测试。在广告播出之前，广告人可以向消费者展示广告，询问他们对该广告的喜爱程度，衡量由此所引起的信息记忆程度或态度改变程度。在广告展露之后，广告人可以衡量广告如何影响了消费者的记忆或者对产品的知晓度、认可度和偏好。播出前后的传播效果评价也可以针对整个广告活动。

如果以网站作为一种广告载具，评估网络广告效果一般至少有四个指标。

（1）网站或互联网广告的显露价值或人气，如接触广告的用户数量、不同访问者的数量和点击率。

（2）网站吸引和维持用户注意的能力以及顾客关系质量，如每次访问的平均时间、不同访问者的访问次数和用户访问的平均间隔。

（3）网站的有用性，如重复访问者的比例。

（4）锚定用户的能力，如网站用户资料和访问者之前的网站搜索行为。

评估网站和这些网站上广告的效果的方法很多，以下介绍三种广泛使用的方法。

（1）点击率。前面已经多次提到点击率，它代表接触到互联网广告并用鼠标进行点击的人的比例。尽管一些人称，即使互联网用户不点击广告品牌去了解更多关于该品牌的信息，也能够对品牌知晓产生积极影响。但是点击率一直下降，广告界很多人已经不再对这种方法抱有幻想。

（2）每千人成本。每千人成本是点击率的简单替代品，用于评估互联网广告的成本（以千人为基准）。CPM 揭示的唯一信息是一则广告进入互联网用户视线的成本。

（3）每行动成本（CPA）。每行动成本中的行动是指用户访问了品牌网站，并注册了他们的名字或购买了被广告品牌。很多广告主更愿意按照 CPA 为互联网广告付费，而不是根据 CPM。由于 CPA 涉及购买或接近购买的行为，所以支付的价格要高于仅仅点击广告。

2. 网络广告销售盈利效果

因为销售效果除了广告影响之外，还受到如产品特色、价格和可获得性等多种因素的影响，所以传统广告的销售效果难以衡量。衡量广告销售效果的一种方法是把以前的销售额和以前的广告费用相比较。另一种方法是实验法。例如，为了衡量不同的广告投入效果,某产品可以在不同的市场上采用不同的广告投入水平,然后衡量由此导致的销售额和利润差异。更复杂的实验设计包括广告差异和媒体差异等。

借助互联网技术,网络广告商可以跟踪消费者行为,选择按照广告的实际效果付费,对广告的销售盈利效果的测量要好于传统广告。但是广告效果有很多不可控的影响因素,没有测量方法是完美的。在没有办法精确衡量广告的收益情况下,管理者评价广告的绩效时除了定量分析,还得大量依靠个人判断。

13.3　网络公共关系

从历史角度看,大多数营销传播从业者以及品牌经理认为营销导向的公共关系的作用是单一而有限的,也是无法控制效果的。但是借助互联网,新产品的上市几乎无须借助广告的威力,依靠该产品的营销传播团队有创造力、有效力的公共关系操作,就可以取得巨大成功。eBay、星巴克、黑莓(BlackBerry)、小米等从未在广告方面花大笔经费,它们将注意力集中在构建社会声誉与口碑上,通过造势成就著名品牌,这些都为营销导向的公共关系的重要性提供了有力的证据。

13.3.1　网络公共关系概述

"公共关系"一词普遍被错误地解释和使用,造成混乱的部分原因要归结于公共关系所涉及的广阔领域。人们可以依据不同的背景、从不同的角度把公共关系作为一个概念、一门职业,还可以指一项职能或者一种行为。我们定义公共关系是一项侧重于个体或团体与其他群体(称之为公众)之间为培养相互好感而建立关系和进行沟通的管理职能。公共关系的目标是改善公众舆论、创造美誉,并为组织建立和保持令人满意的声望。公共关系努力可以使企业赢得公众的支持,获得公众的理解或对调查作出反应。

当公关活动被当作一种营销工具使用时,人们称其为公关营销或营销公关(marketing public relation,MPR)。公关营销包括品牌化活动和积极影响目标市场的免费媒体报道。公关营销是针对公司现有顾客和潜在顾客的公共关系的一部分,能在提升知名度、增进了解、宣传教育、建立信任、结交朋友、提供购买理由以及营造消费者接受氛围等方面支持营销活动,效果通常比广告好。在整合营销传播活动中,广告和营销公关应密切合作。现在许多广告公司增设了公关部,许多企业则增设了负责广告和公关事务的沟通部。

1. 公共关系与广告的区别

由于公共关系和广告都利用媒介来创造知名度或影响市场与公众,因此,两者的确相似,但绝不相同。广告通过广告主付费的媒介到达自己的受众,广告主把它设计成什么样,它就表现成什么样,带着广告主的烙印。正因为知道这一点,公众往往带着怀疑的眼光看待广告,或干脆不予理会。因此,在整合营销传播计划中,广告也许并不是建立信用的最佳载体。

许多公关传播活动(如宣传)的资助人往往是不公开的。在经过媒介的审查、编辑和过滤后,人们通过新闻报道、评论采访或事件特写的形式接受这些传播活动传递的信息。

公众认为这些信息来自媒介而不是某家公司,因此,更愿意相信这些信息。对建立信用来说,公共关系通常是一种更好的手段。

广告是经过周密的发布来获得到达率和频次的,公关传播活动难以用数字来表示。实际上,公关的结果在很大程度上取决于实施公关活动的人本身的经验和技巧。此外,公关只能进行到某个程度,不宜过于重复,而广告的记忆度恰恰要靠重复才能形成。公关可以产生更大的信用,广告则可以产生更大的知名度和控制力。

2. 在线公关与传统公关的差别

兰切赫德(Ranchhod)等给出了与传统公关相比,在线公关的特点。

(1)受众与公司直接联系。传统公关里,受众与公司是分离的,公关经理发布新闻稿,通过新闻电讯传播,被其他媒体收集并转载发布,即便有信息的双向反馈,反馈的渠道也是非常窄的。而在线公关中,受众可以与公司直接联系。

(2)受众的成员之间互相联系。在线公共关系的受众通过编辑博客、知名形象等,来评论、讨论传播的信息,从而使得信息在人与人之间、群体与群体之间快速地传播。消费者也会谈论他们各自的需求和公司的品牌,从而有助于塑造品牌形象,影响消费者的购买意愿。现在,任何一个公司的任何活动都可能被放到网上去讨论,不管讨论者是否熟悉公司情况。这种网络环境中,每个人都是传播者,而新闻机构只是整个传播网络的一小部分。

(3)受众可以获得其他信息。传统公关中受众获取信息是有限的,很难对信息进行评论和质疑,但是互联网促进了对各种观点的快速比较。现在,几乎任何一个问题通过互联网都能获取多种来源的信息,任何观点都有可能在几个小时之内被感兴趣的用户断章取义,被详细地分析、讨论或者质疑。在这个相互联系的世界里,不存在孤立的信息。

(4)受众拥有丰富的信息。以前的信息渠道相当有限,主要是电视或报纸。现在信息渠道多样性已经有极大的提高,这意味着信息的显示变得更难了。

从营销经理或者公关关系专家角度来说,在线公关有以下几个方面的特点。

(1)可控性差。传统媒体的渠道少很多,而且信息往往会受到记者或媒体编辑的过滤。网络时代的品牌可以在多个网络平台上进行推广,如微博、论坛等。这些平台是开放、自由的,公关管理人员没有办法直接进行过滤、筛选和控制。

(2)有更多的选择来创建信息。公司可以拥有自己的网站、新闻中心、订阅和微博,可以在某种程度上忽视其他媒体的存在。许多公司创建了自己的"社交媒体新闻编辑室"。

(3)需要更加迅速的反应。网络时代对于一些负面新闻传播速度极快,若许多社交媒体对某个事件感兴趣,往往会引发"事件风暴"。因此需要把快速反应团队作为社交媒体治理的一个组成部分。

(4)易于监督。因为搜索引擎和网络声誉管理工具可以检测众多网页,便于企业监督网络舆情,定期收集关于企业或品牌的各种评价的现状。

3. 公关工作内容

公关工作包含各种活动,从危机沟通到筹款等。

(1)策划与调研。公关人员的首要职责是策划并实施公关计划。部分公关工作可以纳入企业的营销努力中(如产品宣传),对于公关人员而言,他们需要有更宽广的视野,他们必须为整个组织准备一个整体公关计划。公众舆论至关重要,公关人员必须随时监察、测定和分析各个公众群体态度的变化。公关人员可以采用购物中心采访或电话采访、小组访谈、来函分析以及实地报告。公关人员需要分析企业与公众的关系,评估人们对企业的态度和看法,推测企业对不同公众应采取的对策和行动,决定公关目标与战略;制定并执行公关活动组合,尽可能使之与企业的其他传播活动融为一体,征求公众反馈并评估公关效益。

(2) 声望管理。声望管理是维护企业在不同公众中的名声的长期的战略活动。声望管理的手段包括宣传与媒体炒作、危机沟通管理、社会参与。

宣传是指为某个人、产品或服务制造新闻并使之出现在印刷或者电子媒体上。宣传,一是为了营销;二是为了提高自己的声望。要想引起媒体的关注,宣传活动必须有新闻价值。媒体炒作是为了产生宣传效应而对事件进行策划和安排的做法。大多数公关人员都会利用媒体炒作使公众注意到新产品或服务,或为企业树立有利的形象。

灾难并不会经常发生,但危机一旦出现,公关人员和公众信息官员最重要的事情就是危机管理。如果不能迅速彻底地控制损失,品牌价值很快就会遭到损害。

社会参与的目的是在企业与社区之间建立起对话的桥梁。最好的做法就是让企业的管理人员和员工参与社区的社会发展及经济发展。比较理想的做法是,一家企业选择一项与自己的专业相匹配的活动,专注于自己的使命营销活动。企业公关部门可以协助策划这类活动并负责向社会进行宣传。

(3) 其他公关活动。除了策划和声望管理之外,公关人员还应经常参与公共事务和游说、撰写演讲稿、募款和会员活动、刊物出版以及特殊事件管理等。

13.3.2　网络公共关系实践

1. 网站

每个机构、公司、个人或品牌的网站都是公共关系营销的工具,因为它们都可以发布介绍当前产品和公司信息的电子小册子。对于在线消费来说,公司网站作为信息源对消费者购买决策的影响最大。企业对投资网站的开发,增加利润已经有了更好的了解,现在优先考虑的是如何改善顾客的网上体验。

使用网络发布产品信息有几个优点:首先,网络信息的作用与纸质广告小册子或邮寄广告是一样的;其次,公司数据库中的产品信息经常更换,网页内容总是当前最新的;最后,企业可以通过网络接触到那些寻找特定产品、新的潜在顾客。创建网站最重要的一点是,要能比竞争者更好地满足公司目标受众的需求。网站能够娱乐大众,建设社团,提供与顾客沟通的渠道,提供与产品相关的信息,在许多方面对企业都有所帮助。

链接建设是 SEO 的一个重要步骤,也是在线公关的一个基本活动,因为它的本质是在第三方网站上取得可见性,并创建后向链接。网站是企业的门户,它必须提供吸引人、有条理、相关的信息。外部链接的主要原则是"创建卓越的网页,链接卓越的网页,那么卓越的网页就会链接你"。链接建设需要从相关网站上获得尽量多的高质量链接,如果你有了高质量的外部链接,你在搜索引擎结果页面中的排名就会更靠前。链接建设需要思考如何评价现有链接、如何与竞争者链接、如何设定目标,以及如何前瞻性地寻找合适的链接对象。

2. 网络活动

企业开展网络活动的目的是吸引用户的兴趣,给站点增加流量。亚马逊公司曾经举办过一个人气很旺的网络活动,在那次活动中,亚马逊公司让作家约翰·厄普代克(John Updike)为一个故事开个头,请用户给故事续尾。公司和组织可以在网上组织讨论会、研讨会或演讲。如出版商可以鼓励对新书感兴趣的人在网上论坛与作者聊天。主办一些可以让顾客与社会地位高的或有声望的人"对话"的活动,也可以招揽一些顾客。比起主办或参加真实的研讨会,网上研讨节省了相当可观的时间和成本。

3. 在线口碑

尽管口碑影响力既复杂又难以控制,品牌经理还是要竭尽全力控制口碑,尽可能多地传播正面信息,为品牌营造利好的形势。营销传播运作中,广告是第一步,它对于信息散播的运转尤为重要;口碑是第二步,可以引导人们谈论并推崇某特定品牌。营销传播从业者需要运用广告与造势的方法,精心策划产品信息的传播过程,这样才能使信息通过人与人之间的交际,如面对面的交流、YouTube 和 Myspace 等社交网站以及博客等方式,如同滚雪球一样被加速驱动得以传播。

人们的言论对他人的影响力是有区别的,那些有巨大影响力的人被称为"意见领袖"。意见领袖是一个身处家庭、朋友以及熟人的社交网络中,且对其他人的态度和行为有显著影响的人。意见领袖的作用是:他们向其他人告知产品信息并为其提供建议,降低追随者在购买产品时感受到的风险并对追随者所作出的决定给予积极回应,以表示支持或确认。因此,意见领袖是一个告知者、说服者以及确认者。意见领袖十分热衷于与他人交换意见,这是因为他们从他人分享意见并解释他们对于产品与服务的知识中,能够获得满足感。意见领袖在此过程中逐渐具有威望,成为内行。

口碑不一定都是正面的,不利的口碑传播仍可对产品形象产生毁灭性的影响,因为消费者似乎在进行评估时对负面信息的重视程度高于正面信息。营销传播从业者应尽力使负面口碑最小化。公司可以向顾客提供免费电话和电邮咨询服务,给顾客一个简便易行的投诉和提意见的平台。公司应该向消费者表明,它们对于合理投诉持积极应答的态度,这样可以避免负面口碑,甚至可以通过此举建立正面口碑。

利用公关营销建立网络口碑有几种行之有效的方法。除了前文谈到的病毒式营销、顾客自制广告等方法外,还有几种方法可供参考。

(1) 使用微件(widgets)。微件指的是出现在网站或者用户桌面上的各种形式的小工具,这种工具是 Web 2.0 时代的新发明。有的微件能提供一些有用的功能,如计算器等;有的微件提供实时信息,如新闻或天气。网站所有者会鼓励合作伙伴在他们的网站上嵌入自己网站的微件,这些微件有助于提高品牌的认知度,并且还有可能产生 SEO 所需要的反向链接,引导用户在公司网站之外的网站熟悉你的品牌。

(2) 提供简易信息聚合服务,用户可以通过 RSS 阅读器接收博客、新闻,以及其他任何类型的新内容。RSS 不同于电子邮件接收信息,是自己选择的结果,不存在垃圾邮件等问题。目前,RSS 可以用来汇总各种各样数据的更新,如股票、天气预报、新图片等,已经成为非常重要的内容集成器。

（3）重视社交网站的价值。从网络公关关系的视角看，社交网站的价值体现在如下方面：评估时代思潮，即当今最流行的趋势和观点都会被整合进公共关系的活动中去；辅助推荐品牌或产品，许多网站的大部分流量是社交网络上的讨论推动的；用来征求产品体验和品牌认识方面的回馈，有时是向用户请求，有时只是观察用户的讨论。

（4）利用网络新闻专线发布在线新闻或者考虑使用新型的社会媒体新闻发布方式，它改善了传统模式，提供了简便的链接、图片、注解等。

（5）查找相应行业中有影响力的博客、播客、微博和微信公众号等。如果他们在网络日志中谈论的是你所在专业领域的问题，那么就对其加以评论。

4. 造势

拓展阅读13-3　网络舆情分析系统

营销传播人员在口碑传播过程中，应该是积极的参与者，而非仅仅看热闹的旁观者。不应该坐等正面口碑的产生，要通过人际沟通影响消费者对品牌的态度和行为。通常把这一主动行为称为造势。造势为系统性的、有条理性的，通过面对面交流或网络途径，鼓励他人对某一特定品牌作出利好评价，鼓励其社交圈中的其他人使用同一品牌商品的行为。

关于造势有两种不同的方法评论。前者将造势过程比作流行病，在第11章介绍过，在此不再赘述。后者则起源于著名咨询公司麦肯锡所确立的一些原理，被称为自发性需求膨胀。

麦肯锡公司研究如何在社交网络中迅速传播有关某品牌的信息，为新品牌激起正面口碑浪潮。它们将研究结果概括为一套理论，称为自发性需求膨胀。该理论包括以下几个激发自发性需求膨胀的理念。

其一，将产品设计得独特或明显。独特是指外观方面、功能方面和其他吸引人的地方。明显是指令率先得知新产品信息的意见领袖或连接者，对自己具有的这种特权具有满足感。

其二，选择并培养时尚先锋。时尚先锋是一群先于广泛大众而迅速接受此产品的消费者。营销者的最大挑战是，明确哪一个消费者群体可能会对其他消费者构成最大影响力，从而尽力促使该群体接受并认可这一品牌。

其三，制造稀缺性。人们总是希望得到他们没有的东西，当这些东西稀缺时，人们就格外珍惜。很多产品在上市时压抑供应量，希望人们热烈地讨论他们不能立即拥有的产品，当人们迫不及待时，口碑营销的网络也会投入运转。

其四，使用名人效应。造势最好的办法莫过于让名人引领时代风骚了。

其五，利用排行榜效应。媒体经常发布各种排行榜，目的在于影响与引导消费者行为。排行榜是造势的强有力工具，因为对于被各种混杂的信息所包围而不知何去何从的消费者来说，排行榜是一盏指路明灯。在可信的排行榜上现身，将成为那些对排行榜有兴趣的人茶余饭后讨论的话题。

其六，培养"草根"阶层。对产品满意的消费者往往会推荐他人使用相同的产品，培养

"草根"阶层的方法包括所有的造势方法,运用这些方法主动激励现有产品使用者推荐亲朋好友也使用同一产品。也就是说促使现有消费者为产品造势,进而乐意成为产品的忠实追随者。

13.4　网　络　促　销

虽然不是所有的广告都是长期导向的,但是广告的这种特征却非常典型。设计精良的广告能够提升顾客满意度、扩大品牌资产。与广告相反,促销则是短期的、能影响顾客行为的(非仅仅是态度或者意愿)。促销有一种紧急的特征,呼吁人们现在就行动,因为明天总是太晚。当然促销也不是与广告没有关系。一方面,正在进行的促销活动能加强广告的影响力;另一方面,作为与消费者的沟通机制,广告的持续使用也能更好地推动促销活动的进行。实际上,超过 1/3 的广告,无论是传统媒体还是数字媒体,都在传递促销信息。

13.4.1　网络促销的本质

销售促进(简称促销)指的是生产商、零售商甚至是非营利组织用以暂时地改变一个品牌的感知价格或者感知价值所采取的任何形式的激励。生产商采用促销来刺激贸易商(批发和零售)或者消费者来购买该品牌,同时也鼓励生产商的销售团队卖力销售。零售商利用促销手段来刺激消费者的渴望行为——在这家商店而不是竞争者的门口驻足,买这个品牌而不是买别的品牌的商品,大量购买等。

1. 促销的突出特征

其一,促销包括激励,如打折或赠品等。这些激励的设计必须能够刺激交易顾客或者终端顾客更快、更频繁或者大量地购买特定的品牌,或者做出其他能为提供促销的生产商或零售商带来利益的行为。

其二,这些激励(折扣、返现、抽奖、代金券、赠品等)必须是额外的,而不是在顾客购买商品或服务的基本价值里扣除的。

其三,激励的目标是交易、顾客、销售团队或者这三者。生产商的销售团队、零售商以及顾客是促销活动的三大目标群体。贸易导向或消费者导向的促销活动给予了生产商的销售团队必要的条件去积极热情地向批发商和零售商促销;交易本身包括批发商和零售商,不同种类的赠品、折扣、抽奖以及广告支持项目等促销活动给予零售商理由去存储、展示和宣传,或者将促销品牌以折扣价出售;顾客导向的促销(代金券、样品、赠品、特价品、彩票和抽奖)通过提供渠道让顾客有尝试或重复购买该促销品牌的特定理由。

其四,这些激励只是暂时改变了一个品牌的感知价格或者感知价值。也就是说,促销激励只适用于一个时期内的一次或者几次交易,而不能被用于之后的每次交易。

2. 促销能完成和不能完成的任务

促销能完成和不能完成的任务见表 13-6。

表 13-6　促销能完成和不能完成的任务

促销能完成的任务

- ◆ 提高销售团队对新的、改良的或者更成熟的产品的推销热情
- ◆ 提高成熟品牌的销量
- ◆ 使得新产品的推广更顺利
- ◆ 扩大架上和架下的销售空间
- ◆ 抵消竞争者的广告和促销
- ◆ 获得消费者的尝试购买
- ◆ 通过大量购买增加商品使用量
- ◆ 通过促销让消费者对产品先入为主
- ◆ 加强广告作用

促销不能完成的任务

- ◆ 弥补素质低下的销售团队或者缺失的广告效力
- ◆ 给予贸易方或者消费者任何长期的有说服力的理由去继续购买一个品牌
- ◆ 永久挽救一个品牌的销量下降趋势或者改变一个不受欢迎的品牌不被接受的事实

资料来源:辛普,张红霞.整合营销传播:广告与促销[M].北京:北京大学出版社,2013:396.

促销能做到的任务比较好理解,这里只具体解释一下促销不能完成的任务。

1) 不能弥补素质低下的销售团队或者缺失的广告效力

当遭受可怜的销售表现或者不充分的销售增长时,一些公司认为促销也许是一种解决办法。促销虽然能提供一个暂时的帮助,但是无法根本解决问题。销售业绩不佳只是经营管理的结果,导致结果的原因可能在于蹩脚的销售团队、薄弱的品牌意识、低劣的品牌形象或者其他病症,那么只有合理的销售管理和广告努力才能克服。

2) 不能给予贸易方或者消费者任何长期的有说服力的理由去继续购买一个品牌

对某品牌的持续满意是贸易方继续增加一个品牌的存量和消费者重复购买的基础。这种持续的满意必须实现贸易方的利润目标和提高消费者价值之间的契合。促销不能弥补品牌的本质瑕疵或者二流品牌的缺陷,除非它能为贸易方和消费者提供一流的价值。

3) 不能永久挽救一个品牌的销量下降趋势或者改变一个不受欢迎的品牌不被接受的事实

一个品牌在时间的检验下可能出现质量问题或者市场上出现了更优秀的替代品而引起销量下降。促销并不能扭转这样一个不受欢迎的品牌不被接受的事实。只能通过产品改善或者为老品牌注入新生命的广告来扭转销量下降的劣势。但是如果一个品牌已经持续衰落,那么单靠促销本身将会白白浪费时间和金钱。

13.4.2　网络促销的方式

1. 样品(试用装)

样品是指任何能将真实产品或者试用装产品传递给消费者的方法。大多数营销实践者都认为,样品是鼓励试用的最佳方式。发放样品几乎是引进全新产品时必不可少的营销策略。样品之所以有效,是因为它能为消费者提供亲身体验新产品的机会。它使消费者能主动、亲自与产品接触,而非被动接受产品。多数消费者认为,在试用了新品牌、喜欢

新品牌,以及该产品价格可以接受的情况下,他们会购买这个新品牌。样品发放的方式很多,如上门发放、随购买附赠的样品、高密度地点和重大事件发放、店内发放等。现在品牌经理越来越多地考虑通过网络发放样品。通常他们会雇用相关的专业服务公司。感兴趣的消费者会登录索取样品的网页,注册并选择自己感兴趣的产品。样品将在接收到他们的索取信息后寄出。网络发放样本,根据产品性质的不同,差别很大。

如果产品是可以数字化的,一些站点允许用户在购买前体验一下数字产品。许多软件公司提供软件的全功能演示版本的免费下载。演示版本的有效期一般为 30～60 天,之后,用户可选择是购买软件还是从系统中清除它。网上音乐商店允许顾客在下载歌曲或者订购 CD 前体验剪辑的 30 秒音乐。市场调研公司发布它对于顶级网站每月调查的结果给潜在顾客查阅和使用,这些顾客也许会产生对更深程度的数据的需求。

如果产品是无法数字化的实体产品,由于邮寄费用是主要成本,网络发放样品的成本大概是店内发放样品或者通过重大事件发放样品的几倍。但是这一方法的合理性在于,相对于重大事件场合收到样品的消费者,通过网络索取样品的消费者是真正对该产品感兴趣的,并且最终可能会购买该产品。因此,在线发放样并不是一种浪费,而是一种有效的方式。

2. 抽奖、竞赛和游戏

抽奖和竞赛是两种普遍使用的促销形式,虽然两者在执行上区别很大,但都向消费者提供赢取现金、商品、旅游奖励的机会。在抽奖活动中,胜利者的确定标准建立在机会的基础上,此外不能要求以购买证明作为参加活动的条件。抽奖活动代表了一类非常流行的促销工具。约 3/4 的包装消费品经销商开展抽奖活动,约 1/3 的家庭每年至少参与一次抽奖活动。与其他促销技术相比,抽奖活动相对不太昂贵,容易执行,也容易达成各种营销目标。除了增强品牌的定位和形象之外,设计良好的抽奖活动可以吸引更多的注意力,扩展品牌在零售商中的分布,激发销售团队热情,以及通过使用对某特定顾客群体有吸引力的奖品结构来接触特定消费者群。单独使用抽奖活动,其吸引力和效果是有限的。但当与广告、购买积分宣传以及其他促销工具联合使用时,抽奖活动可以有效地产生出有意义的结果。

在竞赛活动中,参与者需要根据竞赛的规则行动,有时还需要提交购买证明。有时需要参与者提交照片并访问公司网站参与竞赛。顾客对竞赛活动的反应通常低于抽奖活动,尽管顾客对抽奖活动的反应已经比较冷淡了。如果有 100 万注册用户的网站,参与率为 5%,那么也将有 5 万的参与者。通过参与活动,这些顾客不只是简单地收到广告信息,而是可以提升他们对品牌的态度。

游戏是一种不断发展的促销方式,并且越来越多地用于替代抽奖和比赛促销。游戏向消费者提供了即时的奖励,但对于市场人员而言,主要用于实现鼓励现有品牌消费者重复购买行为的目标。促销游戏可以创造娱乐体验、刺激消费者对品牌的兴趣,并且能够加强品牌忠诚感。在网上可以找到许多种立即中奖的游戏,只要在百度上搜索一下,就可以看到几千个条目。设计这些游戏是为了吸引更多消费者参与,而消费者在线玩这些游戏的时候需要品牌赞助商提供电子邮件地址和其他的附加地址信息。

以上三种促销方式可以吸引顾客,通过创造品牌知晓提升顾客的品牌兴趣,建立顾客和品牌的互动关系,也有助于扩大品牌的电子邮件信息订阅数据库。登录某个你钟爱的品牌网站,你就可以看到几乎每个品牌都提供了一些形式的在线抽奖、竞赛以及游戏。

3. 赠品

赠品是商家或者服务提供商提供的一些不同形式的礼品,用来引导消费者的行为,同样也可能影响零售商及其他人员的销售力量。赠品作为一种通用的促销工具,其不同类型可以分别产生消费者体验式购买、鼓励消费者持续购买和加强品牌形象的作用。品牌经理利用赠品主要是为了增强消费者的品牌忠诚度和刺激消费者进行新的购买行为。赠品的种类有:即买即赠、兑换券,包装盒内/外/旁赠品,自费赠品。不同的赠品的目标不同:即买即赠和兑换券有利于促进品牌体验和再体验消费;包装盒内/外/旁赠品是出于保持顾客的目的而奖励现有的消费者持续购买他们偏好的品牌的行为;自费赠品则同时具有保留消费者和加强品牌印象的双重功效。

4. 价格折扣和优惠券

价格折扣促销是指在品牌产品通常的价格上有一定降低的促销方式。这种促销方式会对以下目标很有效用。

(1) 奖励现有的品牌使用者。

(2) 鼓励消费者购买比他们平时购买量更大的产品,并由此有效占据竞争中的主导权。

(3) 有助于在消费者初次体验购买后奖励其重复购买行为。

(4) 确保那些促销的优惠金额确切地到达消费者手中。

(5) 当向零售商提供津贴的时候,可以获得架下的展示空间。

(6) 向那些人员销售力量提供激励措施以获得零售商支持。

拓展阅读 13-4 为什么"双十一"的规则越来越复杂

优惠券是一种让持有者在购买某种特定产品时可以省钱的凭证。优惠券可以促进新品牌的早期尝试,也可以刺激一个成熟品牌的销售。但是由于越来越多的优惠券干扰,大多数主流的消费品企业发放优惠券的数量在变少,并且发放时更具有针对性。数字优惠券是如今增长最为快速的优惠券种类。数字优惠券可以锚定个人并进行个性化定制,尤其是通过智能手机和其他移动通信设备使用优惠券的比例逐年提升,企业将其作为优惠券的主要阵地。

13.4.3　网络促销的实证总结

在过去 20 多年来,学者们已经对促销的功能和有效性进行了严格的研究。这些实证努力让研究者可以得出实验性的结论(表 13-7)。

表 13-7　关于促销的实证总结

◆ 暂时性的零售削价虽会使销售增加,但只适用于短期
◆ 削价越频繁,削价的效果越有限
◆ 频繁削价会改变消费者的参考价
◆ 零售商不可能百分之百地实施贸易削价
◆ 市场份额越高的品牌,削价弹性越小

续表

◆　广告性促销导致客流量的增加
◆　主题广告与展示将产生协同效应,从而影响折扣品牌的销售
◆　单一品类的促销同时影响互补品类与竞争品类品牌的销售
◆　促销效果因品牌质量不同而不同

资料来源:辛普,张红霞.整合营销传播:广告与促销[M].北京:北京大学出版社,2013:412.

1. 暂时性的零售削价虽会使销售增加,但只适用于短期

暂时性的零售削价虽然会使销售增加,但只适用于短期。这些短期的销售增加被称为销售高峰。这些高峰一般会出现,但代价却是消费者在优惠之前或者之后对促销品牌购买的下降。

2. 削价越频繁,削价的效果越有限

当生产商和零售商经常提供削价时,消费者便会期待未来打折的可能性,从而减少对于每个优惠活动的响应。不经常的优惠会取得更大的销售高峰,而频繁的削价则不能带来持续性的销售增长。

3. 频繁削价会改变消费者的参考价

频繁的削价会改变消费者对促销品牌的期望价或者参考价。这种参考价的下降将导致品牌资产降低以及销售者只能收取折扣价的不良后果。总结的第 2 条和第 3 条合起来表明,过度的削价不仅降低品牌参考价,还会减少消费者对特定品牌的响应。

4. 零售商不可能百分之百地实施贸易削价

生产商的贸易优惠通常是以账外折让的方式提供给零售商,但是零售商却并不总是将这样的优惠让渡给顾客。零售商选择将折扣让渡给消费者,前提是他们从让渡折扣给消费者中获得的利润,比直接将生产商的账外折让收入囊中要多得多。这也是生产商要实施绩效奖励方案,要求零售商在提供了特定的服务(如为削价品牌提供专门的展位)之后才能获得折让的原因。

5. 市场份额越高的品牌,削价弹性越小

假设一个品牌的零售价降低了 20%,然后其销量增加了 30%。这反映了这个品牌的弹性系数为 1.5(30/20)。这个值指示,价格每下降一个点,需求数量会成比例地增加 1.5 个点。总结的第 5 条表明追求更大市场份额的品牌,其价格弹性系数通常要比市场份额小的品牌低。原因是市场份额小的品牌在削价时可争取的顾客相对更多,而对于市场份额大的品牌而言,剩下的顾客则比较少。因此,市场份额大的品牌在削价优惠时比市场份额小的品牌弹性更小。

6. 广告性促销导致客流量的增加

客流量的增加通常得益于品牌削价活动。当主题广告宣传品牌降价时,不少消费者就会暂时性地换一家商店,去利用这家商店的优惠,而不是没有活动的另一家商店。

7. 主题广告与展示将产生协同效应,从而影响折扣品牌的销售

当一个品牌处于优惠期时,其销量通常会上升(总结 1)。如果一个品牌正在做活动,同时零售商的主题广告又在对它进行宣传,那么其销量上升得更多(总结 6)。如果一个品牌不仅在做活动,被零售商主题广告宣传,而且还有特别的展位赢得关注,那么其销量

更是会获得极为可观的上升。换句话说,主题广告和展示产生的协同效应大大地提高一个促销品牌的销量。

8. 单一品类的促销同时影响互补品类与竞争品类品牌的销售

当特定种类的一个品牌正在促销时,它将同时影响互补品类与竞争品类品牌的销售。通常促销会导致互补品的销量上升,竞争品的销量下降。

9. 促销效果因品牌质量不同而不同

当一个高质量的品牌正在被促销时,如一个可观的削价,这个品牌就有可能吸引转移者,从而窃取低质量品牌的销量。但是,一个低质量的品牌如果也正在促销,那么它并不能同样地将高质量品牌的顾客窃取过来。也就是说,转移行为是不对称的——从低质量向高质量转移。当高质量品牌被促销时,其效应大于低质量品牌的促销效应。

本 章 小 结

本章介绍了网络营销传播。在"数字媒体与传播决策"一节,介绍了以交互性为代表的数字媒体的优势,以及网络时代多种营销媒介整合传播的趋势。在"网络广告"一节,主要介绍网络广告依赖数字技术而产生,通过网络媒介传播的特点。划分了网络广告的类型,以及各种类型的特点。接着介绍媒体策划过程:选择目标受众、确定媒体目标、选择媒体种类和载具,以及购买媒体,还有网络广告传播效果如何衡量。在"网络公关关系"一节,辨析了在线公关与传统公关的差别,介绍了包括网站、网络活动、在线口碑、造势等网络公关工作内容,以及网络公关实践中的具体方法。在"网络促销"一节,介绍了促销的突出特征,以及促销能完成的任务。然后分析了促销的基本方式,如样品(试用装)、抽奖、竞赛和游戏、赠品、价格折扣和优惠券等。最后,阐述了关于促销的实证研究的基本总结。

思 考 题

1. 数字媒体与传统媒体相比有哪些优势?
2. 网络营销为什么需要采用整合营销传播?
3. 网络广告如何进行媒体策划?
4. 网络公关与传统公关的差别有哪些?
5. 网络促销各种方式分别能完成促销的哪些任务?
6. 网络促销的实证研究有哪些结论?

实 践 活 动

1. 在网络上下载或是浏览各种形式的富媒体广告,然后进行分类,并总结富媒体的优势。
2. 为某食品企业(如生产月饼)策划一次节日的整合营销传播活动。
3. 为某培训机构做一次网络广告媒体策划。

4. 为你所在的学校做一次关于"贫困助学"网络公关活动。

5. 联系附近的大型商场,为其策划一次五一/十一的网络促销活动,并检验促销效果。

即 测 即 练

参 考 文 献

[1] 帕克,埃尔斯泰恩,邱达利.平台革命:改变世界的商业模式[M].志鹏,译.北京:机械工业出版社,2017.

[2] 特班,金,李在奎,等.电子商务:管理与社交网络视角[M].占丽,徐雪峰,时启亮,等译.8 版.北京:中国人民大学出版社,2018.

[3] 特班,斯特劳斯,黎秀龄.社交商务:营销、技术与管理[M].朱镇,王晓川,江毅,等译.北京:中国人民大学出版社,2018.

[4] 蒂瓦纳.平台生态系统:架构策划、治理与策略[M].侯赟慧,赵驰,译.北京:北京大学出版社,2018.

[5] 弗罗斯特,福克斯,斯特劳斯.网络营销[M].时启亮,陈育君,黄青青,译.8 版.北京:中国人民大学出版社,2021.

[6] 米列茨基.网络营销实务:工具与方法[M].李东贤,等译.北京:中国人民大学出版社,2014.

[7] 马瑟斯博,霍金斯.消费者行为学[M].陈荣 许销冰,译.13 版.北京:机械工业出版社,2018.

[8] 希夫曼,维森布利特.消费者行为学[M].江林,等译.11 版.北京:中国人民大学出版社,2015.

[9] 齐克芒德,巴宾.营销调研精要[M].应斌,王虹,等译.4 版.北京:清华大学出版社,2010.

[10] 丘吉尔,拉柯布奇.营销调研方法论基础[M].王桂林,赵春艳,译.9 版.北京:北京大学出版社,2010.

[11] 马尔霍特拉.营销调研基础:结合社会化媒体[M].王学生,等译.4 版.北京:清华大学出版社,2015.

[12] 巴比.社会研究方法[M].邱泽奇,译.14 版.北京:清华大学出版社,2021.

[13] 凯勒.战略品牌管理[M].卢泰宏,译.5 版.北京:中国人民大学出版社,2020.

[14] 莫里亚提,米切尔,伍德,等.广告学:原理与实务[M].桂世河,汤梅,译.11 版.北京:中国人民大学出版社,2021.

[15] 辛普,张红霞.整合营销传播:广告与促销[M].北京:北京大学出版社,2013.

[16] 查菲,埃利斯-查德威克.网络营销:战略、实施与实践[M].马连福,高楠,等译.5 版.北京:机械工业出版社,2015.

[17] 罗森布洛姆.营销渠道:管理的视野[M].宋华,等译.8 版.北京:中国人民大学出版社,2023.

[18] 科特勒,凯勒.营销管理[M].陆雄文,等译.16 版.北京:中信出版社,2023.

[19] 希特,爱尔兰,霍斯基森.战略管理:概念与案例[M].刘刚,等译.13 版.北京:中国人民大学出版社,2021.

[20] 曾鸣.智能商业[M].北京:中信出版集团,2018.

[21] 曾鸣.智能战略:阿里巴巴的成功与战略新蓝图[M].周大昕,崔传刚,译.北京:中信出版集团,2019.

[22] 陈威如,余卓轩.平台战略:正在席卷全球的商业模式革命[M].北京:中信出版社,2013.

[23] 赵昌文,等.平台经济的发展与规制研究[M].北京:中国发展出版社,2019.

[24] 黄敏学.网络营销[M].4 版.武汉:武汉大学出版社,2020.

[25] 昝辉 Zac.网络营销实战密码:策略·技巧·案例(修订版)[M].9 版.北京:电子工业出版社,2013.

[26] 昝辉 Zac.SEO 实战密码[M].2 版.北京:电子工业出版社,2014.

[27] 孙悦,周宁,等.网络营销:网商成功之道[M].3 版.北京:电子工业出版社,2012.

[28] 瞿彭志.网络营销[M].5 版.北京:高等教育出版社,2019.

[29] 姜旭平.网络营销[M].北京:中国人民大学出版社,2012.

［30］ 赵国栋.网络调查研究方法概论［M］.2 版.北京：北京大学出版社,2013.

［31］ 荆浩,赵礼强,孟繁宇,等.网络营销基础与网上创业实践［M］.2 版.北京：清华大学出版社,2017.

［32］ 黄静.品牌营销［M］.2 版.北京：北京大学出版社,2014.

［33］ 庄贵军.营销渠道管理［M］.4 版.北京：北京大学出版社,2023.

教师服务

　　感谢您选用清华大学出版社的教材！为了更好地服务教学，我们为授课教师提供本书的教学辅助资源，以及本学科重点教材信息。请您扫码获取。

》教辅获取

本书教辅资源，授课教师扫码获取

》样书赠送

市场营销类重点教材，教师扫码获取样书

 清华大学出版社

E-mail: tupfuwu@163.com
电话：010-83470332 / 83470142
地址：北京市海淀区双清路学研大厦 B 座 509

网址：https://www.tup.com.cn/
传真：8610-83470107
邮编：100084